1 MONTH OF
FREE
READING

at
www.ForgottenBooks.com

By purchasing this book you are eligible for one month membership to ForgottenBooks.com, giving you unlimited access to our entire collection of over 1,000,000 titles via our web site and mobile apps.

To claim your free month visit:
www.forgottenbooks.com/free989018

ISBN 978-0-364-15331-4
PIBN 10989018

Ästhetik

er deutschen Sprache.

Von

Dr. Oskar Weise,

Professor am Gymnasium zu Eisenberg.

Leipzig.

Verlag von B. G. Teubner.

1903.

Druck von Theodor Hofmann in Gera.

Vorwort.

Der Ausspruch Goethes, die Form sei den meisten ein Geheimnis, gilt besonders von uns Deutschen, zumal wenn unsere Muttersprache in Betracht kommt. Denn wir legen viel weniger Wert auf das Äußere als die romanischen Völker, z. B. unsere westlichen Nachbarn. Welche Schönheit der Ausdruck erhalten, welche Wirkungen man damit erzielen kann und schon erzielt hat, ist vielen ganz unbekannt. Auch erscheint die Literatur über diesen Punkt ziemlich dürftig. Selbst dickleibige Werke wie die Ästhetik Friedrich Vischers gehen über die einschlägigen Erscheinungen meist mit wenigen Worten hinweg. So reichen wir Deutschen nur zu oft goldene Früchte in irdener Schale, da uns die Erwägung fern liegt, daß eines so köstlichen Inhalts nur ein silbernes Gefäß würdig sei. Kein Wunder, daß in unserem Vaterlande herrorragende Stilisten wie Friedrich Nietzsche zu den Seltenheiten gehören. Es dürfte daher an der Zeit sein, unsere liebe deutsche Sprache einmal vom ästhetischen Gesichtspunkte zu betrachten und die weiten Kreise der Gebildeten, denen ganz besonders ihre Pflege am Herzen liegen muß, etwas eingehender mit dem Zauber ihrer Form bekannt zu machen. Somit kommt dieses Buch den Wünschen R. Hildebrands entgegen, der in seinem „Deutschen Sprachunterricht" (7. Aufl. 1901 S. 70 f.) eifrig für eine derartige Geschmacksbildung eintritt, z. B. mit den Worten: „Die Unterschiede der Sprache in Formen und Wendungen je nach der Lebensschicht, im Alltagsdeutsch und in gewählterer, wichtigerer oder gar feierlicher Rede, in Prosa und Poesie, alle diese Unterschiede, die ja nicht verwischt und vermischt werden sollen oder können, sie liefern den

erwünschten, geradezu herrlichsten Stoff zur Bildung des Ge=
schmacks in vielerlei Beziehung."

Mit dem jüngst erschienenen Buche von J. Boock über
Sprachästhetik, das hauptsächlich für den Unterricht an Schulen
bestimmt ist, hat das vorliegende so gut wie nichts gemein.
Wie in meiner frühern Schrift über „unsere Muttersprache, ihr
Werden und ihr Wesen"[1]), so habe ich auch in der „Ästhetik
der deutschen Sprache" die geschichtliche Entwickelung möglichst
berücksichtigt und neben dem Wie das Warum in Betracht ge=
zogen. Von den 27 Aufsätzen, die hier geboten werden, ist
nur einer (der über das Fremdwort in der Poesie) bereits ver=
öffentlicht worden und zwar in der Zeitschrift des allgemeinen
deutschen Sprachvereins Bd. XIII, S. 190 ff.

So entlasse ich denn die Schrift mit dem Wunsche, daß
es ihr vergönnt sein möge, sich gleich der „Muttersprache" recht
viele Freunde zu erwerben.

---

[1]) Vierte, verbesserte Auflage, Leipzig, B. G. Teubner, 1902.
263 S. 2,60 M.
  Auf diese Schrift S. 203—213 sowie auf meine deutsche Sprach=
und Stillehre, Leipzig, B. G. Teubner, 1901. S. 5 ff. verweise ich
auch diejenigen, die sich über die ästhetischen Anschauungen beim Ge=
schlecht der Substantiva Rats erholen wollen.

Inhaltsübersicht.

A. Allgemeiner Teil: Die Schönheiten unserer Sprache.

Kann die deutsche Sprache schnauben,
Schnarchen, poltern, donnern, krachen,
Kann sie doch auch spielen, scherzen,
Lieben, tändeln, kosen, lachen.

Logau.

1. Lautmalerei.

1. Die Natur ist des Menschen Lehrerin. Mag er durch Wald oder Flur gehen, mag er im Gebirge oder am Meere weilen, überall unterweist sie ihn, überall redet sie eine so deutliche Sprache, daß er gern ihren Worten lauscht und mit gefügigem Munde ihre Lebensäußerungen nachahmt. Was ihm der **murmelnde** Bach und der **rauschende** Strom sagt, was ihm die **säuselnde** Luft und die **donnernde** Wolke verkündigt, klingt in seiner Rede nach; wie das Spinnrad **schnurrt** und die Taube **gurrt**, wie der Rabe **krächzt** und der Baum **ächzt**, wie das Feuer **knistert** und der Strauch **flistert**,[1] alles das hallt aus den Lauten wieder, mit denen er die Töne der beseelten Natur zum Ausdruck bringt. Daher verfügt unsere Schriftsprache über eine große Zahl von lautmalenden Wörtern; weit mehr aber finden sich im Munde des Volks. Denn je weniger der Mensch von der Kultur beleckt ist, je weniger er sich bemüht, seine natürliche Art abzustreifen, um so reichlicher macht er von der „Bilderschrift für das Ohr" Gebrauch, die er rings um sich wahrnimmt. Dabei weiß er die feinsten Abschattungen aller Geräusche wiederzugeben. In schwippen, schwappen, schwuppen, schlimpern, schlampern, schlumpern, rischeln, rascheln, ruscheln, knirren, knarren,

---

[1] Ältere Form von flüstern.

Weise, Ästhetik.

knurren, bimmeln, bammeln, bummeln,[1]) werden die verschiedenen Tonbilder durch abweichende Färbung der Vokale gewonnen, in surren und summen, rasseln und rappeln
aber kommt der Wechsel des vernommenen Klanges durch
Änderung der Konsonanten zum Ausdruck. Denn je nach der
Eigenart des Geräusches werden bestimmte Laute verwendet:
s und sch für das Sausen und Brausen, Zischen und
Rauschen, r für das Klirren und Schwirren, Knurren
und Murren, l für das Rollen und Grollen, Kollern und
Poltern, m für das Brummen und Summen; dagegen
nimmt man die härteren Verschlußlaute p, k und t gern, um ein
plötzliches Aufschlagen, einen knallartigen Ton zu charakterisieren wie
das Klappern und Schwappern, Knackern und Knattern.
I, a und ei deuten in der Regel einen hellen, o, u und au
einen dunklen Klang an: zirpen heißt im Lateinischen stridere
und pipire, (vgl. griechisch krizein, pippizein und titizein),
murmeln murmurare und susurrare; neben wimmern und
wiehern, kichern und zwitschern stehen knuffen und puffen,
knuppern und puppern. Die Tür knarrt, und der Hund
knurrt, das Kind weint, und der Wolf heult. Aber auch
zwischen den einzelnen hellen und dunklen Lauten macht man
noch Unterschiede: das Papier knittert und das Gewehrfeuer
knattert, die kleinen Füße trippeln und die großen trappeln;
neben klitschen steht klatschen, neben quieken quaken und
neben bummeln baumeln.[2])

---

1) W. Wundt, Völkerpsychologie I, S. 336: „Es gibt eine Reihe
indogermanischer Wurzeln, die mit dem Laute kr beginnen und sämtlich
den Begriff des Geräusches in irgend einer Weise modifiziert ausdrücken.
Kommt noch l hinzu, so wird daraus der Begriff des lauten Geräusches.
Die einzelnen Modifikationen dieses letzteren werden dann durch die
verschiedenen Inlaute a, u, i ausgedrückt, z. B. bezeichnet krak das
plötzliche, krachende Geräusch, kruk den dauernden lauten Schall, krik
den scharfen, eindringenden. Alle diese Formen lassen sich als Laut-
nachahmungen deuten."
2) Übertragungen eines Geräusches auf das andere sind nicht
selten, z. B. wird der Begriff des Schwatzens in den Mundarten vielfach durch Wörter ausgedrückt, die von Haus aus einen anderen Klang

Doch nicht bloß zur Bezeichnung einer Tätigkeit werden
solche Formen gebildet, sondern auch zur Benennung des Gegen=
standes, von dem sie ausgeht oder an dem sie in die Erscheinung
tritt. Auf diese Weise sind manche Vogelnamen entstanden
wie Fink (vgl. it. pincione, engl. finch), Kiebitz (mhd. gîbitz);
Glucke (Bruthenne; vgl. glucksen), Eule (ahd. ûwila, lat. ulula;
vgl. heulen), Krähe (ahd. krâwa; vgl. krächzen), Pirol (mund=
artlich Bierhol), über den schon K. von Megenberg in seinem
Buch der Natur sagt: „Wir heißen die Goldamsel zu deutsch
Bruder Piro nach ihrer Stimme"; ebenso Insektennamen wie
Hummel und Grille (it. grillo). In gleicher Weise redet
man von einem Bählamm und einem Mähschaf, von einer
Muhkuh u. s. f. (vgl. Schneider Meckmeck). So erklären sich
ferner Ausdrücke für den Straßenkot wie Matsch, Quatsch,
Patsche (vgl. in der Patsche stecken, ursprünglich soviel als im
Schmutze stecken), oder für den Schmutzfleck, wie Klacks, Klecks,
Klatsch (vgl. Klabbe), die nach dem Geräusch der aufschlagen=
den Flüssigkeit benannt sind (vgl. mundartlich klecken vom Obst
= fallen). Ähnlich verhält es sich mit den Formen Quarre
für ein Gerät und Quarre für ein quärrendes Kind oder
Weib[1]), mit dem Bims, d. h. der klingenden Münze, und der
Pimpelsuse, d. h. einer Frau, die immer pimpelt oder bimmelt
wie eine kleine Glocke (vgl. hessisch pinkeln, kränklich sein und
pinzeln, weinen), mit der Klippschule und dem Klippkram,
d. h. dem Kram, der immer klippert (klappert oder klimpert;
vgl. Kläpperschuld, etwas zusammenkläppern), des=
gleichen mit dem Pieps oder Piepel, d. h. einem kleinen

---

bezeichnen, z. B. schwappeln (von hin und herschwankenden Flüssig=
keiten), klaffen (von bellenden Hunden), gackern und schnattern
(von den Gänsen), klatschen (von aufschlagendem Regen u. s. f., vgl.
klatschnaß), schwadern (auch erweitert zu schwadronieren; oberhessisch,
gleichbedeutend mit schwappeln). Übertragungen anderer Art liegen
vor, wenn verpfuschen (ursprünglich aufzischen von Pulver) im
Sinne von verderben gebraucht wird (vgl. verpuffen von puff! =
durchbringen und mundartlich, z. B. hessisch = verpfuschen).

[1]) Vgl. das Sprichwort: „Erst die Pfarre, dann die Quarre
(= die Frau).

Knaben, der piept wie ein Vogel. Ebenso nennen wir den
Pumpbrunnen P(l)umpe und ein kräftiges Kind Pumpernickel
(einen pumpernden, d. h. dumpf hinfallenden Nickel), was dann
auch auf ein Brot von ähnlicher Gestalt übertragen worden ist, oder
den Säbel Plempe (vgl. Geld verplempern) und den Hauptteil
des Schwertes Klinge nach dem Klange, den der Schlag damit
auf den Helm verursacht. Es ist also auch mehr als bloßer
Zufall, daß die Namen der Sprachwerkzeuge häufig mit den
Lauten beginnen, die von ihnen besonders hervorgebracht werden,
z. B. Mund und Maul mit m, Zahn und Zunge mit Z,
Nase mit n, Kehle und Gaumen mit Gutturalen.

Manche onomatopoetischen Ausdrücke finden sich, ohne urverwandt zu sein, in mehreren indogermanischen Sprachen, z. B.
Klang, lat. clangor, griech. klangē[1]); Glucke, glucksen, lat.
glōcīre, griech. glōzein; plaudern, mhd. plūdern (vgl. Pluder-
hosen), blodern, rauschen, lat. blaterare, blatīre, schwatzen; andere
können wir wenigstens bis ins Ahd. zurückverfolgen, z. B.
zwizzirōn, zwitschern, wispalōn und zispilōn, lispeln, fispern,
pispern (vgl. ahd. flistiran, blandiri); die meisten stammen aber
aus nhd. Zeit und sind entweder Neuschöpfungen wie stolpern,
knuffen, kollen, oder lehnen sich an ältere Stämme an wie
knietschen an kneten (vgl. jedoch knutschen, knatschen), klatschen
= klackezen an mhd. klac, Schlag und kollern an nd.
kūle, Kugel. So kommt es, daß man jetzt aus vielen Wörtern
Lautmalerei heraushfühlt, in deren Grundformen noch keine beobachtet wird. Wer vermöchte z. B. Verba wie treten oder
ahd. quedan, reden für onomatopoetisch zu halten? Aber die
davon abgeleiteten Intensivbildungen tratschen und quatschen
gelten dafür. Ähnlich verhält es sich mit flattern und
schnappen (schwatzen) gegenüber den stammverwandten Ausbrücken mhd. vledern (vgl. Fledermaus) und nhd. schnäbeln,
Schnabel, oder mit rollen, das auf frz. rôle und schließlich

---

[1] Wären diese Wörter urverwandt, so müßten die Verschlußlaute
nach dem Gesetze der Lautverschiebung verändert worden sein; vgl.
clīnāre und lehnen, cluere und laut. (Anlautender Guttural noch erhalten in Chlodwig und Chlotar neben Ludwig und Lothar).

auf lat. rotula, rota, Rad zurückgeht, und mit schmollen, das
zu mhd. smielen gehört.[1])

2. Bisher war nur von Tönen die Rede, die der Mensch
triebartig durch das entsprechende Lautbild wiedergibt. Doch
damit hat es sein Bewenden nicht; in gleicher Weise werden
auch Erscheinungen zum Ausdruck gebracht, die nicht mit dem
Ohr, sondern mit dem Auge wahrzunehmen sind, sei es, daß
der geschaute Gegenstand die Lautgebärde unmittelbar hervorruft,
sei es, daß sich der Sinn der Wörter ändert und eine Übertragung stattfindet.[2]) Lautmalerei weisen z. B. die Verba kribbeln
und krabbeln auf, die das Durcheinanderlaufen von Ameisen
und anderen kleinen Tieren ausdrücken, ferner huschen und
fortwuschen = rasch davongehen, ebenso wabbeln und
quabbeln, die namentlich von weichen, hin- und herschwankenden Fleischmassen gebraucht werden, ferner zappeln (ahd.
zabalôn, vgl. zippeln, Zipperlein, mhd. zippeltrit) und zittern
(ahd. zittarôn). Auch erhalten bammeln (bambeln) und
bummeln, die zunächst den Glockenklang wiedergeben[3]), infolge
des sinnlichen Eindrucks der Glockenschwingungen die Bedeutung
des Hin- und Hergehens, sodaß wir nun von bammelnden
Kinderbeinen und von bummelnden Studenten reden. Mummen
oder mummeln, aus dem Brummlaute „mum" gebildet, heißt
eigentlich undeutlich, heimlich reden (so noch bei Schottel und
im engl. mumble, murmeln, brummen), dann wird es vom
Gehör auf das Gesicht übertragen und bezeichnet sich undeutlich

---

[1]) So hat man auch gemeint (z. B. O. Kares, Poesie und Moral
im Wortschatz S. 85), das i in spitz, Stift, Gipfel, Wipfel, Zipfel,
Witz, List sei absichtlich gewählt, um etwas Spitzes oder Hohes zu bezeichnen, doch beweisen schon Wörter wie dick, tief, niedrig, daß hier
bloßer Zufall vorliegt; ebensowenig ist bei stumpf, dumpf, dunkel Lautmalerei beabsichtigt (vgl. klug, Kuppe, funkeln).

[2]) Also in ähnlicher Weise wie bei hell von hallen und grell
von mhd. grellen, laut schreien.

[3]) Vgl. Frisch, Teutschlat. Wörterbuch 1741: Bummelfest,
Fest, woran man viel läutet und welches nicht allgemein gefeiert wird;
ferner Bummel für einen beweglichen Gegenstand, z. B. Ohrbummel
(Ohrring).

machen, verhüllen. Endlich sind flirren und flittern ebensowohl von Schallgeräuschen (Schwirren der Insekten u. a.) wie von Lichterscheinungen üblich. Aber es fehlt auch nicht an anderen Bedeutungsübergängen: Schwipp (ein schwipper Kerl = ein gewandter Mensch) und plump (= etwas, was aufplumpst; vgl. mundartlich, z. B. bayrisch pumpet, vierschrötig) werden von körperlichen Eigenschaften verwendet; von geistigen paff, das von Haus aus den Knall bei einem Schusse ausdrückt (vgl. piff, paff, puff), dann in volkstümlicher Rede soviel als erstaunt bedeutet (ich bin ganz paff), ferner Taps (eigentlich der Tappende = Tölpel), Knasterbart von knastern (= knurren, verdrießlich sein); Klaps, Schlag, dann geistige Beschränktheit hängt mit klappen zusammen, das selbst die Doppelbedeutung von klappern und stimmen, richtig sein hat (vgl. klipp und klar); Flirren aber im Sinne von Flausen, Flunkereien ist dasselbe Wort wie flirren (z. B. es flirrt mir vor den Augen).

3. Ebenso wichtig wie die einfachen Wörter sind die durch Verdoppelung eines Stammes geschaffenen Lautbilder. „Der nächste, sich durch den Eindruck selbst am unmittelbarsten aufdrängende Grund zur Lautwiederholung ist offenbar da gegeben, wo das Wort Schalleindrücke nachahmt, die sich selbst wiederholen". Wie die Geräuschlaute, so sollen auch Sprachlaute oder Silben wiederkehren. Diese Erscheinung, die besonders in den Idiomen ungebildeter Völker stark verbreitet ist, finden wir im Deutschen zuerst bei den Namen gewisser Tiere, die immer denselben Ton wiederholen. So entspricht dem lat. cuculus unser Kuckuck und dem lat. upupa, Wiedehopf oberhessisch Wudwud. Hierher gehört auch der Uhu, über den schon K. v. Megenberg sagt: „Der Vogel schreit zitternd huhu, als ob es ihn friere", und Formen der Kindersprache wie Wauwau (Hund), Mumu (Kuh), Gakgak (Gans), Putput (Huhn), Pieppiep (Vogel) u. a. Häufig wird auch eine Vokalabstufung vorgenommen, namentlich wenn das Schallgeräusch bei der Wiederkehr einen etwas abweichenden Ton zeigt. Wie man vom Tiktak einer Uhr oder vom Klingklang einer Klingel (Bürger) spricht, so wird auch der mehrstimmige Gesang als Singsang und der hämmernde

Schmied im Volksmunde als Pinkepank bezeichnet. Doch drückt man diesen Wechsel des Tons auch durch Veränderung des anlautenden Konsonanten aus, sodaß z. B. ein früher im Harz gebrauchtes, dem Tamtam ähnliches Instrnment, mit welchem die Köhler einander zusammenriefen, Hillebille und das dumpfe Geräusch von zusammenstürzenden Gegenständen Holterpolter benannt wird.

Natürlich beschränkt man sich auch hier nicht auf Vorgänge, die mit dem Gehör wahrgenommen werden, sondern wendet die gleiche Lautmalerei bei Gesichtseindrücken an, die sich wiederholen. Im Zickzack (Vokalwechsel) und Dächtelmächtel (Konsonantenwechsel) wird das Hin und Her, das Herüber und Hinüber der Linien und des Liebesverhältnisses ausgedrückt, in Krikelkrakel (Vokalwechsel) und Hackemack (Konsonantenwechsel[1]) das Durcheinander dort von Linien, hier von Gegenständen. So erklären sich auch Gebilde wie Mischmasch, Wirrwarr, Krimskrams, Fitzfatz, Krusemuse, Kubbelmubbel, so auch Namen für Mischgetränke wie Hoppelpoppel (Wasser, Ei und Zucker), Schorlemorle (Wein und kohlensaures Wasser) und Mischgerichte wie bayrisch Hetschpetsch, rheinländisch Puspas und schweizerisch Krusimusi (vgl. piquenique), so endlich Kartenspiele wie Schnippschnappschnurr oder Hippeheppe.

Auch auf geistigem Gebiete finden sich derartige Bildungen, und zwar bezeichnet man hier damit meist tadelnswerte Handlungen wie Ausflüchte und Ränke, Possen und Zänkereien. So ist Schnickschnack eine Verstärkung von Schnack, Wischwasch von Gewäsch, Fickfackerei von Faxen; Larifari bedeutet eitles Geschwätz, Kikelkakel Geplapper, Hokuspokus das geheimnisvolle Treiben des Zauberers, bayrisch Münkelmänkel geheime Abmachungen, berlinisch Kugelmugel Durchstecherei, hessisch Kribbeskrabbes Vorwände, rheinisch Himphamp Zänkerei. Von da ist nur noch ein Schritt zur Benennung von Menschen, die mit irgend einem Makel behaftet sind, wie Schurimuri (bayrisch), jäh auffahrender Mensch, Schlinker=

---

[1] Vgl. franz. pêlemêle, charivari.

schlanker (hessisch), Müßiggänger, Kurrimurri (schweizerisch), mürrischer Mensch, bißenbaßig (thüringisch), hochnäsig, etepetete, zimperlich (vgl. mecklenburg. öde, zimperlich), nippernäppisch, weichlich, fade (von Menschen und Speisen).

Mehrfach wird die Wiederholung nur teilweise vollzogen, wie bei den Wörtern Schlampampe (eine liederliche Frau, von schlampen; vgl. schlapp), Krambambes (schwäbisch kleiner, eigensinniger Mensch), Runkunkel (altes, runzliges Weib, von Runkel, Runke = Runzel.[1])

4. Neben der Doppelung steht die Wortpaarung, bei der zwei verwandte Begriffe mit und aneinander gereiht werden. Auch hier spielt der Ablaut oder der Wechsel des anlautenden Konsonanten eine große Rolle. Ich erinnere an Verbindungen wie knistern und knastern, knicken und knacken, zwicken und zwacken, trippeln und trappeln, kribbeln und krabbeln, ferner an manschen und panschen, waufeln und baufeln (thüringisch, mit großen Schritten durch weiche Massen waten), täuscheln und mäuscheln (sich mit heimlichen, unerlaubten Geschäften abgeben) u. a.

Ebenso zeigt das Volk sonst große Neigung zu derartigen Wortpaarungen und verbindet gern zwei begriffsverwandte Ausdrücke durch Assonanz oder durch Alliteration. Dies war in den ältesten Zeiten noch häufiger der Fall als jetzt, doch ist auch neuerdings noch diese oder jene Wendung neu geprägt worden, z. B. in Saus und Braus leben = mhd. in sûse leben oder von Pontius zu Pilatus laufen = von Herodes zu (Pontius) Pilatus laufen. Endreime finden wir bei Sack und Pack, Sang und Klang (urspr. von Leichenbegängnissen; vgl. bei Luther: er wird beerdigt ohne Läuten und Däuten, ohne Ge-

---

[1] Vgl. ferner Mengenke von mengen. Eine Art von Doppelung liegt auch vor, wenn ein Stamm mit demselben Konsonanten beginnt und schließt, was häufig bei Schallwörtern vorkommt, z. B. lallen, lullen, pappern, puppern, pumpen, pimpeln, piepen, tuten, bubeln.

[2] Hierher gehören auch sprichwörtliche Redensarten wie Jugend hat keine Tugend, Eile mit Weile, Träume sind Schäume, Borgen macht Sorgen.

fäng' und Gepräng), Weg und Steg, Schritt und Tritt,
Hülle und Fülle (d. h. Inhalt und Umhüllung des Gefäßes),
auch bei Eigenschafts- und Zeitwörtern wie schlecht (= schlicht)
und recht, toll und voll (urspr. voll, d. h. betrunken, und toll),
weit und breit, schalten und walten, hegen und pflegen,
lügen und trügen. In gleicher Weise liebt das Volk Stabreimformeln wie Kind und Kegel (eheliche und uneheliche
Kinder), Mann und Mage (ahd. mâg, Verwandter), Gaul
wie Gurre (Stute), Maus wie Mutter (vgl. Mann und
Maus, wobei Maus wahrscheinlich das weibliche Geschlecht bezeichnet, wie in dem liebkosenden Mäuschen und Miesel für
Mädchen), in Bausch und Bogen (ohne das Auswärtsgehende
und das Einwärtsgehende zu unterscheiden), Zweck und Ziel
(Zweck = Zwecke, Nagel als Zielpunkt in der Mitte der Scheibe),
gäng und gäbe (urspr. von Münzen, die in Umlauf sind, also
gehen und gegeben werden), braun und blau, dick und dünn,
singen und sagen (von Wort und Weise der Dichtung), hoffen
und harren, zittern und zagen. Echt volkstümlich sind
Sprüchlein wie: „Müde, matt, marode, träge, faul, kommode",
(worin die drei ersten Wörter mit m beginnen) und Wendungen
wie: „Er kennt drei Sprachen, deutsch, dumm und balket"
(= er ist dumm). Sogar in Zusammensetzungen macht sich der
Stabreim geltend, z. B. in den Adjektiven bitterböse, blitz-
blank, fuchsfeuerrot, grasgrün, goldgelb, himmelhoch,
höllenheiß, lendenlahm, lichterloh, nagelneu, stocksteif,
windelweich, dummdreist, griesgram, wetterwendisch,
regelrecht oder in den Substantiven Firlefanz (von firlen,
sich drehen und fanzen, Possen treiben; vgl. Alfanzerei) und
Tripstrille (von tripsen, neugierig fragen und trillen, plagen).[1]

Wie sollte man es daher dem Dichter verargen, daß er
so gern von einem Mittel Gebrauch macht, mit dem er der
Rede bequem eine bestimmte Färbung geben kann? Ich spreche
hier nicht von unserer ältesten Poesie (z. B. dem Hildebrands-

---

[1] Genaueres über die Bedeutungsentwickelung dieser Wörter und
des gleichgebildeten Quirlequitsch bietet meine Abhandlung in Kluges
Zeitschrift für deutsche Wortforschung III, 122 ff.

liebe), in der der Stabreim noch den Endreim ersetzt, sondern nur von der neueren, wo er gewissen Absichten des Dichters dient, namentlich den Zwecken der Lautmalerei. So deutet Bürger durch den sich wiederholenden w-Anlaut den Hauch des sanft wehenden Windes an, wenn er sagt: „Wonne weht von Tal und Hügel, weht von Flur und Wiesenplan, weht vom glatten Wasserspiegel, Wonne weht mit weichem Flügel des Piloten Wange an"; ebenso verwendet Schiller in der Braut von Messina die Alliteration mit schw, wo er den beständigen Wechsel des Glückes ausspricht und von einem „ewigen Schwanken und Schwingen und Schweben auf der steigenden, fallenden Welle des Glücks" redet (I, 8). Nicht selten kommt es vor, daß Dichter bei der Umarbeitung ihrer Werke noch alliterierende Wortverbindungen einfügen, wo diese früher nicht vorhanden waren, z. B. Goethe, der in der Iphigenie IV, 5 „mit reiner Hand und reinem Herzen" einsetzt für „durch Gebet und Reinheit" und V, 1: „Durchsucht das Ufer scharf und schnell" für „Durchsucht sorgfältig das Ufer".[1]

Auch die Assonanz tut jetzt in der Poesie noch ihre Wirkung, z. B. bei Schiller in der Glocke, wenn er die hohläugigen Räume eines niedergebrannten Hauses mit o-Lauten malt: „In den öden Fensterhöhlen wohnt das Grauen". Auch kann ein ganzes Wort assonierend wiederholt werden, wie z. B. bei Goethe in der wandelnden Glocke: „Die Glocke, Glocke tönt nicht mehr", wo durch die Verdoppelung der Klang des Läutens nachgeahmt werden soll. Dagegen sind die Zeiten der Pegnitzschäfer vorüber, bei denen der Vokalanklang durch ganze Gedichte durchgeführt wird und zu bloßer Spielerei ausartet; z. B. bei Siegmund von Birken: „Es fünkeln und flinken und blinken rotblumichte Auen, es schimmert und flimmert und glimmert frühperlenes Tauen, es zittern und flittern und

---

[1] In manchen Gedichten wie dem Lenauschen Postillon wird von dieser Form des Reimes öfter Gebrauch gemacht: Leise nur das Lüftchen sprach und es zog gelinder; und von flinken Rossen vier scholl der Hufe Schlagen; mitten in dem Maienglück; halten muß hier Roß und Rad.

splittern frischlaubichte Äste, es säuseln und bräuseln und kräuseln windfriedige Bläste u. s. w.

So sehen wir, daß die Lautmalerei in unserer Sprache eine bedeutende Rolle spielt. Wer aber ihre volle Kraft und Wirkung kennen lernen will, muß die Mundarten durchforschen, die Tausende von einschlägigen Formen bieten. Denn das Volk besitzt für alle mit einem Geräusch verbundene Tätigkeiten besondere auf Onomatopöie beruhende Ausdrücke und schafft noch fortwährend neue „Tonbilder".[1])

Gefühl ist alles.

Goethe, Faust.

2. Interjektionen.

5. Die Interjektionen haben ihren Namen davon, daß sie nicht ein Glied in der zusammenhängenden Kette des Satzes bilden, sondern den Fluß der Rede unterbrechen, als selbständige und unabhängige Wörter „dazwischen geworfen" werden. Sie sind dreifacher Art. Die einen beruhen auf Nachahmung wahrgenommener Naturlaute, malen also den Klang wie klatsch, knacks, pauz, plumps, schwapp; die andern drücken die Äußerung eines Begehrens aus, sei es eine Aufforderung zur Zuwendung der Aufmerksamkeit (he, heda, hola = hol über, ursprünglich Mahnung an den Fergen, mit dem Kahne an das andere Ufer zu kommen und den Rufenden überzusetzen), zum Schweigen (st, scht, bst, deren Form dadurch bestimmt worden sein dürfte, daß man sich mit Zischlauten auf eine größere Entfernung bemerkbar machen kann als mit anderen Konsonanten), zur Eile (z. B. hurra = eile! von mhd. hurren, sich schnell bewegen, mit demselben Suffix a, das wir auch bei hola und bei zahlreichen mhd. Wörtern finden, die als Interjektionen ge-

---

[1]) Die Beziehung zwischen Laut und Vorstellung beruht auf Schallnachahmung, Lautmalerei oder Lautsymbolik und ist entweder natürlich oder künstlich und künstlerisch gewollt.

braucht werden, entsprechend dem nhd. =jo in Morbjo, Feuerjo)[1] oder zum Einschlagen einer bestimmten Richtung (z. B. wifte, Fuhrmannszuruf, der erfolgt, wenn die Tiere links gehen sollen, wohl vom mhd. winster, links). Die Hauptgruppe der Interjektionen aber machen diejenigen aus, welche einen Reflex des Innern bilden und oft mit elementarer Gewalt aus dem Herzen hervorbrechen, mag nun ein körperliches Gefühl oder eine seelische Empfindung, Lust oder Unlust, Bewunderung oder Abscheu den Anlaß dazu geben. Infolge der innern Erregung strömt die Rede nicht in langen Wellen aus, sondern in kurzen Stößen, in einzelnen Wörtern.

Selten bestehen diese aus mehr als zwei Silben, und zuweilen enthalten sie Lautverbindungen, die sonst in unserer Sprache nicht wieder begegnen, z. B. ui in hui und pfui oder hm in der nhd. Partikel des Bedenkens. Oft sind die Vokale charakteristisch gewählt, z. B. helle für den Ausdruck der Freude (ei, hei, heidi, heisa) und dunkle für den des Schmerzes (o, au, ahd. oi = wehe), oft auch die Konsonanten (pf in pfui; sch in husch, wutsch vom Vorüberhuschen). Betreffs der Stellung ist es bezeichnend, daß bei mehrsilbigen Interjektionen, die verschiedene Vokale aufweisen, der hellere Laut gewöhnlich nachfolgt: oha, hola, hopsa, hopla, o ja, juchhei, hophei, oweh, anwei, wuppdi, hurra, mhd. sûsâ, ahi, ahd. wola,[2] also entgegengesetzt wie bei der Lautmalerei, die auf Naturnachahmung beruht (piff paff puff, bim bam bum); ferner, daß in volkstümlichen Liedern durch reichen Vokalwechsel oft musikalische Wirkungen erzielt werden, z. B. horrido und hussassa, hali halo, heia popeia, trali trala. Auch ist zu beachten, daß fast nur unumgelautete Vokale gebraucht werden,

---

[1] Über diese Gebilde auf =jo vgl. die Zeitschrift für deutsche Wortforschung Bd. II, S. 47 ff., zu hurre auch Bürgers Lenore „und hurre hurre hopp hopp hopp gings fort in sausendem Galopp" und K. Scheffler in der Zeitschr. d. allg. deutsch. Sprachver. XIII, S. 58 ff.

[2] Ausgenommen sind wenige, z. B. das erst im Nhd. begegnende nanu, das vermutlich aus nunu hervorgegangen ist. Manche bestehen aus lauter Konsonanten, z. B. scht, pst, brr, hm.

also a, o, u, selten umgelautete wie in ätsch und äks, ä und hä, die sämtlich den Beigeschmack des Unangenehmen haben (vgl. Goethe im Satyros: ein ä-Geschmack). Die Konsonanten stehen, wenn solche vorhanden sind, meist an erster Stelle,[2]) z. B. bei na, bah, hu, juch, weh (= got. wai, lat. vae), pfui u. a. Am häufigsten wird der Hauchlaut h verwendet, der sich mit den verschiedensten Vokalen verbindet. So erhalten wir die Interjektionen ha, he, hi, ho, hu oder mit vokalischem Vor- schlag aha, oho und mit Doppelung haha, hähä, hihi, hoho, huhu. Reduplikation findet sich auch sonst, z. B. bei lala, sasa, eiei, nana, nunu. Vielfach zeigen mehrere Sprachen übereinstimmende Form, z. B. spielt f eine große Rolle, wenn Abscheu ausgedrückt werden soll (vgl. griech. pheu, lat. phy, frz. fi, engl. fie, fy, deutsch pfui).

6. Je weniger literarisch ausgebildet und kunstmäßig ent- wickelt die Prosa ist, um so mehr Empfindungslaute werden darin verwendet. Daher treffen wir eine größere Zahl im ahd. und mhd. Schrifttum als im nhd. und ebenso in Luthers Zeit mehr als in der Gegenwart. Dem Manne aus dem Volke gleiten sie häufiger von den Lippen als dem Gebildeten. In der Poesie finden wir sie deshalb namentlich im Volksliede und in volkstümlichen Schöpfungen wie Bürgers Balladen und Hebels Idyllen. Ausrufe wie hei gehören zu den stehenden Ausdrucksmitteln des Volksepos, aber auch im Kunstgesange Walthers von der Vogelweide wird die Rede gern durch Inter- jektionen belebt; z. B. bildet in einem schönen Liebesliede, das unter der Linde auf der Heide spielt, das Wort tandaradei den Refrain und in einem anderen Gedichte das Wort owe. Am zahlreichsten aber erscheinen die Empfindungslaute in den realistischen Dramen der jüngsten Zeit, die das gesprochene Wort möglichst genau wiedergeben, wie in Gerhard Haupt- manns Webern und Fuhrmann Henschel.

Eine wahre Fundgrube von Interjektionen sind die Mund- arten. In ihnen treten uns aber dieselben Wörter oft mit verschiedener Bedeutung entgegen je nach der Landschaft, in der wir sie vernehmen. Z. B. sagt man in Norddeutschland (so in

Flensburg und Halberstadt) oha, um anzudeuten, daß man mit
etwas nicht einverstanden sei; in Wien bezeichnet es soviel als
gib Achtung!, im südlichen Holstein aber nimmt man es, um
auszudrücken, daß man ermüdet ist und sich durch Hinsetzen
ausruhen will.[1]) Oft ist es wesentlich, ob ein Laut kurz oder
lang, hell oder dumpf, mit sinkender oder sich hebender Stimme
gesprochen wird. So bedeutet kurzes a im Egerlande bei höherer
Tonlage ungläubiges Staunen, bei tieferer aber Abweisung,
langes a bei steigender Tonhöhe Anerkennung, bei sinkender Verwunderung und Überraschung.[2]) Mehrfach werden die Interjektionen zusammengesetzt, sei es mit ihresgleichen oder mit
Adverbien (o weh, i gar, ach je). Besonders häufig erscheinen
sie in Verbindung mit Beteuerungswörtern wie Gott (Potz),
Jesus (Jesses), Himmel, die auch allein vorkommen und
dann fast die Geltung von Gefühlslauten erhalten.[3]) Ja es ist
eine Tatsache, daß diese sekundären Interjektionen den Gebrauch
der ursprünglichen im Laufe der Jahrhunderte einengen und sich
vielfach an ihre Stelle setzen. Aber während man in älterer
Zeit besonders Gott, Jesus und die Heiligen so verwendete,
haben sich neuerdings immer mehr der Teufel und gewisse Naturerscheinungen, zumal Witterungsvorgänge, hierbei festgesetzt. Wie
man den Bösen zur Bezeichnung alles Wilden, Schauerlichen
und Schrecklichen in der Natur gebraucht und von Teufels-
brücken, -gräben, -löchern, -mooren redet, so begleitet man auch
alles Widrige im Menschenleben oft mit Interjektionen wie
zum Teufel, beim Teufel, der Teufel, den Teufel,
pfui Teufel, verteufelt, zum Henker (wohl = Hinker,

---

[1]) Vgl. Lyons Zeitschrift für den deutschen Unterricht VII, S. 840.

[2]) Vgl. Schiepek, der Satzbau der Egerländer Mundart, Prag,
1899, S. 77.

[3]) Auch die Imperative geh! sieh! mach! sind auf dem Wege,
Interjektionen zu werden. Wenn sie im Volksmunde gebraucht werden,
ist oft der ursprüngliche Sinn dieser Wörter völlig verwischt, sodaß sie
nur als Empfindungslaute gelten. Frz. bigot, das früher von „bei
Gott" abgeleitet wurde, bringt man jetzt mit span. bigote, Knebelbart,
hombre de bigote, charakterfester Mann in Verbindung; mein! ist ab-
gekürzt aus mein Gott!, traun! = in Treuen.

also Teufel), zum Geier, zum Kuckuck, (= zum Teufel;
vgl. hol ihn der Kuckuck, zum Kuckuck jagen, des Kuckucks
sein, daß dich der Geier, das mag der Geier wissen); von Naturerscheinungen aber sind hergenommen (Potz) Blitz, alle Hagel,
Donnerwetter, Himmel, Element und Wolkenbruch.
Außerdem werden auch oft abgerundete Zahlen verwendet, die
aus dem Gebiete des Handels und Verkehrs stammen, wie
(Himmel-)Million, (Potz-)Tausend, Tausend Schwere-
not, ei der Tausend, Schockschwerenot. Dabei sind zuweilen Vokalanklang und Alliteration wahrnehmbar, z. B. in
Donner und Doria und Potzblitzbombenelement. Selten
findet man im Bereiche der Interjektionen fremde Gebilde wie
sackerlot, sapperlot (sacre nom de dieu), o jemine (o Jesu
domine), topp (frz. tôpe = je tôpe von dem Zeitwort tôper,
einwilligen), halali (Jagdruf bei Erlegung eines Hirsches, der
im 18. Jahrhundert aus frz. halali übernommen wurde).

7. Wie in andern Sprachen, können auch im Deutschen
Gefühls- und Ausrufewörter zu Begriffswörtern werden. Zunächst leitet man davon mehrfach Verba ab wie ächzen von
ach, jauchzen oder juchzen von juch (juchhei), weinen von weh,
trällern von trala; sodann verwendet man sie als Substantiva
oder Adjektiva, z. B. im Hui, d. h. in einer so kurzen Zeit,
als man nötig hat, um das Wort hui auszusprechen, viel Trala,
d. h. Lärm um etwas machen, einen Heiho machen (schwäbisch),
d. h. Lärm erregen, ein Haha (schöne Aussicht = frz. haha,
Freisicht durch eine Gartenmauer), das Halali (z. B. bei
Freiligrath: ankeuchen schon die Hunde, Herr Gott, zum Halali,
und bei Wildenbruch: während alles ganz halali, d. h. sterbens-
matt an den Wänden herumsaß), Mafoiken (mundartl., z. B.
mecklenburgisch und berlinisch, von der frz. Beteuerungsformel
ma foi), Winkelzüge, es geht mir lala, d. h. leidlich (vgl. auch
frz. pouacre unflätig mit frz. pouah, pfui). Vor allen Dingen
aber werden verschiedene Interjektionen im Volksmunde gebraucht,
wenn es gilt, auszudrücken, daß etwas verschwunden sei. Wie
man Geld verjubelt (d. h. unter Jubel ausgibt), oder verjuchheit
(von juchhei) und verjuxt (verjuchst), so sagt man auch mein Geld

ist heidi (fort, ausgegeben), es ist futsch oder wutsch. In ähnlicher Weise braucht man das Wort schrum, das den letzten Griff auf der Baßgeige nachahmt. Und Gegenstände, die geringen Wert besitzen, daher leicht aus einer Hand in die andere übergehen, erscheinen in der Sprache des Volks als Hophei oder Hopheichen (mein ganzes Hopheichen), d. h. unter einem Namen, mit dem man das Aufjubeln eines Menschen ausdrückt (vgl. Dudeldei in volkstümlichen Redensarten wie das hat er für ein Dudeldei verkauft, eigentlich Nachahmung des Geigentons, und Tausendsasa neben sasa geschmauset im Studentenliede.[1])

> Ein schöpferisches Genie kann
> die Härte unserer Mundart in
> Nachdruck, ihre Unbiegsamkeit in
> Majestät verwandeln.
>
> Herder.

3. Wohllautsbestrebungen.

8. Seit der römischen Kaiserzeit hat man die deutsche Sprache oft rauh genannt. Schon lateinische Schriftsteller wie Mela finden, daß die Ortsnamen unserer Heimat schwer auszusprechen seien, und noch jetzt klagen die romanischen Völker, es koste viel Mühe, den spröden Stoff germanischer Wörter zu bewältigen. Aber auch in Deutschland hat es seit den Tagen Otfrieds von Weißenburg nicht an Leuten gefehlt, die ihrer Unzufriedenheit darüber Ausdruck geben. In der Pilatuslegende (um 1170) heißt es, die deutsche Sprache sei hart zu fügen, und noch Goethe äußert in einer Stunde des Unmuts, daß er „in dem schlechtesten Stoff" Leben und Kunst verderbe. Selbst

---

[1] Bezeichnend ist, daß viele Interjektionen abweichend von dem sonstigen Gebrauch auf der letzten Silbe betont werden oder im Accent schwanken. So sagt man gewöhnlich haló, padaúz, tralá, hohó, huhú, hahá, dagegen hört man hurra, juchhe, hola u. a. auf beiden Silben betonen und neben heidi gewöhnlich heidí heidá aussprechen (vgl. trali tralá, vallerí vallerá).

von Prosaschriftstellern hören wir Klagen, ja ein Verehrer des Französischen wie Friedrich der Große geht in einem Gespräch mit Gottscheb so weit, zu sagen: „Die beutschen Konsonanten! Mir tun immer die Ohren weh, wenn ich deutsche Namen nennen höre. Da ist lauter Kah und Peh, Krap und Krip, Klop, Kloh, Krok. Sein eigner Name wie hart! Gottscheb — fünf Konsonanten! Was für ein Ton! Die beutsche Sprache ist einmal rauh, und was sanft und schön ist, kann sie gar nicht so angenehm ausbrücken als andere Sprachen." [1]

Zwar vermag sich das Neuhochbeutsche an Weichheit und Geschmeidigkeit, Glätte und leichter Sprechbarkeit der Laut=verbindungen nicht mit den Jbiomen unserer westlichen und süb=lichen Nachbarn zu messen; denn es ist nicht nur ärmer an farben=reichen Selbstlauten, zumal in den fast aller Klangfülle baren Endungen, sondern häuft auch in höherem Maße die Mitlaute, so daß oft Härten entstehen wie in den Wörtern Haftpflicht, Jehtzeit,[2] Strickstrumpf. Aber wenn man glauben wollte, daß unserem Volke das Schönheitsgefühl in sprachlichen Dingen völlig abgehe, daß es der Gesehe für die ästhetische Behandlung der Form ganz entbehre, so würde man irren. Manche An=regungen hat es allerdings dem Auslanbe zu verbanken, mag nun das Formgefühl durch das Stubium französischer und italienischer Schriften ober wie z. B. bei Goethe durch den Aufenthalt in der farbenreichen Landschaft der Apenninenhalb=insel belebt worden sein. Diejenigen Wohllautsbestrebungen aber, die es im weitesten Umfange durchgeführt hat, sind ein Ausfluß seines eignen Sprachgefühls. [3]

---

[1] Vgl. Nikolai, Anekboten III, S. 286 f.

[2] Jehtzeit ist in den vierziger Jahren aufgekommen und hat sich behauptet, obwohl es von Schopenhauer, R. Wagner, Niehsche u. a. bekämpft wurde als ein „Wort mit greulichen Zischlauten, einer Schlangen=sprache würdiger als einer Menschensprache, als ein Wort, das nur einer ohrlosen Zeit zu schaffen möglich war."

[3] Zu beachten ist, daß basselbe Volk, welches im Jn= und Auslaute soft die Konsonanten häuft, im Anlaute peinlicher ist als das griechische. Denn die Verbindungen bn, bn, gb, pt, kt, pf u. a., die biesem ganz geläufig sind, sucht man im Beginn echt deutscher Wörter vergeblich.

Dabei ist allerdings zwischen Bequemlaut und Rücksicht auf schönen Klang sorgfältig zu scheiden. Wenn man zur Erleichterung der Aussprache eine Konsonantenverbindung vereinfacht (wie Mägbchen und Psalm zu Mädchen und Salm in der Wendung einen langen Salm machen) oder einen Laut dem andern angleicht wie bei Wimper = mhd. wintbrā und rutschen = ruckezen (von rücken), so hat man es mit einem rein mechanischen Vorgange der Sprachwerkzeuge zu tun; wenn sich aber neuere Schriftsteller hüten, mit Gleim zu sagen: „Laßt uns uns unsres Schicksals freuen!“, so geschieht dies, weil ihr Ohr durch die Nebeneinanderstellung gleichklingender Wörter verletzt wird. Sie sagen daher lieber: „Unsres Schicksals wollen wir uns freun!“ Zuweilen gehen jedoch die Grenzen zwischen beiden Erscheinungen in einander über. Denn in den Worten „bei heitererer Witterung“ empfinden wir die Wiederholung der Silbe er[1]) nicht nur als unschön, sondern sie bereitet uns auch Schwierigkeiten bei der Aussprache.

9. Betrachten wir nun die Wohllautsbestrebungen näher, so empfiehlt sich, zunächst die Vokale zu berücksichtigen. Infolge des Hochtons der Stammsilbe hat unsere Sprache seit mhd. Zeit die volleren, farbigeren a-, o-, i- und u-Laute in den Endungen meist verloren oder durch farblose e ersetzt.[2]) Bei der großen Masse der Wörter müssen wir einfach mit dieser Tatsache rechnen, ohne etwas daran ändern zu können, bei Eigennamen aber hat sich verschiedentlich, besonders in neuester Zeit, das Gefühl dagegen gesträubt. Daher ist man darauf bedacht gewesen, hier die alten Vokale zu wahren, ja sie vielfach da, wo bereits e an ihre Stelle getreten war, wieder herzustellen. Dem Umstande, daß Personennamen für etwas Besseres angesehen wurden, als gewöhnliche Sachbezeichnungen, haben wir es zuzuschreiben, daß uns Formen wie Arno, Hugo,

---

[1]) Dem Suffix -er ist die Komparativendung und dieser wieder das Dativzeichen des Feminins angefügt worden.

[2]) Abgesehen von einigen Ableitungssilben wie -schaft, -sam, -bar, -ach, -ig, -icht, -lich und von Wörtern wie Eidam, Bräutigam, Balsam, Pilgrim, Bochum, wo meist die Nachbarschaft gewisser Konsonanten zur Erhaltung des a, i und u beigetragen hat.

Kuno, Bertha, Emma, Hulda erhalten geblieben sind, wiewohl die lateinische Urkundensprache, wenigstens in älterer Zeit,
mit dazu beigetragen haben mag. Und wenn neuerdings Eltern
bei der Namengebung gern zu Formen wie Rosa, Irma, Olga
greifen, so ist dabei vor allem das Bestreben maßgebend, dem
Teuersten, was sie haben, auch eine süßklingende Benennung zu
verleihen. Denn die a-Laute am Schlusse fremdländischer
Namen wie Anna, Martha, Paula, Veronika fallen angenehmer ins Ohr und verbreiten daher um das damit bezeichnete Wesen einen gewissen Nimbus. Wie man die Mutter
Gottes nicht Marie, sondern stets Maria und die Gemahlin
Kaiser Wilhelms I. nicht Auguste, sondern Augusta nennt, so
ruft man eine Gräfin Johanna, aber eine Bürgersfrau Johanne
und eine Bäuerin Hanne. Damit stimmt überein, was R. Hildebrand in einem hinterlassenen Aufsatze ausführt: „Jetzt gibt
man oft Namen, die etwas Deutliches gar nicht sagen, etwas
Bestimmtes gar nicht bedeuten, z. B. Alma, gegeben von Leuten,
die nicht etwa Latein können, also um der lateinischen Bedeutung willen, am wenigsten aber aus dem Leben heraus und
für das eigentliche Leben, vielmehr über das wirkliche Leben
hinaus versetzt, wie in eine über das Leben erhöhte, darüber
ohne Vermittelung schwebende Schicht.“ In demselben Sinne
äußert sich Goethe im elften Buche von Dichtung und Wahrheit:
„Der Trieb, sein Kind durch einen wohlklingenden Namen, wenn
er auch sonst nichts weiter hinter sich hätte, zu adeln, ist löblich,
und diese Verknüpfung einer eingebildeten Welt mit der wirk-
lichen verbreitet sogar über das ganze Leben der Person einen
anmutigen Schimmer. Ein schönes Kind, welches wir mit
Wohlgefallen Bertha nennen, würden wir zu beleidigen glauben,
wenn wir es Urselblandine nennen sollten.“ So verstehen
wir, wie ein ehrsamer Thüringer dazu kam, seine Frau, die
den prosaischen Namen Ernestine hatte, Sonntags nachmittags,
wenn er mit ihr ausging, Fanny zu nennen. Das klang ihm
eben vornehmer.[1] Was Wunder, daß auch die deutschen Künstler,

---

[1] Man fängt aber jetzt nicht nur in abligen Kreisen, sondern
auch in anderen Familien, die noch einfach leben und den allgemeinen

denen das Schicksal keinen schön klingenden Namen beschieden
hat, so gern zu Pseudonymen ihre Zuflucht nehmen? Da nennt
sich ein herumziehender Zauberer Bosco, ein Seiltänzer Saltini,
eine Überbrettlsängerin Signora Carlotta; kurz, die farben-
frohen italienischen Namen haben es dem „fahrenden Volke"
besonders angetan; es glaubt dadurch sich und seine Kunst über
das Alltägliche hinauszuheben. Selbst Schriftsteller verschmähen
dieses Mittel nicht, besonders, wenn sie dazu verurteilt sind, so
wenig sagende Namen wie Hering zu tragen. Da nimmt sich
freilich Willibald Alexis schöner aus. Aber so wenig Klopstock
(d. h. Klopfstock) für nötig befunden hat, das zu verleugnen,
dessen sich seine Vorfahren nicht geschämt hatten, so wenig sollten
auch andere leichten Kaufes das ererbte Gut hingeben für die
billige Ware klingenden Tandes. Nicht der Name adelt, sondern
die Werke, und der Dichter des Messias ist trotz des unschönen
Wortes Klopstock unsterblich geworden.[1])

Auch die Ortsnamen haben sich neuerdings vielfach dem
„verfeinerten Geschmack" anpassen müssen. Allerdings bei solchen
wie Mutzschen und Klotzsche würde selbst eine vollere Endung
nicht viel helfen. Ist doch nach Polles Ansicht[2]) der üble
Klang dieser mit Zischlauten gesegneten Ausdrücke sogar daran
schuld, daß die Bewohner jener beiden sächsischen Orte in den
Ruf der Tölpelhaftigkeit und Grobheit gekommen sind. Aber
bei anderen ist diese verschönernde Tätigkeit von Erfolg gewesen.
Dörfer, die im 18. Jahrhundert Tillede oder Engerde hießen,

Luxustaumel nicht mitmachen, wieder an, den Mädchen Namen zu geben
wie Anne-Marie, Anne-Liese, Liese-Lotte, Marianne; „darin
gibt sich erfreulicherweise wieder echt deutsches Wesen kund".

[1]) Demnach ist es begreiflich, daß man zwar von Germanien,
Preußen, Bayern, Sachsen u. s. w. spricht, aber die symbolischen Vertreterinnen dieser Länder mit der wohlklingenderen lateinischen Namensform benennt als Germania, Borussia, Bavaria, Saxonia,
ferner daß sich auch im Inlaute von Personennamen farbige Vokale
erhalten haben oder wieder hergestellt worden sind, z. B. bei Adalbert,
Sigismund, Willibald, Kunigunde, Rosamunde, Longo-
barden, Wibukind.

[2]) Wie denkt das Volk über die Sprache? 2. Aufl. S. 70.

erscheinen jetzt auf den Karten als Tilleba und Engerda, die Ortsnamen Friedrichsrode und Langensalze offiziell in den Formen Friedrichsroda und Langensalza, ja aus altem Itere ist sogar Eythra geworden, sobaß wir versucht sind, dieses bei Leipzig liegende Dorf auf griechischen Boden zu versetzen. Hatte ein solcher Aufputz bei den erstgenannten Wörtern wenigstens insofern eine gewisse Berechtigung, als damit altgermanische Formen erneuert wurden, so spottet man bei anderen Namen aller Sprachgesetze und wirft aus Rücksicht auf den Wohlklang sogar das alte Dativ-e über Bord, um dafür ein a zu verwenden, das zu der betreffenden Kasusform gar nicht paßt. Denn man schreibt jetzt Eckardtsberga und Altenberga statt Eckardtsberge (= zu Eckardts Berge) und Altenberge (= zum alten Berge.[1]) Kein Wunder, daß man für Vergnügungslokale (Tivoli, Kasino) und gesellige Vereinigungen (Concordia, Amicitia) mit Vorliebe fremde Namen verwendet, deren schöne Laute angenehm ins Ohr fallen sollen.

Eine andere die Selbstlaute betreffende Erscheinung, die hier in Frage kommt, ist die Stellung unserer Sprache zum Hiatus, d. h. zum Zusammentreffen zweier Vokale, von denen der eine ein Wort schließt und der andere das darauf folgende anfängt. Auf diesem Gebiete sind die Idiome der romanischen Völker meist ebenso empfindlich wie die der alten Römer und Athener. Wir Deutschen nehmen hier weniger Anstoß und sprechen Wörter wie so oft, die ich, wo er u. s. w. hintereinander aus, ohne uns irgend eines unangenehmen Gefühls bewußt

---

[1] Wenn neben Amerika, Afrika, Europa Namen wie Asien, Australien, Spanien, Italien stehen, so hat hier die Analogie ihre Hand im Spiele, die das a nach i antastet, aber nach Konsonanten erhält. Zu beachten sind auch Namen für Erzeugnisse des Gewerbfleißes, denen man gern volltönende Bezeichnungen gibt wie Lanolin, Odol, Kosmin, Larola, Mondamin u. a. aus lautsymbolischem Gefühl gebildete Ausdrücke, sowie der Aufsatz von R. M. Meyer, Zeitschrift für deutsche Wortforschung II, S. 288 ff. Freunde der Fremdwörter aber werden wohl zugeben, daß Schaumwein, Heerschau, Antrieb, Eilbote ebenso schön klingen wie Champagner, Revue, Impuls und Kurier.

zu werden. In den meisten Fällen hilft uns das verschiedene
Gewicht und die stärkere oder schwächere Betonung leicht über
die klaffende Lücke hinweg, z. B. bei den Worten eine unliebsame Angelegenheit, eine unwiderlegbare Ansicht, wo
dem tonlosen e die hochtonigen Silben un und an folgen. Die
Umgangssprache verwendet, namentlich bei kurzen Fürwörtern,
oft Verschleifung, z. B. du'n = du ihn, sie's = sie es. Aber
auch der Schriftsprache ist es, wiewohl in beschränkterem Umfange, verstattet, einen von zwei so zusammenstoßenden Vokalen
zu unterdrücken. Gegenüber dem ganz maßlosen Gebrauche, den
die Dichter des 16. und teilweise des 17. Jahrhunderts, z. B.
die Meistersinger, von Apokope und Elision machten, schränkte
Opitz in seinem Buch von der deutschen Poeterey diese Freiheit
etwa auf die Fälle ein, wo sie zur Zeit Walthers von der
Vogelweide üblich waren, d. h. vor Vokalen, z. B. auf Treu'
und Glauben, Hab' und Gut, gäng und gäbe. So entfernt man jetzt gern das e in der ersten Person des Singulars
der Gegenwart sowohl bei gewöhnlicher als ganz besonders bei
veränderter Wortfolge: ich schreib' an dich, morgen schreib'
ich.[1]) Ein anderer Ausweg zur Vermeidung des Hiatus ist
der Einschub eines Konsonanten; ihn wählen besonders die
Mundarten, z. B. sagt man in verschiedenen Gegenden Bayerns
und Schwabens wie-n-i und wo-n-i für wie ich und wo ich,
im Fichtelgebirge be-r-im, be-r-uns, ze-r-enks für bei ihm,
vo(n) uns, zu euch, in Niederösterreich ka-r-i für ka i = kann
ich u. s. w.[2]) So erklären sich auch die Formen basig und

---

[1]) Dasselbe geschieht in der Vergangenheit schwacher Zeitwörter,
selbst in der 3. Person, wenn keine Verwechselung mit der Gegenwart
eintreten kann: da fühlt' ich, da dacht' er, wie sollt' ich?,
was könnt' er? Ebenso verfährt man, wenn es gilt, von Hauptwörtern auf -e Eigenschaftswörter auf -isch oder -ig abzuleiten wie
schwäbisch, freudig von Schwabe, Freude, auch bei Personennamen
wie Goethisch von Goethe.

[2]) Weitere Belege bei Paul, Prinzipien der Sprachgeschichte 2. Aufl.,
S. 97. Dort wird auch ausgeführt, daß die süddeutschen Mundarten
vor Vokalen den Auslaut des Artikels erhalten, also sagen der arm,
aber de jung, en öbet, ein Abend, aber e ross.

hiesig statt der früher, z. B. bei Aventin gebrauchten baig und hieig, während man bei darum, darin, daran (neben davon, damit, dadurch) vorzog, die alte auf r auslautende Form des Adverbs (vgl. darstellen, dartun) zur Vermeidung des Hiatus beizubehalten. In den meisten Fällen hilft man sich durch Um- stellung oder sorgfältige Auswahl der Wörter; dies tun nament- lich die Dichter, zumal wenn sie in die Schule eines romanischen Volkes gegangen sind. So hat Opitz unter dem Einflusse der französischen Literatur das Zusammentreffen zweier Vokale mög- lichst gemieden, Goethe aber infolge der italienischen Reise sein Formgefühl so verfeinert, daß er in seinen Meisterwerken Tasso und Iphigenie selten einen Hiatus unterlaufen läßt. Die wenigen aber, die wirklich eingedrungen sind, weiß er bei späterer Umarbeitung (mit fünf Ausnahmen in über fünftausend Versen) überall zu beseitigen, z. B. Iphigenie I, 2: „O süße Stimme! Vielwillkommner Ton!" (für: „O süße Stimme! O willkommner Ton!") oder I, 3: „So bringt auf sie vergebens treu und mächtig der Überredung goldne Zunge los" (für: bringt . . . ein).

Ebenso wird es als störend empfunden, wenn sich dieselbe Flexionsendung, z. B. e, oft hintereinander wiederholt. Daher tadelt man Jakob Grimm, daß er geschrieben hat: „Dieses schöne in mehrere vorliegende heutige holländische Volksliederbücher auf- genommene, aber gewiß alte Lied."

10. Doch Wohllautsbestrebungen machen sich nicht bloß im Bereiche des Vokalismus geltend, sondern auch in dem des Konsonantismus. Hier wird es in erster Linie als mißlich empfunden, wenn die folgende Silbe mit demselben Mitlaute beginnt, auf den die vorangehende endigt. Daher meidet man das Verkleinerungssuffix —lein bei Wörtern auf l, und sagt statt Teillein, Sällein, Säullein lieber Teilchen, Sälchen, Säulchen. Denn wenn man wie bei Himmel, Hölle, Kanne bloß einen (gedehnten) Konsonanten spricht, so leidet die Deutlichkeit und es wird manches Mißverständnis möglich (z. B. zwischen Säulein und Säullein), wenn man aber die beiden l auseinanderhält, so fühlen sich die Sprachwerkzeuge durch die

Wiederholung beläſtigt. Ähnlich liegt die Sache bei dem Diminutivſuffix -chen, das man aus dem gleichen Grunde nicht gern an Wörter auf ch anfügt. Schon Abelung verlangt Dächelchen für Dächchen, will alſo zwei Verkleinerungsformen (-el und -chen) angewandt wiſſen, um den Mißklang zu beſeitigen; poetiſcher iſt Dächlein. Im Niederdeutſchen aber, wo die Diminutivendung die Form -ke(n) hat, ſchiebt man bei Wörtern, die auf k ausgehen, ein s ein, ſagt alſo Stücksken, Böcksken.[1]) Und wenn wir bei Stämmen auf b der Ableitungsſilbe b a r und bei ſolchen auf ſ der Endung ſ a m möglichſt aus dem Wege gehen, ſo hat dies die nämliche Bewandtnis. Daher tritt für glaubbar und unbeſchreibbar glaubhaft und unbeſchreiblich ein; dem mhd. lobebaere entſpricht nhd. löblich (nicht lobbar) oder lobeſam, während das von Leſſing gebildete weibbar (nach mannbar) keinen Anklang gefunden hat; im Mhd. findet ſich noch vreiſſam neben vreislich ſchrecklich, im Nhd. iſt kein ſolches Abjektiv mehr vorhanden; ſtatt lösſam ſagt man lösbar oder löslich, und das von Lamprecht im erſten Ergänzungsbande zu ſeiner deutſchen Geſchichte geſchaffene Wort reizſam iſt keine glückliche Bildung. Endlich wird man die Endung ſchaft bei Subſtantiven auf ſch vergeblich ſuchen (vgl. Menſchheit, Welſchtum).

Auch wenn ein Vokal dazwiſchen ſteht, wird die Wiederholung eines Konsonanten in manchen Fällen als ſtörend empfunden. Man umgeht ſie durch Wahl einer anderen Endung oder durch Beſeitigung des Störenfriebs. Wie man im Latein hinter r die Suffixe —alis und —culum, aber hinter l —aris und —crum anwandte (vgl. Singularis neben Pluralis, oraculum neben simulacrum; ferner moralis, generalis und molaris, familiaris), ſo haben im Deutſchen die Neutra auf r ſtatt der Endung er (vgl. Täler, Dörfer, Bücher) aus euphoniſchem Grunde e angenommen, man ſagt alſo die Haare, Jahre,

---

[1]) Im Mittelniederdeutſchen heißen die Verkleinerungswörter bockelen, ſtückelen, weil ſich, wie J. Grimm richtig geſehen, bockeken u. ſ. f. übel ausgenommen hätte. Vgl. auch ich bin geliebt worden = geliebt geworden.

Meere, Heere u. s. w., und neben folgern, holpern, stolpern stehen murmeln (lat. murmurare), purzeln, wirbeln (vgl. Turteltaube = lat. turtur und Marmelstein = Marmor). Ebenso sucht man bei den Personennamen auf e den Mißklang zweier nebeneinanderstehender n zu vermeiden. Denn um die ganze Familie zu bezeichnen, sagt man zwar bei Rothens, Kurzens, Gräfens, dagegen bei Heines, Schönes, Grünes; man nimmt also hier die Endung s statt der sonst üblichen ns. So erklärt es sich auch, daß man in neuerer Zeit gern das stark gebogene Adjektiv im zweiten Falle durch das schwach gebogene ersetzt, wenn das folgende Substantiv den Genetiv aus (e)s bildet. Noch Luther, Klopstock, Voß u. a. schrieben regelmäßig deutsches Landes, trockenes Fußes u. s. w., aber jetzt heißt es dafür gewöhnlich deutschen Landes, trockenen Fußes, ja in manchen Verbindungen ist die schwache Form des Eigenschaftsworts zur Regel geworden, so bei großenteils, frohen Sinns, guten Muts, süßen Weins, jedenfalls (neben keinesfalls).[1]) Demnach ist es selbstverständlich, daß man von Wörtern, die auf einen Zischlaut ausgehen, meist Komposita mit dem Stamme, nicht mit dem Genetiv bildet. Wohl gibt es neben Meerbusen und Wassernot die Formen Meerestiefe und Wassersnot, aber von Schloß, Fluß, Glas, Fisch, Hirsch sucht

---

[1]) Für das Weimarer Museum (vgl. das Berliner, Wiener Museum) sagt man besser das weimarische. Zu beachten sind ferner die Wörter fodern = fordern, Köder = mhd. querder, Pilgrim, Pilger = lat. peregrinus, Mörtel = lat. mortarium, mundartlich balbieren = barbieren, Sauerampel = Sauerampfer, Mau(r)erpolier = Maurerparlierer von frz. parler. Für Goethes feines Sprachgefühl ist es bezeichnend, daß er den ursprünglichen Titel seiner Schrift „Wahrheit und Dichtung" deshalb in „Dichtung und Wahrheit" umgewandelt haben soll, damit nicht zwei d zusammentreffen. Große Verbreitung hat die Dissimilation in den romanischen Sprachen, z. B. im Französischen (un lit de Procuste = ein Prokrustesbett, crible, Sieb = lat. cribrum) und im Italienischen (albergo = ahd. heriberga, Herberge, albero, Baum = lat. arbor). Weiteres bei Diez, Grammatik der romanischen Sprachen I[3], S. 222 ff., F. Bechtel, Assimilation und Dissimilation der Zitterlaute, Göttingen 1876 und E. Wölfflin, Archiv für lateinische Lexikographie IV, S. 1 ff.

man Bildungen wie Schlossesbrunnen (Schloßbrunnen) möglichst zu vermeiden.

In anderen Wörtern wird einer der beiden gleichen Laute
unterdrückt, besonders f. Du stößt, liest, faßt klingt uns angenehmer als du stößest, liesest, fassest; neben besser und größer
stehen die Superlative der beste (besseste) und der größte
(größeste), von Eigenschaftswörtern auf -isch aber bildet man
neuerdings dieselbe Form auf -ischte statt -ischste oder -ischeste,
z. B. der närrischte, kindischte.[1]) Auch n, r, und l werden
nicht gern doppelt gesetzt. Wie Pfennig und König für mhd.
pfenninc und kuninc stehen, so Braunfels, Grünberg,
Trockenborn für zum braunen Fels, grünen Berg, trockenen
Born. Damit vergleiche man Gefangenwärter (= Ge-
fangenenwärter), Schweinefleisch (= schweinen d. h. schweinernes
Fleisch), Kannegießer (= Kannengießer) und Dative der Mehrzahl wie Zeichen, Wagen = Zeichenen, Wagenen. Ferner
heißt es zwar Lehrerin und Führerin, dagegen meist Zauberin,
Märtyrin, Lästerin (= Zaubererin u. s. f.) Der Wanders-
mann ist an Stelle des Wanderersmannes getreten (vgl.
Bürgersmann, Bauersmann), die Ahrweiler oder Rappolts-
weiler Zeitung an Stelle der Ahrweilerer oder Rappolts-
weilerer, und Adolf geht zurück auf Adalolf = Adalwolf,
Edelwolf.

11. Auch die Wiederholung ganzer Wörter sucht man,
sofern damit nicht eine bestimmte Absicht (z. B. nachdrucksvolle
Hervorhebung)[2]) erzielt werden soll, möglichst zu meiden. So
nehmen gute Stilisten mit Recht an folgenden Sätzen Anstoß:
Das Lied von der Glocke von Schiller gefällt mir (= Schillers
Lied von der Glocke); er zeigt sich als Mensch größer als als

---

[1]) Goethe bildet sogar, wie viele Mundarten, die Form der
süßte: „Und die Birken streun mit Neigen ihr den süßten Weihrauch auf.“

[2]) Auch aus anderen Gründen kann ein Wort wiederholt werden,
z. B. und beim Polysyndeton, so..so (so lang, so dumm) aus Rücksicht auf die Konzinnität, Präpositionen bei Fügungen mit weder..
noch, entweder.. oder u. a., so weder im Hause noch im Hofe
(aber in Haus und Hof).

Dichter (= denn als Dichter); er beabsichtigt, dich zu bitten, nicht zu unterlassen, ihm das Buch zu geben (= er beabsichtigt dich um das Buch zu bitten), ich weiß, daß er dir mitgeteilt hat, daß sein Bruder geschrieben hat, daß er zurückgekehrt ist (= ich weiß, daß er dir die Nachricht von der Rückkehr seines Bruders mitgeteilt hat). So vermeiden es auch viele, die gleichen Formen der Hilfszeitwörter haben und sein unmittelbar hintereinander zu gebrauchen (das eine Mal am Schlusse eines Nebensatzes und das andere Mal an der Spitze des folgenden Hauptsatzes). Daher schreibt Goethe: „Daß Luther uns sein Werk wie aus einem Gusse überlieferte (= überliefert hat), hat die Religion sehr gefördert", wählt also das Imperfekt statt des Perfekts, um der Wiederholung des Hilfsverbs aus dem Wege zu gehen. Einfacher aber ist es, das erste der beiden gleichlautenden Wörter zu unterdrücken, z. B. „Der Herr, der soeben fortgegangen (ist), ist mein Freund." Mit diesem Brauche haben die schlesischen Dichter den Anfang gemacht, Gottsched[1]) gestattete ihn „des Wohlklangs halber", Jean Paul ging den „abscheulichen Rattenschwänzen" haben und sein energisch zu Leibe und äußerte, man müsse es jedem Dank wissen, der in die Schere greife und sie wegschneide. Dichter wie Lessing, Goethe, Schiller haben, durch ihr gutes Sprachgefühl geleitet, von selbst das Richtige getroffen, z. B. „denn wer den Besten seiner Zeit genug getan (hat), der hat gelebt für alle Zeiten." Daher fehlt das Hilfszeitwort in der Iphigenie zehnmal, und in Goethes mineralogischen Schriften stehen Verba mit und ohne dasselbe im Verhältnis von 10 : 27. Auch ist die Zusammenstellung von Formen wie die die oder der der (z. B. die Frau, die die Blumen gekauft hat) bei den besseren Schriftstellern

---

[1]) Deutsche Sprachkunst S. 468. Vgl. auch H. Düntzer, Die Auslassung der Hilfszeitwörter in Kluges Zeitschrift für deutsche Wortforschung I, S. 258 ff. Zuweilen meidet man das Zusammentreffen zweier gleichklingender Wörter durch Änderung der Wortfolge. So sagt man zwar: Er hoffte, daß er angestellt werden würde, aber er hoffte, daß er werde angestellt werden oder er hoffte, er werde angestellt werden.

nicht beliebt. Unter mehr als 1200 Relativsätzen hat Minor[1]) welche die öfter als hundertmal, die die nicht zehnmal gefunden. Viele sind bestrebt, zwischen der und welcher zu wechseln, namentlich, wenn Relativsätze ersten und zweiten Grades nebeneinander stehen, z. B. die Frau, welche die Blumen, die sie gekauft hat, nach Hause trägt. Und wenn wir jetzt sagen Tor- und Türschlüssel oder Feuers- und Wassersnot statt des vollständigeren Ausdrucks Torschlüssel und Türschlüssel oder Feuersnot und Wassersnot, so ist dabei sicherlich außer dem Streben nach Kürze das Verlangen nach angenehmem Wortklang im Spiele gewesen. Selbst Zwist zwischen scheint man aus euphonischen Gründen gemieden zu haben (= Zwist unter).

Endlich empfiehlt sich aus Wohllautsrücksichten, weder zu lange Wörter zu bilden wie Jnanklagezustandsversetzung, noch zu viel einsilbige Wörter nebeneinander zu stellen. Allerdings sind wir hierin nicht so feinfühlig wie jene Franzosen, die über die Stelle in Webers Freischütz: „Täuscht das Licht des Monds mich nicht,“ zum Lachen gereizt worden sind,[2]) aber auch das deutsche Ohr fühlt sich im allgemeinen wenig befriedigt von Sätzen wie: „Wohl hast du recht, ich bin nicht mehr ich selbst und bin's doch noch so gut als wie ich's war“ (Goethe) oder „Was du nicht willst, daß man dir tu, das füg' auch keinem andern zu!“ Ist doch schon Gellert angegriffen worden, weil er gesagt hat: „Wer ist so schön, so klug, so treu, so fromm wie du?“ Für ebenso häßlich gilt die Verwendung lauter kurzer Sätzchen nach Art der folgenden, die Scherer in seiner Deutschen Literaturgeschichte, 2. Aufl. S. 168, bildet: „Er ist ein vollendeter Schachspieler, Jäger, Musiker, Dichter.

---

[1]) Allerhand Sprachgrobheiten, Stuttgart 1892, S. 20 ff.: „Alle untersuchten Schriftsteller gehn dem die die aus dem Wege, weil dies nicht bloß ein Mißlaut, sondern auch der Zunge unbequem ist.“ Lessing hat in allen, Schiller „in den weitaus meisten“, Goethe „in den allermeisten Fällen“ welche die. Vgl. auch Menge in Lyons Zeitschrift VII, S. 323.

[2]) Vgl. Mertens, Wider die Fremdwörter, Hannover 1871, S. 13 und K. G. Andresen, Sprachgebrauch und Sprachrichtigkeit. 8. Aufl., Leipzig 1898, S. 402.

Er hat die feinsten Manieren. Er ist mit einem Worte höfisch durch und durch. Er erhält von Marke den Ritterschlag. Er rächt seinen Vater an Morgan von Bretagne. Er besiegt den Morold von Irland und befreit dadurch Cornwall von einem schimpflichen Menschenzins. Er tötet in Irland einen Drachen."

Es gibt also zwar kein geschriebenes Gesetz darüber, was in unserer Sprache schön ist und was nicht, wohl aber hat sich das Gefühl dafür bei uns mit der Kultur mehr und mehr entwickelt und ist daher bei den Gebildeten stärker ausgeprägt als bei den Ungebildeten.

Denn wo das Strenge mit dem Zarten,
Wo Starkes sich und Mildes paarten,
Da gibt es einen guten Klang.

Schiller (Glocke).

4. Verkleinerungs- und Koseformen.

12. Unter den sprachlichen Darstellungsmitteln, durch die man Wohlwollen und Zuneigung, überhaupt den Anteil des Herzens zum Ausdruck bringen kann, kommen neben Ton und Färbung der Rede, Wortwahl und Satzbau besonders die Verkleinerungsformen in Betracht. Wir verwenden sie zunächst bei Zeitwörtern, um ihnen eine abgeschwächte Bedeutung zu geben, wie bei kränkeln, lächeln, hüsteln (neben kranken, lachen, husten),[1] sodann finden sie sich, allerdings nur in den Mundarten, bei Für-, Umstands- und Eigenschaftswörtern, z. B. bei obersächsisch buchen (= bu) und schönchen (= schön), bei schwäbisch wasele, sodele und jetzele von was, so und jetzt, sowie bei mecklenburgisch bitting und batting (= dies und das)[2] und soeting (= süß). Das wichtigste

---

[1] Vgl. lat. conscribillo, cantillo, sorbillo neben conscribo, canto, sorbeo und Funck in Wölfflins Archiv für lateinische Lexikographie IV, 68 ff.

[2] Vgl. niederl. buizend bittjes und battjes, tausend Kleinigkeiten; ferner lat. Formen wie maiusculus, minusculus, wovon Majuskel und Minuskel abstammen, oder pulchellus, misellus.

Verwendungsgebiet aber bilden die Hauptwörter. Hier herrscht
auch die größte Mannigfaltigkeit in den Verkleinerungsendungen:
Im Süden treffen wir -lein, -li, -le, -la, -(e)l, -i,[1])
in Mitteldeutschland überwiegend -chen, im Norden -ke, -ki,
-ken, (niederländisch) -je, -tje, -ien, -tien und (mecklenburgisch) -ing. Manchmal liegt die Diminutivform schriftsprach-
lich nur noch in Ableitungen vor, z. B. Grübel (= Grübchen)
in grübeln, Schlängel (= kleine Schlange) in schlängeln,
Näsel (= kleine Nase) in näseln, Züngel (= kleine Zunge) in
züngeln, manchmal auch in Zusammensetzungen wie Findel
(= Findling) in Findelhaus, Rössel (= Rößlein) in Rössel-
sprung, Bänkel (= kleine Bank) in Bänkelsänger, Rädel
(= kleines Rad, Kreis zusammenstehender Leute) in Rädels-
führer, Wünschel (= kleiner Wunsch) in Wünschelrute.

Von den mit Verkleinerungsendung gebildeten Substantiven
kommen in erster Linie die Personennamen in Frage, die
ziemlich häufig Kurz- oder Koseformen aufweisen, weit häufiger
als im Griechischen, dessen Namenbildung doch sonst mit der
unsrigen so große Ähnlichkeit hat.[2]) Sieht man von Gebilden
auf -z ab, wie Fritz, Diez, Heinz, Kunz (= Friedrich,
Dietrich, Heinrich, Konrad), von denen schon unsere Altvordern
wußten, daß sie anmutiger und zierlicher sind als die vollen
Namensformen, so begegnet man vor allem zahlreichen Familiennamen auf -ke oder -el, die ursprünglich die Geltung von
Koseformen gehabt haben. Ich erinnere an Gieseke = Giese-
brecht, Göbeke = Gottfried, Lübecke = Ludwig, Meinecke
= Meinhard, Wernecke = Werner, Nölbeke = Arnold,
Brendicke = Hildebrand, Giebike (vgl. Giebichenstein bei
Halle) = Gebhard, Dietel = Dietrich, Friedel = Friedrich,

---

[1]) Auch auf -erl, das wohl an Wörtern auf -er wie Finger,
Acker erwachsen ist, z. B. Weiberl, Fischerl, Siegerl von mhd.
giege, Narr, Tor.

[2]) In beiden Sprachen bestehen die Vollnamen aus zwei Stämmen,
z. B. Demosthenes = Dietrich, Damokles = Folkmar, Demobokos
= Lamprecht, Alkinoos = Konrad. Koseformen wie Zeuxis =
Zeurippos und Lysis = Lysippos sind im Griechischen selten.

Ebel = Eberhard, Meinel = Meinhard, Wölfel = Wolfgang. Doch nicht immer genügt dem Volke die einfache Ver-
kleinerungsform, sondern öfter werden mehrere Endungen aneinander gefügt, z. B. bei Dietzel, Heinzel, Künzel und
besonders häufig in manchen Mundarten wie im Kärnthnischen,
wo man nebeneinander sagt der Sepl. und das Sepile
(el + i),[1]) mit dem Unterschiede, daß jenes den kleinen, dieses
den ganz kleinen Joseph bezeichnet.

Wie den Menschen, so verleiht man auch den Tieren Kosenamen. In der deutschen Sage treten uns Hinze (Heinrich)
der Kater, Reineke (Reinhard) der Fuchs,[2]) Lütke (Ludolf)
der Kranich, Metke (Mathilde) die Ziege, Tibbeke (Tibberta)
die Eule u. a. entgegen, sämtlich heimische Tiere, während die
ausländischen wie der Löwe die Verkleinerungsendung nicht aufweisen. Noch jetzt aber finden wir neben dem Sperling den
Spatz, neben dem Bären den Betz, noch jetzt begrüßen wir
den Star als Starmatz oder Piepmatz (= Matthes) und
die Katze als Mieze (= Marie), benennen freilich auch nach
dem Vorgange unserer Väter ein Insekt mit der Koseform, das
uns weniger angenehm ist, die Wanze (= Wandlaus). Ebenso
gebrauchen wir die verkleinernde Endung -itz oder -litz bei
Vögeln wie dem Kiebitz, Krienitz (= Grünschnabel), Emmeritz
u. a.[3]) Natürlich zeichnen wir meist solche Tiere in dieser Weise
aus, die sich durch ihre niedliche Gestalt und ihre zarte, hübsche
Erscheinung vor andern hervortun, mögen sie nun Männchen
oder Weibchen sein, z. B. das Rotkehlchen und das Schwälb-
chen (nd. swaleke), das Heimchen (= mhd. heime, Hausgrille)
und Kaninchen (nd. kanine und kanineken aus lat. cuniculus),
das Frettchen (= it. furetto von lat. fur, Dieb) und das
Ferkel (von mhd. varch, Schwein = lat. porcus), das

---

[1]) Italienische Suffixform haben Konradin, Fridolin,
Ezzelin, Wendelin.

[2]) Dieses Wort ist in der Vollform Reinhard ins Französische
übergegangen; le renard ist = Reinhard.

[3]) Vgl. Kluge, Festschrift für Weinhold S. 24 und im Etymol.
Wörterbuch unter Stieglitz.

Hermelin (= sibirisches Wiesel, mhd. hermelin, ahd. harmo)[1]) und das Mühmlein (süddeutsch = Wiesel, benannt von Muhme), die Forelle (aus mhd. vorhe, die Gesprenkelte) und die Dohle (mhd. dāhele neben dāhe, tāhe).

13. Doch damit ist die Zahl der Gegenstände, denen die Diminutivform gegeben wird, keineswegs erschöpft. So erscheinen beliebte Blumen wie das Veilchen (älter nhd. Veil = lat. viola) und das Maßliebchen (niederländisch madelief), das Stiefmütterchen und das Tausendschönchen, das Schnee-glöckchen und das Maiblümchen, die Nelke (= negelke, Nägelchen wegen der Ähnlichkeit mit einem kleinen Nagel) und das Schwertel (= gladiolus, kleines Schwert) regelmäßig in der Koseform; dasselbe gilt von anderen Gegenständen wie Scherflein (von mhd. scherf, kleinste Münze), Beffchen (von nb. beffe), Hügel (von houc in Eigennamen wie Arnshaugk und Donnershaugk), Knöchel (von Knochen), Tüpfel (von Tupf = mhd. topfe, Punkt), Tüttel (vgl. kein Tüttelchen, von mhd. tutte, Brustwarze), Kräpfel (Backwerk von Krapfen = mhd. kräpfe, Haken), Bündel (von Bund), Stengel (von Stange), Krämpel (Wollkamm von Krampe, Haken), Märchen (vgl. die Märe), deren Namen wir größtenteils kaum noch als Diminutiva empfinden. Im Volksmunde aber begegnen uns, namentlich in festen Verbindungen, noch zahlreiche Diminu-tivformen wie schwäbisch Gutlein (Bonbon), Männchen oder Männlein machen (vom Hasen), mit jemand ein Hühnchen zu rupfen haben, sein Kälbchen austreiben, sein Gesetzchen heulen (vom Rundgesang hergenommen, bei dem jeder Teil-nehmer sein bestimmtes Gesetz singt, während der Chor den Kehrreim vorträgt), sich ins Fäustchen lachen, aus dem Häuschen sein, ein Vögelchen singen hören, kein Sterbenswörtchen davon wissen, ins Fettnäpfchen treten, sein Schäfchen ins Trockene bringen, vom Stengelchen fallen, sich ein Bewerbchen machen, kein Wässerchen trüben, ein Pfötchen geben, einer

---

[1]) In diesem Worte ist das alte i von -lin (-lein) ebenso erhalten wie in den Eigennamen Böcklin, Wölfflin, Füßlin, Reuchlin = Böcklein, Wölflein u. s. w. Vgl. auch Lyons Zeitschrift IX, 558.

Sache ein Mäntelchen umhängen, ein Stänberchen machen, Mätzchen machen; er ist wie ein Ohrwürmchen, bei ihm ist es nicht richtig im Oberstübchen, das war für ihn ein Apfelmüschen, mir schoß gleich das Blättchen, Gutschmäckchen macht Bettelsäckchen, sein ganzes Habchen und Babchen, ein bißchen schnell (von Bissen) u. a.[1])

Am seltensten ist verkleinernde Bildung bei abgezogenen Begriffen, doch einst noch häufiger als jetzt. Denn Tröstlein, Zornlein, Lüstlein, Freublein, die im Mhd. üblich waren, sind uns jetzt nicht mehr geläufig; nur Dünkel (= mhd. dunkelîn von dunc m., das Bedünken) hat sich behauptet, ferner in bestimmten Wendungen Mütchen (sein Mütchen kühlen) Lüstchen (ein Lüstchen zu etwas haben), Untätchen (an dem Kleibe ist noch kein Untätchen = Fleck).

14. Aber der Anteil des Herzens macht sich auch in anderer Weise geltend; zunächst in heiliger Scheu, die davon abhält, gefürchtete Dinge ohne weiteres auszusprechen. Wenn man diese nicht verhüllt, so verleiht man ihren Benennungen wenigstens ein abschwächendes, die Bedeutung milderndes Verkleinerungssuffix. Dies gereicht dem Sprechenden gewissermaßen zur Beruhigung; nun besorgt er nicht mehr, von den unheimlichen Erscheinungen, die er ausspricht, irgendwie geschädigt zu werden. So erklärt sich die Namensform von Kobolden und Spukgeistern aller Art wie Heinzelmännchen, Gütchen (= gute Wesen), Wichtelmännchen (mhd. wihtelmenlîn, wihtelîn von wiht, Wesen), Schrätteln oder Schrättlein (von Schratt), Galgenmännchen, schwäbisch Druckerlen, schweizerisch Toggeli u. a., wiewohl hier auch der Umstand mit in Frage kommt, daß man sich diese Geister meist als klein und zwergartig dachte. (Vgl. jedoch schwäbisch 's Muotles Heer = Wuotans Heer, das wilde

---

[1]) In Tirol heißen die Roßkastanien Bezierkösten oder in Kurzform Bezi, in einem großen Teile Deutschlands das Klopffleisch Klops. Echt volkstümlich ist es, wenn A. Gryphius im Peter Squenz den Löwen die Worte äußern läßt: „Ich will so lieblich brüllen, daß der König und die Königin sagen sollen: Mein liebes Löwichen, brülle noch einmal!" Kosend werden sogar die Riesen angeredet: „mein liebes Riesechen" (Grimms Märchen II, S. 193).

Heer). Sodann erscheint der Teufel im ältern Mhd. oft als Meister Hämmerlein mit Anspielung an den Hammer des Gottes Donar, der nicht selten mit dem Satan in Verbindung gebracht wird. Auch benennt man ihn mit den Namen Stöpke (nd. = Christoph), Benz (= Berthold), Kunz (= Konrad) und anderen Koseformen. Besonders aber werden Handlungen, die mit dem Tode irgendwie in Verbindung stehen, ferner Krankheiten u. a. Erscheinungen in dieser Weise beschönigt. Wer einen andern durch Gift beseitigen will, rührt ihm ein Pülverchen ins Essen, damit sein letztes Stündlein bald schlage; die Gicht heißt im Volksmunde Zipperlein (vgl. auch Zippeltritt, verwandt mit zappeln), die Ohrfeige mhd. örewetzelīn, das Diebeswerkzeug des Dietrichs in manchen Gegenden Peterchen oder Klöschen (= kleiner Klaus) und im Dänischen sowie im Schwedischen Dirk (= kleiner Dietrich). Zuweilen gebraucht man aber auch die Verhüllung, um eine bittere Pille, die man jemand gibt, zu verzuckern, oder zur Bezeichnung eines Schabernacks, den man mit jemand treibt; so kann man mit einem andern ein Wörtchen reden oder ihm ein Schnippchen schlagen. Besonders aber bezeichnet man häufig Menschen, die in sittlicher oder geistiger Beziehung stark hinter dem Durchschnitt zurückgeblieben sind, mit derartigen mildernden Namen. Schon Luther bediente sich dieser Formen; denn er schreibt einmal an einen Freund über dessen Sohn: „Ich achte aber, Euer Früchtlin und Kräutlin zu Halle hat nun ausgeheuchelt . . ., das Frömichen" (= der Frömmling). Ähnlich reden wir von einem netten Früchtchen, einem schönen Pfläumchen, einem sauberen Bürschchen; und wenn wir jemand die Leviten lesen wollen, so verwenden wir gern das Wort Freundchen.[1]) Auch spricht man nur von

---

[1]) So schreibt Bismarck am 3. August 1866 aus Prag an seine Frau: „Großer Zwist über die Thronrede. Die Leutchen haben alle nicht genug zu tun und sehen nichts als ihre eigne Nase." Ebenso können Schimpfwörter durch die Diminutivendung den Sinn von Koseformen erhalten, z. B. Schäfchen, mundartlich auch Schindluderchen (Vogtland) und Teufele (vergl. Polle, Wie denkt das Volk über die Sprache? 2. Aufl. S. 24).

einem Muttersöhnchen, nicht von einem Muttersohne. Ein
üppiges Mädchen nennt Luther ein Lüstlein, die Bayern
Dönlein oder Deinl, eine alte, unangenehme Frau heißt eine
Vettel (= lat. vetula), liederliches Volk Gesindel, im ältern
Nhd. Hubelmannsgesindlein; ein Mensch, der mit dem Ver-
stande zu kurz gekommen ist, wird bald mit Koseformen wie
Stoffel, Toffel, Christel (= Christoph), Poppel (= Poppo
in Schwaben), Petchen (= Peter in Holstein), Drutche (=
Gertrud in Holstein) bezeichnet, bald mit andern verkleinernden
Ausdrücken wie Lackl (vgl. Dämelack), Tappel (vgl. Taps),
Hutzel, Albel, Dackel, Gackel, Fatzke. Ebenso sind mit
beschönigendem Diminutivsuffix versehen die Wörter Rüpel
(kleiner Ruprecht), Metze (von Mechthild), Hinz und Kunz,
Butz und Benz (vgl. uzen und ulken von Ulrich).

Wieder anderer Art ist der Gebrauch der Endungen -chen
und -lein zur Bildung neuer Verwandtschaftsnamen. In
verschiedenen Gegenden unseres Vaterlandes unterscheidet man
von dem Herru und der Frau das Herrle (Großvater) und
das Fräule (Großmutter), Bezeichnungen, die wohl aus dem
Munde des Gesindes stammen und daran erinnern, daß die alten
Leute in Abwesenheit der jungen die Wirtschaft führen. Ähnlich
wird die Schwester des Vaters mundartlich Bäsel (kleine Base)
benannt, sobaß es den Anschein gewinnt, als ob das Suffix in
solchen Gebilden die Würde des höheren Alters mit hervorheben soll.[1]

Endlich drücken die in Frage stehenden Endungen auch aus,
daß sich ein Kleidungsstück nahe mit einem Körperteile berührt oder ihn eng umschließt. So ist von Leib genannt das
Leibchen, von Brust das Brüstchen (= Schnürleib), von Arm

---

[1] Dagegen ist Fräulein von Haus aus die junge Herrin, das
vornehme Mädchen (vgl. Frau = Herrin und die Worte Gretchens
im Faust: Bin weder Fräulein, weder schön), während Frauchen die
junge Frau bezeichnet. Ferner ist Enkel Diminutiv von Ahn (ahd.
ano: eninchili, mhd. eninkel), bezeichnet also eigentlich das Groß-
väterchen. (Vgl. schwäbisch Dättel, schüchternes Kind mit Datte,
Vater, und siebenbürgisch Papachen, kleines Kind.)

der Ärmel, von Finger mhd. vingerlîn, Ring (vgl. auch die
mit der gleichbedeutenden Endung -ling = -ing gebildeten
Wörter Fäustling Fausthandschuh, Däumling, mhd. hen-
delinc).[1]

15. Fragen wir nun, in welchem Lebensalter der Mensch
die Diminutiva am häufigsten gebraucht, so müssen wir der
Kinderwelt den Vorrang einräumen. Für sie ist alles klein
und niedlich, ihr ist vieles ans Herz gewachsen vom Väterchen
und Mütterchen bis zum Stühlchen und Hottopferdchen.
Die Kinder spielen Kämmerchenvermietens, Räuberles u. a.,
ihnen sind Sneewittchen (= Schneeweißchen), Dornröschen,
Rotkäppchen und Aschenbrödel oder Aschenputtel die
liebsten Gestalten. In zweiter Linie kommen vom heran-
wachsenden Geschlecht die Liebesleute, die vor lauter Zärtlichkeit
gern zu Koseformen greifen und Ausdrücke verwenden wie
Busserl oder Mäulchen (= Kuß), Vielliebchen (vermutlich
entstellt aus litauisch filibas, zwei zusammengewachsene Nußkerne),
Schätzchen, Herzcheu, Herzliebchen. Weniger macht das
Mannesalter davon Gebrauch; doch läßt sich's der gemütliche
Bürger nicht nehmen, sein Weinchen zu trinken, sein Pfeifchen
zu rauchen und sich sein Räuschchen zu holen, macht auch sein
Geschäftchen oder Skätchen und freut sich, wenn er dabei
seine hundert Tälerchen oder Märkchen gewonnen hat.

Forscht man sodann nach den deutschen Volksstämmen,
die am häufigsten Verkleinerungswörter verwenden, so müssen
wir die Süddeutschen obenanstellen. In ihrem Gebiete sind die
Hirtl und Seidl, Füchsel und Bröbel heimatsberechtigt,
von dorther stammen die komischen Figuren des Puppentheaters,
die wir Kasperle und Pimperle nennen (vgl. Eisele und
Beisele), dort trifft man selbst auf Wirtshausschildern Koseformen an (z. B. im weißen Rößl, zum Rößli u. a.) und hört
Ausdrücke wie Kindl für den Augapfel (wörtliche Übersetzung
von pupilla, Pupille) oder Männele und Weibele für Heftel

---

[1] Vgl. auch engl. thimble, Fingerhut von thumb, Daumen,
franz. manchette von manche und culotte von lat. culus

und Schlingen. Der Schwarzwälder Bauer spricht mit Stolz von seinen Tänneli (Tannen), in der Schweiz werden Ärmli und Beinli fast wie Arm und Bein gebraucht, ja aus dem Munde des Schwaben kann man sogar Herrgottl und Mein- eibl vernehmen. Die Niederdeutschen halten mit den Diminutiven meist ebenso zurück wie mit ihren Gefühlen. Dem Heliand sind derartige Formen ganz fremd, und noch jetzt ist das Volk damit sparsamer als südlich von der Mainlinie; das Englische und das Skandinavische aber haben die Verkleinerungssuffixe ganz auf- gegeben, sodaß sie zu Umschreibungen mit little u. s. w. ihre Zuflucht nehmen müssen; auch an der Unterweser werden diese gern durch den Gebrauch des Wortes lüttje, klein ersetzt.[1]

Von Dichtungsarten verwendet sie am meisten die lyrische, nächstdem die epische; doch bestehen auch hier große Unterschiede. Wie unter den römischen Lyrikern Catull in Koseformen geradezu schwelgt, weil er sie seiner tändelnden Art am angemessensten findet, die andern Vertreter der klassischen Literatur aber darin weit vorsichtiger sind, so weichen auch die deutschen Sänger hier stark voneinander ab.[2] Von den mhd. Dichtern zeigen eine große Neigung zu Diminutiven Gottfried von Straßburg und Heinrich von Freiberg; in der neueren Zeit hat darin Brockes († 1747) außerordentlich viel geleistet, namentlich infolge der liebevollen Andacht, mit der er sich in die Betrachtung der Natur bis herab zu ihren kleinsten Erscheinungen zu versenken pflegt. Bei ihm finden wir Wendungen wie angenehmes Frühlingskindchen, kleines Traubenhyazinthchen. Klopstock ist darin viel mäßiger, wenn er auch Gebilde wagt wie Philomelchen, Eumenidchen, Terpsichorchen. Erst von den 70er Jahren des 18. Jahrhunderts an zeigt er größere Vorliebe dafür, läßt daher auch in den grammatischen Gesprächen die Endung -chen sagen:

---

[1] „Doch der Holländer und der Westfale schwelgen in solchen Ver- kleinerungswörtern, und der Natangsche Ostpreuße sagt sogar Sönnke und Webbake (Wetter)." E. H. Meyer, Deutsche Volkskunde S. 303.

[2] Catull bildet von zwanzig Adjektiven Verkleinerungsformen wie aureolus, albulus, parvulus. Vgl. Belger, Moritz Hauptmann, S. 242.

„Ich komme desto öfter vor. Ich bezeichne die Verkleinerung, und so oft es die Bedeutung des Wortes zuläßt, mit dem ich mich verbinde, auch Anmut". Dagegen werden die Diminutiva von der galanten Dichtung verpönt. Nachdem schon Zesen im deutschen Helikon gegen Formen wie Röslein rot geeifert hatte, weil sie die Rede ganz unmännlich und kindisch machten, setzten J. G. Neukirch u. a. Dichter den Feldzug dagegen fort. Später erfreuten sie sich wieder größerer Gunst; in neuester Zeit hat sie besonders H. Heine gebraucht; bei ihm bilden sie geradezu eine hervorstechende Eigentümlichkeit, ohne die man sich seine Lieder kaum denken kann. Sie verleihen seiner Sprache das volkstümliche Aussehen und bekunden gemütvollen Anteil an Personen und Sachen. Doch geht er vielfach zu weit und spricht nicht bloß von Zappelbeinleutchen und Perlenträntröpfchen, sondern auch vom Lämpchenscheine und dem großen Töchterlein.

Daraus ergibt sich deutlich, daß die Deutschen im allgemeinen eine große Neigung für Verkleinerungsformen haben infolge der herzlichen Art, mit der sie die Natur und das Leben erfassen, daß aber im einzelnen große Verschiedenheit obwaltet je nach ihrer persönlichen Anlage, ihrem Geburtsort und der Zeit, in der sie leben.

Kraft ist dein Wort.

Klopstock.

5. Verstärkung des Ausdrucks.

16. Es ist in der Natur des Menschen begründet, daß er leicht zu starken Ausdrücken greift. Denn er läßt sich nicht nur oft durch die Leidenschaft hinreißen, sondern trägt auch bei ruhiger Erwägung gern kräftige Farben auf, um schneller verstanden zu werden oder das Interesse der Zuhörer zu steigern. Im großen und ganzen bedient sich bei mündlichem Verkehr der

Ungebildete stärkerer Worte als der Gebildete, namentlich in der Erregung, wo er den Mangel an Gründen durch die Kraft der Ausdrücke zu verdecken sucht; im Bereiche der Literatur aber nehmen vor allem die Dichter den Mund etwas voll, weil sie die Phantasie anregen und das Herz begeistern wollen.

Die einfachste Art der Steigerung besteht in der Wiederholung eines Wortes. Wie man einen stattlichen Baum nicht auf einen einzigen Streich fällt, sondern mehrmals dazu ausholt, so setzt derjenige, welcher wirkungsvoll reden und nachdrücklich hervorheben will, öfter an, in der Voraussetzung, daß es dann deutlicher gehört wird und sich fester einprägt. Ein tiefer, tiefer Wald erscheint unserer Einbildungskraft ausgedehnter als ein tiefer Wald, und ein hohes, hohes Haus wächst zusehends vor unseren geistigen Augen über andere Häuser hinaus. Wenn wir ferner äußern: Du armer, armer Mann, so ist der Ausdruck des Bedauerns kräftiger, als wenn wir uns mit einmaligem arm begnügen, und wenn W. Müller singt: „Die Nacht, die Nacht ist kommen," so empfinden wir die Schauer der Finsternis mehr, als wenn das Wort Nacht bloß einmal stünde. Am häufigsten kommt diese Figur im Volksliede vor, z. B.: „Lang, lang ist's her" oder: „Ach scheiden, scheiden das tut weh"; aber auch sonst hat sich die Dichtung eine so wirksame Redeweise dienstbar gemacht. So schreibt Goethe im zweiten Teile des Faust: „Zuletzt bei allen Teufelsfesten wirkt der Parteihaß doch am besten bis in den allerletzten Graus; schallt widerwiderwärtig panisch, mitunter grell und scharf satanisch, erschreckend in das Tal hinaus." Hier drückt das doppelt gesetzte wider nicht bloß das feindliche Wirken von zwei Seiten aus, sondern auch die Intensität des Schalls. An einer andern Stelle sagt derselbe Dichter: „Das Wiederwiedersehn beglückt noch mehr" und erhöht damit den Empfindungs und Stimmungsgehalt des Gedankens; ferner lesen wir bei Schiller: „Es bricht sich die Welle mit Macht, mit Macht" (des Mädchens Klage) und: „Es kommen, es kommen die Wasser all'" (Taucher), ja, im Don Carlos finden wir ein Wort sogar dreimal hintereinander: „Ich kann's nicht

ſtandhaft tragen wie ein Mann, daß Sie mir alles, alles,
alles ſo verweigern."[1]

Dabei laſſen es die Dichter nicht an Abwechſelung fehlen.
Denn die wiederholten Wörter ſtehen nicht bloß unverbunden
nebeneinander, ſondern werden öfter auch mit und verknüpft,
ſo bei Schiller am Schluſſe des Gedichts über das Ideal und
das Leben: „Und des Erdenlebens ſchweres Traumbild ſinkt
und ſinkt und ſinkt."[2] Manchmal tritt bei der Wiederholung ein ſteigernder Ausdruck hinzu, ſo in Heines Worten:
„Wohl zahl ich ihm teure, blutteure Gebühr" und „Er iſt ſo
bleich, ſo ſchmerzensbleich"; anderswo werden zwei verſchiedene
Komparationsgrade nebeneinander geſtellt, z. B. bei Goethe:
„Feſt und feſter" (Iphigenie I, 1), „bang und banger"
(Iphigenie IV, 5), oder es wird ein Wort in verſchiedener
Verbindung wiederholt, z. B. in Schillers Braut von Meſſina:
„So erwuchs ich ſtill am ſtillen Ort" oder „fremd kam er
mir aus einer fremden Welt." Beſonders wirkungsvoll iſt es,
wenn Dichter die Anapher verwenden, um die regelmäßige
Wiederkehr gewiſſer Naturerſcheinungen zu malen, z. B. Goethe
im Fiſcher: „Das Waſſer rauſcht, das Waſſer ſchwoll."
Wie viel matter würde hier der proſaiſche Ausdruck „das Waſſer
rauſchte und ſchwoll" klingen! Doppelt geſagt heißt wirkungs-
voller geſagt.[3]

---

[1] Vgl. in Goethes Fauſt die Worte Gretchens: „Wohin ich immer
gehe, wie weh, wie weh, wie wehe wird mir im Buſen hier!";
ferner die volkstümliche Wendung: Das geht aus dem ff (= fortiſſimo
in der Muſik).

[2] Vgl. Simpliciſſimus IV, S. 221: „Damals war das Brot
klein und klein (= ſehr klein).

[3] Vgl. Kuhns Zeitſchr. f. vergleich. Sprachwiſſenſch. II, S. 12
und Rochholz, Kinderlied, S. 16, wo es heißt: „Die leidenſchaftliche
Rede des gemeinen Mannes, das Sprichwort, die Bauern- und Kalender-
regel paaren gern verwandte Laute und Worte, weil auch wir die dazu
gehörenden Vorſtellungen in doppelter Stärke ſelbſt denken." Zu vergleichen ſind ferner volkstümliche Wendungen wie nach und nach,
durch und durch, über und über oder (mit Verhältniswort) Tag
für Tag, Schuß auf Schuß, Schlag auf Schlag und Wölfflins
Archiv f. lat. Lexikographie V, S. 161 ff.

Eine andere Art nachdrücklicher Rede bildet die sogenannte etymologische Figur, d. h. die Verknüpfung zweier Begriffe (gewöhnlich Zeitwort und Hauptwort), die miteinander stamm- oder bedeutungsverwandt sind. Denn es ist nicht bloß plastischer und anschaulicher, sondern auch gewichtiger zu sagen: „ich habe einen schweren Kampf gekämpft", als „ich habe schwer ge- kämpft". Schon in alter Zeit beliebt, dann aber zurück- gedrängt, kam diese Ausdrucksweise unter dem Einflusse Klopstocks und der Schweizer wieder mehr in Aufnahme, ja, sie war um die Mitte des 18. Jahrhunderts so beliebt, daß sich Goethes Freund Behrisch darüber lustig machte. Nach Dichtung und Wahrheit (Schluß des 7. Kap.) antwortete er nämlich auf die Frage, was Erfahrung sei: „Die wahre Erfahrung sei ganz eigentlich, wenn man erfahre, wie ein Erfahrener die Er- fahrung erfahrend erfahren müsse", und fügte hinzu, er habe diese Art, sich deutlich und eindrücklich zu machen, von den neuesten und größten Schriftstellern gelernt, welche ihn auf- merksam gemacht hätten, daß man eine Ruhe ruhig ruhen köune. So finden wir bei Klopstock nicht selten Wendungen wie: „Er schlief den eisernen Schlaf" und „Du gebotest strenge Gebote", ebenso bei Schiller und anderen Dichtern Sätze wie: „Lebe, wer's kann, ein Leben der Zerknirschung" (Braut von Messina), „Sie spielen ein gewagtes Spiel" (Don Carlos) u. s. w.

Wieder anders geartet ist die Klimax, d. h. die Anein- anderreihung verschiedener Ausdrücke, von denen der nächste immer stärker ist als der vorhergehende, wie bei Lessing im Philotas I, 1: „Was hab' ich nicht gebeten, gefleht, ge- schworen!" oder in der Minna von Barnhelm I, 7: „Deine Hartnäckigkeit, dein Trotz, dein wildes, ungestümes Wesen, deine tückische Schadenfreude, deine Rachsucht".

17. Ein weiteres Mittel der Verstärkung eines Ausdrucks besteht in der Beigabe steigernder Wörter, mögen diese nun einfach daneben gestellt oder damit zusammengesetzt sein. Die Schriftsprache wählt zur Steigerung gern verblaßte Ad- verbien wie sehr (urspr. soviel als schmerzlich; vgl. versehren); in der Umgangssprache dagegen und im Munde des Volkes

sind meist durchsichtigere und anschaulichere Gebilde dafür üblich.
Deshalb heißt es hier schrecklich groß, ungeheuer weit,
entsetzlich wild, gräßlich neugierig oder verdammt kalt,
verflucht naß, heillos schwer, lasterhaft teuer, herzlich
schlecht (nach herzlich gern gebildet), ja, es stehen sogar Wörter
nebeneinander, die sich zu widersprechen scheinen, z. B. häßlich
schön, dumm gescheit, furchtbar ängstlich (= sehr schön,
sehr gescheit, sehr ängstlich), aber tatsächlich nicht widersprechen,
weil das erste seine Grundbedeutung eingebüßt und nur die
steigernde Kraft behauptet hat.[1] Ferner heißt es in der
Mundart statt er schreit sehr: er schreit aus vollem Halse
oder aus Leibeskräften, statt er lügt sehr: er lügt das
Blaue vom Himmel herunter (vgl. er studiert das Blaue
vom Himmel bei Abr. a Santa Clara, Judas der Erzschelm)
oder er lügt, daß sich die Balken biegen, statt er läuft sehr:
er läuft, was das Zeug hält, er läuft wie besessen oder
wie ein Schneider, statt es regnet sehr: es regnet wie mit
Bindfaden oder wie mit Ackerleinen, statt er bekräftigt es
sehr: er schwört Stein und Bein, wobei Stein und Bein
gerade so zur Verstärkung dienen wie in dem österreichischen
Ausdruck steinbeinmutterseelenallein (= ganz allein) und
in dem von J. Grimm verzeichneten steinbeintreu.

　　Am häufigsten aber wendet das Volk Vergleiche an,
weil diese am anschaulichsten sind, z. B. er ist arm wie eine
Kirchenmaus (= sehr arm), er ist gesund wie eine Ecker
(oder Eichel, d. h. sehr gesund), er schimpft wie ein Rohr-

---

[1] Schon Schottel (Teutsche Haubt-Sprache S. 780) äußert sich
über Verbindungen wie schrecklich lustig, solche Adverbien würden
oftmals gar übel zu Dingen gesetzt, wo nichts weniger als solche harte
und erschreckliche Worte nötig, ja wo sie ganz unnatürlich seien. Bähr
(Eine deutsche Stadt vor 60 Jahren S. 132) sagt: „Die heutige Umgangssprache liebt es, mit den stärksten Tinten zu malen; die Schülerin
einer höheren Töchterschule wäre z. B. so schrecklich gern gekommen,
wenn sie gekonnt hätte, und bezeichnet ihre Freundin als furchtbar nett";
Lichtenberg endlich (Vermischte Schriften S. 126) klagt: „Es ist zum
Erstaunen, wie sehr das Wort unendlich gemißbraucht wird; alles ist
unendlich schön" u. s. f.

sperling (er schimpft sehr), er paßt auf wie ein Heftel=
macher (er paßt sehr auf).[1] Etwas anders liegt die Sache
bei der Verneinung, die oft badurch verstärkt wird, daß der
Name eines wertlosen Gegenstandes hinzutritt. Wie im Latei=
nischen nihil aus ne hilum, nicht ein Haar hervorgegangen ist,
und im Französischen ne .. pas, ne .. point nicht einen Schritt,
nicht einen Punkt bebeuten, so entstehen auch beutsche Ausbrücke
wie nicht bie Bohne, nicht ein Haar, kein Fünkchen,
keinen Pfifferling (Pilzart), nicht ein Kaff (mhb. kaf,
Spreu), benen sich im Mhb. Wörter wie Blatt, Bast, Spreu,
Ei, Wind u. a. zugesellen.[2]

Bei der Komposition lassen sich je nach der Beschaffenheit
des steigernden Begriffes verschiedene Gruppen unterscheiden.
Zunächst kann dabei ein Ausruf oder Wunsch zu Grunde liegen,
der ursprünglich zur Bekräftigung hinzugefügt worden ist. Hier=
her gehören Ausbrücke wie kreuzbrav, kreuzfibel, höllen=
heiß, höllensauer, himmelangst, blitzwenig, blitzbumm;
ferner kommt die Anschauung des völligen Durchbringens in
Betracht bei den Gebilden mit grund=, kern=, ur= (=heraus)
und in= (=hinein), z. B. bei grundgescheit, grundgütig,
kerngesund, kerndeutsch, uralt, urkräftig, ingrimmig,
inbrünstig. Ein Überschreiten des gewöhnlichen Maßes können
wir beobachten bei Übermensch, überbrettl, überglücklich,
erzbumm[3], tausendgut. Der Gebanke an das als Übel
empfundene Gegenteil (unfein: fein) verleiht der Vorsilbe un=

---

[1] Vgl. Meine Syntax der Altenburger Mundart, Halle 1900, be=
sonders S. 159 ff.

[2] Vgl. J. Zingerle, Über die bildliche Verstärkung der Negation bei
mhb. Dichtern. Wiener Sitzungsberichte 1864, S. 414—77. Die anbere
Art, wie man die Verneinung hervorheben kann, besteht in der Anwendung
zweier negierender Partikeln; boch ist biese jetzt auf die Volkssprache
und die Dichtung beschränkt, z. B. „kein Feuer, keine Kohle kann
brennen so heiß wie heimliche Liebe, von der niemand nichts
(= niemand etwas) weiß" oder „das geht niemand nichts an". Weitere
Beispiele geben Hildebrand und Schwabe in Lyons Zeitschrift für den
deutschen Unterricht III, S. 149 ff. und VII, S. 807 ff.

[3] Erz = archi in archiepiscopus, Erzbischof.

zunächst den Sinn des Widrigen und Mißlichen (Unstern, Un-
wetter, Unkraut) und sodann den der Steigerung. So versteht
man unter Unmasse, Unzahl, Unmenge nicht eine geringe,
sondern eine große Menge (vgl. Unkosten) und unter Untier
ein schreckliches Tier. Weiter gehen die Mundarten, z. B. die
hessische, in der unbedeutend, unfalsch, unschlecht, un-
barbarisch den Sinn von sehr bedeutend, ganz falsch, grund-
schlecht, ganz barbarisch angenommen haben.[1]) Die letzte mögliche Folge eines Zustandes oder einer Eigenschaft drückt der
erste Bestandteil aus in tobmatt (= matt bis auf den Tod),
tobkrank, Tobfeind (vgl. Goethe, Wahlverwandtschaften:
„Sie kann es in den Tod nicht leiden"; ferner: es ist zum
Sterben langweilig), wunderschön (= so schön, daß man sich
wundert), spottbillig. Mehrfach enthält der Zusatz die Angabe einer großen Ausdehnung, z. B. himmelhoch, welt-
berühmt; am häufigsten aber beruht er auf einem Vergleich:
Heidenangst oder, wie man dafür in dem judenreichen Hessen
sagt, Judenangst ist eine Angst, wie man sie vor Heiden und
Juden hat; dabei verstand man unter Heiden ursprünglich die
Türken oder Tartaren, was sich noch aus der Bezeichnung des
aus Südosten zu uns gekommenen Buchweizens als Heidenkorn
(später umgedeutet in Heidekorn), blé sarrazin, grano sarazeno
und als Taterkorn erkennen läßt. Mordsgeschrei ist ein
solches, wie es erhoben wird, wenn ein Mord stattfindet, stockfinster so finster wie im Stock (Gefängnis), stocksteif steif wie
ein Klotz, steinhart und hornalt so hart und alt, wie Stein
oder Horn zu werden pflegen; ähnlich verhält es sich mit
grasgrün, feuerrot,[2]) schnurgerade, eiskalt, zuckersüß,

---

1) Vgl. sich nicht entblöden = sich entblöden, d. h. die
Blödigkeit abtun.

2) Zu beachten ist, daß bei ziegelrot, purpurrot, wo es sich
um Farbennüancen handelt, der Ton auf dem ersten Bestandteile der
Zusammensetzung liegt, aber bei kohlschwarz, schneeweiß, grasgrün, feuerrot, wo es lediglich auf die Verstärkung des Begriffes
ankommt, auf dem zweiten. Vgl. auch den Unterschied zwischen steinreich und steinreich, blutarm und blutarm. Aschgrau bezeichnet ursprünglich eine Farbenschattierung, aber in der Verbindung das geht
ins Aschgraue dient es lediglich der Verstärkung (= graue Ferne).

baumlang, hundsgemein. In manchen Fällen ist der ursprüngliche Sinn des verstärkenden Wortes so verblaßt, daß es auch zu Begriffen gesetzt wird, zu denen es eigentlich nicht paßt; z. B. wird nach stockfinster nun auch stockdumm, stocktaub, stockfremd und stockkatholisch gebildet, nach steinhart auch steinreich, steinfremd (vgl. altengl. stónstill) u. s. f.[1] Dabei liebt es das Volk, die vorgesetzten Stämme zum Ausdruck starker Steigerung zu häufen. So finden wir neben rabenschwarz pechrabenschwarz (= pechschwarz und rabenschwarz) oder gar pechkohlrabenschwarz, ebenso neben stockfinster stockbrandfinster oder (bei Luther, Hiob 10, 22) stockdickfinster, ferner sind geläufige Ausdrücke fuchsfeuerrot, schneeblühkieselweiß (tirol.), kirschkesselbraun (thüring.), funkelnagelneu, funkelspelternagelneu (bayrisch), splitterfasernackt, spinnnatterfeind (österreich.), sternhagelbetrunken, kreuzlendenlahm, todsterbensmüde, mausmutterseelenallein, muttermäuschenstill, fuchsteufelswild, brühsiebendheiß, liebehimmelswonnewarm (Goethe), hochnotpeinlich (vom peinlichen Gericht oder Halsgericht Karls V.).[2]

18. Wieder anders geartet ist die Steigerung durch Komparationsgrade. Der Superlativ wird heutzutage besonders gebraucht bei der marktschreierischen Anpreisung von Handelsartikeln, aber auch in Briefen und Schriftstücken zum Ausdruck tiefster Unterwürfigkeit. Die Erzeugnisse und Verkaufsgegenstände

---

[1] Zuweilen sind nur zwei synonyme Wörter miteinander verwachsen, wie bei jammerschade (sehr schade) = ein Jammer und ein Schade.

[2] Zu den verstärkenden Zusammensetzungen gehören eigentlich auch die Gebilde auf -bold, -olf und -hard, die in ihrer Bedeutung den italienischen Augmentativis auf -one, -otto, -uto u. s. f. entsprechen, z. B. nhd. Raufbold, Witzbold, Trunkenbold, mhd. biterolf, (beißender Wolf, verbissener Mensch), triegolf (einer, der gern betrügt), nidhart (neidischer Mensch), frîhart (Bagabund). Sie sind nach Art von Eigennamen gebildet wie Humbold (hühnenkühn), Seibold (Siegbold, siegkühn), Ludolf (Leutewolf), Rudolf (Ruhmwolf), Bernhard (bärenstark), Reinhard (Reginhard, stark im Rat). Übrigens ist -hard mit gleicher Verwendungsweise in die romanischen Sprachen gedrungen (vgl. frz. vieillard, gaillard, it. vecchiardo, gagliardo).

der Geschäftsleute sind nicht fein oder gut, sondern vom feinsten Geschmack, hochfein in der Qualität, Primaware. Wie sich schon Schiller im Prolog der Jungfrau von Orleans (2) zu schreiben erlaubte: „Sie ist die hochbegabteste von allen", so liest man jetzt in den Tagesblättern häufig Doppelsteigerungen, z. B. die bestbewährteste Einrichtung oder die schönstgearbeitetsten Stickereien, und hört von Versprechungen, daß Aufträge mit der größtmöglichsten Schnelligkeit ausgeführt werden sollen. Bei Briefunterschriften aber sind ganz gehorsamst, hochachtungsvollst und alleruntertänigst an der Tagesordnung. An Stelle von geehrt oder sehr geehrt gebraucht man bei der Anrede gern hochgeehrtest, an Stelle von ergeben oder ganz ergeben bei der Unterzeichnung ganz ergebenst trotz langjährigen Eiferns wohlmeinender Männer. Zieht doch schon Grimmelshausen gegen solchen Byzantinismus zu Felde. Denn er läßt den Simplicissimus zum Sekretär des Gouverneurs von Hanau sagen: „Dies alles sind ja Adamskinder und eines Gemächtes miteinander und zwar nur von Staub und Aschen! Wie kompt dann ein so großer Unterscheid her? Allerheiligst, unüberwindlichst, durchleuchtigst! Sind das nicht göttliche Eigenschaften? Hier ist einer gnädig, dort der andere gestreng, und was muß das geboren dabei tun? Man weiß ja wohl, daß keiner vom Himmel fällt, auch keiner aus dem Wasser entsteht und daß keiner aus der Erde wächst wie ein Krautkopf!"[1])

Ein sehr beliebtes Steigerungsmittel ist auch die Hyperbel. Sie hat ein sehr hohes Alter und läßt sich schon seit ahd. Zeit nachweisen, z. B. in einem nach Art des modernen Jägerlateins gegebenen Berichte über eine Eberjagd, den wir aus einer St. Gallener Chronik des 10. Jahrhunderts kennen. Darnach hatte man es mit einem Tiere zu tun, dessen Zähne zwölf Ellen lang und dessen Borsten so hoch wie die Tannen des Waldes waren.[2]) Desgleichen laufen im Dialog des Dramas

---

[1]) Vgl. auch Verbindungen wie ganz allerliebste Dinge.

[2]) Der heber (Eber) gât in lîtun, tregit sper in sîtun, sîn bald ellin ne lâzet in vellin. Imo sint fuoze fuodermâze, imo

oft übertreibende Wendungen unter, z. B. bei Schiller in der Jungfrau von Orleans: „Nicht eine Welt in Waffen fürchten wir, wenn sie einher vor unsern Scharen zieht", oder bei Goethe im Faust: „Setz' dir Perücken auf von Millionen Locken, setz' deinen Fuß auf ellenhohe Socken, du bleibst doch immer, was du bist". Daher gestattet sich auch der lyrische Dichter den dampfenden Gischt bis zum Himmel spritzen oder die Seele himmelhoch jauchzen und bis zum Tode betrübt sein zu lassen. Ja, Heine versteigt sich sogar zu der großartigen Übertreibung: „Mit starker Hand aus Norwegs Wäldern reiß ich die höchste Tanne und tauche sie ein in des Ätnas glühenden Schlund, und mit solcher feuergetränkter Riesenfeder schreib' ich an die dunkle Himmelsdecke: Ich liebe Dich!" und Schiller zu der nicht minder großen: „Alle Fürstenthronen aufeinandergestellt, bis zu den Sternen fortgebaut, erreichten nicht die Höhe, wo sie (die Jungfrau von Orleans) steht in ihrer Engelsmajestät" (Jungfrau III, 1). Besonders die Umgangssprache bietet zahlreiche Fälle stark auftragender Rede; sie nimmt gern den Mund etwas voll und sagt von einem Freudigen, daß er vor Lust deckenhoch springe, von einem Empörten, daß sich ihm das Herz im Leibe herumdrehe, von einem Gutmütigen, daß er sich um den Finger wickeln lasse und von einem Überklugen, daß er das Gras wachsen sehe oder die Flöhe husten höre. Und wie oft vernimmt man nicht die Wendungen: „Ich bin wie gerädert, ich habe Blut geschwitzt, ich habe mir die Augen ausgeweint, ich möchte ihn vor Liebe aufessen, ich platze vor Wut, ich bin ganz Ohr, das hängt mir zum Halse heraus oder du bist seit ewiger Zeit nicht dagewesen, er war wie aus den Wolken gefallen, da möchte man gleich aus der Haut fahren, er war ganz Gift und Galle, er schwimmt in Tränen, er ist aus lauter Ehrgeiz zusammengesetzt, ihm fällt das Herz in die Hosen, er

---

sint borste ebenhô forste unde zene sîne zwelfelnîge: Der Eber geht am Bergabhang, trägt einen Speer in der Seite, seine gewaltige Stärke läßt ihn nicht zu Falle kommen. Er hat fuberhohe Läufe (Füße), er hat Borsten ebenso hoch wie der Wald und zwölfellige Hauer (Zähne).

läßt Holz auf sich hacken, ich will ihm die Hölle heiß machen (= ihn durch Drohungen ängstigen), du machst aus der Mücke einen Elefanten. Daneben bestehen Schlagwörter, besonders im Munde der Gebildeten, die bald kürzere, bald längere Zeit beliebt gewesen sind und zum Teil noch sind, wie fabelhaft, verblüffend, stupend, grandios, kolossal, phänomenal, brillant, Wörter, welche nicht selten von ganz unbedeutenden Gegenständen gebraucht werden.

Auch eine Art der Übertreibung, die schon in den Sprachen des klassischen Altertums bedeutsam hervortritt, ist die Figur ek tu adynatu, d. h. die Bezeichnung der Naturunmöglichkeit, die bei Versicherungen und Wünschen vielfach gebraucht wird, um eine Angabe recht wirkungsvoll zu machen. Sie hat sich namentlich bei den Alexandrinern stark entwickelt und findet sich im größten Teile der römischen Poesie, treibt aber auch in der Literatur Deutschlands, zumal der volkstümlichen, reiche Blüten. Im 15. und 16. Jahrhundert waren die Briefe angefüllt mit Wünschen folgender Art: „Gott laß dich gesund, unz (bis) eine Rose gelt’ ein Pfund, Gott erhalt euch gesund, bis ein Krebs erlauft einen Hund,“ aber auch ausführlicher, z. B. „So wünsch ich dich so lang gesund, bis daß eine Lins’ wiegt hundert Pfund und bis ein Mühlstein in Lüften fleugt, eine Fliege ein Fuder Weines zeucht und bis ein Krebs Baumwolle spinnt und man im Schnee ein Feuer anzündt“. Doch bewegt sich die Rede des Volkes auch noch jetzt in solchen Wendungen. Was Christian Weise schreibt: „Ich möchte Kieselsteine flennen“ oder „ich möchte ein Loch in die Welt laufen“, findet sich noch immer in der Mundart. Für „Auf Nimmermehrstag“ hört man in Thüringen: „Auf Pflaumenpfingsten, wenn die Böcke lammen“ und in Nürnberg sagt man von einem Glückspilze: „Dem kälbert der Holzschlegel auf der Achsel“.[1] Aber nicht bloß die volkstümliche Poesie hat sich die Kontrastwirkung dieser Figur zu nutze gemacht, sondern auch Dichter wie Konrad von Würzburg verwenden sie öfter, z. B. in den Versen: „Eher wird der Diamant

---

[1] Vgl. meine Abhandlung in der Zeitschrift f. hochd. Mundarten Bd. III, S. 47.

mit weichem Blei durchbohrt, eh' ich die Höhe des Lobes erreiche, das dir, heilige Jungfrau, gebührt," und Schiller schreibt in der Jungfrau von Orleans I, 10: „Eh' siehst du die Loire zurückefließen" und in der Maria Stuart III, 3: „Eh' mögen Feu'r und Wasser sich in Liebe begegnen und das Lamm den Tiger küssen."

So sehen wir also, daß sich die Mundart und die poetische Ausdrucksweise auf diesem Gebiete die Hände reichen. Denn beide sind darauf bedacht, die Darstellung recht anschaulich und greifbar zu gestalten.

Endlich ist noch einiger syntaktischer Mittel Erwähnung zu tun, durch die der Ausdruck verstärkt wird. So bringen die flexionslosen Formen des Verbs, Infinitiv und Partizip, unter Umständen größere Wirkung hervor als die flektierten, z. B. hat ein Befehl, wenn er mit jenen gegeben wird, den größten Nachdruck; denn es ist kräftiger zu sagen: „Still stehn!" und „Still gestanden!" als: „Stehen Sie still!" Ebenso ist der zweifelnde oder verwunderte Ausruf: „Du und laufen!" oder „Du und gelaufen!" entschieden eindringlicher als die Äußerung: „Du wirst schwerlich laufen oder gelaufen sein". Vor allem sind beide Zeitformen von mächtiger Wirkung, wenn sie (in oft verbindungslos aneinander gerückten Sätzen) gebraucht werden, um einen Vorgang lebhaft zu erzählen, z. B. „Aufspringen, mein Kind ergreifen, (und) aus dem Hause stürzen war das Werk eines Augenblicks" oder „Ich aufgesprungen, mein Kind ergriffen und aus dem Hause hinausgestürzt". Wenn ferner Goethe in seinen venetianischen Epigrammen die Worte schreibt: „Hat mich Europa gelobt, was hat mir Europa gegeben? Nichts! Ich habe, wie schwer! meine Gedichte bezahlt," so bedient er sich der lebhaften Darstellungsmittel von Frage- und Ausrufesatz, die im Volksmunde so gern gebraucht werden. Wie matt klingt gegen dieses „wie schwer!" unser schriftsprachliches „schwer"! Echt volkstümlich sind auch eingeschobene Ausrufe wie: „Ich habe ihn — Knall und Fall! — entlassen," d. h. auf der Stelle. Dasselbe gilt von Fragen wie: „Sie jagten — was hast du? was kannst du? — auf der Straße

hin" (= sehr schnell) oder „Er zog den Rock an, setzte den Hut
auf und — hast du nicht gesehn? — war er aus der Stube
hinaus" (= sehr rasch). Wendet doch der Mann aus dem
Volke auch oft die Frageform an, wenn er jemand auf etwas
Unerwartetes in seiner Erzählung besonders aufmerksam machen
will, z. B. „Ich hatte ihm meinen Besuch angekündigt, und
was sagte er darauf? Er könne jetzt keinen Besuch brauchen"
(= und darauf antwortete er, er könne jetzt keinen Besuch
brauchen).

Jede scharfsinnige Untersuchung
läßt sich in eine Antithese kleiden.
Lessing.

6. Gegensatz.

19. Von altersher haben die Gegensätze im Bereiche der
Sinnenwelt auf das Denken und Empfinden der Menschen
wesentlichen Einfluß ausgeübt. Dies tritt z. B. deutlich in der
Mythologie hervor, wo die Begriffe Licht und Finsternis,
Tag und Nacht, Sommer und Winter, Leben und Tod
große Bedeutung haben und bei der Entstehung der meisten
Mythen wirksam sind. In gleicher Weise pflegt das Volk zwei
einander entgegengesetzte Teile zu nennen, wenn es das Ganze
zum Ausdruck bringen will, wie Himmel und Erde (= die
Welt), über Berg und Tal (= in die Weite), früh und spät
(= jederzeit), weit und breit (= überall). Wie ferner der
Philosoph das Nicht-Ich dem Ich gegenüberstellt, so bezeichnet
unsere Sprache jedes sich dem Auge bietende Ding als Gegenstand, d. h. Gegenüberstehendes (Objekt) und die vor uns aus-
gebreitete Landschaft als Gegend (= frz. contrée von lat.
contra, gegen), die Zeit aber, die uns vorliegt, als Gegenwart (vgl. vor-wärts, auf-wärts). Doch läßt sich die Beziehung zu den Erscheinungen der Sinnenwelt auch anders
ausdrücken, nämlich so, daß das Zusammensein des Menschen
mit ihnen zum Ausdruck kommt. Man ist geduldig gegen

jemand oder hat Geduld mit ihm, man kämpft gegen einen Feind oder mit ihm. Neben ſchriftſprachlich gut oder böſe ſein gegen hört man aus Volksmunde gut oder böſe ſein mit jemand. Abſtechen verbinden wir jetzt mit jener Präpoſition (gegen oder von), bei Leſſing finden wir es noch mit dieſer verbunden. Und wie lat. contra von con abgeleitet iſt, ſo ſteht neben engl. with, mit das lautlich genau entſprechende angelſächſiſch wid, gegen. Ähnliche Verſchiedenheit der Gebrauchsweiſe zeigt das Verhältniswort für. Es gibt Mittel gegen oder für den Huſten, und ich kann nichts dafür iſt gleichbedeutend mit ich kann nichts dagegen tun. Denn für meint hier das Davorſtehen zum Zwecke der Abwehr.

So iſt es auch erklärlich, daß andere Wörter einen entgegengeſetzten Sinn annehmen können, je nach dem Geſichtspunkte, von dem man die damit bezeichneten Erſcheinungen ins Auge faßt. Der Pate (= lat. pater) iſt von Haus aus der Stellvertreter des Vaters (pater spiritualis), das Wort wird aber auch auf den Täufling, das Patenkind oder Patchen übertragen.[1] Erzeugen ſagt man gewöhnlich vom Manne, doch kommt es auch im Sinne von gebären vor;[2] ähnlich gebraucht Leſſing Gläubiger ſowohl für den, der das Geld gegeben als für den, der es empfangen hat, wie ja auch leihen und borgen beide Bedeutungen erhalten können.[3] Lehren wird in manchen Gegenden Deutſchlands mit lernen vertauſcht und umgekehrt; der Boden iſt das Unterſte (Fußboden) und das Oberſte (Oberboden) im Hauſe, endlich Ort bezeichnet im Mhd. Anfang und Ende (vgl. Ruhrort = Ende der Ruhr). So iſt es begreiflich,

---

[1] Vgl. mhd. göte, Pate (wovon ſich auch der Name des Dichters ableitet), wahrſcheinlich Koſeform für die Zuſammenſetzung gotfater, Taufpate.

[2] Z. B. bei Kleiſt im Prinzen von Homburg und bei Schiller in der Braut von Meſſina, wo die Königin Iſabella ſagt: „Einen Baſilisken hab’ ich gezeugt“.

[3] Vgl. mhd. geltaere, Gläubiger und Schuldner, pfarreman, Pfarrer und Pfarrkind, bîchtaere, Beichtvater und Beichtkind, kampfgenôz, Mitkämpfer und Gegner ſowie Hildebrand, Lyons Zeitſchr. f. d. deutſch. Unterr. VII, S. 577.

4*

daß auch die Vorsilbe er- den Beginn und den Abschluß einer Handlung ausdrücken kann, also zur Bildung von inchoativen und perfektiven Zeitwörtern verwendet wird, jenes z. B. in ermüden, sich erkälten, erhitzen, erdreisten, dieses in erschlagen (bis zur Tötung schlagen), erschöpfen (bis zu Ende schöpfen), erfüllen, ersteigen, erheben, errichten; ebenso verstehen wir, wie es kommt, daß ent- neben der Annäherung (= entgegen) auch die Trennung bezeichnen kann; jene Bedeutung blickt noch durch in entsprechen, entbieten, empfangen, diese ist deutlich erkennbar in entspringen, entschlüpfen, entkommen, entkleiden, entmutigen. Und liegen nicht ebenso große Gegensätze vor in auslaufen (von Schiffen) und auslaufen (glücklich zu Ende gehen), austragen (zum Hause hinaus) und austragen (= zum Austrag bringen, beendigen)?[1])

Ähnlich verhält es sich mit Suffixen wie -bar, -sam, -haft, die bald aktivisch, bald passivisch verwendet werden. Eine tätige Person haben wir vor uns in dankbar, folgsam, naschhaft, einen leidenden Gegenstand in eßbar, lenksam, unglaubhaft; ebenso beim Partizip: ein Mann ist verschwiegen (= er schweigt) oder vermessen (= kühn), eine Sache wird verschwiegen oder vermessen (= ausgemessen). Wir reden von melkenden Mägden und neumelkenden Kühen, von fallenden Kindern und der fallenden Sucht (Krankheit, wobei hingefallen wird), von sitzenden Menschen und sitzender Lebensweise (bei der gesessen wird). Auch der Infinitiv kann ein doppeltes Gesicht haben, denn Essen und Trinken bezeichnet außer der Handlung des Essens und Trinkens auch das, was genossen wird; nicht minder Eigenschaftswörter wie gesund (gesunde Kost, d. h. gesund machende Kost und gesunde Menschen), blind (eine blinde Frau, die nichts sieht, und ein blindes Fenster, durch das nichts gesehen wird), taub (ein tauber Mann und eine taube Nuß, in der beim Schütteln nichts gehört wird). Selbst Komparative brauchen nicht immer zu steigern (vgl. dieser Baum ist höher als jener), sondern können auch das Entgegen-

---

[1]) Vgl. Th. Jacob, das Präfix er- in der transitiven mhd. und nhd. Verbalkomposition. Döbelner Programm 1900 und O. Behaghel in der Zeitschr. d. allg. deutsch. Sprachv. XIV, S. 199.

gesetzte erzielen, nämlich den Ausdruck abschwächen; ein älteres Fräulein ist jünger als ein altes, öfter nicht so häufig als oft; seit längerer Zeit, aus besserer Familie, ein höherer Beamter kommen uns schwächer vor als seit langer Zeit, aus guter Familie, ein hoher Beamter. Und kann man nicht gleich gut sagen: das Wasser läuft über und das Faß läuft über, das Quecksilber im Thermometer steigt und das Thermometer steigt, die Ameisen wimmeln in diesem Haufen und dieser Haufen wimmelt von Ameisen? Ist es nicht ebenso gebräuchlich zu schreiben: ich stecke jemand mit einer Krankheit an (= ich stecke, hefte sie ihm an) wie: die Krankheit steckt an oder der Wein schäumt im Becher und der Becher schäumt, das Blut trieft (= tropft) vom Messer und das Messer trieft von Blut?

20. Vielfach hat bei gegensätzlichen Ausdrücken, von denen der eine mit un- zusammengesetzt ist oder eine andere Form der Negation zeigt, der nicht verneinte zu gunsten des verneinten das Feld gänzlich räumen müssen. Wir kennen in der Schriftsprache unentwegt, aber nicht entwegt; denn das Zeitwort entwegen, von der Stelle rücken ist nur noch in oberdeutschen Mundarten üblich. Auch die affirmativen Formen zu Unflat und Ungeziefer haben sich nur noch in Dialekten erhalten; neben ungestalt und ungeschlacht suchen wir die Adjektiva gestalt und geschlacht vergeblich, neben unverfroren[2]) verfroren. Ein Lebenswandel kann unbescholten, aber nicht bescholten, ein Mensch ungestüm, aber nicht gestüm sein. Geheuer (hier ist es nicht geheuer), Arg (kein Arg, ohne Arg), Verlaß (kein Verlaß), Deut (kein Deut), fackeln (hier wird nicht gefackelt), grün sein (= gewogen sein), bei Troste sein, sich lumpen lassen, auf den Kopf gefallen (= dumm)

---

[1]) Sehr häufig drückt der Komparativ bloß einen Gegensatz aus. Wie im Latein iunior und senior, inferior und superior einander gegenüberstehen, so im deutschen Oberbayern und Niederbayern (von den Komparativbildungen der obere, der niedere), Hintergebäude und Vordergebäude, innerhalb und außerhalb (nach der inneren Richtung von ahd. halba, Seite, Richtung).

[2]) Wohl entstellt aus unverfert von mittelniederd. vervêren, in Schrecken setzen.

sein u. a. gebrauchen wir in der Regel nur in negativen Sätzen; desgleichen die Wortverbindungen wanken und weichen, Gicks und Gacks sowie die Präposition vor in ursächlichem Sinne (er kann vor Sorgen nicht schlafen) und das Adverb mehr als Zeitbestimmung (nicht mehr, niemand mehr, kaum mehr).

Mitunter treten verschiedene Ausdrucksmittel in Wettbewerb, wenn es gilt, einen Gegensatz zu bezeichnen. So sagt man zwar unschön, unklug, aber nicht unhäßlich, undumm, sondern nicht häßlich, nicht dumm; ebenso meidet man ungroß, unfett, unreich (= klein, mager, arm), ferner ungrün, unblau, unschwarz.[1]) Unbillig steht nur in übertragenem Sinne, während billig auch den Preis bezeichnet. Für nicht auf dem Damme sein (ursprünglich von dem durch Wasser bedrohten Deiche) sagt der Student auch auf dem Undamme sein. Seit den Zeiten der mhd. Mystiker bildet man ferner Zusammensetzungen mit nicht wie Nichtachtung, Nichtwissen, Nichtkenner, Nichtraucher, Nichtchrist, Nichtich, wo wieder un= nicht gebräuchlich ist. Selten werden andere Vorsilben zur Verneinung gebraucht, z. B. miß in Mißtrauen, Mißgunst, Mißerfolg, mißfallen, mißraten, mißlingen, ab- in Abgott, Abgunst, abhold, ur- in Urfehde, aber- in Aberwitz.

21. Oft wird der Gegensatz nur einseitig bezeichnet; man läßt dem alten Ausdrucke seine bisherige Form und deutet an dem neuen, ihm gegenübergestellten den Kontrast an. So redet man von einem Unteroffizier im Gegensatz zum Offizier (nicht Oberoffizier), von einem Oberförster und Scharfrichter (Nachrichter) neben einem Förster und Richter; ferner von Handschuhen, aber nicht von Fußschuhen, von Kurzwaren, aber nicht von Langwaren, von wilden Bäumen, aber nicht von zahmen. Andererseits hat man von zwei früher einander entgegengesetzten Ausdrücken den einen jetzt fallen lassen: Es gibt noch Leibärzte, aber nicht mehr wie früher Seelenärzte,[2])

---

[1]) Schwarz und weiß bilden einen konträren Gegensatz, Anwesenheit und Abwesenheit einen kontradiktorischen; in diesem Falle wird durch die Ausschließung des einen das andere gefordert, in jenem nicht.
[2]) Vgl. Simplicissimus IV, S. 174: Seelen- und Leibärzte.

einheimisch, aber nicht mehr ausheimisch (wie noch bei Zesen).
Dem heiligen Abend entsprach in mhd. Zeit ein heiliger Tag
(der erste Feiertag), dem Grobschmied (= Schmied) ein Klein-
schmied (= Schlosser), das mhd. biderwip ist geschwunden,
aber der Biedermann ist geblieben, auch des landes vrouwe
kennen wir nicht mehr, wohl aber noch einen Landesherrn oder
Landesvater, und während Frau (ahd. frouwa) erhalten ist, hat
sich das zu demselben Stamme gehörige frô, Herr nur in Ableitungen und Zusammensetzungen behauptet wie Fronbienst,
Fronleichnamsfest, frönen. Bei Himmelreich aber hat der Gegensatz Erdreich eine ganz abweichende Bedentung (= Erdmasse)
angenommen. Oftmals verwendet das Volk recht sinnfällige Ausbrücke zur Unterscheidung; z. B. nimmt es bei Pflanzennamen
gern die Haustiere zu Hilfe, um das Gemeine und Schlechte
im Gegensatz zum Guten und Veredelten zu bezeichnen, so bei
Roßkastanie, Roßkümmel, Pferdeampfer, Pferdeminze,
Hundsveilchen, Hundsrose, Katzenklee; ebenso um das
Derbe, Ungeschlachte im Gegensatz zum Zarteren, Feineren zu
kennzeichnen, z. B. Pferdebohne, Roßlattich; auch bei Tieren
wie Roßameise, Pferdehornisse (vgl. aus dem Mineralreiche
Katzengold, Roßschwefel).

Selten kommt es vor, daß der ursprüngliche Sinn eines
Wortes gänzlich aus dem Gedächtnis schwindet und infolge davon
Zusammensetzungen gebildet werden, die zum Teil in Widerspruch
mit der alten Bedentung stehen: ein Gulden ist eine Gold-
münze, doch sprach man später auch von Silbergulden, Papier-
gulden und Goldgulden; das Wort Mühle ist eines Stammes
mit mahlen, bezeichnet also ein Gerät zum Zermalmen des
Getreides; später aber verlor sich das Bewußtsein dieser Tatsache und man bildete die Wörter Schneidemühle und Säge-
mühle sowie zum Unterschiede von diesen wieder Mahlmühle.
So reden wir jetzt auch von trockenem Humor (humor,
Feuchtigkeit) und die Anakreontiker des 18. Jahrhunderts von
häßlichen Schönen.

Die Verbindung zweier entgegengesetzter Wörter erzeugt
einen neuen Begriff, der zwischen beiden in der Mitte liegt.

So werden lebende Wesen, die zwei gegensätzliche Eigenschaften
oder Stellungen in sich vereinigen, durch Komposita bezeichnet
wie Mannweib, Gottmensch, Fürstbischof, Dichterkom-
ponist. Dasselbe gilt von Adjektiven: schwarzweiße Fahnen
heißen solche, die schwarze und weiße Farbe in sich vereinigen,
schwarze und weiße Fahnen aber sind mehrere einfarbige. Mit
süßsauer und helldunkel verhält es sich ähnlich und mit
Pianoforte (= starkschwach) wird ausgedrückt, daß dieses
Instrument beide Tonstärken hervorzubringen vermag.[1]) Anders
steht es um Wortverbindungen wie öffentliches Geheimnis,
goldenes Elend, geschäftiger Müßiggang, menschenreiche
Öde (Jungfrau von Orleans IV, 9), die man mit dem in
gleicher Weise gebildeten Ausdruck Oxymoron (= scharfsinnige
Dummheit) benannt hat. Hier dient das erste Wort dazu, die
Art des zweiten zu charakterisieren. Die Wirkung beruht darauf,
daß die Verbindung unmöglich erscheint.

Zuweilen werden zwei einen Gegensatz bildende Begriffe
lautlich einander genähert, z. B. hat nachts sein s unter dem
Einflusse von tags und oder (mhd. ode) sein r unter Einwirkung von entweder erhalten, der Osterscheide (= Ostscheide)
entspricht eine Westerscheide,[2]) dem Frühling in Schwaben
ein Spätling (Herbst). In andern Fällen werden sie durch
Alliteration oder Reim miteinander verbunden wie Freund (=
der Liebende) und Feind (= der Hassende), Geld und Gut,
Wohl und Wehe, Rat und Tat, mein und dein. Auch
das Sprichwort liebt reimende Verbindungen wie Würde Bürde,
Ehestand Wehestand, Juristen böse Christen, Eile mit
Weile. Wie hier der Kontrast durch Ähnlichkeit der Wörter

---

[1]) Vgl. das von Lichtenberg erfundene Zeitwort verschlimm-
bessern.

[2]) Sehr häufig begegnet man Gegenüberstellung zweier Dinge
bei Ortsnamen. Wo wir nebeneinander die Zusätze Alt- und Neu-
oder Groß- und Klein- finden, da handelt es sich meist um Gründungen
von verschiedener Zeit, die von einander unterschieden werden sollen.
So haben auf dem einst von Slaven besiedelten Boden Ostdeutschlands
die alten slavischen Ortschaften oft das Attribut Klein- erhalten, als die
Deutschen sich daneben niederließen und größere Dörfer mit Kirche und
Schule schufen, die dann mit Groß- bezeichnet wurden.

verschärft wird, so auch bei Wortspielen. Z. B. sagt Terenz
in der Andria inceptio est amentium, non amantium und
Shakespeare last not least; ferner der Arzt Niemeyer medica
mente, non medicamentis und der Arzt Rokitansky, von dem
zwei Söhne der Mutter, einer Sängerin, nacharteten und zwei
sich für den Beruf des Vaters begeisterten: zwei heulen und
zwei heilen. Ähnlich verhält es sich mit Dichtersprüchen, z. B.
dem Schillerschen: ein Schlachten war's, nicht eine Schlacht zu
nennen oder dem Schleiermacherschen: Eifersucht ist eine Leidenschaft, die mit Eifer sucht, was Leiden schafft. Namentlich
Rückert liebt solche Gegenüberstellung mehrerer ähnlich klingender
Wörter: das Allgemeine selbst ist ohne all gemein; auswendig lernen sei, mein Sohn, dir eine Pflicht, versäume nur
dabei inwendig lernen nicht; auswendig ist gelernt, was dir
vom Munde fließt, inwendig, was dem Sinne sich erschließt.

Nicht unwichtig ist auch die Art, wie entgegengesetzte Begriffe miteinander verknüpft werden. Bald liegt Asyndeton vor,
bald sind sie mit kopulativen, bald mit adversativen Binde-
wörtern aneinander gerückt. Wenn es in Goethes Egmont heißt:
„Das Heer ist da, er nicht", so ist dies weit wirksamer als
wenn der zweite Teil lautete: „und der König nicht" oder „jedoch der König nicht". Damit vergleiche man Sprichwörter
wie Friede ernährt, Unfriede verzehrt, Schönheit vergeht, Tugend besteht. Mit oder werden die beiden Glieder
aneinander gerückt in Redensarten wie Hammer oder Amboß,
Bischof oder Bader (entweder etwas Großes oder gar nichts,
aut Caesar aut nihil), aut oder naut (= eowiht, etwas oder
neowiht, nichts); nach Negationen verwendet man gern sondern
(= sonder, getrennt von; vgl. absondern), während aber
(wohl eigentlich Steigerung[1]) von ab, weiter ab) viel ab-
geschwächtere Bedeutung erhalten hat. Namentlich im Volksmunde erscheint dieses Wort oft an Stellen, wo es die Schriftsprache meidet. So kann jemand ein Gespräch mit einem Freunde,
den er trifft, mit den Worten eröffnen: „Heute ist aber schlechtes

---

[1] Wie aber, so sind auch sondern und vielmehr von Haus
aus Komparativbildungen.

Wetter", und ein Knabe drohend seinem Kameraden zurufen:
„Du bekommst aber Hiebe, wenn ich dich erwische". In beiden
Fällen ist der vorschwebende gegensätzliche Gedanke unterdrückt;
dort etwa ein Satz wie: „Gestern war so schönes Wetter",
hier: „Du denkst wohl, ich lasse dich ungeschoren".

22. Was endlich die Häufigkeit des Gebrauchs der Antithesen anbetrifft, so finden sie sich namentlich bei sentenzenreichen
und scharfdenkenden Schriftstellern wie Lessing und Schiller.
Z. B. lesen wir im Wallenstein: „Leicht beieinander wohnen
die Gedanken, doch hart im Raume stoßen sich die Sachen", in
der Maria Stuart: „Wie kleine Schritte geht ein so großer
Lord" und in den Gedichten: „Es bildet ein Talent sich in der
Stille, sich ein Charakter in dem Strom der Welt" oder: „Kurz
ist der Wahn, die Reu ist lang". Lessing aber schreibt z. B.:
„Dieses Buch enthält viel Neues und Gutes, aber das Gute
ist nicht neu, und das Neue ist nicht gut". Schon bei dem
vierzehnjährigen Knaben tritt diese Neigung zu antithetischer
Ausdrucksweise hervor. Denn der älteste, uns erhaltene Brief
an seine Schwester (vom 30. Dezember 1743) beginnt mit den
Worten: „Ich habe zwar an Dich geschrieben, aber Du hast
nicht geantwortet. Ich muß also denken: entweder kannst Du
nicht schreiben oder Du willst nicht schreiben. Du bist zwar
Deinem Lehrmeister sehr zeitig aus der Schule gelaufen, allein
wer weiß, welches die größere Schande ist, in seinem zwölften
Jahre noch etwas zu lernen oder in seinem achtzehnten noch
keinen Brief schreiben können". Auch humoristische Schriftsteller
machen gern von Antithesen Gebrauch, um dadurch eine komische
Wirkung zu erzielen; denn sie stellen nicht selten Dinge einander
gegenüber, die ganz verschieden geartet sind, so Scheffel: „Fälle
gibt's und Tannenwälder, wo der Mensch sich sehnt zum
Menschen" oder „die Hauensteiner haben eine Anlage zu stiller
Gemütlichkeit und zu einem Kropf", und Heine nennt
Luther einen Mann Gottes und Katharinas, von Göttingen
aber sagt er, es sei berühmt durch seine Würste und seine
Universität, und von Ludwig XVIII., er habe schlechte
lateinische Verse gemacht und gute Leberpasteten gegessen.

Trau dem Gefühl! es täuscht dich nie,
Nur halt am rechten Gefühl auch feste!
Fr. v. Sallet.

7. Gefühlswert der Wörter.

23. Mit einer großen Zahl deutscher Wörter ist ein bestimmter Gefühlswert verbunden. Aus Wortreihen wie Weib,
Frau, Gattin, Gemahlin; Mutter, Mama; Vater,
Papa ergibt sich, daß er zunächst eine bloße Begleiterscheinung
bildet, indem dieselbe Sache in verschiedenen Ständen und
Gesellschaftskreisen verschiedene Namen erhält. Sodann tritt er
auch als Werturteil neben den begrifflichen Inhalt, z. B. auf
sittlichem Gebiete bei benebelt gegenüber betrunken, auf
religiösem bei Welt, Fleisch, Erlösung, Seligkeit, auf
ästhetischem bei Zähre, Fittich, Minne. Ja, dieser Gefühlswert kann sogar den Sieg über den eigentlichen Wortsinn davon-
tragen, so in Goethes Anrede an Frau von Stein: „Mein
süßes Gold“, in Heines duftenden Märchen, in der blauen
Blume der Romantik, ebenso in Phrasen und Schlagwörtern.[1]
Besonders häufig kommt es vor, daß Wörter Einbuße an
ihrem ursprünglich guten Rufe erleiden. Zuweilen werden sie
dadurch entwertet, daß sie sich gewöhnlich mit Begriffen wie
böse, arg u. f. w. verbinden, z. B. Wicht (vgl. Bösewicht,
eigentlich böses Ding) oder List (vgl. Arglist, urspr. arge
Klugheit); zuweilen trägt auch die Literatur einen Teil der
Schuld. Denn wenn von den vielen deutschen Ortschaften, deren
Bewohnern durch böse Nachbarn lächerliche Streiche angedichtet
werden, Schilda bei Torgau obenansteht und im ganzen Vaterlande als der Sitz von Leuten angesehen wird, die „klüglich
reden und kindisch handeln“, so verdankt es diesen Ruf dem
1598 erschienenen Lalenbuche. Ja, selbst der bloße Name kann die
Herabsetzung befördern; denn wenn das Städtchen Krawinkel
bei Erfurt als die Heimat kleinstädtischer und spießbürgerlicher
Interessen ausgeschrieen wird, so dürfte dies in erster Linie daher
rühren, daß sein Name „Krähenwinkel“ ganz und gar nichts

---

[1] Vgl. Zeitschr. d. allg. d. Sprachv. 1901 S. 55.

Hervorragendes erwarten läßt. Fragt man sich aber, warum dann nicht auch Katzenellenbogen oder Reit im Winkel denselben üblen Beigeschmack angenommen haben, so forscht man vergeblich.

Mehrfach empfinden die Deutsch treibenden Ausländer über ein Wort Mißbehagen, während wir selbst davon nicht im mindesten unangenehm berührt werden. So kommt uns kaum noch zum Bewußtsein, daß in dem Worte Handschuh, d. h. Schuh für die Hand, etwas Unschönes liegt, dagegen ist dieser Ausdruck nach Varnhagen von Enses Angabe (Tagebücher I, S. 313) der Lady Morgan anstößig erschienen. Ferner wird uns das Häßliche des Wortsinns bei Sternschnuppen erst dann klar, wenn wir an die Etymologie erinnert werden, z. B. durch Goethes Egmont (IV, 1), wo der Schreiber Vansen zum Schneider Jetter sagt: „Hast du nie einen (Stern) sich schneuzen gesehen? Weg war er!"[1])

Bei anderen Wörtern ist der Gefühlswert je nach der Gegend, in der sie gebraucht werden, verschieden; so wird Bengel in Schleswig und Bube in Bayern gleichbedeutend mit Knabe gebraucht. Noch öfter aber kommt der Fall vor, daß Wörter im Laufe der Jahrhunderte eine höhere oder niedrigere Rangstellung erhalten. So ist, um zunächst nur ein Beispiel herauszugreifen, das Wort Buhle früher harmlos und gut angeschrieben gewesen, jetzt aber anrüchig geworden. Doch kann man die einstmalige Bedeutung noch erkennen aus den Worten des Volksliedes: „Der liebste Buhle, den ich han, der liegt beim Wirt im Keller" und aus Goethes König in Thule, „dem sterbend seine Buhle (d. h. Gemahlin) einen goldenen Becher gab". Die Zeiten ändern sich und wir mit ihnen.

24. Auch sind die Anschauungen Gebildeter anders als die der großen Masse. Unsere Altvordern haben kein Bedenken getragen, ein verschnittenes weibliches Schwein als Nonne zu bezeichnen, also mit demselben Namen wie die Klosterjungfrau,

---

[1]) Ähnlich verhält es sich z. B. mit Schnurrbart, das uns noch unschöner erscheint, wenn wir uns klar darüber werden, daß es eigentlich die Barthaare der schnurrenden Katzen bezeichnet.

und unsere Bauern entblöden sich nicht, das Wort Schnauze, das eigentlich nur dem Tiere zukommt, auch für den Mund des Menschen zu gebrauchen. Überhaupt hat erst die Bildung den Abstand zwischen Mensch und Tier vergrößert, auch im Bereiche des sprachlichen Ausdrucks. Teile des tierischen Körpers verwendet der von der Kultur weniger Beleckte gern und häufig für menschliche Körperglieder: Maul, Rachen und Schnabel für Mund, Bauch und Wanst für Leib kommen noch heute so vor, obwohl sie schon 1749 in der moralischen Wochenschrift „Der Eidgenosse" unter den anstößigen Wörtern aufgezählt werden; dasselbe gilt von Fell (= Körperhaut), welches im Mhd. sogar Teint des Gesichts bedeutet[1]), und von Wampe, womit man einst den Mutterschoß der Jungfrau Maria bezeichnen konnte (vgl. Wams, durchwamsen). Ähnlich verhält es sich mit den Ausdrücken für Handlungen, die von den Tieren verrichtet oder an ihnen vorgenommen werden: Essen und Fressen (= Ver-essen) waren vormals gleich edel und bei den Menschen wie bei den Vertretern des Tierreichs anwendbar; jetzt ist jener Ausdruck in höheren, dieser in niederen Gesellschaftskreisen üblich.[2]) Derselbe Unterschied besteht zwischen trinken und saufen; doch ist es jedermann gestattet, zu sagen: Der Schacht ist ersoffen oder ich habe soupiert (= frz. souper, welches aus nd. sûpen, sanfen, d. h. eine Flüssigkeit zu sich nehmen, entlehnt ist). In einer ahd. Bibelübersetzung wird Christus angeredet: Wann sahen wir Dich hungrig und fütterten Dich? und in Luthers Tischreden findet sich die Wendung: Der Kaiser läßt sich melken wie eine Memme (= mamma, weibliche

---

[1]) Mhd. heißt es auch eiervel, buochvel für Eierschale, Pergament und jetzt noch in edler Sprache Brustfell, Bauchfell.

[2]) In Laurembergs Scherzgedichten wird eine komische Wirkung dadurch erzielt, daß essen (eten) an einer Stelle steht, wo man fressen erwartete: „Ein riker wanst, de sik staatlik trakteeren pleckt, de wurde woll ein swyn und eet, mit gunst gesecht." In einem Gedicht Goethes aber (und ich behaglich unterdessen hätt' einen Hahnen aufgefressen) soll der Übermut des jungen Dichters gekennzeichnet und gleichzeitig das religiöse Gespräch zwischen Lavater und Basedow verhöhnt werden.

Bruft), d. h. man kann mit ihm machen, was man will. Als
Lessing in der Hamb. Dramaturgie (5) sagte: „Hamlet richtet
die Komödianten ab" (= bildet sie aus), zeigte er, daß das
Wort zu seiner Zeit noch einen edlen Sinn hatte;[1]) als er aber
1772 an Eva König schrieb: „Die reiche W., wenn sie anders
gestorben und nicht verreckt ist", ließ er deutlich erkennen, daß
dieser Ausdruck schon damals nur der derben und groben Rede
angehörte. Endlich das Verbum stinken (oft mit dem Zusatze
wie ein Bock oder wie ein Wiedehopf) überlassen wir jetzt ganz
dem gemeinen Manne, früher aber wurde es entsprechend seiner
Grundbedeutung (= in die Nase stechen) von schlechten und
guten Gerüchen gebraucht, ja im Ahd. sogar von der kostbaren
Narde, mit der Maria von Bethanien die Füße Jesu salbte
(sie stank in alahalben = sie roch nach allen Seiten).[2])

Gibt sich in diesem Gegensatze, den man zwischen Menschen
und Tierwelt geschaffen hat, eine verfeinerte Bildung kund, so
können wir eine veränderte Geschmacksrichtung des Zeit-
alters in anderen Verhältnissen erkennen. Sitten und Gebräuche, vor allen Dingen Anschauungen werden den folgenden
Menschengeschlechtern leicht anrüchig, weil diese den Standpunkt
der Vorfahren überwunden zu haben glauben und darum oft
mit Geringschätzung auf deren Tun und Treiben hinschauen.
Sie reden wohl ab und zu von der „guten, alten Zeit", halten
aber im allgemeinen die Einrichtungen und Gewohnheiten dieser
Periode für altfränkisch oder altväterisch. Ein solcher Wechsel
der Denkart ist auf politischem, religiösem, literarischem u. a.
Gebieten möglich und findet, wenn auch nicht immer, so doch
häufig den entsprechenden Niederschlag im Sprachleben. Denn
„Begriffe sind Werkzeuge, mit denen eine Zeit die Dinge erfaßt
und handhabt, und in gewissem Sinne muß jede Zeit diese

---

[1]) Stieler sagt: „einen im Französischen abrichten."

[2]) Auch transitiv = riechen: „Gott gab dem Menschen zwei Löcher
in die Nase, daz ez stinken muge" (Genes. in den Fundgr. 2, 13).
Über Tiernamen, die zur Zusammensetzung benutzt werden, um den
Wert eines Gegenstandes zu bestimmen (z. B. Hund und Roß, um etwas
Gemeines im Pflanzen- und Tierleben auszudrücken) vgl. oben S. 55.

Dinge neu hervorbringen, damit sie ihr ganz handlich seien".[1] Mitunter tritt die Gegenwirkung bald, mitunter auch erst nach längerer Zeit ein; aber mag diese stärker oder schwächer, früher oder später erfolgen, gewöhnlich bekommen die Wörter, die von der Gegenströmung überflutet werden, einen üblen Geruch. So sanken im Zeitalter der Reformation verschiedene katholische Einrichtungen derart im Werte, daß ihre Namen noch heutigen Tags mit einem Makel behaftet sind. Man denke z. B. an die Ölgötzen, wie man damals die Heiligenbilder verächtlich nannte, weil sie oft mit einer Öllampe versehen waren, ferner an die Klerisei und das Pfaffengezücht. Die pietistische Richtung des 18. Jahrhunderts erschien schon zu Adelungs Zeit vielen als Empfindelei, und das empfindsame Wesen der Frömmler und Mucker bekam bald einen unangenehmen Beigeschmack, aber auch die entgegengesetzte Geistesart, das Streben nach Aufklärung, blieb nicht von Anfechtung und Spott verschont. Ebenso sind die im humanistischen Zeitalter so hochgeschätzten Gelehrten vorübergehend in Mißkredit gekommen. Die Schriftsteller, die einst Skribenten in gutem Sinne geheißen hatten, mußten sich zu Lessings Zeiten gefallen lassen, elende Skribenten genannt zu werden, und die Skribelei selbst war bei vielen schlecht angeschrieben. „Gelahrt" erhielt einen Stich ins Komische und Magister verlor an Ansehen. Seit dem dreißigjährigen Kriege sind Ausdrücke wie fechten (= betteln), abbrennen (= verarmen), Pack, Package (= Gepäck, Bagage) und Gesindel (vgl. Lumpenpack und Hudelmannsgesindlein) übel berufen, während der ersten französischen Revolution aber wurden sogar Bezeichnungen wie tugendsam, tugendhaft, ein gutes Herz haben mit schlimmem Nebensinne (antik geziert, antik steif, sich überlisten lassen) gebraucht.[2] Die für deutsche Art und Sprache schwärmenden Männer im Anfang des 19. Jahrhunderts wurden später mit dem Namen Deutsch-

---

[1] Vgl. Fr. Paulsen, Ethik, S. 69. Ähnlich Victor Hugo, Cromwell, préface: „Toute époque a ses idées propres; il faut qu'elle aie aussi les mots propres à ces idées!
[2] Vgl. Rabloff, Teutschkundliche Forschungen II, S. 178.

tümler gebrandmarkt, und von denen, die nach französischer
Sitte den Frauen huldigten und sich ihrem Dienste hingaben,
sagte man, sie gingen auf galante Abenteuer aus. Selbst
Epochen großen Glanzes, wie das Zeitalter des Rittertums,
entgingen dem Schicksal nicht, in der Achtung der Nachwelt zu
sinken: Die Ritter von der traurigen Gestalt und das
fahrende Volk sind ebenso übel beleumundet, als die Aben-
teurer, und die einst so hochgepriesenen Eigenschaften der
Keckheit (= Lebendigkeit), Verwegenheit (= Entschlossenheit)
und Frechheit (= Kampfeslust) haben ihren alten Nimbus
längst eingebüßt. Auch lobesam wird jetzt oft in spöttelndem
Sinne verwendet. Was soll man vollends dazu sagen, daß das
vormals so edle Wort hofieren vollständig entwertet worden
ist? Im Mhd. konnte man noch sagen: Ein guter Gesang ist
ein Edelstein, womit man Gott hofiert (= ritterlich aufwartet),
oder alles soll der hochgelobten Braut (der Jungfrau Maria)
hofieren; gegenwärtig aber ist das Wort fast nur von der im
Hofe erfolgenden Verrichtung der Notdurft üblich.

25. Wie bei den verschiedenen Zeitrichtungen, so lassen sich
auch bei den einzelnen Ständen pessimistische Wortauf-
fassungen feststellen. Unleugbar sind der und jener Berufsart
gewisse Mängel, Fehler und Schwächen eigentümlich, die bald
von den Vertretern anderer herausgefunden werden und Anlaß
zu Spott bieten. So ist der Gefühlswert von Ausdrücken wie
Büttel, Scherge, Häscher, Zöllner ziemlich niedrig und
der von Krämer, Schulmeister und Komödiant nicht viel
höher; denn man denkt dabei immer an das Ergreifen oder
Übervorteilen von Menschen, an pedantisches (vgl. pédant =
griech. paideuōn, Erzieher) Wesen und lockeres Schauspielerleben.
Wohl ist es gut und ehrlich gemeint, was Rosegger[1]) sagt:
„Mir gefällt das Wort Schulmeister sehr gut; man brauchts
ja nicht im Sinne von Schuster- oder Gerbermeister zu verstehen. Auch den großen Künstler nennt man Meister und selbst
die Jünger Jesu haben den Herrn Meister genannt." Aber ob

---

[1]) „Als ich noch jung war", Leipzig 1895, S. 139.

er damit dem anrüchigen Worte wieder zu seinem alten, guten
Rufe verhelfen wird, möchte ich bezweifeln. Ebenso wenig
dürfte es nützen, wenn man eine Lanze für die Junker[1])
brechen wollte, die sich seinerzeit durch ihr herrisches, über-
hebendes Wesen verhaßt gemacht haben, oder für die Thrannen
und Despoten, denen ihre oft gewaltsame Art den Makel
verschafft hat, der ihnen jetzt anhaftet. An der Entwertung von
Jungfer (= mhd. juncvrouwe, Edelfräulein, Jungfrau) sind
wohl besonders Verbindungen wie alte Jungfer und Kammer-
jungfer schuld; denn das Wort hatte im 17. Jahrhundert noch
einen guten Sinn, so daß man damals noch von der Tochter
eines angesehenen Mannes sagen konnte: eine vornehme Jungfer,
eines reichen Mannes Jungfer. Die Herabsetzung des Gefühlswertes von Dirne, junges Mädchen, erklärt sich wohl hauptsächlich daraus, daß sie oft eine dienende Stellung einnahm
und sich preisgab; Luther schreibt noch (Esth. 2, 7): „Sie war
eine schöne und feine Dirne", ja selbst Goethe konnte noch im
Faust (I) sagen: „Wie die wackern Dirnen schreiten!" Ähnlich
verhält es sich mit Knecht, junger Mann. Einbuße an Ansehen
haben ferner die Eigenschaftswörter auf -isch gegenüber denen
auf -lich oder -ig öfter erfahren, z. B. weibisch, herrisch,
kindisch neben weiblich, herrlich, kindlich. Daß auch hier der
üble Beigeschmack nicht von Haus aus vorhanden war, lassen
z. B. folgende Stellen erkennen: Lessing, Sara Sampf. I, 1: „Aus
jeder kindischen Miene strahlte die Morgenröte eines Verstandes";
Schiller, Don Karlos I., 1: „Das kindische Gelübde erneur' ich
jetzt als Mann"; Räuber II, 2: „Mein herrischer Name nimmt
alle die herrischen Ansprüche des alten Kaisergeschlechts wieder
auf"; Luther, 1. Petr. 3, 7: „Gebt dem weibischen als dem
schwächsten Werkzeuge seine Ehre"; Stieler: „Weibische Arbeit".[2])

---

[1]) Nhd. Junker eigentl. Sohn von einem Fürsten oder Edelmann,
aus mhd. juncherre junger Herr, Edelknabe.

[2]) Der Tadel, den oft Wörter auf -ling enthalten, (wie Dichter-
ling, Mietling) erklärt sich daraus, daß diese Endung häufig bei
Wörtern gebraucht wird, die an sich schon einen verächtlichen Nebensinn
haben, z. B. Feigling, Dümmling, Finsterling. Vgl. K. Müller
in d. Zeitschr. f. d. Wortf. II, S. 186 ff.

Klassengegensätze und Anschauungen verschiedener Gesellschaftsschichten sprechen aus der Herabwürdigung von Ausdrücken wie Volk, Sippschaft, Gesellschaft, Plebs, Pöbel; geringe Werturteile über einzelne Menschen verknüpfen sich mit dem Gebrauche von Wörtern wie Geschöpf, Person, Kreatur, Mensch (das Mensch!), Weib, Weibsbild und Kerl (urspr. = Mann und dasselbe Wort wie Karl). Bei Rist ist noch von einem fürtrefflichen, durch Tugend und Schönheit berühmten Weibsbilde die Rede, und während Luther noch schrieb: „Das heilige, edle Mensch, die Jungfrau Maria", finden wir bei Lessing die Worte: „Fritz hing sich an ein lüderliches Mensch" (Minna von Barnhelm III, 2); Luther läßt Christum zu seiner Mutter sprechen: „Weib, was hab ich mit dir zu schaffen?" (Hochzeit zu Kana), und Schiller macht in der Glocke Weiber zu Hyänen, während er in einem anderen Gedichte die Würde der Frauen preist.

In anderen Fällen wird die vergröbernde Abschattung des Sinnes dadurch geschaffen, daß etwas als zu einfach und alltäglich erscheint und sich daher nicht als etwas Besonderes vor anderen Dingen heraushebt. Dies ist vor allem bei einer Anzahl von Adjektiven wahrzunehmen, deutschen wie fremdländischen: schlecht (= schlicht; vgl. schlecht und recht), gemein (= allgemein), gewöhnlich (= gewohnheitsmäßig), ordinär (der regelrechten Ordnung entsprechend); auch alt gehört hierher, insofern es nicht bloß den Gegensatz zu neu bildet, sondern gleichbedeutend mit böse, garstig gebraucht wird, z. B. in einem Briefe Eva Königs an Lessing 1770: „Daß das alte Wolfenbüttel auch just so aus dem Wege liegt."

26. Seltener als die Herabsetzung des Gefühlswertes ist dessen Erhöhung. Zunächst hängt diese mit der bedeutenderen Rangstellung des betreffenden Gegenstandes zusammen. Der Minister (Diener) ist von Haus aus dem Magister (Meister) untergeben; aber der Diener eines Herrschers genießt naturgemäß ein höheres Ansehen als der Leiter einer Schule. Während der gewöhnliche Mensch ein Geschenk gibt, heißt es vom Fürsten er verleiht, und wo jener auf eine Einladung hin zur Tafel kommt, wird

dieser in der Regel erscheinen. Der König setzt die Krone auf sein Haupt, der Bettler aber den Hut auf den Kopf;[1] es wäre daher ebenso verkehrt, wenn man sagen wollte: Christus neigte seinen Kopf und verschied, als: der Betrunkene stieß mit dem Haupte gegen die Mauer und fiel hin. Das Roß als Schlacht- und Streittier steht im Range über dem Pferde, d. h. dem Postgaul und Zugtiere, und wenn Schiller die Thekla bei der Nachricht von Max Piccolominis Tode äußern läßt: „Und wirft ihn unter den Hufschlag seiner Pferde", so hat er absichtlich das unedlere Wort gewählt, um das gräßliche Ende des trefflichen Jünglings recht drastisch darzustellen.

Ähnlich verhält es sich mit den Fremdwörtern. So haben sich die Anstalten zur Bewirtung und Beherbergung der Menschen mit zunehmender Vornehmheit statt Herberge und Gasthof den Namen Hôtel beigelegt; so erhebt sich der Sekretär über den Schreiber, der Bankier über den Geldwechsler, die Rohproduktenhandlung über das Lumpengeschäft. Doch kommt auch der umgekehrte Fall vor, daß der fremde Ausdruck niedriger bewertet wird als der heimische; z. B. steht Bande (= frz. bande, vgl. Räuberbande, Zigeunerbande) tiefer als Verein(igung), während das von dem gleichen Stamme abgeleitete italienische banda gut angeschrieben ist.

Natürlich hat bei Eigennamen die Würde und das Ansehen des Trägers eine ebenso große Bedeutung. Jüdische Namen wie Silberstein, Veilchenfeld, Löwenthal erhalten leicht einen üblen Beigeschmack, den man mit Adelsbezeichnungen wie von Breitenbauch, von Riedesel, von Tümpling (= Dümmling) trotz der klar erkennbaren Grundbedeutung nicht verbindet. Daher ist es verwerflich, wenn Schriftsteller sich umtaufen, um mehr Nimbus um sich zu verbreiten. Die Größe des Mannes hängt von seinen Leistungen und von seinem Charakter ab und nicht von seinem Namen.[2]

---

[1] Dagegen spricht man noch von Krauthäuptern.

[2] Immerhin ist es bedeutsam, daß Goethe den Vornamen Johann, den Faust in der Sage hatte, in Heinrich umänderte, wohl deshalb, weil jener zum Bedientennamen herabgesunken war.

Manche Ausdrücke haben durch die Bibelsprache den Rost des Alters und durch das Bibelbuch den Charakter der Hoheit empfangen; so Abendmahl im Gegensatz zu Abendessen, Odem neben Atem, auferstehn neben aufstehn, auferwecken neben aufwecken. Vor allen Dingen aber hat die Poesie zur Hebung des Ranges einzelner Wörter beigetragen. Zunächst holt sie Ausdrücke der alten Literatur wieder hervor, die dem lebendigen Sprachgebrauche nicht mehr angehören; damit gibt sie zugleich dem Stile das Gepräge des Altertümlichen und erhebt ihn über das Alltägliche. So sind Recke und Degen aus dem mhd. Schrifttum, Elf und Halle durch Wielands Shakespeareübersetzung wieder eingebürgert worden. Ebenso haben mundartliche Bezeichnungen durch die Dichtung Ansehen erhalten: Gestade ist das südbeutsche und poetische, Ufer das norddeutsche und prosaische Wort. Dröhnen, düster, Schrein wurden noch zu Adelungs Zeit für der edleren und höheren Schreibart unwürdig erklärt, jetzt können sie sich in der besten Gesellschaft hören lassen. Daher wird es nicht befremden, daß oft lautlich einander ganz nahe stehende Ausdrücke verschiedene Wertschätzung haben, z. B. Maid (= mhd. maget) und Magd, Mond und Monat, Leu und Löwe, dreuen und drohen, Demant und Diamant, gen und gegen.

Mitunter haftet der höhere Gefühlswert an einem Worte nur dann, wenn ein anderes damit durch Zusammensetzung verbunden ist. Fichtenbaum, Tannenbaum, Lindenbaum klingen poetischer und vornehmer als Fichte, Tanne, Linde. Doch Hochmut und Leichtsinn werden geringer geschätzt als Mut und Sinn, hoher Mut und leichter Sinn. Öfter kommt uns das einfache Wort herzlicher vor als das durch einen Zusatz erweiterte. Mit Recht sagt Lessing in seiner Hamburgischen Dramaturgie: „Mutter ist süß, aber Frau Mutter ist wahrer Honig mit Zitronensaft; der herbe Titel zieht das ganz der Empfindung sich öffnende Herz wieder zusammen." Andererseits ist die Anrede: geehrter Herr formeller als geehrter Herr Rothe und der Anruf Fräulein nicht so herzlich als Fräulein Rosa!

In Zeiten nationaler Erhebung wird das gut deutsche Wort meist höher geschätzt als das fremde; seit 1870 ist dies deutlich zu beobachten. Der Rival hat jetzt dem Nebenbuhler Platz gemacht, trotz des „fatalen Tons", den Friedrich der Große in diesem Worte fand (vgl. Kluges Zeitschr. f. d. Wortforsch. I, S. 207). Vor vierzig Jahren gab es noch Schneidermamselleu; jetzt redet man jede Kellnerin mit Fräulein an, wofür die Bürgerstochter freilich zum gnädigen Fräulein aufgerückt ist. Wo ist das Parapluie geblieben, das doch auch einmal fein war? Wer amüsiert sich noch? nur der große Hanse. Der höher Stehende hat schon längst wieder angefangen, sich zu vergnügen.[1] Auch sind die Zeiten vorüber, wo man noch Deroute für Niederlage oder Arrieregarde für Nachhut sagte. Haben sich doch selbst deutsche Ausdrücke wie Schlappe (eigentlich Ohrfeige) und Nachtrab in der Schriftsprache eingebürgert, obwohl noch Lessing jenen als unfein rügt und diesen für zu pferdemäßig hält und daher durch Nachtrupp ersetzt wissen will. Daneben gibt es auch heimische Bezeichnungen, die ihren größeren Gefühlswert gegenüber den Fremdlingen, wenigstens in der Schriftsprache, fast immer festgehalten haben. Die Noblesse reicht nicht an den Adel, der Chef nicht an das Oberhaupt, der Literat nicht an den Schriftsteller heran; Verzeihung, Unglück, Schaumwein stehen über Pardon, Malheur und Champagner.

Endlich machen Redensarten häufig einen feierlicheren Eindruck als einfache Zeitwörter, wohl schon deshalb, weil sie gewichtiger sind. Einen Freund besucht man, einem Vorgesetzten stattet man einen Besuch ab oder macht ihm einen Besuch; ebenso unterscheidet sich bei guten Stilisten das einfache verzichten von Verzicht leisten, was förmlicher, womöglich vor Gericht gemacht wird, und vorbringen von zum Vortrag bringen.

Es kann darum nicht zweifelhaft sein, daß der geringere oder höhere Gefühlswert der Wörter meist nicht von diesen

---

[1] Vgl. Wustmann, Allerhand Sprachdummheiten S. 119.

selbst, sondern von den Menschen, die sie gebrauchen, und von ihren beständig wechselnden Anschauungen abhängig ist; denn, um mit dem Unartig Teutschen Sprachverderber (1643) zu reden: „Wie die Zeiten sind, so sind die Wort."

Eure Rede sei allezeit lieblich.
Luther (Colosser 4, 6).

8. Glimpfwörter (Euphemismen).

27. Drei Punkte sind es, die auf die Milderung des Ausdrucks hauptsächlich Einfluß haben: der Bildungsgrad des Sprechenden oder Schreibenden, die Anschauungen der Nachbarvölker und der dadurch oft mitbestimmte Zeitgeschmack. Was den gewöhnlichen Mann entzückt, das hält der Gebildete nicht selten für unfein; woran der Deutsche Gefallen findet, das läßt den nach schöner Form verlangenden Franzosen oft kalt, und was im Zeitalter der Staufer dem Geschmacke des Volkes entsprach, ward in dem der Reformation als unschön verworfen. Als das Rittertum blühte, stand unser Land unter französischem Einflusse, als das Handwerk erstarkte, machte man sich mehr davon frei und pflegte die deutsche Art, d. h., um mit Berthold Auerbach zu reden, Mensch und Sprache wurden wieder ehrlich grob, wollten nichts von Schönfärberei wissen, hingen dem Laster kein interessantes Mäntelchen um. Es gibt allerdings Gebiete, die zu allen Zeiten dem Euphemismus großen Vorschub geleistet haben, z. B. das religiöse; denn abergläubische Scheu hat immer die Gemüter in höherem oder geringerem Maße beherrscht. Daneben finden sich aber auch andere, auf denen die einzelnen Zeitalter stark voneinander abweichen. Je einfacher und biederer, naiver und harmloser ein Volk ist, um so weniger fühlt es sich zu sprachlichen Beschönigungen veranlaßt, je schwelgerischer und verschwendischer es lebt, je listiger und berechnender es handelt, um so mehr wird es geneigt sein, geheimes Tun und Treiben zu verbergen und im sprachlichen

Ausdruck schön zu färben. Dem Reinen ist alles rein, der von der Überkultur Angekränkelte dagegen empfindet es unangenehm, mit offenen, unverhüllten Worten zu hören, was er im Verborgenen begeht. In älterer Zeit nahmen die Römer keinen Anstoß daran, wenn Redner Ausdrücke gebrauchten wie der Staat sei durch den Tod Scipios kastriert worden (vgl. Cic. d. or. III, 164), in einer Zeit aber, wo die Sittenreinheit viel tiefer stand, zog man gegen solche Geradheit zu Felde und rühmte sich, mit versteckten Worten (tectis verbis) über Dinge zu schreiben, die die Stoiker unbemäntelt ausgesprochen hätten (vgl. Cic. ad fam. IX, 22). Derselbe Gegensatz besteht zwischen der ahd. und der mhd. Zeit. Dort hält man nicht mit seinem Gefühl hinter dem Berge, sondern sagt schlicht und ehrlich, was man denkt und empfindet, hier will man zeigen, daß man die Schule der Franzosen nicht ohne Erfolg durchgemacht hat. Während noch Heinrich von Veldeke in seiner Eueit die Helden unter der Macht heftiger Liebe schwitzen läßt, suchen Gottfried von Straßburg, Hartmann von Aue, Wolfram von Eschenbach u. a. derartige Ausdrücke sorgfältig zu vermeiden, ja sie bezeichnen es geradezu als Pflicht des gebildeten Mannes, alles Anstößige aus seiner Rede zu entfernen.[1]) Aber schon bevor mit Kaiser Maximilian das Rittertum völlig erstarb, war unser Volk seiner früheren Gewohnheit wieder treu geworden. Daher darf es uns nicht wunder nehmen, wenn wir in Luthers[2]) Tischreden und Briefen, in Fischarts Schriften und vollends in Hans Sachsens Fastnachtspielen viele Redensarten und Ausdrücke finden, die wir jetzt nicht für salonfähig halten. Auch noch in späterer Zeit hat es sogar unter hochstehenden Persönlichkeiten nicht an

---

[1]) Z. B. sagt Gottfried von Straßburg im Tristan V. 7946 ff.: „In edelen ören lûtet baz ein wort, daz schône gezimt, dan daz man ûz der bœsen nimt. Als verre als ichs bedenken kan, sô sol ich mich bewarn daran, daz ich iu iemer wort gesage, daz iuwern ören missehage und iuwern herzen widerstê; ich spriche ouch deste minner ê von ieglîcher sache, ê ich iu daz maere mache unlîdic und unsenfte bî mit rede, diu niht des hoves sî.“

[2]) Vgl. z. B. Grimms Wörterbuch III, S. 1466 unter feisten.

solchen gefehlt, die kein Blatt vor den Muud nahmen, z. B.
schreibt die Herzogin Maria Anna Christina von Bayern einmal:
„Neulich habe ich ein wenig vihl geessen gehabt, so hab ich
einmahl zimlich gespiben". Das Gegenstück dazu bildet der
Geschmack der empfindsamen Rokokozeit, wo man in Frankreich
und in anderen Ländern, die seinem Vorgange folgten, die „übertünchte Höflichkeit" soweit trieb, daß man selbst die unanstößigsten
Ausdrücke verpönte, weil sie nicht fein genug klangen, und für
verheiraten und tanzen die breitspurigen Redensarten donner
dans l'amour permis und tracer des chiffres d'amour gebrauchte,
ja wo nach Herders Angabe eine Großtante höflich zu sprechen
glaubte, wenn sie sich vernehmen ließ: „meine Füße, mit
Respekt zu sagen". Angesichts solcher Tatsachen kommt Jakob
Grimm in der Vorrede zum Deutschen Wörterbuch (S. XXXII)
zu dem Urteile: „Wie sticht doch die unleugbare, man könnte
sagen, keusche Derbheit der deutschen Literatur des 16. Jahrhunderts ab von der französischen Schlüpfrigkeit, von der zimper-
lichen Art unserer heutigen feinen Welt, die sich z. B. scheut,
Ausdrücke wie Durchfall in den Muud zu nehmen, und dafür
das Fremdwort Diarrhöe gebraucht, unter welchem der Grieche
genau das verstand, was jenes deutsche Wort besagt!"

28. So viel ist jedenfalls klar, daß die Wörter keine
Schuld daran haben, wenn man sie in den Bann tut und be-
fehdet. Es kommt meist bloß auf die Beschaffenheit und den
Bildungsgrad der Menschen an, die sie verwenden; ja oft werden
dieselben Ausdrücke je nach der Beziehung, in die man sie bringt,
selbst in den feinsten Kreisen bald gebraucht, bald gemieden. Was
in Bezug auf Menschen verpönt ist, erlaubt man ohne Bedenken,
wenn es sich um andere Erscheinungen der sichtbaren Welt
handelt; z. B. scheut sich niemand von Windhosen und Wasser-
hosen zu reden, während das einfache Wort Hose schon seit
zwei Jahrhunderten in die Acht erklärt worden ist. Da aber
mit dem Ausdrucke nicht auch der Gegenstand aus der Welt
geschafft werden konnte, so mußte man auf Ersatz bedacht sein.
Die einen nahmen dafür Fremdwörter wie Modesten und
Inexpressibles, die andern deutsche Bezeichnungen wie Bein-

Kleider und Unaussprechliche, was J. Grimm mit den Worten zurückweist: „Die ehrliche, uralte Hose unaussprechlich zu finden ist überaus albern". Und ähnlich steht es mit anderen Ausdrücken. Vom Speien, Schwitzen und Schwängern des Menschen will niemand in vornehmer Gesellschaft etwas hören, weil man sich gewöhnt hat, dafür zu sagen: sich übergeben, transspirieren, in die Lage bringen, wohl aber darf man ruhig von feuerspeienden Bergen, schwitzenden Wänden und ozongeschwängerter Waldluft reden, ohne zartbesaitete Gemüter zu beleidigen. Der Bauch, das Maul und vollends der After eines Menschen sind Dinge, die man im Salon nicht erwähnen darf; doch ist jedermann gestattet, den Bauch eines Gefäßes, das Löwenmaul und den Aftermieter zum Gegenstand seines Gesprächs zu machen. Dies ist um so mehr dann der Fall, wenn die Grundbedeutung verblaßt und der Ausdruck nicht mehr ganz durchsichtig ist wie bei Kujon von lat. culleus[1]) oder bei den französischen Formen culotte, reculer, culbuter, von denen Weber im Demokrit sagt: „Der Name des solidesten Teiles unseres Körpers, des Türhüters und Zimmerreinigers, erscheint in jeder guten Gesellschaft des feineren Nachbars nichts weniger als incognito und ohne das mindeste Ärgernis mit seinem eigenen werten Namen (cul); wir Deutschen müssen zu Metaphern und Umschreibungen unsere Zuflucht nehmen und nennen ihn höchstens beim Leder der Bergleute. Obwohl wir weit mehr sitzen als die luftigen Franzmänner, ihn mithin weit mehr gebrauchen, so erröten wir doch beim bloßen Namen der ehrlichen Haut und ihrer so schönen Knudung, die nur Wüstlinge so recht zu schätzen wissen". Aber was sollen wir dazu sagen, daß Heinrich Heine den Allerwertesten als den Körperteil bezeichnet hat, wo der Rücken aufhört, einen anständigen

---

[1]) Dieses Wort ist mit der verstärkenden Endung -on gebildet und hat ähnliche metaphorische Bedeutung erhalten wie bei uns Lappschwanz oder Lappsack. Auch gewisse den tierischen Organismus betreffende Dinge nennen wir ruhig, weil der ursprüngliche Sinn nicht mehr klar erkennbar ist, z. B. Hundsfott (cunnus canis), Bibergeil (= Biberhode), Bovist (= Pfauenfist).

Namen zu führen? Kann dem gegenüber sein Ausspruch noch aufrecht erhalten werden, daß die Deutschen keinen Geschmack besitzen, weil sie keinen Euphemismus haben?[1]

Die Beweggründe nun, aus denen man in der Sprache manches verhüllt, sind teils Zartheit der Empfindung, teils Rücksicht auf andere, teils Ehrfurcht und heilige Scheu vor der Entweihung erhabener Dinge durch unnützen Gebrauch. Mitunter behauptet sich ein einzelner Ausdruck Jahrhunderte lang, mitunter wird er auch in ganz kurzer Zeit verbraucht. Denn der Euphemismus ist der größte Wortverwüster, den es gibt. Die neuen Ausdrücke klingen zunächst harmlos und wollen es sein. „Jetzt bemächtigt sich ihrer die Zote, treibt Mutwillen mit dem Doppelsinn, defloriert sie am Ende und macht sie ebenso anrüchig wie jene Wörter, die sie mit Ehren ersetzen sollten. Nun ist wieder die Prüderie an der Reihe, Neues muß erfunden, wieder ein jungfräuliches Wort auf den bedenklichen Posten geschoben werden, ein neues Opfer den losen Mäulern. Je zimperlicher ein Volk in solchen Dingen ist, um so mehr Wörter setzt es auf den index prohibitorum. In manchen Ländern, z. B. in England, dem klassischen Lande der Anständigkeit, kann sich der Fremde mit der Wahl seiner Ausdrücke gar nicht genug in acht nehmen".[2] Machen wir uns das an ein paar Beispielen klar! Für die dem Körper auf verkehrtem Wege zugeführte Flüssigkeit haben die Franzosen nacheinander die Wörter clystère, lavement und remède verwendet, wenn sie es nicht vorzogen, zu der Redensart bouillon des deux soeurs ihre Zuflucht zu nehmen, in der sich die Bedeutung der „beiden Schwestern" mit Leichtigkeit aus der Wendung tomber sur ses deux soeurs (rücklings hinfallen) ergibt. Die beiden zuerst genannten Wörter sind jetzt aus der Umgangssprache geschwunden als Bezeichnungen für unliebsame Dinge. Man hat sie beiseite geschoben wie Gefäße, welche übelriechende Stoffe enthalten und daher selbst einen widerlichen Geruch angenommen haben. Von der Spülung (clystère) ist man zur Waschung

---

[1] G. v. d. Gabelentz, Sprachwissenschaft. Berlin 1895. S. 245.

(lavement) und schließlich zum Heilmittel (remède) übergegangen; jeder folgende Ausdruck zeigt etwas allgemeineren Sinn. Wir Deutschen gebrauchen mit Vorliebe Fremdwörter als Ersatzstücke. An Stelle des Aborts oder (geheimen) Gemachs sind besonders Retirade, Toilette, Kloset, Appartement und Locus üblich; nur der Volkswitz hat sich deutsche Namen wie Drahtmühle, Hofgericht ahd. sprâchhûs (Sprachhaus) geschaffen.

Daneben verwenden wir aber auch heimische Ausdrücke, bei denen ein Fehler durch Verneinung einer Tugend angedeutet wird: Unliebenswürdig klingt uns feiner als grob, unschön als häßlich, unsanft als derb. In gleicher Weise treten unwohl und unpäßlich für krank, Unflat und Unrat für Kot oder Dreck, Untugend für Laster ein; nichts bei sich behalten heißt soviel als sich erbrechen[1]), Unsieg (z. B. in Uhlands Ludwig dem Bayer) soviel als Niederlage. Auch ganz allgemeine, farblose Wörter werden gewählt, um solche mit bestimmterer Bedeutung zu ersetzen. Dies gilt unter andern von etwas machen (cacare), früher auch tun, z. B. in der Wendung: „Es ist ein loser Vogel, der in sein eignes Nest tut", ferner von schänden (d. h. Schande machen), mißbrauchen und entehren, oder von sich in andern Umständen befinden; vielfach sagt man auch das Wetter ändert sich für es wird schlechtes Wetter, ja in Pommern versteht man unter die andern die Schweine.[2])

29. Ein weiteres Hilfsmittel des Euphemismus ist der Gebrauch von Eigennamen, sei es Orts- oder Personennamen. Jene verwenden wir in verhüllenden Redensarten wie nach Speier appellieren, sich an das Appellationsgericht in Speier wenden (= speien), von Dummsdorf sein (= dumm sein)[3]), einen Schwarzburger (Floh) fangen, diese in den

---

[1]) Euphemistisch auch vomieren oder sich expektorieren genannt.

[2]) Vgl. auch sich alterieren (ärgern), das auf lat. alter zurückgeht.

[3]) Auch von Döse oder Dunen sein mit Anspielung an zwei bei Cughaven gelegenen Orte; vgl. ferner niederl. von Domburg zyn, te Malleghem geboren zyn (mal = närrisch) u. a.

Wendungen Kotzebues Werke herausgeben (= kotzen, sich erbrechen), St. Ulrichen ein Kälbchen˙ opfern (dasselbe), die schnelle Katharine haben (= Darmkatarrh haben, schon im Simplicissimus), mehr Glück haben als Ferdinand (= als Verstand). Bisweilen setzt man Wörter verschiedener Begriffssphären für einander ein; namentlich deutet man mangelnden Verstand dadurch an, daß man Vorzüge des Gemüts erwähnt, z. B. für er ist dumm er ist ein guter Mensch; und wenn wir eine Schrulle als Steckenpferd ausgeben, so gebrauchen wir gleichfalls ein Wort, mit dem wir nach Goethes Angaben „einander mehr schmeicheln als verletzen". Oft muß man die erfinderische Kraft des Geistes im Aufsuchen bezeichnender Ersatzwörter bewundern; ich erinnere an die kleinen Offenherzigkeiten (Löcher im Kleide), die Rosengärten, wie noch gegenwärtig in größeren Städten sittlich anrüchige Gegenden zuweilen genannt werden, an Rosen lesen, Rosen brechen, in die Blumen gehen, wie man früher gern sagte, um die kühnste Tat der Liebenden zu verhüllen, die Fische füttern oder dem Meere seinen Tribut entrichten (von den üblen Folgen der Seekrankheit), einen Fuchs schießen (schon im Simplicissimus = sich übergeben), Goldmühle (Abort; vgl. mhd. goltgreber, Kanalräumer), Hänschen im Keller (ungeborenes Kind); hierher gehören auch die Mutter Erde küssen (prendre un billet de terre, vom Pferde abgeworfen werden), eine Jungfrau entblümen, guter Hoffnung sein, ihre Stunde ist noch nicht gekommen, Wasenmeister (Schinder), das Buch der Könige aufschlagen (Karte spielen), sich seitwärts in die Büsche schlagen, mhd. die beinerne Dreifaltigkeit (die drei Würfel). Im 16. Jahrhundert sagte man: Liebesleute spielen miteinander, bis aus zweien drei geworden sind; ein Orientreisender suchte nach seinem eigenen Berichte auf dem schmutzigen Nachtlager eines griechischen Bauernhauses die schwarzen Söhne der Nacht mit dem Blütenstaube Persiens zu verscheuchen; in der Nähe von Kissingen fand Viktor Hehn einst einen ideal geformten griechischen Tempel, der nach seiner Angabe „zu einem durchaus heterogenen, aber den Kurgästen beim

Trinken und Wandeln bringend willkommenen Zwecke" bestimmt war.

Ein bequemes Mittel, bedenkliche Wörter unschädlich zu
machen, ist auch die Andeutung durch eine Zahl. So spricht
Hans Sachs vom elften Finger des Mannes, und ein un-
glücklich verheirateter Ehegatte nennt seine Frau eine aus der
siebenten Bitte (Herr, erlöse uns von dem Übel), ein anderer
setzt sich auf seine vier Buchstaben, das heißt auf den Körperteil, der mit vier Buchstaben ausgedrückt wird, gleich wie die
Römer einen Dieb (fur) als einen Menschen mit drei Buchstaben
(homo trium litterarum) bezeichneten. Auch Citate werden
in dieser Weise gebraucht, z. B. Tobias 6, 3, wenn jemand
gähnt, ohne die Hand vor den Mund zu halten. Wer diese
Stelle nachschlägt, findet die Worte: „Herr, er will mich fressen!"
Endlich ist es noch möglich, die gewünschte Wirkung durch die
völlige Unterbrückung eines Wortes zu erzielen. Man setzt
dann nur das zum Substantiv gehörige oder als Ersatz dafür
dienende Pronomen, z. B. jemand eine (Ohrfeige) hinein-
hauen, einen (Wind) streichen lassen, einem eins (ein
Auge) auswischen, es (das Gift) einem einträngen, es
einem angetan haben (tun hier verhüllend wie in einen abtun),
d. h. ihn bezaubert haben, es hinter den Ohren haben (ein
dämonisches Wesen; vgl. den Schelm im Nacken haben), jemand
etwas anhängen[1]), abgeben oder etwas malen, pfeifen,
husten, niesen, deren wenig feiner Sinn deutlicher wird durch
die verwandten Redensarten: „Du kannst dir etwas auf Löschpapier malen lassen" und: „Ich will dir etwas backen zwischen
Hemd und Hacken". Bei schriftlicher Aufzeichnung hilft man
sich auch mit Punkten, um die Zahl der unterbrückten Buchstaben
anzudeuten. Einen Beleg dafür bietet folgende Anekdote, die
1897 durch die Zeitungen ging. Der Oberpräsident von Sennft-

---

[1]) Ursprünglich wohl eine Schandflasche, wie sie klatschsüchtigen
Weibern noch im 18. Jahrhundert zur Strafe an den Hals gehangen
wurde, ebenso wie in Italien (vgl. it. appiccar il fiasco ad alcuno,
woraus sich der Sinn von fiasco (Flasche =) Mißerfolg entwickelt hat.
Vgl. mhd. lasterblech und nhd. Klemperlein im D. Wb. V, S. 1143.

Pilsach fand eines Tages in dem Berliner Hotel, wo er als
Herrenhausmitglied wohnte, seine Briefe durcheinander geworfen
und mit frischen Tintenflecken verunziert. Wie er den Wirt
darauf zur Rede setzte, gestand dieser, jeder Berliner Wirt müsse
der Polizei auf Verlangen Nachschlüssel zu den Sekretären geben
und Nachforschungen erlauben, sonst würde ihm die Konzession
entzogen. Was blieb Herru von Senfft-Pilsach übrig? Er legte
einen Zettel zu seinen Briefen, der die Buchstaben v........
Schw.........! enthielt mit dem Zusatze: Wenn ihr meine
Briefe nachseht, bringt sie wenigstens nicht in Unordnung!

30. Aus unseren bisherigen Erörterungen läßt sich deutlich
erkennen, daß der Euphemismus besonders beliebt ist, wenn es
sich handelt um gewisse Körperteile und deren Bekleidung, verschiedene natürliche Verrichtungen, Krankheiten und Gebrechen
mancher Art, unedle Neigungen und Leidenschaften, denen man
sich hingibt, sowie Strafen, die man verhängt und durch einen
schönen Namen überzuckert. Gleich den sittlichen kommen auch
geistige Mängel wie Dummheit und Torheit in Betracht,
deren geziehen zu werden für eine Schande gilt; ebenso liefert
das religiöse Gebiet eine große Zahl von Beispielen, denn Aberglaube und Scheu vor der Entweihung des Heiligen hat zu
allen Zeiten bestanden. Durchmustern wir nun die einzelnen
Gebiete und geben Belege für die in Rede stehende Erscheinung![1])

Einen Knauser bezeichnen wir zuweilen als sparsam, einen
Verschwender als freigebig, einen unritterlichen als biedere,
gerade, ehrliche Natur, einen Betrüger als schlauen Kopf
oder Glücksverbesserer (vgl. corriger la fortune in Lessings
Minna von Barnhelm). Schöner als stehlen klingen die
Wendungen lange Finger machen, etwas mitgehen heißen,
eine um sich greifende Tätigkeit entwickeln, auf dem
Kartoffelacker botanisieren (Kartoffeln stehlen); ebenso zart
drückt sich Schiller in Wallensteins Lager (5) aus, wenn er
von dem Diebsgesindel der Kroaten sagt: „Die silbernen

---

¹) Das intellektuelle Gebiet wird in einem andern Abschnitte behandelt.

Tressen holten sie sich nicht auf der Leipziger Messen".
Einen mißratenen Jungen nennen wir wohl ein sauberes
Bürschchen oder ein nettes Früchtchen, eine Frau, die
berufsmäßig uneheliche Kinder durch schlechte Nahrung einem
allmählichen Ende zuführt, eine Engelmacherin, ein sittlich
gesunkenes Mädchen bezeichnen wir mit den Fremdwörtern
Hetäre, Maitresse, Dame der Demimonde oder mit den
deutschen Ausdrücken Metze (= Mechthild), Freudenmädchen,
Mitschwester (Studentensprache des 18. Jahrh.), ihren wenig
beneidenswerten Aufenthaltsort als Bordell, Seelenlazarett
(18. Jahrh.), Puppenstube, öffentliches Haus, Freuden-
haus, Weinstube u. s. w. Besonders zahlreich sind die be-
schönigenden Ausdrücke für die Betrunkenheit, kein Wunder bei
einem Volke, das dem Biergenuß in so hohem Grade ergeben
ist. Da hat dieser schief oder schwer geladen, jener sich
benebelt, berauscht, angesäuselt, der eine zu tief ins
Glas hineingeschaut, des Guten zu viel getan oder ein
Glas über den Durst getrunken, der andere hat einen
Affen, Spitz, Stich, Schuß, Haarbeutel, etwas in der
Krone oder im Kopfe, ein dritter sieht den Himmel für
eine Baßgeige an u. s. f. In diesem Zustande muß jeder
gewärtig sein, daß er an die Luft gesetzt wird oder daß
man ihm einen Stuhl vor die Tür setzt, wenn seiner nicht
noch andere Strafen harren als da sind Züchtigungen aller
Art, z. B. Schläge auf die Backe oder an den Kopf, die man
oft mit wohlschmeckenden Früchten benennt wie Dacheln (=
Datteln), Kopfnüsse (vgl. Nuß, Schlag), Ohrfeige (vgl. ndl.
oorveeg, Ohrstreich nnd unser fegen), Pflaumen und Kirschen
(elsäff.), Maulbirnen (holl.), Bratbirnen (nd.), Butzen-
birnen (d. h. Birnen mit dem Butzen), Knallschoten, Rettiche.
Wer die Oberhand behalten hat, der will Schläge ausgeteilt
haben, also wie freiwillige Gaben oder wie eine Siegesbeute,
wer sich aus dem Kampfe zurückzieht, hat sein Teil weg,
nämlich bei der Austeilung der Geschenke, er muß die Schläge
einstecken, ist gehörig ausgezahlt. Auch dachte man häufig
dabei an ein Gericht, das dem Betreffenden vorgesetzt wurde;

daher eine Tracht (eig. was bei Tafel aufgetragen wird)
Prügel, trockenes Futter, Stockfisch ohne Butter, die
Rute zu schmecken bekommen. Eine andere Auffassung finden
wir bei folgenden Ausdrücken vertreten: Dem unartigen Knaben
werden die Backen mit Fünffingerkraut gesalbt,[1]) die
Sträflinge empfangen, wenn sie nach „Nummer Sicher" kommen,
den Willkommen, die Kinder geben beim Abschied von Alters-
genossen diesen den Letzten (= die Letze, das Abschiedsmahl).
Namentlich haben die einzelnen Handwerker Stoff zu reicher
Abwechselung im Ausdruck geboten: der Schuhmacher versohlt
das Leder, der Koch versalzt die Suppe, der Stiefelputzer
wichst (d. h. überzieht mit Wachs), der Gerber walkt oder
gerbt das Fell, der Kaufmann zählt auf, der Schneider
flickt etwas am Zeuge oder bügelt die Fassade glatt,
der Musiker paukt durch, der Tagelöhner drischt auf jemand
los, der Tischler vermöbelt, der Holzarbeiter verkeilt oder
holzt, der Maler streicht den Rücken mit einem hage-
buchenen Pinsel blau an, der Hausdiener fegt oder wischt
(gibt einen Wischer); ebenso sagt man vom Geistlichen, daß er
einen abgekanzelt oder ihm die Leviten gehörig liest, von
einem Gerichtsdiener, daß er dem Verbrecher 25 Paragraphen
mit dem schlehbornenen Gesetzgeber aufnötigt oder ihn
mit ungebrannter Asche einreibt. Besser sind die daran,
denen heimgeleuchtet, der Marsch geblasen oder etwas
aufgemutzt wird (= aufgeputzt, herausgestrichen; vgl. auch
heruntergeputzt werden).

31. Sehr geschäftig war die Phantasie auch, um neue
Ausdrücke für Folter und Hinrichtung zu erfinden. Die
Tortur hieß früher allgemein die scharfe Frage, und Lichten-
berg nennt sie scherzhaft die geschärfte sokratische Methode;
bei der Folterung wurde empfohlen, den Sträfling gut geigen
zu lehren oder beichten zu lassen; den Scharfrichter nennt
Luther Meister Hans, andere Hämmerling oder Meister
Hämmerlein. Der zum Tode am Galgen Bestimmte wurde

---

[1]) Vgl. giroflée à cinq feuilles, fünfblättrige Levkoje.

trocken geschoren, bekam eine hänfene Halsbinde oder ritt ein hänfenes Pferd, lernte fliegen oder sah durch einen Ring, ritt auf einem dürren Baum oder wurde zum Klöppel an der Feldglocke, weil er sich nicht vor dem dreibeinigen Tier (Galgen) gehütet hatte. Ebenso groß ist die Zahl derer, die mit dem kalten Eisen (Schwert) oder dem Morgenstern getötet werden, die über die Klinge springen, um die Ecke gebracht oder einfach abgetan werden. Zu ihnen gesellen sich andere, denen ein welsches Süppchen gekocht oder ein Pülverchen in die Suppe gerührt wird.

Auch manche Krankheiten erfreuen sich beschönigender Namen. Der gefürchtete Krebs wird bezeichnet als Neubildung, die Fußgicht als Zipperlein, die Fallsucht als böses Wesen, die Syphilis oder Lustseuche im Nd. als Unbenömt, d. h. Namenlos; und wenn wir im Simplicissimus lesen: Da bekam ich die lieben Franzosen mit wohlgeneigter Gunst oder bei Hans Sachs in den Fastnachtspielen: Ich kriege auch mit den Franzosen, so liegt darin eine Anspielung auf dieselbe Krankheit verstedt, die am Ende des 15. Jahrhunderts im französischen Heere weit verbreitet war. Häufig erfolgen Androhungen schlimmer Übel mit verhüllender Ausdrucksweise. Der unchristliche Wunsch: Daß dich das Mäuslein beiß'! bedeutet eigentlich: Daß du den Aussatz bekommen möchtest! Denn dieser heißt mhd. mîzel (-suht), woraus nhb. Meißel werden mußte. Wenn wir ferner sagen: Daß dich die schwere Not oder die Krankheit! (Kränke, Kränkte), so drohen wir jemand die Fallsucht oder die Pest an, und mit den Worten: Daß du die Motten kriegest! die Blattern, die auf den Wangen ähnliche Spuren hinterlassen wie jene Tiere auf den Kleidern. Auch Verwünschungen wie: Wenn du doch wärst, wo der Pfeffer wächst, sind ziemlich schwer. Denn in Cayenne, dem Pfefferlande, sterben infolge des ungesunden Klimas viele Menschen.

Damit sind wir schon bei den Redensarten angekommen, die mit dem Tode in Zusammenhang stehen. Was sich hier an Euphemismen findet, ist durch den abergläubischen Sinn veranlaßt worden, der seit alters Tausende beherrscht. Bekannt sind Dichterstellen wie: So muß er statt deiner erblassen (Bürgschaft), so muß der Freund mir erbleichen (ebenda), tröstet ihr mein Weib, wenn mir was Menschliches begegnet (Tell), der nächste Neumond endet deine Furcht (denn dann ist deine Feindin getötet, die die „ewige Freiheit erwartet"; Maria Stuart), er hat schon manchen hinweggesungen (Kantor Tamm im 70. Geburtstag von Voß). In der Umgangssprache aber wird der Tod bezeichnet als Heimgang oder Hinscheiden, ein gestorbener Mensch ist ins Jenseits, in jene Welt, in Abrahams Schoß gegangen, aus der Zeitlichkeit in die Ewigkeit, in die Wohnungen des Friedens gekommen, zu seinen Vätern versammelt worden; er hat ausgehaucht, ausgelitten, ausgerungen, überwunden, überstanden, vollendet, ist nicht mehr (unter den Lebenden); durch den Tod wird er uns geraubt oder entrissen. Neben diesen vielfach der Bibelsprache entstammenden Redensarten stehen solche, die griechisch-römischen Vorstellungen entspringen wie der Lebensfaden ist abgeschnitten, das Lebenslicht ist ausgeblasen, er ist entschlafen, entschlummert (Tod als Bruder des Schlafes). Auch auf diesem Gebiete hat man von den verschiedenen Berufsarten besondere Kunstausdrücke hergenommen: Der Matrose läuft in den Hafen ein, der Totengräber fährt in die Grube, der Beamte wird in eine andere Welt versetzt, der Anwalt tritt vor einen höheren Richter, der Gelehrte gibt den Geist auf, der Pfarrer segnet das Zeitliche, der Soldat bleibt auf dem Platze oder wird vermißt, der Wegelagerer wird aus dem Wege geräumt, der Reisende zieht die Reisestiefel an, der Gesandte wird abberufen; das niedere Volk verfügt über derbere Ausdrücke wie abrutschen, absegeln, abkratzen, abfahren, in die Wicken gehn, flöten gehn[1]), dem tut kein Zahn mehr weh, nach ihm kräht kein Hahn mehr.

---

[1]) Über diese und ähnliche Ausdrücke vgl. meine Abhandlung in der Zeitschr. f. hochd. Mundarten Bd. III.

32. Abergläubische Scheu, die auf religiöser Grundlage ruht, zeigt sich oft dann, wenn es gilt, die unheildrohenden Mächte zu besänftigen. Wie die Griechen den Rachegöttinnen den begütigenden Namen der Wohlgesinnten (Eumeniden) verliehen und die Römer die niemand schonenden Schicksalsgöttinnen als Parzen (d. h. die Schonenden) bezeichneten, so haben auch wir für das Wort Teufel eine große Menge von Umschreibungen und überdies Verdrehungen. Denn sobald der Unhold seinen Namen aussprechen hört, erscheint er nach dem Volksglauben und holt die Seele des Redenden oder fügt diesem Schaden zu. So nennt man den verderbenbringenden Gesellen Meister Urian, den leibhaftigen Gottseibeiuns, den Henker (= Hinker, Hinkenden); ebenso verbirgt sich sein Name in den Verwünschungen: Geh zum Kuckuck! oder Hol dich dieser oder jener! Auch verstümmelt man Teufel bald zu Deiker oder Deixel, bald zu Tausend (Potztausend). Das Wort Gott aber wird entweder unterdrückt wie in der häufig vorkommenden Abwehrformel: Behüte! (Gott), bewahre! (Gott) oder entstellt zu Potz (potz Blitz), gleichwie sich Jesus gefallen lassen muß, zu jesses und jerum verunstaltet zu werden. Belehrend ist eine Mitteilung, die Rosegger in seiner „Waldheimat"[1]) macht: „In Erwägung, daß das Fluchen dem Älpler im Geblüte liegt, daß wir dieses Laster also unser Lebtage nicht lassen würden, empfahl uns der Pfarrer, die gottlosen Ausdrücke wenigstens in etwas umzumodeln und dadurch zu milbern. So sollten wir z. B. anstatt sakra (= Sakrament) sikra sagen, anstatt Teufel Teuxel, anstatt verflucht verflixt, anstatt verdammt verbangelt oder verbankt ausrufen;[2]) und das Himmelherrgottkreuzbonnerwetter sollten wir ganz dem lieben Gott überlassen, da wir es ohnehin nicht zu handhaben wüßten. Die Fluchreformen sind richtig durchgeführt worden, und kein Mensch in Alpl wird heutzutage in einem gelinden Zorne noch das heilige Wort Kruzifix ausrufen, sondern stets Kruzi-

---

[1]) Kinderjahre, S. 387 f. Alpl ist Roseggers Heimatsort.
[2]) Vgl. Herr Gott von Danzig! = Herr Gott, verdamme mich!

türken oder Kruzibiarel rufen; nur in Momenten höchster
Wut greifen die Leutchen noch zu ihren wuchtigen Ausdrücken
zurück".[1])

Europens übertünchte Höflichkeit.
Seume.

9. Höflichkeitsbezeigungen.

33. Das Wohlgefallen an feinerem Benehmen ist, wie der
Ausdruck „höflich" sagt,[2]) von den Höfen ausgegangen; dort
müssen wir also auch die ersten Spuren höfischer Sitte suchen.
Vorbildlich wirkte dabei für Deutschland besonders das Beispiel
der römischen Cäsaren und später der Herrscher von Frankreich.
Dies zeigt sich zunächst im Gebrauche des persönlichen Für-
wortes zur Anrede. Von Haus aus war bei uns wie
überall das einfache Du üblich. Da aber die römischen Kaiser
seit Gordian (238—244) in offiziellen Erlassen die erste Person
der Mehrzahl von sich, also von einem einzigen Menschen gebrauchten, und bald darauf ihre Umgebung sie ehrfurchtsvoll
mit der zweiten Person der Mehrzahl begrüßte, so bürgerte sich
diese Sitte allmählich auch am Hofe der Franken ein. Sobald
sich daher Pipin und Karl der Große mit wir bezeichnet hatten,
griff auch das Anredewort Ihr immer weiter um sich, wenn
man sich an den Herrscher oder einen anderen Hochstehenden
wendete. Während so im 8. und 9. Jahrhundert Ihr unter
römischem Einfluß an die Seite von Du trat, gesellte sich bei
Beginn des 17. Jahrhunderts infolge französischer Einwirkung
ein Neuling dazu, das Pronomen der dritten Person in der

---

[1]) Zu beachten ist auch, daß der Turnvater Jahn Napoleon I.
immer nur „Er" nannte, „um den Teufel nicht an die Wand zu
malen". Dazu bemerkt Jahn, daß er damit dem Beispiele der Schäfer in
wölfereichen Gegenden folge, die den Wolf auch nur mit Er bezeichneten.

[2]) Vgl. auch frz. courtoisie von courtois, höfisch und cour, Hof
= lat. cohortem von cohors, cohortis).

Einzahl (Er), veranlaßt durch die häufige Verwendung von Monsieur und Madame, Herr und Frau. In dem nach dem dreißigjährigen Kriege entstandenen Simplicissimus finden sich die Anredeformen mit Herr und mit Er noch nebeneinander, z. B. der Herr wird Ihm belieben wollen (= Sie werden belieben) und dieweil Er ein junger, frischer Soldat ist, will ich Ihm ein Fähnlein geben, wann Er will (= weil Sie sind, will ich Ihnen geben). Den letzten Schritt vom Singular (Er) zum Plural (Sie) der dritten Person tat man am Ende desselben Jahrhunderts. Ob dabei Anredeformen wie die in Bayern und Österreich gebrauchten Ihro Gnaden oder Euer Liebden u. s. w. von wesentlicher Bedeutung gewesen sind, ist nicht sicher. Möglicherweise hat schon die Analogie des Übergangs von Du zu Ihr den Ausschlag gegeben. So hatte man denn bei Beginn des 18. Jahrhunderts vier verschiedene Pronomina zur Verfügung, um e i n e Person anzureden, die sämtlich bis auf den heutigen Tag geblieben sind, allerdings mit wesentlichen Unterschieden. Du hat sich überall behauptet, wo ungekünstelte Sprache des Herzens vorliegt, vor allem bei dem traulichen Verhältnis ganz nahestehender Menschen, tritt aber auch gelegentlich bei leidenschaftlicher Aufwallung des Zornes an die Stelle des zeremoniellen Sie. In manchen Gegenden Deutschlands wie in Tirol hat es sich unter dem Volke in fast ausschließlichem Gebrauche erhalten, in anderen, wie Bayern und Österreich, teilt es die Herrschaft mit den höflich verwendeten Dualformen ess und tess. Im Gegensatz dazu steht Sie, das man gebraucht, um jemand seine Hochachtung auszudrücken, also gegenüber Personen, die durch Rang, Stellung, Ansehen und Würde den Sprechenden überragen. Eine Mittelstellung nehmen Ihr und Er ein, haben aber beide viel von ihrem alten Nimbus eingebüßt. Wohl bewahrt die Sprache der Poesie jenes fast im ganzen Gebrauchsumfange des heutigen Sie, aber in der Umgangssprache ist davon nichts wahrzunehmen; wohl kann noch gegenwärtig ein gereizter Mensch seinen Diener barsch anlassen: Schere Er sich zum Teufel!, aber es ist nicht mehr möglich, daß ein Herrscher, wie Friedrich der Große tat, seine höheren

Zivil- und Militärbeamten mit Er anredet. Denn Er ist im
Werte unter Ihr herabgesunken.[1])

34. Wie mit den Fürwörtern verhält es sich auch mit
anderen zur Anrede verwendeten Ausdrücken. In der
ältesten Zeit begnügte man sich damit, hochstehende Personen
mit Herr, Frau u. ä. zu begrüßen. Daher heißt es im
gotischen Bibeltext des Evangeliums Johannis 19, 3 hails
thiudan (Heil, Herr), und im Ahd. entsprechen die Worte heil
herro. Später, namentlich seit Anfang des 14. Jahrhunderts,
wurde das Wort Herr und dementsprechend Frau zum Ausdruck
der Hochachtung verdoppelt. So reden Bürger von Magdeburg
1376 den Kaiser an: Herr, Herr Kaiser. Doch kommt um
dieselbe Zeit auch die Begrüßung mit gnädiger Herr,
gnädiger Fürst auf. Als Kaiser Heinrich VII. 1308 eine
Abordnung von Straßburger Bürgern empfing, die ihre Freiheiten bestätigt haben wollten, war er ungehalten darüber, daß
sie ihre Ansprache begonnen hatten: „Unsere Herren von Straßburg haben uns zu Euren Gnaden gesandt", und ließ sie daher
ohne Antwort stehen. Als sie aber nach eingezogener Er-
kundigung begannen: „Gnädiger Fürst, Eure Bürger und Diener
von Straßburg haben uns zu Euren Gnaden gesandt", fanden
sie geneigtes Gehör. Wieder ein höherer Grad der Höflichkeit
lag darin, daß der Ausdruck Gnade, der früher nur in einem
obliquen Kasus gebraucht worden war, im 16. Jahrhundert auch
als Vokativ und Nominativ verwendet wurde: Eure Gnaden.
In derselben Weise verfuhr man dann mit anderen abstrakten
Substantiven wie Majestät, Hoheit, Durchlaucht, Weisheit, Strenge u. s. w. Bald rückte man auch die zum Anredewort gefügten Adjektiva in den Superlativ. Aus dem
gnädigen Herrn wurde ein gnädigster, aus dem durchlauchten
(= durchleuchteten) Fürsten ein durchlauchtigster. Im
Nibelungenliede haben Könige und Königinnen das Beiwort

---

[1]) Die Formen Ihro und Dero, Derselbe, Hochderselbe, Höchst-
derselbe, Allerhöchstderselbe, die der Kanzleisprache entstammen, sind auch
meist auf diese beschränkt geblieben.

wohlgeboren; es galt noch im 16. und 17. Jahrhundert so
viel, daß es dem Kaiser und den höchsten Adelsgeschlechtern
vorbehalten war; im 18. Jahrhundert verlor es aber derart
am Ansehen, daß es bereits den Edelleuten zu wenig dünkte,
da diese hochwohlgeboren sein wollten. Dazu kam Ende
des 18. Jahrhunderts noch hochgeboren. Als daher Bodmer
(† 1783) das Nibelungenlied herausgab, änderte er das Attribut
der Könige wohlgeboren in hochgeboren, aus Furcht, sonst bei
hochstehenden Personen Anstoß zu erregen. Wie mannigfaltig
und übertrieben aber die Titulaturen bei Beginn des 19. Jahrhunderts waren, ersieht man am besten daraus, daß man sich
1810 in Preußen veranlaßt sah, sie auf dem Verordnungswege
zu vereinfachen. Königlich sollte dem Herrscher, hoch den
Ministern, hochlöblich den Provinzialbehörden zukommen,
hochwürdig den Bischöfen, wohllöblich den Stadträten
größerer und hochedel benen kleinerer Städte.

Demnach ist es nicht zu verwundern, daß man schon früh-
zeitig daran gedacht hat, besondere Schriften abzufassen, aus denen
man ersehen konnte, welche Titel jedem Stande zukamen. Zu
den frühesten gehören Briefsteller wie der von Anton Sorg,
der 1484 in Augsburg erschien, oder Komplimentierbüchlein wie
das von P. Lucius 1648 veröffentlichte. Seitdem hat es an
derartigen Hilfsmitteln nicht gefehlt;[1]) aus ihnen kann man
erfahren, wem die Anrede Exzellenz, Magnifizenz oder
Eminenz gebührt, durch sie wird man belehrt, daß es feiner
sei, zu sagen: Sind der Herr Hauptmann wohl? als: Ist der
Herr Hauptmann wohl? Bei ihrem Studium aber kommt man
auch zu der Überzeugung, daß die Deutschen in kleinlicher
Titelsucht von jeher Großartiges geleistet haben und jedenfalls
ihre Vorbilder auf dem Gebiete des guten Tons, die Franzosen,
darin überbieten. Während z. B. in Frankreich jede Dame,
auch die Gattin des Präsidenten der Republik, mit Madame

---

[1]) Vgl. z. B. Menantes, Die Manier, höflich und wohl zu reden
und zu leben 1710, Fr. Ebhardt, Der gute Ton in allen Lebenslagen,
15. Aufl. Berlin 1900.

angeredet wird, begnügt sich die deutsche Frau von Stande
damit nicht, sondern sie will gnädige Frau sein oder verlangt,
daß Titel und Stand ihres Mannes bei der Anrede zu dem
Worte Frau hinzugesetzt werden, z. B. Frau Kommerzienrätin
oder Frau Hofapotheker. Viel einfacher und natürlicher sind
die Anreden, die das Volk · verwendet. Wenn es z. B. einen
Mann lieber Freund nennt, so will es damit nicht das
eigentliche Verhältnis der Freundschaft bezeichnen, sondern eine
bloße Höflichkeit, die den Charakter des Herzlichen an der Stirne
trägt. Wörter wie Freund sind hier nur lebendigere und be-
stimmtere Fürwörter. Zuweilen haben sich solche Ausdrücke in
beschränkterem Gebrauche festgesetzt, z. B. Schwager als ver-
trauliche Anrede an Postillone, die schon in der Studentensprache
des 18. Jahrhunderts bezeugt ist[1]), oder Frau Gevatterin,
wie die Obsthändlerinnen in Halle seit derselben Zeit von den
Musensöhnen genannt werden. Auch sonst bewahrt die große
Masse ihre alte Einfachheit und Natürlichkeit. Dies gilt
namentlich von den Begrüßungsformeln zu bestimmten Tages-
zeiten (Guten Morgen, guten Tag, guten Abend, gute
Nacht) und von dem Abschiedsworte Lebe wohl, neben dem
das bereits in mhd. Zeit eingebürgerte Fremdwort Adieu
(à dieu) oder Ade leider noch immer fortbesteht. Manche
Kreise haben ihre besonderen Ausdrücke, wie die Bergleute:
Glück auf! und die Radfahrer: All Heil! Häufig kommt
dabei der fromme Sinn des Volkes zur Geltung, z. B. in dem
schönen oberdeutschen Gruße: Gelobt sei Jesus Christus!
oder Grüß Gott! (vgl. mhd. Gott minne euch!). Daß die
Anrede an die Gottheit besonders herzlich ist, kann als selbstverständlich gelten, z. B. lieber Gott, gnädiger Heiland!
Dabei kommt oft die gehobene Stimmung auch im Accent zur
Erscheinung. Während sonst bei uns das Gesetz beobachtet
wird, daß in zusammengesetzten Wörtern der Hauptton auf dem
ersten Bestandteile liegt (vgl. Allmacht), rückt ihn ein an-
dächtig gestimmtes Gemüt in der Emphase gern auf den zweiten,

---

[1]) Vgl. Kluge, Die deutsche Studentensprache, S. 15 f.

z. B. bei: Allmächtiger Schöpfer, barmherziger Gott, allgütiger Vater.[1])

35. Hatten wir es bisher vorwiegend mit mündlichen Höflichkeitsbezeigungen zu tun, so gilt es nun noch der beim schriftlichen Gedankenaustausch, besonders im Briefverkehr üblichen kurz zu gedenken. Hier ist die Anrede zum Glück nicht mehr so zopfig und umständlich wie im 17. und 18. Jahrhundert. Unwillkürlich lächeln wir, wenn wir hören, daß Chr. Weise einen seiner Musterbriefe (1681) begonnen hat: „Edle, Hoch-, Ehr- und Tugendbegabte Frau Bürgermeisterin, an Mutters Statt hochgeehrte Frau Pate", oder wenn wir das Gesuch lesen, welches Goethe 1771 an die „Wohl- und Edelgeborene, Veste und Hochgelehrte, Fürsichtige, insbesondere Hochgebietende Herren Gerichtsschultheiß und Schöffen" seiner Vaterstadt Frankfurt richtete, um durch die Güte ihrer Wohl- und Edelgeboren Gestreng und Herrlichkeit unter die Zahl der Advokaten aufgenommen zu werden. Auch die Unterschrift hat im Laufe der Zeit manche Änderung erfahren; vor allem aber ist sie verschieden nach der Stellung der Schreibenden zu einander. Treu oder getreu, herzlich liebend u. a. derartige Ausdrücke sind nur bei nahestehenden Personen am Platze, ergeben, ergebenst, hochachtungsvoll, ehrerbietigst, gehorsamst, pflichtschuldigst, untertänigst je nach dem Grade der Hochachtung, den man bezeichnen will. Und wie schon zur Zeit des Kaisers Tiberius die Selbsterniedrigung der Römer so weit ging, daß man sich meine Wenigkeit (mea parvitas, tenuitas, mediocritas) unterschrieb, bediente sich der deutsche Mönch Otfried von Weißenburg bei der Widmung seines Evangelienbuches an den Kaiser des Ausdrucks meine Niedrigkeit (ahd. nidiri); ebenso verwendete man seit dem 17. Jahrhundert gern die Worte Ihr Diener, Ihr gehorsamer oder ergebenster Diener, und Goethe

---

[1]) So sagt man auch bei der Beteuerung wahrhaftig und bei der Begrüßung herzlich willkommen, während es wahrhaft und Willkommen heißt. Doch können bei dieser Tonverschiebung auch andere Gründe maßgebend sein; vgl. Wilmanns deutsche Grammatik I, S. 315 ff.

schließt das oben erwähnte Schreiben mit der Versicherung, daß die solchergestalt ihm erwiesene hohe Gewogenheit und großgünstige, hohe Erlaubnis im lebhaftesten Andenken bei ihm bleiben und zur unaufhörlichen Erinnerung dienen solle, als treugehorsamster Johann Wolfgang Goethe.

Doch nicht allein bei Anrede und Unterschrift der Briefe tritt die Zeitrichtung hervor, sondern auch in ihrer sonstigen Form. Welche Unterwürfigkeit z. B. im 17. und 18. Jahrhundert beliebt war, zeigt die gesuchte und geschraubte Redeweise, der steife, gekünstelte und phrasenhafte Stil, den man damals oft schrieb. Kann es etwas Abgeschmackteres geben, als die folgenden Worte, die ein Geistlicher an seinen Vorgesetzten richtete: „Seine Hochwürden und Magnificenz werden sich vielleicht verwundern, wenn ich rauchendes Döchtlein mich erkühne, mit so geringer und schlechter Feder vor Dero Hocherlauchte Augen zu kommen", oder als folgende Einladung zum Gastmahle, die an einen vornehmen Herrn gerichtet worden ist: „Eure Excellenz habe unterthänig ersuchen wollen, mir die Gnade zu thun und in meiner geringen Behausung sich hochgeneigt einzufinden und mit einer Suppe bei Dero unterthänigem Diener vorlieb zu nehmen. Ich werde solche Gnade in aller Unterthänigkeit erkennen und sie unendlich zu rühmen wissen, da ich mich sonsten Dero ferneren Gnade unterthänig empfehle"? Dies ist auch die Zeit, in der man es für gut befand, im Briefstil das Subjekt ich zu unterdrücken und damit seiner Selbstachtung den Todesstoß zu geben.

Schnell reißt der Zorn uns fort,
Und aus empörtem Grunde
Drängt nach dem stolzen Munde
Sich grollend Wort um Wort.
Jul. Sturm.

10. Schimpfwörter.

36. Trotz des christlichen Gebotes: „Liebet eure Feinde, segnet, die euch fluchen!" hat zu allen Zeiten unter den Christen

Zwist und Streit bestanden. Denn das Dichten und Trachten
des menschlichen Herzens ist böse von Jugend auf. Nur zu
leicht lassen wir uns zu leidenschaftlichen Worten oder Taten
hinreißen, die wir hinterher bei ruhiger Überlegung oft bereuen.
Namentlich dann greifen wir gern zu derben Ausdrücken, wenn
wir uns von jemand verletzt glauben, und dabei machen wir oft
unserem Zorne durch Schimpfwörter Luft, die den Urheber der
widerfahrenen Kränkung in den Augen anderer herabsetzen oder
ihm wenigstens zum Bewußtsein bringen sollen, daß er nicht
ungestraft gereizt hat. Meist dienen derartige Kraftausdrücke
zur Einleitung einer Rede und bilden das Vorspiel des Wort-
gefechtes, nicht selten werden sie aber auch im Verlaufe der
Auseinandersetzungen wiederholt, zuweilen sogar allein aus-
gestoßen. In diesem Falle verschaffen sie dem Übelgelaunten
wenigstens den Trost, daß er nicht ganz stumm geblieben ist,
sondern gleich einem kläffenden Hunde den Gegner angeknurrt hat.

Die Schimpfwörter werden den verschiedensten Gebieten
entnommen, am häufigsten dem der Tierwelt.[1]) Doch treten
dabei die fremden Tiere wie Löwe und Tiger, zumal sie der
großen Masse wenig bekannt sind, vollständig hinter den heimischen
zurück, und unter diesen wieder erscheinen am häufigsten diejenigen, die dem Menschen als Hausgenossen nahe stehen, deren
Eigenschaften er also am besten kennt. Eine Ausnahme bilden
fast nur das Kamel und der Affe, von denen jenes wohl
durch den studentischen Brauch in die Reihe der Schelten gekommen ist. Im übrigen finden wir den Ochsen, das Rind
(auch in der Form Rindvieh), den Esel, das Schaf, den
Gimpel als Vertreter der Dummheit, den Hund[2]) zur Kennzeichnung eines unterwürfigen, niedrig stehenden, das Schwein

---

[1]) Wie alt der Gebrauch solcher Tiernamen zu Schimpfwörtern
ist, lehrt der 33. Titel der Lex Salica, in dem unter andern die Wörter
Fuchs (vulpecula) und Hase (lepus) als Schelten von Menschen unter
Androhung empfindlicher Strafen verboten werden. Übrigens braucht
man auch Zusammensetzungen von Tiernamen mit Wörtern wie Teig,
z. B. Teigaffe, Teigesel, so in Sachsen und Thüringen.

[2]) Vgl. Heines Lied: „O Hund, du Hund, du bist nicht gesund.“

zur Charakterisierung eines schmutzigen, die Range (= brünstiges Schwein) zu der eines wilden Menschen. Ausschließlich den Frauen bleibt die Gans vorbehalten, deren Geschwätzigkeit übelbeleumundet ist; ebenso bildet der Name Drache ein Vorrecht des weiblichen Geschlechts. Vorwiegend Kindern gelten die Ausdrücke Lork (nd. = Lurch), Kröte und Krabbe.

Doch vielfach genügt es dem Sprechenden nicht, den bloßen Tiernamen vorzubringen, sondern er hält es für nötig, noch einen bedeutsamen Zusatz zu machen. Auf diese Weise entstehen Schimpfwörter wie Himmelhund, Neidhammel, Brummochse, Pomadenhengst, Furchthase, Böhnhase (= Bühnenhase, Dachhase, urspr. Katze, dann unzünftiger Schneider, weil dieser auf dem Boden seinem unerlaubten Gewerbe nachging), Schmutzfinke, Unglückswurm, dummes Schaf, frecher Dachs, dumme Gans, Schlafratz.

87. Zuweilen werden auch Ausdrücke für einen Teil des tierischen Körpers benutzt, wenn es gilt, das erregte Herz durch ein Kraftwort zu erleichtern. Man denke an Schafskopf, Schafsnase, Katzenkopf, Hundsfott (cunnus canis), Bärlatsch, Hasenfuß u. a.; aber auch menschliche Körperglieder müssen herhalten, um die Zahl der Schelten zu vermehren, namentlich verbunden mit einer tadelnden Eigenschaft, z. B. Memme (= weibliche Brust), Knickebein, Geizhals, Schreihals, Geizkragen (Kragen = Hals), Dickkopf, Kindskopf, Hungermagen, Hungerwanst, Dürrlender, Dummbart (Bart = Kinn, Gesicht), Milchbart, Knasterbart, Linktatsche, Schielauge, Großmaul, Balg (eigentlich Haut, vgl. lat. scortum), ebenso Schlappschwanz und Lappsack (vgl. Kujon = frz. coyon, von lat. culleus). Ferner wird die Leibesbeschaffenheit herangezogen, um jemand einen Hieb zu versetzen. Einen kleinen Menschen verhöhnt man als Knirps, Purps oder Pieps, einen großen als langen Laban, einen alten, klapprigen als Knacks (oder Knackser). Ebenso sticht man Auffälligkeiten im Benehmen auf und nennt einen ungeschliffenen und ungeschickten Menschen Schlaps (von schlappen) oder Schlacks (von nd. slak, schlaff), Taps

(von tappen), Fläz (von sich vletzen, sich hinbreiten), einen sich
sonst unfein Benehmenden Rülps oder Runks (urspr. von
runzeligen Menschen; vgl. Runke, Runzel und runzeliges Weib):
lauter Ausdrücke, die charakteristisch gebildet sind und namentlich
durch ihre Einsilbigkeit und den Ausgang auf -s vor anderen
hervorstechen.[1]) Ähnliche Bedeutung haben solche Wörter, die
mit der Endung -el abgeleitet sind wie Rekel (von sich rekeln),
Schlingel (älter nhd. Schlüngel von slingen, schleichen, wovon
auch Schlange herkommt), Trottel (der immer in demselben
Trott einhergeht), Dämel (verwandt mit bämmern), Tölpel
(= Dörpel, dorfartig).

Wieder andere Schelten werden von der Bekleidung hergenommen, wie Filz (eigentlich Bauer in grobem Filzkleid),
Schwarzkittel, Schubjack (= Schab die Jacke, also mit
schäbiger Jacke), Dummhut, Rundhut, Spitzhut (im Mittelalter Abzeichen der Juden, jetzt auf trügerische Gesinnung übertragen; vgl. Spitzbube), Bärenhäuter (urspr. einer, der ein
Bärenfell trägt), Lump oder Lumpenkerl (der sich in abgerissene Kleider hüllt), Lümmel (älter Lümpel, vielleicht von
Lump abgeleitet), Jammerlappen, Schmachtlappen, Blau-
strumpf (von Haus aus Polizist oder Gerichtsdiener, der blaue
Strümpfe trug), Halunke (= böhmisch holomek, nackter Bettler
von holy, nackt), Schlumpe (Weib, das in schmutzigen und
schlecht sitzenden Kleidern umhergeht), Bangbüchs (furchtsamer
Mensch, von bang und Büxen, Buxen, bockslederne Beinkleider;
vgl. gleichbedeutendes englisches buckskins).

38. Zahlreich sind ferner Schimpfwörter, die aus menschlichen Vornamen erwachsen. Doch schwankt dabei der Gebrauch in den verschiedenen Gegenden unseres Vaterlandes sehr;
z. B. in Holstein stehen Asmus und Drütje (= Gertrud) in

---

[1]) In vielen Fällen liegt dieser Endung das lateinische Suffix
-us zu Grunde, das noch jetzt in der Studentensprache (vgl. Kluge
S. 35 ff.) und in den Mundarten ziemlich verbreitet ist, auch bei deutschen
Stämmen, z. B. in der Schweiz, Luftikus, Liederlikus, Wichtikus,
Nibikus (neidischer Mensch), allgemein Luftikus, Pfiffikus,
Schwachmatikus u. a.

üblem Rufe, in Hessen Staches (= Eustachius) und Dommes
(= Thomas), in Baden Theobald und Apollonia, die in
Thüringen und Oberhessen alle ohne Makel sind; dafür hat man
hier andere z. B. Gottlieb und Beate in Mißkredit gebracht.
In großen Teilen Deutschlands gelten Toffel oder Stoffel
(= Christoph, Christophel), Hans (= Johannes), Peter,
Poppel (mhd. poppe, von Poppo, der Koseform zu Bobobrecht),
Trine (= Katharine) als Bezeichnungen für dumme Menschen,
Barthel (= Bartholomäus) und Matz (= Matthes) für
schmutzige, Rüpel (= Ruprecht, besonders durch die Shakespeare-
übersetzungen verbreitet) für ungeschlachte, Nickel (= Nikolaus)
für ungezogene. Man spricht von einer Schwatzliese, Heulsuse, Drecklotte, von einem Prahlhans, Großhans,
Faselhans, Lausewenzel (vgl. Lausbube).[1] Dem französischen Jean Potage und dem englischen Jack Pudding entspricht
ein deutscher Hans Wurst (bei Hans Sachs auch Wursthans),
wobei ein jedes Volk mit seiner Lieblingsspeise geneckt wird,
der Franzose mit der Suppe, der Engländer mit dem Pudding,
der Deutsche mit der Wurst. Und wie der Amerikaner den
Spottnamen Bruder Jonathan führt (zuerst von Washington
für den Gouverneur von Connecticut, Jonathan Trumbull, verwendet), der Brite John Bull (nach der 1712 erschienenen Satire
The History of John Bull von Arbuthnot, einem Freunde
Swifts), so wird der Vertreter unserer Nation als der deutsche
Michel bezeichnet, zuerst nachweisbar bei Sebastian Franck: ein
rechter dummer Jahn, der deutsche Michel.

In geringerem Maße werden Volksnamen als Schimpfwörter gebraucht, z. B. Hottentotte, Kaffer (wenn man
nicht vorzieht, dieses von hebr. kāfār, Dorf abzuleiten, also =
Tölpel aufzufassen), Slovake (Taugenichts.) Während des
dreißigjährigen Krieges sind aufgekommen Krabate (= Kroate,
älter nhd. Kravate, wie der französische Name für die Halsbinde),

---

[1] Vgl. auch Dummrian (= dummer Jahn), Wühlhuber,
Schwindelmeier (nach den weit verbreiteten Familiennamen Huber
und Meier), Raufbold, Trunkenbold u. a. derartige Bildungen
bei Wilmanns, Deutsche Gramm. II, S. 392 ff.

Schwede, z. B. Postschwede, Türke, z. B. Kümmeltürke.
Gleichfalls einer Anregung von außen verdanken ihre Entstehung
Tolpatsch, ursprünglich Name einer ungarischen Soldaten-
gattung, der dann offenbar an Tölpel angelehnt worden ist,
(Vgl. Melac, Schimpfwort für große Hunde und rohe Menschen,
wobei der grausame Verwüster der Pfalz Pate gestanden hat.[1])

Daneben sind Standesbezeichnungen und Berufsarten
vertreten wie Schneider für einen dünnen Menschen, Racker
(urspr. Schinder und Kloakenfeger, von racken, Unrat zusammen-
fegen), Kesselflicker, Leimsieder, Schotenhüter.[2]) Mytho-
logischen Ursprungs können sich Wörter rühmen wie Quäl-
geist, Plagegeist, Bösewicht (vgl. Wichtelmännchen und
Wichtelzopf = Weichselzopf), ebenso Butz (mundartlich auch
Butzemann, vermummte Schreckgestalt = mhd. butze, klopfender
Kobold von bozen, stoßen, schlagen), Würgel, umgedeutet aus
Wärgel (vgl. thüringisch Warg, Ungetüm), Trulle (vgl. Troll).

39. Auch Gerätschaften, die der Mensch häufig in Gebrauch nimmt, kommen als Schimpfwörter vor, namentlich wenn
sie sich in irgend einer Hinsicht mit einem menschlichen Wesen
vergleichen lassen. Hierher gehören Kratzbürste, Reibeisen,
Hungerharke, Flederwisch, Quäleisen, Pinsel (Einfalts-
pinsel), Plaudertasche, Kessel (von der Hohlheit), Tran-
tiegel, Sauertopf, Quatschkübel, Tranpott, Kläter-
pott, Haberkasten (habgieriger Mensch), Windbeutel, alte
Schachtel, Freßsack, Lügensack, Tröbelsack, Bärmelsack
(mhd. gitsac, Geizsack; vgl. jedoch oben Lappsack), ferner Bengel
(= Prügel von oberdeutsch bangen, stoßen, engl. bang, schlagen,
prügeln), Flegel (= lat. flagellum; vgl. Dreschflegel), Knoten
(= Knotenstock), Knebel (eigentlich Pflock), Stöpsel, Stift,
lange Latte, Galgenstrick, Schnapphahn von dem Schieß-
gewehr (ndl. snaphaan) auf die damit hantierenden Menschen
übertragen wie Roßkamm.

_____

[1]) Vgl. Lyons Zeitschr. für d. deutsch. Unterricht XII, S. 291
und S. 610.
[2]) Vgl. auch Schlucker (armer Schlucker), d. h. armseliger, auf
das Schmarotzen angewiesener Mensch und Schlampamp, d. h. einer,
der gern schlampt und pampt = schmaust.

Den Auswurf der Menschheit bezeichnen derbe Ausdrücke wie Aas (Rabenaas) und Luder (aus der Jägersprache, zunächst der als Lockspeise hingeworfene tierische Leichnam, dann auch auf Menschen übertragen, die wert sind, Bestien zum Fraße zu dienen), ferner Schuft (= nb. schüf üt, stoß aus) und Schurke (von ahd. scurgan, fortstoßen; vgl. schürgen und würgen, schurigeln).

Von abstrakten Begriffen leiten sich Schimpfwörter her wie Scheusal, langes Laster, Ungeschick, die zum Teil sogar das grammatische Geschlecht zu gunsten des natürlichen umändern, z. B. der Unart, der Unband, der Hoffahrt. Ganze Gruppen von Menschen aber werden wegwerfend mit kollektiven Begriffen bezeichnet wie Bande, Sippschaft, Rotte, Gesellschaft, Gelichter, Pack, Clique (= frz. clique, eigentlich das Klatschen, dann die Personen, welche jemand beklatschen; vgl. claque), die auch zusammengesetzt werden (Schwefelbande, Lumpenpack) oder einen verstärkenden Zusatz erhalten (elende Sippschaft).

Die meisten Schelten führt natürlich der gemeine Mann im Munde, ja, nach Joh. Elias Schlegel ist es diesem eigentümlich, daß er im Zorn die Sprache mit neuen derartigen Wörtern bereichert.[1] Sie sind ihm daher so geläufig, daß er sie geradezu als Beteuerungsformeln verwendet, z. B. Narr in Schwaben, so in Schillers Räubern II, 3: Narr! Einen Spaß muß ich dir doch erzählen, den ich angerichtet habe (vgl. Grimms Wörterbuch VII, S. 363). Infolge davon werden auch niedrig stehende Leute im Dialog des Dramas reichlich damit bedacht, namentlich im Lustspiel. In Lessings Jugendschöpfungen nehmen selbst Gebildete kein Blatt vor den Mund und schimpfen weidlich darauf los. Besonders kommt das Wort Schurke ziemlich häufig vor, z. B. wird dies dem Diener im jungen Gelehrten

---

[1] In dem 1672 erschienenen Satyrus Etymologicus heißt es: „Sind die Weiber lang, so nennt man sie ein langes Register, dazu des Mannes Stylus zu kurz ist. Ist der Mann lang, so heißt man ihn einen Philister, einen Roland, einen großen Siegal, einen Hunnen, einen Eichbaum, einen großen Cyriaks, einen Schlaps."

so oft zugerufen, daß er sich schließlich einbildet, es sei sein Taufname. Dazu gesellen sich in den genannten Jugendstücken Narr, Schlingel, Kerl, Pinsel, Grützkopf, Dummkopf, Stockfisch, Spitzbube, Rabenaas, Nickel, Quirl, Hund, Lumpenhund, Galgenschwengel, Galgenstrick, Halunke; verwünschtes Pack, nichtswürdige Bestie, verfluchter Kerl, verdammte Weiber.

Ein besonderes Zeichen leidenschaftlicher Erregung aber ist es, daß ein dazu gesetztes Pronomen wiederholt (d. h. vor und hinter dem Schimpfwort gebraucht) und ein dabeistehendes Adjektiv hinter sein Substantiv gerückt wird. So hört man nicht selten Äußerungen wie: du Spitzbube du, ihr Schurken ihr oder Spitzbube verfluchter, Schurke niederträchtiger, sogar du elender Hund verdammter.

Diese kleine Auswahl aus dem deutschen Schimpfwörterlexikon mag genügen. Wer mehr, namentlich der älteren Sprache Angehöriges kennen lernen will, braucht nur die Fastnachtsspiele von Hans Sachs u. a. Dichtern durchzusehen, die eine große Fülle des einschlägigen Stoffs enthalten. Aber auch aus dem hier Gebotenen wird man mit Leichtigkeit ersehen, wie erfinderisch sich der Mensch zeigt, wenn es gilt, seine Mitmenschen herabzusetzen. Dabei ist zu beachten, daß selten ein Fremdwort (Halunke, Kujon, Clique, Kanuff oder Kamuff von hebr. chânêf, Heuchler)[1], Subjekt unterläuft und meist heimische Ausdrücke verwendet werden.

> Jede Sprache ist ein Wörterbuch
> verblaßter Metaphern.
>
> Jean Paul.

11. Übertragungen (Metaphern).

40. Schon den Alten war es hinlänglich bekannt, daß die Sprache zahlreiche Metaphern enthält. Sagt doch bereits

---

[1] Dagegen ist Hospes, Dummkopf wohl nur an das anklingende lateinische Wort hospes angelehnt und aus bayr. haspel, alberner Mensch entstellt.

Weise, Ästhetik. 7

Quintilian, die Übertragung sei den Menschen so in Fleisch
und Blut übergegangen, daß auch Ungebildete sie oft unbewußt
gebrauchten. In der Tat steckt unsere tagtägliche Rede voller
Bilder, die allerdings meist ihre frische Farbe eingebüßt haben.
Wohl ist das ursprünglich scharfe Gepräge des Ausdrucks noch
erkennbar, wenn wir Erscheinungen der uns umgebenden Sinnenwelt nach unserem Körper benennen, also z. B. dem Berge
Fuß, Rücken oder Kopf, dem Flusse Arm oder Mund
(Mündung), dem Felsen Nase oder Adern und dem Meere
einen Busen verleihen, dagegen ist bei Wörtern wie Kummer
und Verdruß, in denen von Haus aus Geistiges durch Sinnliches bezeichnet wird, die bei der Begriffsschöpfung wirksame
Vorstellung völlig verblaßt. Denn nur der Sprachkundige weiß
noch, daß Kummer eigentlich die drückende Last (vgl. mittelengl.
combren, beschweren, belästigen und älter nhd. bekümmert mit
etwas) und Verdruß den Stoß (vgl. lat. trudere, stoßen) ausdrückt.

　　Im Gegensatz zu diesen die ganze Alltagsrede durchziehenden
Metaphern stehen die, welche von Dichtern und anderen phantasie-
begabten Menschen neu geprägt werden. Sie verhalten sich zu
jenen etwa wie das Kunstepos der Messiade zu den griechischen
Volksepen, ein Kontrast, den uns Herder mit den Worten veranschaulicht: „Homer malt, indem er spricht, er malt lebendige
Natur, Klopstock spricht, um zu malen, er schildert". Und wie
dieser Dichter, so sind auch andere Sänger der Neuzeit von dem
Bewußtsein erfüllt, daß die Rede durch Bildlichkeit des Ausdrucks entschieden an Leben und Anschaulichkeit gewinne, und
geben dadurch ihrer Darstellung einen höheren Flug, ja, in der
Erfindung schöner Metaphern tritt die dichterische Begabung
vielleicht am glänzendsten hervor. Aber auch der Redner, der
Schriftsteller und andere auf eine schmuckreiche Sprache bedachte
Personen lieben es, ihre Worte durch Bilder plastisch zu gestalten; manchem drängen sie sich sogar in reicher Fülle auf.
Lessing[1] z. B. muß es sich ernstlich vornehmen, wenn er „auch

---

[1] Vgl. A. Lehmanns Forschungen über Lessings Sprache, worin
gleich das erste Kapitel von der „Bilderpoesie in Lessings Prosa" handelt.

auf einem einzigen Bogen kein Gleichnis, kein Bild, keine Anspielung gebrauchen soll"; er spricht es geradezu aus, daß er
durch die Phantasie mit auf den Verstand seiner Leser zu wirken
suche und es nicht allein für nützlich, sondern auch für notwendig
halte, Gründe in Bilder zu kleiden. Und wenn seine Abhandlungen noch heutigen Tages eine große Anziehungskraft auf
viele ausüben, so ist der Grund vor allem in dieser Vorliebe
für den bildlichen Ausdruck zu suchen.

Auch bietet sich beim Gebrauch der Bilder reichliche Gelegenheit zur Abwechselung. Denn sie können im Haupt-, Eigen-
schafts- oder Zeitwort enthalten sein, wie in dem Schillerschen
Verse aus dem Grafen von Habsburg: „Süßer Wohllaut
schläft in der Saiten Gold", wo wir alle drei Arten vereinigt finden. Sodann lassen sich hinsichtlich der Übertragungs-
weise vier verschiedene Formen unterscheiden, je nachdem

1. Sinnliches mit Sinnlichem (z. B. der Schiffe masten-
   reicher Wald, das grüne, kristallene Feld des Meeres),
2. Sinnliches mit Geistigem (z. B. Glanz des Ruhms,
   Zügel der Leidenschaft),
3. Geistiges mit Sinnlichem (z. B. es lächelt der See,
   mächtig zürnt der Himmel im Gewitter) oder
4. Geistiges mit Geistigem (z. B. das richtende Gewissen,
   treue Liebe)

vertauscht wird. Natürlich sind die beiden zuerst genannten
Gattungen, welche die sinnfälligste Wirkung hervorrufen, in der
Poesie am stärksten vertreten, und in ihrem Bereiche stehen
wieder diejenigen Fälle oben an, wo das Auge ins Spiel kommt,
während die für das Ohr und noch mehr die für die übrigen
Sinneswerkzeuge berechneten Metaphern weit seltener vorkommen.

41. Selbstverständlich kann auch ein und dasselbe Wort
in verschiedener Weise übertragen werden. So dient das menschliche Auge als Vergleichungspunkt für Gegenstände, die Ähnlichkeit damit haben; man spricht daher von Augen an Pflanzen,
auf der Suppe, auf dem Würfel, auf dem Schweife des Pfauen,
von Meeraugen (Gebirgsseen der ungarischen Tatra), dem
Himmelsauge der Sonne und von Windaugen (Fenster; vgl.

engl. window); ferner wird das Eigenschaftswort bitter, das die Grundbedeutung beißend hat, im Beowulf von Messern und Pfeilen gebraucht, während wir es jetzt bei Speisen und Getränken wie Mandeln und Wermut, aber auch bei Naturerscheinungen (bittere Kälte), Äußerungen, die aus erregtem Gefühl hervorgehen (Worte, Tadel, Hohn, Haß) und bei allem, was ein solches Gefühl veranlaßt (Not, Weh, Reue), anwenden; endlich hat das Zeitwort fassen als Ableitung von Faß zunächst den Sinn von „in sich aufnehmen wie ein Faß", wird aber dann auch in der Bedeutung greifen, fangen, fahen gebraucht und auf das geistige Gebiet übertragen, wo es die „Fähigkeit" des Verstandes, etwas zu „erfassen", sowie die Kraft des Herzens, standhaft zu bleiben, „Fassung" zu bewahren, bezeichnet.

Auch Fremdwörter werden häufig metaphorisch angewendet, mag nun die Übertragung vor, bei oder erst nach der Entlehnung vorgenommen worden sein. Isolieren kommt von ital. isola = lat. insula, Insel, genieren von frz. gêner, das aus hebräisch-lat. gehenna, Hölle abgeleitet ist, also eigentlich = zur Hölle machen bedeutet, elektrisch geht zurück auf griech. ēlektron, Bernstein, Krater (Öffnung eines Vulkans) auf griech. kratēr, Mischkrug, Mappe = frz. mappe und lat. mappa ist ursprünglich Handtuch, das von Schmarotzern benutzt wurde, um Speisen wegzutragen, daher = Umschlag, Seminar (Lehrerbildungsanstalt) = lat. seminarium, Pflanzschule (vgl. Pepinière von frz. pépin, Obstkern aus griech. pepon, Pfebe, Melone), Caprice = frz. caprice von lat. caper, Ziegenbock (eigentlich Bockssprung wie ital. capriccio und wie Kapriole = ital. capriola von lat. capreolus), Pedant = ital. pedante geht zurück auf griech. paideuein, erziehen, meint also ursprünglich den Lehrer, Farce bezeichnet von Haus aus das Füllsel (vgl. lat. farcire, vollstopfen) ähnlich wie Satire (lat. satura lanx, die volle Schüssel), Bombast ist zunächst Baumwolle (= griech. bombyx), dann Zeug zur Wattierung des Körpers, Pflaster (griech. emplastron) zunächst eine Salbe, dann das Straßenpflaster. Vom lat. canna, Rohr sind endlich abgeleitet Namen für rohrartige Gegenstände wie Kanal, Kanone, Kanüle, Kaneel (Zimt) und Kanon (Richtschnur, Meßstab).[1])

Zuweilen schlagen verschiedene Sprachen unabhängig voneinander denselben Weg ein. Wenn z. B. der Augapfel im Lateinischen pupilla (unser Pupille = kleines Mädchen), im Griechischen kors (Mädchen) und im Hebräischen ischôn (Männlein) heißt, so deckt sich dies mit dem oberdeutschen Ausdruck Kindl und erklärt sich daraus, daß man im Auge des Gegenüberstehenden sein Bild in verkleinerter Gestalt erblickt.

42. Noch gilt es, einen Blick auf die poetischen Metaphern zu werfen, die einen Hauptvorzug der Dichterwerke ausmachen. In mhd. Zeit sind zahlreiche bildliche Ausdrücke Gemeingut der Poesie, weil minder Begabte sie einfach von den erfinderischen Geistern übernehmen; so kehren Übertragungen wie des Glückes Scheibe, der Seligkeit (saelde) Tor, des Wunsches Kind, der Sorgen Stricke, des Leibes Angel, der Ehren Kranz, das Siegel der Scham, der Freude Wünschelrute u. a. immer wieder. Aber schöpferische Dichter gehen ihre eigenen Wege und verleihen durch ihre Bilder der Sprache nicht bloß Glanz, sondern auch Schwung. Man vergleiche nur die schüchternen Tastversuche eines Opitz oder Philipp von Zesen mit dem königlichen Flug, den hier Klopstock genommen, und man wird die Bedeutung eines genialen Mannes auf diesem Gebiete zu würdigen wissen. Vor allem hat Goethe Großartiges geleistet, er, der die Phantasie als seine Göttin preist, die bald rosenbekränzt mit dem Lilienstengel Blumentäler betritt, Sommervögeln gebietet und leicht nährenden Tau mit Bienenlippen von Blumen saugt, bald mit fliegendem Haar und düsterem Blick um Felsenwände saust und tausendfarbig wie Morgen und Abend immer wechselt. Fast jedes seiner Gedichte legt davon Zeugnis ab, nicht zum wenigsten die Schöpfungen der Sturm- und

---

[1]) Im Grunde ist es auch eine Art Übertragung, wenn sich die große Masse fremde Wörter volksetymologisch zurechtlegt wie z. B. türkisch akmerdžan (von ak, weiß und merdžan, Koralle) in Meerschaum, lat. Venusti Montes in Finstermünz oder frz. valise in Felleisen.

Drangperiode. Wenn er z. B. in Mahomets Gesang den Felsenquell freudehell wie einen Sternenblick nennt, ihn Cedernhäuser auf seinen Riesenschultern tragen, ihm Blumen mit Liebesaugen schmeicheln und seine Quellbäche durch den gierigen Sand der Wüste auffressen läßt, so zeigt er sich einem Shakespeare geistesverwandt, der oft, z. B. in den Monologen Macbeths, geradezu in Bildern schwelgt.[1] Goethes reiche Phantasie zeigt sich aber nicht nur in der Schönheit und Kühnheit der Metaphern, sondern auch in der Fähigkeit, diese in der verschiedensten Weise zu gestalten. So vermag er den Vogelflug und das Feuer, die er mit Vorliebe in der Iphigenie für den bildlichen Ausdruck heranzieht, uns immer von neuem vorzuführen und immer wieder interessant zu machen. Da heißt es IV, 4: Der Wind hebt lispelnd die holden Schwingen, I, 3: Die Nacht deckt viele Taten des verworrnen Sinns mit schweren Fittichen, III, 1: Die Ungewißheit schlägt die dunklen Schwingen Iphigenien um das bange Haupt, II, 1: Lust und Liebe sind die Fittiche zu großen Taten; ferner lesen wir III, 1 von der Feuerglut der Rache, III, 2 verlischt die Rache wie der Sonne Licht, V, 3 soll die Gnade lodern wie das heil'ge Licht der stillen Opferflamme, IV, 4 umlodert der Jugend schöne Flamme das lockige Haupt, III, 1 blasen die Erinnyen dem Orest die Asche von der Seele und leiden nicht, daß sich die letzten Kohlen von seines Hauses Schreckensbrande still in ihm verglimmen; sie möchten, daß die Glut ihm ewig auf der Seele brenne.

Selbstverständlich dürfen die Bilder nicht vermischt werden.

---

[1] z. B. Wider diese schauderhafte Tat werden sich seine Tugenden erheben wie Engel, posaunenzüngig, werden Klage führen um seines Mordes tiefschwarzen Höllengreuel; und Mitleid, nackt, ein neugeborenes Kind, auf Sturmwind reitend, oder Himmelscherubim zu Roß auf unsichtbaren, luft'gen Rennern werden die Tat in jedes Auge blasen, bis Tränenflut den Wind ertränkt. Vgl. ferner Heinrich IV., 1. Teil IV, 1: Ganz rüstig, ganz in Waffen u. s. w. Hier wird uns ein in strotzendem Kraftgefühl und mit jugendlicher Kriegslust heranziehendes Heer geschildert, und darum sollte auch der Ausdruck eine sprudelnde Fülle von Bildern zeigen.

Denn, wie ſchon Niebuhr in dem bekannten Briefe an einen jungen Philologen ſchreibt[1]), iſt alles, was im Gebrauche der Metaphern nicht tadellos klingt, unausſtehlich. Daher können wir ſelbſt nicht mit Schiller einverſtanden ſein, wenn er den Don Carlos zu ſeinem Vater ſprechen läßt: „In dieſem Buſen ſpringt ein Quell, friſcher, feuriger als in den trüben, ſumpfigen Behältern, die Philipps Gelder erſt eröffnen müſſen.“ Denn ein Quell kann nicht gut feurig ſein. Vollends kleinere und unbedeutendere Dichter haben oft dagegen geſündigt.[1]) Ferner dürfen die Metaphern nicht unſchön oder unnatürlich ſein, wie in den Zeiten, wo der Geſchmack ſtark geſunken war, z. B. im 17. Jahrhundert. Da iſt unter anderem die Rede von dem Pech der Augen und von ſchwarzen Sternen, eine Modenarrheit, die Chriſtian Weiſe in einem „zierlichen“ Briefe ſeiner „Erznarren“ folgendermaßen verſpottet: „Schönſte Gebieterin! Glückſelig war der Tag, welcher durch das glutbeflammte Karfunkelrad der hellen Sonne mich mit tauſend ſüßen Strahlen übergoſſen hat, als ich in dem tiefen Meere meiner Unwürdigkeit die köſtliche Perle Ihrer Bekanntſchaft gefunden habe“. Auch in den dreißiger und vierziger Jahren des 19. Jahrhunderts leiſtete man in ſolchen Geſchmacksverirrungen Erſtaunliches; z. B. Heine, der von dicken, mürriſchen Fichtenwäldern und von ſehnſüchtigen Miſthaufen ſpricht, der den Dichter Herwegh die eiſerne Lerche des Völkerfrühlings nennt und ausruft: „Wehmut, dein Name iſt Kattun!“ Ebenſo maniert erſcheinen ſeine Worte: „Horchend ſtehn die ſtummen Wälder, jedes Blatt ein grünes Ohr, und der Wald wie träumend ſtreckt er ſeinen Schattenarm hervor“.[2])

---

[1]) Noch mehr Proſaiker, namentlich Zeitungsſchreiber, bei denen ſo häufig Ausdrücke unterlaufen wie eine brennende Frage erſchöpfen, von trockenen Bemerkungen überfließen u. ſ. f.

[2]) Treitſchke entwirft uns von dem Stil jener Zeit folgendes Bild: „Die Journaliſten wetteiferten mit einander in unſinnlichen Bildern, verrenkten Wörtern, überfeinen Anſpielungen, ſie verliebten ſich in ihre eigene Unnatur und freuten ſich über ihre Künſteleien ebenſo herzlich wie einſt Lohenſtein und Hoffmannswaldau.“

Ferner darf die Sprache nicht an Stellen bilderreich sein,
wo die Empfindung zurücktritt, also in diplomatischen Ver=
handlungen u. s. f. Deshalb hat Schiller in den großen
Dialogen zwischen Wallenstein und Wrangel, Burleigh und
Maria Stuart eine einfache und schmucklose Ausdrucksweise ge=
wählt, die den Verhältnissen einzig und allein angemessen ist.[1]

Die Natur aber, die den Menschen überall umgibt und
beeinflußt, wird immer die Hauptquelle bleiben, aus der die
Dichter den metaphorischen Ausdruck entlehnen. Daher sagt
Lenau mit Recht:

> „Wenn die Vögel, Blumen, Winde
> Und das ganze liebe Lenzgesinde
> Meinem Liebe helfen, wird's ihm frommen,
> Und es wird der Welt zu Herzen kommen".

> Das Weitzerstreute sammelt der Poet,
> Und sein Gefühl belebt das Unbelebte.
>   Goethe, Tasso.

12. Beseelung des Leblosen.

43. „Natur und Geist stehen in ewiger Wechselbeziehung
des Gebens und des Empfangens".[2] Weil die um uns be=
findliche Außenwelt ahnungsvolle Bezüge in uns weckt, so wird
sie zum Symbol unserer Innenwelt, so glauben wir in dem
Unbeseelten unser Seelenleben wiederzufinden. Eine Landschaft,
ein Farbenton, der über uns ausgespannte Himmel kann unser
Gemüt fröhlich oder trübselig stimmen und wird daher selbst
heiter oder melancholisch genannt. Der Fels ragt trotzig in
die Höhe, und der Baum streckt seine Arme sehnsüchtig gen
Himmel. Mit kühnem Gedankenschwunge können wir im Märchen
Pflanzen und Steinen Sprache verleihen und allen Gegenständen
der Sinnenwelt Eigenschaften geben, die sonst nur Menschen

---

[1] Vgl. Bulthaupt, Dramaturgie der Klassiker. 2. Aufl. S. 127.
[2] A. Biese, Die Entwickelung des Naturgefühls im Mittelalter
und in der Neuzeit. Leipzig 1888. S. 8.

ober Tieren zukommen. Ein großer Teil der griechischen
Götterlehre verdankt dieser Naturbeseelung sein Dasein. Denn,
um mit Schiller zu reden, „wo jetzt nur, wie unsre Weisen sagen,
seelenlos ein Feuerball sich dreht, lenkte damals seinen goldnen
Wagen Helios in stiller Majestät. Diese Höhen füllten Oreaden,
eine Dryas lebt' in jenem Baum, aus den Urnen lieblicher
Najaden sprang der Ströme Silberschaum. Feuer Lorbeer wand
sich einst um Hilfe, Tantals Tochter schweigt in diesem Stein,
Syrinx' Klage tönt' aus jenem Schilfe, Philomelas Schmerz aus
diesem Hain. An der Liebe Busen sie zu drücken, gab man
höhern Adel der Natur, alles wies den eingeweihten Blicken, alles
eines Gottes Spur". Daher verkörpert Goethe in seiner von
griechischem Geiste durchwehten Iphigenie die Gewissensqualen
nach hellenischer Art in die uralten Töchter der Nacht, die sich
in ihren schwarzen Höhlen rühren, während aus den Winkeln
ihre Gefährten, der Zweifel und die Reue, leise herbeischleichen;
ja, er macht ebenda die Erfüllung zur schönsten Tochter des
größten Vaters, dessen Haupte sie wie Athene entsprungen sei.

Am einfachsten und natürlichsten ist der Hergang der Beseelung, wenn die betreffende Erscheinung wenigstens eine gewisse
Lebenskraft zeigt, also sich regt und bewegt, wie z. B. die
Wolken des Himmels, der Wind und das Feuer. Das dahin-
jagende Gewölk gleicht dem wütenden Heere des wilden Jägers
Wotan, der Wind, „das himmlische Kind", erhebt sich und
legt sich wieder wie ein gewaltiger Riese, das Feuer bricht
aus und frißt um sich nach Art eines heißhungrigen Tieres,
der Bach stürzt sich ausgelassen wie ein mutwilliger Knabe
den Berg herab. Selbst in dem von der Luft bewegten Ge-
treidefelde sieht die erfinderische Einbildungskraft des Volkes das
Walten eines lebenden Wesens; denn es sagt, z. B. in Thüringen,
der Wolf geht im Korn oder der Wolf jagt die Schäfchen.
Aber auch dann, wenn ein Gegenstand starr und regungslos
dasteht, vermag ihn der Mensch als lebendig aufzufassen oder
wenigstens in mancher Hinsicht mit sich ähnlich zu finden. Die
Bergriesen schauen mit ihrem schneeweißen Haupte stolz ins
Land hinaus und setzen ihren Fuß in Seen, sie springen

in die Höhe und fallen schroff ab, als wären sie mit Leben
begabt. Zwei Gipfel des Berner Oberlandes bezeichnen wir
als Mönch und Jungfrau, ja, Heine besingt einen Felsen am
Rhein, die Lurlei (= Lauerfels), mit den Worten: „Die schönste
Jungfrau sitzet dort oben wunderbar, ihr goldnes Geschmeide
blitzet, sie kämmt ihr goldnes Haar". Und wenn wir auch
nicht gleich den Griechen die Bäume mit nieblichen Nymphen
bevölkern, so können wir doch den Waldmeister (b. h. Meister
des Waldes) auf seiner Brautfahrt begleiten (vgl. O. Roquettes
Gedicht) und die Blumen Rache nehmen lassen (vgl. Freiligraths
Gedicht). Und ist nicht nach der Auffassung unserer Sprache
der Wegerich ein Wegebeherrscher (rich = lat. rex) und die
Alraune (b. h. alle Runen, alle Geheimnisse kennend) von
Haus aus der Name eines weiblichen Zauberwesens?[1] Läßt
nicht Walther von der Vogelweide die Blumen mit dem Klee
um den Vorrang streiten? Kein Wunder, daß wir von einer
Mutter Natur und einer Mutter Erde reden, wie einst
die Griechen von einer Demeter, b. h. Mutter Ge oder Mutter
Erde.[2]

44. Eine andere Gruppe von Körpern, die der Mensch
gern mit Leben ausstattet und durch seine Phantasie beseelt,
sind Werkzeuge, wie die Schwerter, Geschütze, Glocken und
Schiffe. Alle werden in unserer Sprache mit menschlichen
Namen benannt, ein Beweis dafür, wie sehr sie dem Deutschen
ans Herz gewachsen sind. Das Schwert Siegfrieds, das so
oft unter den Feinden gewütet hat, heißt Balmung, das Wittichs
Mimung, Namensformen, die uns lebhaft an Patronymika wie
Amelungen, b. h. Abkömmlinge des Amala, oder Nibelungen,
b. h. Nebelsöhne, erinnern. Unter den Geschützen[3] treten
uns allbekannte, wie die faule Grete und die schlimme Else,
entgegen, bei den Glocken finden wir unter anderen Be=

---

[1] Auch im Litauischen hat ein Wort (kaukas) den Doppelsinn
von Kobold und Alraune.

[2] Vgl. „Vater Rhein".

[3] Diese wurden auch häufig als Schlangen, Habichte, Fallen
u. s. w. aufgefaßt.

nennungen wie Susanna oder Maria vor, die Schiffe aber tragen oft Namen von bedeutenden Persönlichkeiten wie Kaiser Wilhelm und Fürst Bismarck.

Aber auch Werkzeuge anderer Art, die der Mensch bei seinen täglichen Verrichtungen braucht, werden mit Leben begabt. Der Stiefelknecht hilft uns beim Entfernen der Fußbekleidung, der Rechenknecht bei mathematischen Aufgaben; der Hausfrau steht ein stummer Diener (Tischchen) und in Basel ein Glättemann (Plättbrett) zur Seite, den Hausherrn peinigen die Vatermörder, wenn er auf Schusters Rappen reitet, d. h. ausgeht. Der lebendigen Einbildungskraft erscheint die Ramme, die den Pfahl hineintreibt, als stoßender Bock (ram, Widder), der Kran, der die Waren hebt, als Kranich (Kran = Kranich), die Schraube als Schwein (Schraube = lat. scrofa, Schwein; vgl. span. puerca, Schraube = lat. porca), der Schraubengang als Schraubenmutter. So bezeichnen wir auch die Schale einer Perle als Perlmutter[1]) und die Hülle einer Gewehrkugel als Patrone, d. h. Patronin oder Herrin. Nun wird es uns klar, warum so viele Namen für Instrumente auf die ursprünglich nur den Personen zukommende Endung -er ausgehen. Sie sind eben von Haus aus nach Bedeutung und Form als lebende Wesen aufgefaßt worden, so daß sich Ausdrücke wie Korkzieher und Leuchter mit Wörtern wie Arbeiter und Schreiber vergleichen lassen. Darnach ist der Kreuzer ein Geschöpf, welches das Meer kreuzt, der Dampfer ein dampfendes, der Schnellsegler ein raschsegelndes Schiff.[2]) Auf der gleichen Stufe stehen der Drücker, der Brenner, der Böller (von mhd. boln, werfen), der Federhalter, Zahnstocher, Scheinwerfer, Totschläger, Nußknacker u. a. Selbst der Humor kommt ins Spiel bei Bezeich-

---

[1]) In Thüringen wird auch eine regenschwangere Wolke Regenmutter genannt.

[2]) Bei einem angelsächsischen Dichter heißen die Schiffe Wogenhengste und bei den Engländern ein Kriegsschiff man of war (Kriegsmann), ein Handelsschiff marchantman (Kaufmann). Vgl. unsere Wörter Kauffahrer und Grönlandfahrer sowie Kluge, Neue Jahrbücher für Philologie. 1901. S. 702.

nungen wie Ladenhüter für ein lange auf dem Lager befindliches
Warenstück oder Tröster für einen Stock, mit dem man Schläge
androht. Ebenso verstehen wir nun, weshalb der saure Wein
als Krätzer oder Rachenputzer, der gute als Sorgenbrecher bezeichnet werden kann. Neben der Endung -er begegnen wir
aber auch der Endung -el, die von Büttel (= der Bietende,
Gebietende), Feldwebel (ahd. weibil vom Stamme des Zeitworts
weibôn, sich hin- und herbewegen, herumweibeln), Krüppel (von
af. kriupan, kriechen) auf Geräte übertragen wird, z. B. den
Meißel (von ahd. meizan, schneiden), Wirtel (vgl. lat. verti,
sich drehen) Schnabel (von ahd. snaban, schnappen) u. a.

　　45. Befremdlicher erscheint uns die Personifikation von
Krankheiten, wie sie z. B. in den volkstümlichen süddeutschen
Namen Beutelmann (= Fieber) und Blattermann (=
Pocken) vorliegt. Doch erklärt sie sich aus der Annahme, daß alles
Übelbefinden von bösen Dämonen hervorgerufen wird, die auf
den Straßen umherschreiten (grassieren sagt man von Krankheiten = lat. grassari, hin- und herschreiten) und sich dann im
Körper des Menschen festsetzen,[1]) wenn sie es nicht vorziehen,
ihn zu drücken wie ein Alp (= Elf) oder zu reiten wie der
Teufel (vgl. galoppierende Schwindsucht). Von da ist nur ein
kleiner Sprung zur Beseelung der Gefühle und Regungen,
die im Herzen entstehen. Wie ein Mensch außer sich sein, in
sich gehen und wieder zu sich kommen kann, so können auch
seine Empfindungen als von außen in ihn eintretend gedacht
werden. Es ist nicht einerlei, ob ich sage: „Er hat Angst"
oder „Die Angst packt ihn". Dort wird er wenigstens insofern
als tätig hingestellt, als er im Besitze der Erregung ist, hier
erscheint er leidend, weil diese von außen herkommt und ihn
anfaßt. So ergreift, überfüllt, beschleicht, übermannt jemand
auch der Zorn, die Wut, Verzweiflung u. s. w. Ebenso werden
sonst die abstrakten Substantiva behandelt; z. B. sagt man: Die
Not geht an den Mann, die Arbeit steht still, ruht, schreitet

---

[1]) Vgl. die Redensart: „Ich will dir schon deinen Übermut austreiben", wo also der Übermut als böser Dämon aufgefaßt wird.

vorwärts, kommt in raschen Gang, die Zeit vergeht mit
Riesenschritten; besonders häufig ist dies der Fall in Sprichwörtern und sprichwörtlichen Redensarten wie: Vorsicht ist die
Mutter der Weisheit, Not bricht Eisen, Not kennt kein Gebot,
Lügen haben kurze Beine, die Kunst geht nach Brot, Eile bricht
den Hals, Hunger ist der beste Koch (vgl. hier ist Schmalhans
Küchenmeister). Und erscheint es nicht anschaulicher und greif-
barer, wenn das Volk sagt: „Er ist die Liebenswürdigkeit
selbst" oder „Sie war die reine Güte",[1] als wenn der Gebildete
dafür einsetzt: „Er war sehr liebenswürdig", „Sie war außerordentlich gütig"? Ähnlich verhält es sich mit Schimpfwörtern
der Umgangssprache wie das Scheusal, das lange Laster. Sogar
Geschlechtswechsel kann bei personifizierten Abstrakten eintreten.
Einen übermütigen Gesellen bezeichnen wir als einen Hoffart
und einen unartigen Menschen als einen Unart; Lessing nennt
den Krieg einen Gegenpart (vgl. la part) des Friedens, Goethe
das Echo einen unsichtbaren Gegenpart (= Widerpart).

Wenn aber unsere Sprache so oft bei Naturerscheinungen
(z. B. es blitzt, es donnert) das farblose es setzt, so läßt sie
immer noch den Gedanken an die geheimnisvollen Gewalten
durchschimmern, die man früher als Urheber dieser Vorgänge
auffaßte. Desselben Fürworts bedienen wir uns oft zur Angabe
von anderen Handlungen, die wir wahrnehmen, ohne zu erkennen, von wem sie ausgehen, z. B. es klopft, es klingelt.[2]
So ist das Pronomen es ein Lieblingswort von Dichtern wie
Heine, die damit den Hauch des Geheimnisvollen, eine Art
Rembrandtsches Halbdunkel über einen Vorgang ausbreiten, um
unsere Phantasie in höherem Grade anzuregen, z. B. lesen wir
bei diesem: „Es träumte mir, schaurig schaute der Mond und

---

[1] Vgl. auch die Wendungen: „Er war die leibhaftige, verkörperte
Liebenswürdigkeit", „die Liebenswürdigkeit in Person" und Ausdrücke
der mhd. und frühneuhochdeutschen Zeit wie Frau Treue, Frau
Minne.

[2] Dagegen heißt es man kommt (= ein Mann kommt), nicht
es kommt, weil man das Nahen eines Menschen aus dem Tritte erschließt und nicht an eine andere Ursache des Geräusches denkt.

traurig schienen die Sterne; es trug mich zur Stadt, wo Liebchen wohnt, viel huudert Meilen ferne; es hat mich zu ihrem Haus geführt."

46. Auch sonst sind die Poeten große Freunde der Naturbeseelung, ja, sie haben diese als schönstes Erbteil ihrer Kunst von der „Zauberin Phantasie" erhalten. Je stärker sie mit dem herrlichen Geschenk wuchern, desto besser steht es um ihre Schöpfungen. „In der Personifikation erreicht die dichterische Kunst der belebenden Veranschaulichung ihren Höhepunkt. In ihr wird die Poesie gewissermaßen im eigentlichen Sinne schöpferisch." Am häufigsten kommt die Belebung im Beiwort oder im Prädikate vor, jenes z. B. in den Verbindungen das tückische Meer, der blutgierige Krieg, der männermordende Kampf, eine reizende Gegend, ein anziehender Stoff, eine verlockende Aussicht, der blonde, blauäugige Fehler (Kleist, Prinz von Homburg IV, 1), dieses in den Sätzen: Der Schmerz wühlt in meinem Innern oder nagt an meinem Herzen, der Verrat schielt, das Schwert lechzt nach Blut, der Bach spricht seinen Morgensegen.[1]) Im Volkslied warnt die Haselstaube das Mädchen, klagen verwüstete Schlösser ihr Leid u. s. w., im übrigen finden sich die schönsten und kühnsten Naturbeseelungen bei Heine, Lenau und Goethe. Da liegt die Mutter Erde in stillem Morgenschlummer und der Mutter Sonne Scheideblick brütet die Beeren des Weinstocks (Goethe); da schauen sich die Sterne mit Liebesweh an, kichern und kosen die Veilchen, träumt der Fichtenbaum im Norden auf kalter Höh' von einer Palme, die einsam und schweigend trauert auf brennender Felsenwand; die Blumen flüstern; der Tannenbaum mit grünen Fingern pocht an das niedre Fensterlein, und der Mond, der stille Lauscher, wirft sein goldnes Licht hinein (Heine); der Krieg und der

---

[1]) So heißt es auch im gewöhnlichen Leben: „Der Schuh drückt mich, der goldne Ring sticht mir in die Augen, der Verschluß lockert sich, die Tür öffnet sich, ein Haus springt vor oder tritt zurück, ein Weg läuft den Berg hinan". Warum sollte da nicht der Nagel, der sich krumm biegt und nicht in das harte Holz „hinein will", seinen Kopf für sich haben?

Hunger schweifen heulend, die Pest durchtappt die Finsternis (Lenau).

Aber auch bei anderen Dichtern finden sich großartige Personifikationen. Anregend wirkte hier vor allem das Beispiel Shakespeares, der die kühnsten Naturbeseelungen bietet und z. B. den Othello, von Argwohn gegen sein Weib gequält, ausrufen läßt: „Den Himmel ekelt's, und der Mond verbirgt sich, der Buhler Wind nur küßt, was ihm begegnet, verkriecht sich in die Höhlungen der Erde und will nichts davon wissen", oder die untergehende Sonne im König Johann V, 4 einen altersschwachen, müden Helden nennt, um dessen flammenden Federbusch der schwarze, giftige Atem der Nacht dampft. So spricht Haller vom Enzian: „Dort ragt das hohe Haupt vom edlen Enzian weit über den niedern Chor der Pöbelkräuter hin; ein ganzes Blumenvolk dient unter seiner Fahne, sein blauer Bruder selbst bückt sich und ehret ihn"; so läßt H. v. Kleist die Pest „mit weitausgreifenden Entsetzensschritten" durch das Lager ziehen, legt dem Prinzen von Homburg (I, 4) die Worte in den Mund: „Ich schlich erschöpft in diesen Garten mich, und weil die Nacht so lieblich mich umfing mit blondem Haar, von Wohlgeruch ganz triefend, ach! wie den Bräut'gam einer Perserbraut, so legt' ich hier in ihren Schoß mich nieder", und läßt denselben (III, 1) reden von einer Tat mit Flügeln nach Art der Cherubime silberglänzig. Daher sagt E. Geibel mit Recht vom Dichter:

> „An goldnen Quellen läßt er kühn
> Arabiens Palmen rauschen,
> Läßt unter duftigem Lindengrün
> Die deutschen Veilchen lauschen.
> Er winkt, da öffnet die Ros' in Glut
> Des Kelches Heiligtume,
> Und schimmernd grüßt aus blauer Flut
> Der Mond die Lotosblume."

Allerdings ist die Vorliebe für diese Naturbeseelung noch nicht sehr alt. Erst die Schweizer Bodmer und Breitinger haben im Beginn des 18. Jahrhunderts die Personifikation unbelebter Gegenstände als hervorragendes poetisches Ausdrucksmittel gepriesen, das dann, freilich noch unter starkem Wider-

spruch, öfters angewandt wurde. Denn nicht nur Schönaich
macht sich in seinem Neologischen Wörterbuch über einschlägige
Ausbrücke Klopstocks lustig, sondern auch Ramler verspottet in
seiner parobistisch gehaltenen Epopöe Stellen aus Gedichten seiner
Zeitgenossen wie: „Sein blutgetränktes Schwert ist selbst vom
Würgen satt." Aber biese Angriffe haben nichts gefruchtet.
Der Dichter kann jetzt unbedenklich den Dolch wüten, den See
lächeln und zum Babe laden lassen. Und ist es nicht ein be-
sonders schöner Gebaute von Schiller, daß er im Beginn seines
„Spaziergangs", wo die Natur im Urzustande, unberührt von
Menschenhand erscheint, den burch die Fluren wandelnben
Menschen als untätig und leibend hinstellt, bagegen bie ganze
Umgebung auf ihn einwirken läßt? Da heißt es: „Der bal-
samische Hauch der Luft durchrinnt ihn erquicend, und den
burstigen Blick labt das energische Licht, frei empfängt ihn bie
Wiese mit weithin verbreitetem Teppich, glühend trifft ihn der
Sonne Pfeil, tief neigen sich vor ihm die Kronen der Erlen,
das prächtige Dach der schattigen Buchen nimmt ihn auf, und
ein schlängelnber Pfab leitet ihn steigend empor." Nach alle-
bem hat Eichendorff Recht, wenn er vom Dichter singt: „Ich
weiß nicht, was das sagen will, kaum tret' ich von der Schwelle
still, gleich schwingt sich eine Lerche auf und jubiliert burchs
Blau vorauf. Das Gras ringsum, die Blumen gar stehn mit
Juweln und Perlen im Haar, die schlanke Pappel, Busch und
Saat verneigen sich im größten Staat, die Au verstohlen nach
mir schaut, als wär' sie meine liebe Braut. Umsonst, das ist
nun einmal so, kein Dichter reist incognito." Alles grüßt ihn,
benn er haucht der ganzen Natur lebendigen Odem ein.[1]

---

[1] In bemselben Gedichte finden sich kühne Metaphern wie „die
Ferne verschlingt den Heerzug, der Abler knüpft an das Gewölke die
Welt, bie Landschaft entflieht in des Walbes Geheimnis."

Greift nur hinein ins volle Menschenleben,
Und wo ihr's packt, da ist's interessant.

Goethe, Faust.

13. Volkstümliche Bildersprache.

47. Über den Geschmack läßt sich nicht streiten, sagt ein alter Spruch. Was dem einen gefällt, das findet oft bei dem andern keinen Anklang. Doch gibt es auch Erscheinungen, über die das Urteil der meisten übereinstimmt. So ist ein r u n d e r Körper im allgemeinen beliebter als ein e c k i g e r. Demnach bezeichnet das Volk auch einen Menschen, der wenig geglättete Manieren hat, als eckig und sagt von dem, der im Überschwang der Fröhlichkeit alles Maß vergißt, er sei vor Freude eckig geworden (vgl. sich buckelig lachen). Dagegen erscheint jemand, der sich im Herzen recht befriedigt fühlt, als gerundet, wie das „arrondierte" Gebiet eines Staates und in manchen Gegenden Deutschlands, z. B. in Bayern, ein tüchtiger, wackerer Mensch als rund. Nach alledem ist es begreiflich, daß wir uns etwas Glückliches nur in dieser Form vorstellen können. Tatsächlich tritt uns das Glück in den verschiedenen Zeiten ausgestattet mit den Attributen eines Rades, einer Scheibe, eines Balles oder einer Kugel entgegen [1]), und im Sprichwort heißt es: „Das Glück ist kugelrund". Auch der Kreis dient zum Ausdruck erfreulicher Vorstellungen. Ein Glückskind ist der, um den „sich alles dreht", und „um ein Mädchen werben" besagt soviel als sich um sie herumdrehen (vgl. Wirbel) wie im Latein ambire, jemand schmeichelnd umgehen (vgl. um den Bart gehen, nämlich mit der Hand).

Ein anderer, häufig vorkommender Gegensatz ist der zwischen k r u m m, s c h i e f und g e r a d e. Gerade ist uns soviel als bieder, ehrlich, offen; auch aufrecht und aufrichtig, die ursprünglich

---

[1]) Vgl. Kleist, Prinz von Homburg I, 6: „Nun denn, auf deiner Kugel roll heran; du hast mir, Glück, die Locke schon gestreift". Goethe sagt: „Die Ilias erscheint mir so rund und fertig, daß nichts dazu und davon getan werden kann", und an einer anderen Stelle: „Der Mensch, der in sich selbst eins und rund ist", Schiller aber spricht von einer runden und festen Erklärung.

gleichbedeutend sind, behagen uns. Dagegen erscheinen schiefe Urteile und schiefe Auffassungen weniger angenehm. Einen bösen Menschen nennen wir einen schlimmen, d. h. schiefen Gesellen (vgl. nd. slimben, schiefbeinig), und eine verschrobene, d. h. verschraubte Person finden wir wohl schief gewickelt wie eine Zigarre. Barock, wunderlich heißt von Haus aus schiefrund (frz. baroque). In der Verbindung wind und weh bedeutet wind ursprünglich schief wie noch in der tautologischen Zusammenrückung windschief. Das Wort Ränke aber geht auf denselben Stamm zurück wie verrenken, das eigentlich krümmen bedeutet. Und wer wüßte nicht, daß das am leichtesten „krumm genommen" wird, was man gerade heraussagt?

Von den Größenbezeichnungen sind kurz und klein oft mehr nach dem Herzen des Volkes als lang und groß. „Kurz und gut" sowie „klein, aber fein" sind geläufige Redensarten, ein Kleinod ist ein kleiner, d. h. zierlicher Gegenstand, und in der Sprache der Liebenden spielt der kleine Schelm oder Schäker eine bedeutende Rolle. Dagegen ist ein langer Mensch nicht selten die Zielscheibe des Spottes und wird bezeichnet als langer Laban, langer Schlaps oder langes Laster. Lang und dumm[1]) gehören nach der Anschauung des Volkes so eng zusammen, daß dieses zu sagen pflegt: „Er ist so lang, wie er dumm ist". Daher heißt es auch schon in Freidanks Bescheidenheit: Langer man wîse, des lop man prîse. Denn es kam nach der gewöhnlichen Ansicht nicht oft vor, daß sich Länge und Klugheit in einem Menschen vereinigte. Auch das Allzudicke und Allzubreite erregt oft des Volkes Mißfallen. Dicke tun und bratschbreit dasitzen, breit treten und sich breit schlagen lassen, aufgeblasen oder geschwollen sein sind durchweg schlechter angeschrieben als etwa sich dünn machen; Schwulst stößt uns ab.

48. Von den Farben gefällt uns weiß in der Regel mehr als schwarz. Dies erkennt man schon an dem Gegensatze zwischen Engeln und Teufeln. Zauberkunst ist Teufelswerk, also

---

[1]) In dem schon S. 96 Anm. erwähnten Satyrus Etymologicus von 1672 heißt es: „Jetzo denkt man: Groß und faul, Longi und Lange sind Languibi".

Schwarzkunst, und wer Böses ahnt, sieht schwarz. Ein Übel-
täter möchte sich gern weiß brennen, umgekehrt schwärzt man oft
einen Menschen an, der nichts Böses begangen hat, sodaß sich
dieser darob schwarz ärgern könnte. Eine weiße Seele heißt in
verschiedenen Mundarten dasselbe wie anima candida im Latein,
nämlich ein harmloses, unschuldiges Gemüt. Dem Dichter erscheint nach römischem Vorbilde zuweilen die Sorge (Uz) oder
der Gram (Hageborn) schwarz, dem Skatspieler aber der, welcher
keinen Stich bekommen hat. Man spricht von schwarzen Taten,
ohne daran zu denken, daß lat. malus, schlecht desselben Stammes
ist wie griechisch melas, schwarz. Nicht minder mißvergnügt ist
man über das Grau. Goethe nennt alle Theorie grau im
Gegensatz zum grünen Baum des Lebens, und wenn derselbe
Gewährsmann im Faust sagt: „Grau, grämlich, griesgram, greu-
lich, grimmig, etymologisch gleichermaßen stimmig, verstimmen
uns“, so malt er grau in grau. Ebenso empfindet man mitunter Mißbehagen über Geflecktes, Scheckiges, Buntes.
Dies läßt sich an Ausdrücken erkennen wie mhd. missevar (miß-
farbig) = gefleckt, sich scheckig über etwas ärgern, hier geht es bunt
zu, das ist doch gar zu bunt (= zu toll). Grün nennen wir
die Seite des Herzens. Daher steht schon im Volksliede: „Mädel,
rück an meine grüne Seite!“ Grün sein heißt gewogen, günstig
gestimmt sein; grünes Weideland kommt uns wonnig vor und
wurde früher Wonne genannt (vgl. Wonnemonat = Weidemonat);
wer auf keinen grünen Zweig kommt, den halten wir für un-
glücklich. Auch Rot ist eine Farbe der Freude. In rosigem
Lichte erstrahlt alles, was uns entzückt. Darum konnte Goethe
singen: „Rosenfarbenes Frühlingswetter umgab ihr liebes Angesicht“, darum kann der Berliner sogar von karmoisinvergnügten
Menschen reden. Blau ist für die Deutschen das Symbol der
Treue und bei den Romantikern gleichbedeutend mit glücklich
(vgl. blaue Tage bei Eichendorff); dann aber wird es auch im
Sinne von unglaublich gebraucht (z. B. bei Wieland: blaue
Märchen); so kann man sein blaues Wunder sehen, jemand
blauen Dunst vormachen, von blauen Enten reden oder mit dem,
der die Wahrheit einer Angabe bezweifelt, ausrufen: „So blau!“

8*

Blau machen aber, d. h. müßig gehen, leitet sich vom blauen
Montage her, einem Tage ausgelassener Freude, an dem die
Altäre blauen Behang hatten (vgl. Grünbonnerstag, dies viridium,
Tag der grünen Kräuter, weil man an diesem solche zu essen pflegte).

Ferner dürfte zu beachten sein, daß die Sinneseindrücke
leicht ineinander übergehen, z. B. empfindet man die starke
Reizung der Gesichts- und Geschmacksnerven ganz ähnlich wie
die Wirkung eines grellen Tones. Daher redet man von
schreienden Farben und nennt ein brennendes Rot wohl auch
knallrot, platzrot oder klatschrot; ebenso kennt der Niederdeutsche nicht nur eine schrille Stimme, sondern auch den
schrillen Geschmack eines Apfels oder den kritsauren des
Essigs (vgl. kriten, schreien und die Redensart: es ist so sauer,
daß es kritt = kritet), und der Franke verwendet in demselben
Sinne die Wörter krachsauer und kirrsauer (von kirren,
schreien). Der reine Ton des blauen Himmels macht auf das
Volk vielfach den Eindruck des reinen Klangs einer Glocke; daher
spricht es auch von einem glockenreinen oder glockenhellen
Himmel, und wenn wir die Feinde in hellen Haufen dahin-
ziehen lassen, so meinen wir damit eigentlich, daß sie in hallenden,
lärmenden Scharen ihren Kriegszug unternehmen.[1]) Garstig
heißt ursprünglich ranzig, ist also vom Geschmackssinn auf
den Gesichtssinn übertragen worden; die Grundbedeutung von
schmücken ist anschmiegen, das Wort geht also von Haus aus
auf den Tastsinn; schmecken aber wurde früher und wird noch
jetzt in Oberdeutschland auch vom Geruch gebraucht, z. B. bei
Schiller, Kabale und Liebe I, 3: „ein Mann, den sie nicht
schmecken kann". Wir reden ferner von stechendem Geschmack
und von warmen oder runden Tönen.[2]) Demnach darf es

---

[1]) Hell hat im Ahd. und Mhd. noch nicht die Bedeutung des
Glänzenden, sondern nur die des Tönenden.

[2]) Die Romantiker sprechen sehr oft von klingenden Farben,
duftenden Tönen und singenden Blumen. Schön kommt her von
schauen, bezeichnet also zunächst das, was einen angenehmen Eindruck
auf die Augen macht; dann wurde es auf das Gehör bezogen, später
auch auf Empfindungen des Geschmacks und Geruchs (das schmeckt,
riecht schön = gut).

uns nicht wundernehmen, daß man nicht bloß die Ohren spitzen kann, um etwas deutlich zu hören, oder den Mund, um etwas zu schmecken (vgl. sich spitzen auf etwas), sondern sogar die Augen, wenn man aus einem Versteck hervorschaut.

Interessant ist auch die Zahlensymbolik. Sieht man von dreizehn ab, das seinen üblen Klang davon erhalten hat, daß Judas Ischarioth als der dreizehnte am Abendmahl Christi teilnahm, so sind die ungeraden Zahlen bei uns meist gut angeschrieben wie schon bei den Pythagoreern und den von ihnen beeinflußten Römern. J. Grimm sagt im deutschen Wörterbuch über die Drei: „Wie beim Verbum die drei Personen alle möglichen Verhältnisse erschöpften, wie im Märchen häufig drei Brüder ausziehen oder in den Sagen drei Schwestern als geisterhafte Wesen erscheinen, so bezeichnet bei allen Dingen und Handlungen drei das Abgeschlossene, Vollendete, Vollständige. Dreimal wird etwas bekannt gemacht, wird aufgefordert, angekündigt, gewarnt, geantwortet, ein Zeichen gegeben, ein Lebehoch ausgebracht". Auch im Volkslied treten die ungeraden Zahlen bedeutsam hervor; denn dort hören wir von drei Rosen im Garten und drei Lilien im Wald, von drei Burschen oder drei Jungfrauen, die zum Fenster herausschauen. Ein Beschränkter kann nach der gewöhnlichen Annahme nicht bis drei zählen, und ein kleiner Mensch ist nur drei Käse hoch. Auch die Sieben kommt oft in symbolischer Verwendnng vor. Einen hervorragend schlauen Menschen nennt man siebengescheit oder siebenklug, ja, Wieland bildet sogar das Wort siebenseltsam (Brief von 1776: „Ich lebe nun neun Wochen mit Goethe und ganz in ihm; ich kenne nichts Besseres, Edleres, Herzlicheres und Größeres in der Menschheit als ihn, so wild und siebenseltsam der holde Unhold auch zuweilen scheint"). Sieben Kurfürsten gab es im Deutschen Reiche und sieben Zeugen im alten Recht; daher konnte man einen übersiebenen (vgl. überzeugen, d. h. durch Zeugen oder durch Zeugnis überführen), und noch jetzt reden wir von den Siebensachen, die wir zur Reise zusammenpacken, oder von der bösen Sieben. Unter orientalischem Einfluß teilen wir die Woche in sieben Tage, ferner

haben wir sieben Todsünden, sieben Sakramente, sieben Worte
Jesu am Kreuz, sieben Werke der Barmherzigkeit. In Sagen
und Märchen aber treten uns sieben Schwaben, sieben Zwerge
und Siebenmeilenstiefel entgegen. Im altgermanischen Volksglauben galt besonders die Neun als heilig; in der Edda gibt
es neun Welten, neun Walküren u. s. f., und wie man einem
durchtriebenen Menschen neun Häute zuschreibt und ihn neunhäutig nennt, so kennt man auch neunkluge und neun-
gescheite Männer. Pflanzen aber wie Neunkraft und Neun-
heil wurden früher für sehr heilkräftig gehalten.[1]

49. Hatten wir es bisher meist mit Erscheinungen zu tun,
deren angenehmer oder weniger angenehmer Eindruck auf das
Volk aus der sprachlichen Bezeichnung hervorleuchtete, so gilt
es nunmehr, andere Anschauungskreise zu berühren. Bei der
Übertragung von Körperlichem auf Körperliches und von Körperlichem auf Geistiges kommt hauptsächlich die sinnfälligste Eigenschaft in Betracht. Die Größe und der Stoff sind nicht so
belangreich als die Form, das Bild, das man sich von dem
Gegenstande entwirft, die Umrisse, mit denen man sich ihn ins
Gedächtnis prägt. Der kleine Grashüpfer wird als Heupferd
bezeichnet, die niedliche Libelle als Wasserjungfrau, die Tulpe
hat vom Turban der Türken (vgl. Türkenbund), der Gall-
apfel von der Frucht des Apfelbaumes den Namen. Nach den
gekreuzten Armen des mittleren Teils ist die Brezel (von lat.
bracchiolum, Ärmchen) benannt worden, die Grundform des
Krapfengebäcks (Kräpfel) erkennt man aus der ursprünglichen
Bedeutung Haken, die des Weckens aus der von Keil. Der
Begriff des Schützens leitet sich ab aus den Anschauungen des

---

[1] Zu beachten ist auch, daß viele Ortsnamen mit den ungeraden
Zahlen gebildet sind, z. B. Driburg, Trifels, Triberg (mit drei), Fünf-
kirchen, Siebenbürgen, Siebeneichen, Neunkirchen u. a., ferner, daß in
den Mundarten Redensarten ganz geläufig sind wie in Ostpreußen:
„Er hat von sieben Gänsen Wurst zu machen" (er ist sehr beschäftigt),
in Leipzig: „Flechten Sie sich Ihre sieben Haare!", in Böhmen: „Pack
Deine sieben Zwetschen zusammen!" (in Sachsen dafür: deine sieben gebackenen Birnen), in Süddeutschland: „Wir sind verwandt, aber von
sieben Suppen ein Schnittele" u. a.

Zudeckens, Vorhaltens, im Auge Habens: Schirmen heißt eigentlich einen Schirm (Schild) vorhalten, wie lat. protegere, aus dem unser französisch-deutsches protegieren hervorgegangen ist, behüten geht auf denselben Stamm zurück wie die Hut und der Hut (mhd. huot, Helm, vgl. den Blumennamen Sturmhut, Eisenhut), beschützen (= mhd. beschüten) kommt von mhd. schüte, Erdwall (vgl. Schutt, Erdaufschüttung) zum Schutz gegen Wasser u. a., hegen heißt mit einem Hag umgeben, wahren und warten sind verwandt mit griech. horân, sehen und pflegen wahrscheinlich mit griech. blepein, sehen, Vormund aber hat gleichen Ursprung wie lat. manus, Haub, bezeichnet also den, in dessen Hand das Mündel steht. Eingehen, d. h. eigentlich in sich oder in die Erde hineinkriechen (vgl. Zeug, Stoff geht ein, d. h. schrumpft zusammen) sagt man in Oberdeutschland von absterbenden Pflanzen (und Jagdwild), während man in Niederdeutschland mit umgekehrter Anschauung von ausgehenden Bäumen spricht.

Da sich der Mensch als Maß aller Dinge betrachtet, so werden viele Metaphern von seinem Körper hergenommen, zunächst Ausdrücke für räumliche Entfernungen wie Elle (ahd. elina, eigentlich Elbogen, Vorderarm), Fuß, Spanne (Breite der ausgespannten Hände), Faden (as. fathmos, beide ausgestreckte Arme),[1]) Klafter (Maß der ausgestreckten Arme, daher studentisch umklaftern = umarmen). Doch auch abgesehen von den Maßen kommen solche Übertragungen häufig vor. Denn wir reden von Landzungen, Flaschenbäuchen, Stuhlbeinen, Röhrenknieen, Kohlköpfen u. s. w. Namentlich verwendet man gern äußere Merkmale eines Menschen, um sein geistiges Wesen zu kennzeichnen, z. B. steifleinen und zugeknöpft. Nach der Tonsur, die der katholische Geistliche oben auf dem Kopfe hat, benennt man den Hochgeschornen, nach den sich sträubenden Haaren den Borstigen. Halsstarrig ist eigentlich der, welcher den Nacken steif hält, verschnupft von Haus aus der, der

---

[1]) Ein Garnfaden ist also ursprünglich soviel als man mit dem ausgestreckten Arme mißt.

ben Schnupfen hat. Noch sinnfälligere Ausbrücke gebraucht
bie Umgangssprache. Von einer Sache, beren man überbrüssig
geworden ist, heißt es hier: Es steht mir bis oben herauf
(wie eine Speise im Magen), ein Aufmerksamer hält die Ohren
steif, ein Offener hat das Herz auf der Zunge, ein Verwunderter
sperrt Mund und Nase auf. Ferner läßt der Betrübte
ben Kopf hängen, der Verblüffte macht ein langes Gesicht, der Neugierige einen langen Hals, den Reuigen beißt
das Gewissen, der Verschwenderische macht große Sprünge,
der Ärgerliche hat einen andern im Magen und kann ihn
nicht verknusen (= verbauen; vgl. lat. stomachari, sich ärgern
von stomachus, Magen). Wer sich frei von Sorgen fühlt,
atmet auf, wer stolz ist, wirft sich in die Brust ober trägt
bie Nase hoch, die Geringschätzung zeigt man damit, daß man
ben Widersacher über die Achsel ansieht, die Verachtung,
indem man ihn mit Füßen tritt. Der Betrunkene hat einen
Affen, nämlich im Leibe, der Entzückte einen Narren an
jemand gefressen, der Launische Mucken, d. h. Mücken im
Kopfe, der Schalkhafte den Schalk im Busen. Sich täuschen
wird ersetzt durch sich schneiden ober sich brennen, jemand
täuschen durch beschuppen (von schuppen, fortstoßen), leimen,
einseifen, prellen, übers Ohr hauen, anschmieren u. a.
Auch Körperreflexe werden oft benutzt, um Gefühle und Empfindungen des Herzens auszubrücken. Erschrecken heißt zunächst emporspringen wie eine Heuschrecke (= Heuspringer),
schaubern ist soviel als sich schütteln, dem Beklommenen
wird es klamm ober angst, d. h. eng, dem Zornigen sind die
Gesichtszüge verzerrt (Zorn von mhd. zern, zerren), der Empörte
richtet sich empor. Die Ausbrücke betroffen, gebrückt, nieber-
geschlagen bebürfen keiner Erklärung. Schmerz ist mit lat.
mordere, beißen eines Stammes, reuen mit griech. kruein,
stoßen, staunen mit stauen, und trauern heißt eigentlich die
Augen niederschlagen.

　　　Als Überreste der einst in viel größerem Umfange gehand-
habten Gebärdensprache sind Redensarten zu betrachten wie
„die Hände über dem Kopfe zusammenschlagen", „eine Nase

drehen", „durch die Finger sehen", „ein Auge zudrücken", „auf
etwas pfeifen", „die Hand aufs Herz legen", „sich an seiner
Nase zupfen", „sich vor jemand bekreuzigen", „ein Schnippchen
schlagen", „die Feige weisen" (die geballte Faust, wobei der
Daumen zwischen Zeigefinger und Mittelfinger durchgesteckt
wird).

Vor allen Dingen tritt uns die tagtägliche Beschäftigung
des Menschen, namentlich seine gewerbliche Tätigkeit, überall
im sprachlichen Ausdruck entgegen. Vom Spinnen stammen
Metaphern wie „Werg am Rocken haben", „Hirngespinst", „eine
Sache abwickeln", „keine gute Seide mit jemand spinnen",
„der Geduldsfaden reißt mir", „ich verliere den Faden", „es
entspinnt sich ein Kampf"; vom Weben „fadenscheinig", „etwas
anzetteln", „es bleibt kein guter Faden daran"; vom Schmieden
„geschmeidig", „Ränke schmieden", „gut beschlagen sein", „vor
die rechte Schmiede kommen", „Hammer oder Amboß sein";
vom Kaufmann „das paßt nicht in seinen Kram", „Kleinigkeits-
krämer; vom Zimmermann „sich verhauen", „über die Schnur
hauen", „nach der Schnur" (Richtschnur), „Maßstab" (Maß-
regel; vgl. Regel = Lineal), „Winkelzüge machen"; vom Berg-
mann „zu Tage fördern", „ans Licht kommen", „Schacht der
Wissenschaften", „alle Schichten der Bevölkerung", „Schicht
machen" u. a. Von Haus aus schlägt der Schuhmacher über
einen Leisten, der Schneider fühlt auf die Naht (der
Tasche) und fädelt etwas schlau ein, der Barbier nimmt
jemand in die Schere oder schert über einen Kamm, der
Schlosser legt die letzte Feile an, der Müller hat Ober-
wasser, und dies ist Wasser auf seine Mühle. Dem Goldschmied können Metalle zur Folie (= lat. folium, Blatt, d. h.
zur Unterlage für Edelsteine) dienen, dem Brauer ist Hopfen
und Malz verloren, dem Metallgießer paßt alles wie an-
gegossen (wie aus einem Guß), dem Tischler geht etwas aus
dem Leime. Man kann sein Geld verposamentieren oder
zuschustern und beim Skate mauern, postmeistern, Lehr-
geld geben oder Schneider werden. Wer das Zeug (=
Handwerkszeug) dazu hat und nicht hausbacken ist, kann schöne

Worte brechseln; wer aufgekrämpelt ist, wird leicht ein Ausbund[1] von Ungezogenheit.

Vielfach erben noch alte medizinische Anschauungen des Volks in unserer Sprache fort. Weil die Ärzte das Wohlbefinden von der richtigen Verteilung der Feuchtigkeit im Körper abhängig machten, nannten sie einen des Humors (d. h. der Feuchtigkeit) Ermangelnden einen trockenen Menschen, und weil sie das Temperament mit der Körperwärme (Temperatur) in Verbindung brachten, sprachen sie von heißblütigen und kaltblütigen Naturen. Die Redensart „böses Blut machen" erklärt sich aus dem Volksglauben, daß das Blut an bösen Taten schuld sei. Die Adern werden als Sitz des seelischen Lebens gekennzeichnet durch die Wendungen „es ist keine gute Ader an ihm" und „er hat eine musikalische Ader"; die Hypochondrie leitete man von der Beschaffenheit der Milz ab und nannte sie daher Milzsucht (vgl. engl. spleen mit lat. splen, Milz). Die Annahme, daß bei Kühnheit und Schrecken die Leber beteiligt sei, ergibt sich aus Äußerungen wie frisch von der Leber weg reden und es läuft mir eiskalt über die Leber (Schiller in den Räubern; vgl. ital. tu hai del fegato, du hast Leber == Mut).

Auch alte Rechtsformeln sind zum Teil noch erhalten, aber das meiste davon ist leider durch das Corpus Juris verdrängt worden, und statt der anschaulichen Bilder und Gleichnisse, die man einst, z. B. bei Zeit- und Maßstimmungen, verwendete, treten uns jetzt gewöhnlich trockene Zahlangaben entgegen. Wo man heute sagt, auf so und soviel Meter, hieß es früher: „Einen Steinwurf weit", „soweit der Hahn schreitet, die Katze springt oder der Hammer geworfen wird";[2] für eine sehr große Entfernung: „Soweit der blaue Himmel reicht", für eine ewige Zeitdauer: „So lange der Mond scheint, der Wind weht und der Hahn kräht". Doch sind noch jetzt in Gebrauch

---

[1] Dies bezieht sich darauf, daß das zwölfte Stück vom Dutzend einer Ware der leichteren Übersicht wegen nicht eingewickelt, sondern auf das Papier gebunden wird.

[2] Daher heißt es noch jetzt von einem Großsprecher: „Er wirft das Beil zu weit".

Wendungen wie „unter ben Hammer kommen" (rechtsſymboliſcher Brauch, ber an ben Hammer des Gewittergottes Donar erinnert), „bie Hand auf etwas legen" (als Zeichen ber Besitzergreifung), „etwas auf bie lange Bank ſchieben" (und ſo vergeſſen) u. a.

Große Anſchaulichkeit bekunden endlich, um nur noch ein Gebiet zu berühren, bie Ausdrücke ber Gaunerſprache. Ober zeugt es nicht von ſprachſchöpferiſcher Phantaſie und großer Geſtaltungskraft, wenn ber Mantel als Winbfang, ber Degen als langer Michel bezeichnet, ber Hut Wetterhahn, ber Dornbuſch Kratzling genannt wird ober bie Gans als Breitfuß und ber Steckbrief als Flebermaus erſcheint?

Welcher Reichtum an Ausdrücken aber bem Volke für einzelne Begriffe zu Gebote ſteht, kann man beutlich erkennen, wenn man erwägt, in wie verſchiebener Weiſe das hochbeutſche Wort klug von ihm wiebergegeben wird. Da ſtehen Metaphern zu Gebote wie bewanbert (= routiniert), erfahren (einer, ber weit gefahren iſt), gewürfelt (umhergeworfen wie ein Würfel), gerieben, gewandt (= viel umhergewendet), geriſſen, ausgerippt (heibelbergiſch ausgebeint, ausgeknöchelt), burchtrieben (mit etwas burchzogen, z. B. bei Luther ein Herz burchtrieben mit Geiz), gewiegt (einer, ber ſich viel in etwas bewegt hat), abgefeimt (= abgeſchäumt von Feim, Schaum; vgl. raffiniert von frz. raffiner, läutern), gut beſchlagen (von Roſſen), verſchlagen (= oft geſchlagen), verſchmitzt (mit ber Schmitze gehauen), ſchlau (wohl von ſchlagen; vgl. callidus von callere, Schwielen haben), pfiffig (ber ben Pfiff, b. h. bie Liſt verſteht); hierher gehören auch Rebensarten und Vergleiche wie er iſt mit allen Waſſern gewaſchen, mit allen Hunden gehetzt, er hört bas Gras wachſen, er hat bie Weisheit mit Löffeln gegeſſen, er hat es bick hinter ben Ohren, er hat Haare auf ben Zähnen, er iſt nicht auf ben Kopf gefallen, er iſt klug wie ein Torſchreiber ober klug wie ber Teufel.[1]

---

[1] Vgl. oben neunhäutig (einer, ber neun Häute hat) und Spitzhut für einen burchtriebenen Menſchen im Gegenſatz zu Breithut, einfältiger Menſch, z. B. bei Rachel Sat. I, 101: „Sie weiß mit tauſenb Fünben bir, Breithut, was ſie will, mit Liſten aufzubinden".

Es ist mir wichtig, die Bildersprache wieder aufzufrischen im Bewußtsein; denn die Bilder geben
uns die ursprüngliche geniale Beobachtung der Welt.

R. Hildebrand (Nachlaß).

14. Geschmack im bildlichen Ausdruck.

50. Bei Beginn des 20. Buches der Odyssee erzählt Homer,
daß sich Odysseus in der Nacht vor dem Freiermorde unruhig
auf seinem Lager hin- und hergewälzt habe:

„Also wendet ein Mann am großen brennenden Feuer
Einen Ziegenmagen, mit Fett und Blute gefüllet,
Hin und her und erwartet es kaum, ihn gebraten zu sehen;
Also wandte der Held sich hin und wieder bekümmert,
Wie er den schrecklichen Kampf mit den schamlosen Freiern begönne",

und im 11. Buche der Ilias (B. 558) vergleicht er den im
dichtesten Schlachtgewühl kämpfenden Ajax mit einem Esel, der
sich trotz der heftigsten Schläge nicht aus dem Saatfelde ver-
treiben läßt; auch stellt er den Odysseus mit einem Bocke
(Jl. 3, 197) und den Antilochus mit einem Hunde (Jl. 15, 579)
zusammen. Welcher epische Dichter der Gegenwart würde ihm
darin folgen wollen? Täte es aber einer und wagte wirklich
einen Helden einer Magenwurst und einen andern einem Esel
ähnlich zu finden, so würde er sich lächerlich machen. Doch in
jener naiven Zeit, wo die homerischen Gesänge entstanden, nahm
man nicht den geringsten Anstoß an derartigen Parallelen. Wie
noch kein Tier zum Gespött herabgesunken war, so wurden auch
geringwertige Dinge wie Ziegenmagen unbedenklich zu Gleichnissen mit Menschen herangezogen, sofern sie nur irgendwelche
Ähnlichkeit darboten.

Und wenn wir uns dann in die Zeit des deutschen
Rittertums versetzen, wo Anstand und gute Sitte nach
französischem Vorbilde gepflegt und hochgehalten wurde, so finden
wir beim Durchblättern der poetischen Erzeugnisse wiederum Vergleiche, die nicht nach unserem Geschmacke sind. Bei Kämpfenden,
die sich gar nicht von den Feinden trennen können, würden wir

wohl sagen können: „Sie haben sich festgebissen", aber nicht
mehr wie ein mhd. Dichter: „Sie klebten wie ein Pech in
ihrer Feinde Scharen"; ebenso wenig befriedigt eine Stelle in
Wolframs Parzival unser ästhetisches Gefühl; dort berichtet
nämlich der Dichter, die göttliche Erscheinung der Herzogin sei
durch die Augen in das Herz eines Mannes gedrungen und
habe darin eine so starke Wirkung hervorgebracht, wie die
Nieswurz, die durch die enge Öffnung der Nase gegangen sei.
Dasselbe gilt von einem Gleichnisse in Gottfrieds Tristan, wo
die stolze Brangäne dem schönen Vollmond (volmaene) ähnlich
gefunden wird. Eine solche Zusammenstellung würden neuere
Dichter entschieden meiden aus Furcht, eine komische Wirkung
zu erzielen; denn der Vollmond erinnert uns wohl noch an ein
rotbädiges, rundes Gesicht (z. B.: „wie Vollmond glänzte sein
feistes Gesicht"), doch denken wir dabei nicht mehr an die ruhige
Klarheit des Gestirns wie die epische Dichtung jener Zeit.[1]
Ähnlich wie mit den Vergleichen ist es mit den Metaphern
und andern Ausdrücken. Wer spricht jetzt noch von geleimter
Liebe (gelîmeter minne) wie Gottfried im Tristan oder vom
Klebenbleiben im Sinne des Liegenbleibens Verwundeter auf
dem Schlachtfelde, wer vom kranken Schilfrohr oder von
den kaiserlichen (= herrlichen, schönen) Beinen eines
Menschen (Tristan V. 708), von dem kaiserlichen Antlitz
Christi und der kaiserlichen Magd Maria? Zur Zeit der
Minnesänger aber lag gar nichts Befremdliches in diesen Bezeichnungen. Leimen und kleben hatten noch keineswegs un-
edlen Nebensinn, krank hieß noch allgemein schwach oder schlank

---

[1] Freilich ist nicht außer Acht zu lassen, daß mitunter niedrige
und geringgeschätzte Gegenstände zur Vergleichung herangezogen werden,
um das Gebaren jemandes als verwerflich zu brandmarken. Das gilt
z. B. von einer Stelle im Parzival, wo Wolfram das Verhalten eines
sittlich unlauteren Menschen mit den Worten geißelt: „Er lief wie eine
Schweinemutter inmitten ihrer Ferkel". Dasselbe läßt sich von der
zweideutigen Ausdrucksweise folgendes Satzes sagen, der in der bäuer-
lichen Erzählung Meier Helmbrecht von Wernher dem Gärtner steht:
„Er neigte sich nach dem Winde, welcher wehte von Gotelinde" (= er
grüßte nach der Gegend, wo sich Gotelinde befand).

und übernahm erst später von siech die jetzige Bedeutung, kaiser-
lich aber konnte noch ebenso gut von etwas Herrlichem und
Großem gesagt werden wie jetzt fürstlich in der Wendung ein
fürstliches Geschenk oder royal, königlich im Plattdeutschen von
der „rajalschen" Nase eines mecklenburgischen Bauern. Wir
lassen ferner das Feuer jetzt nicht mehr singen wie Wolfram
(Parz. 104, 3), aber wir sengen (d. h. machen singen) und
brennen Städte und Fluren. Das Wort Mährte, das mundartlich noch oft in Zusammensetzungen wie Biermährte vorkommt, wird zur Zeit der Staufer vom Abendmahl Christi
(merâte) gebraucht, wie Gerbehaus (gerwehûs) von der
Sakristei (vgl. gerwe, Zubereitung, Kleidung besonders der
Priester). Der Dichter des Rolandsliedes nennt das Abendmahl des heiligen Christes Schenke und Gott als Hausherrn den himmlischen Wirt. Im Parzival ist von einem
barfußen (d. h. unbeschlagenen) Pferde die Rede, und in
Freidanks Bescheidenheit wird die Fliege, die ja vom Fliegen
benannt ist, als Vogel bezeichnet: „Die Fliege ist, wird der
Sommer heiß, der kühnste Vogel, den ich weiß". Ebenso war
es im Mhd. verstattet zu sagen: „Der Frosch blähte sich, bis
er zerbrach" (= platzte oder krepierte), und ein Wirt konnte
damals noch ellenden (elenden, d. h. ausländischen) Wein
anpreisen.

51. Auch im älteren Nhd. begegnen wir zahlreichen Ausdrücken, die uns jetzt absonderlich erscheinen. So sagt Luther
von den Heuschrecken: „Sie beleidigen das Gras" und von
den Menschen: „Sie werden durch die Propheten gehobelt"
(vgl. ein ungehobelter Mensch). Geiler von Kaisersberg nennt
Gott hübsch (= wohlwollend) und ein Kirchenliederdichter
fromm („O Gott, du frommer Gott" = gerechter Gott; vgl.
es frommt). Martin Opitz bezeichnet Christum als einen
Kapitän (Hauptmann), den Turm des Straßburger Münsters
als Prinzen aller hohen Türme und Paris als Prinzessin
aller Städte. Philipp von Zesen äußert sich über den Mond:
„Ich sah das Nachtlicht ganz feuerrot aufgehn" und Megenberg gebraucht die Wendung: „Er biß ihm die Ehre ab" (=

schnitt ab).[1]) Bei dem geschmacklosen Hoffmann von Hoffmannswaldau lesen wir in einem allegorischen Sonett: „Amanda,
liebstes Kind, du Brustlatz kalter Herzen, der Liebe Feuer-
zeug, Geldschachtel edler Zier, der Seufzer Blasebalg, des
Trauerns Löschpapier, Sandbüchse meiner Pein und Baum-
öl meiner Schmerzen, du Speise meiner Lust, du Flamme
meiner Kerzen." Der Schweizer Haller sagt: „Wenn zwischen
Haß und Gunst bei ihm ein Abtritt (= Wechsel) ist und
manchmal sich sein Herz im Munde gar vergißt", und in
Bodmers Noachide finden wir folgende Stellen: „Gleich der
Rose, die erst am Morgen ihr Kloset verlassen" (= ihre
Blätterhülle gesprengt hat), und „der Seraph Raphael glitscht
(= gleitet) über die Gefilde", ferner der starke gebirgige (=
sich wölbende) Walfisch und das gepflügelte (= dem Pflügen
vergleichbare) Schwimmen. Bei andern Dichtern jener Zeit
werden die Sterne Feldlaternen genannt, schöne Frauen mit
hyazinthenen Zöpfen erwähnt und von Jakob erzählt, daß er
mit geizigem Ohr die Symphonie getrunken habe. Friedrich
der Große belustigte sich über die Ausdrücke: „Ihre Majestät
funkeln wie ein Karfunkel am Finger der heutigen Zeit" und
„Scheuß, großer Gönner (Zeus), deine Strahlen armdick auf
deinen Knecht hernieder". Eine gleiche Geschmacksverirrung sehen
wir darin, daß in der 1756 zu Braunschweig erschienenen
sogenannten Exzellenzbibel von dem hochwohlgebornen Land-
pfleger Pilatus die Rede ist und die Worte „auf Befehl des
Kaisers" ersetzt sind durch „auf seiner Majestät Erkenntnis".[2])

---

[1]) Bei Shakespeare sagt der sterbende Romeo zu der scheintoten
Julia: „Hier will ich weilen mit Würmern, die dir Kammer-
jungfern sind."

[2]) Auf Spottlust dürfte es zurückzuführen sein, wenn den Schweizern
in die Schuhe geschoben wurde, daß eine ihrer Bibelübersetzungen die
Worte des 23. Psalms „Du salbest mein Haupt mit Öl" wiedergegeben
habe: „Du schmierst min Grind mit Schmer", ebenso wenn einer
niederdeutschen Bibelübersetzung nachgesagt wurde, sie enthalte die Stelle:
„Die Jünger klabasterten ihm nach". Solche der täglichen Rede
entnommene mundartliche Ausdrücke stehen dem Buche der Bücher mit
seinem heiligen Inhalte herzlich schlecht zu Gesicht.

Ferner schreibt Lessing abweichend von dem jetzigen Sprachgebrauche: „Vieles von dem Anzüglichsten (= Anziehendsten) liegt außerhalb der Grenzen der Kunst"; ebenso: „Ich würde den Ruhm des Empfindlichsten (= Empfindungsreichsten) mit dem Verluste aller meiner Weisheit dafür eintauschen". Gellert verwendet kläglich im Sinne von betrübt (er sah den Kenner kläglich an), Chr. Ewald von Kleist läßt die Sonne bei einem heranziehenden Gewitter hinter die Vorhänge von baumwollenähnlichem Dunste eilen, Abelung die gekränkten (= beschädigten) Schiffe ausbessern. Schuppius nennt eine Witwe eine miserable (= erbarmungswürdige) Person und phantasielose Poeten ungesalzt. Musäus erzählt von einer Vertreterin des weiblichen Geschlechts, sie sei tiefsinnig (= nachdenklich) in die Küche gegangen und habe zum ersten Male alle Brühen versalzen. Jean Paul spricht vom gedämpften, benebelten Sonnenlichte und Goethe von der bitteren (urspr. soviel als beißenden) Schere der Parzen; auch finden sich bei diesem die Worte: „Ein ecce homo gefiel mir gut wegen seiner erbärmlichen Darstellung", d. h. weil er einen erbarmungswürdigen Eindruck machte. Bei anderen Schriftstellern lesen wir von inbrünstigen (= gut brennenden) Fackeln, von einem bleiernen Schlafe und von wetterwendischen Quellen und Bächen, d. h. solchen, die sich mit ihrem Wasserstande nach dem Wetter richten. Anderswo ist die Rede von Stahlfedern des Geistes (er wandelt, getragen von den Stahlfedern seines Geistes, in voller Gesundheit auf seiner Bahn, J. Grimm), von niederträchtigen Palmen (= sich niedrig tragenden), von geistreichem Wein und geistreichen Nachtigallen. Schwierig heißt von Haus aus voller Schwären, jetzt verwenden wir das Wort für schwer in übertragenem Sinne. Früher konnte man den Wein ärgern, d. h. ärger machen, durch Mischen mit Wasser verschlechtern, Tabak trinken (= rauchen; vgl. auch roeksoeper, Rauchsäufer in Lauremberg Scherzgedichten), sich auslegen (= auskleiden, z. B. bei Goethe in den szenischen Bemerkungen zum Götz von Berlichingen). Von einem Dorfe erfahren wir, daß es 25 besessene Manu (= seßhafte, angesessene Männer) gehabt habe.

Gestandener Mut war einst so viel als feste Gesinnung (vgl. gesetztes Alter) und eine ungefährliche Zahl eine ungefähre.

Selbst die Mundarten der Gegenwart bieten vieles, was dem an die nhd. Schriftsprache gewöhnten Ohr und Auge wunderbar vorkommt. Aus der großen Zahl hierher gehöriger Ausdrücke will ich nur einige hervorheben. In Flensburg heißt es: „Bringe die Kinder um und ziehe sie ab" (d. h. bringe sie ins Nachbarhaus um die Ecke herum und kleide sie aus),[1] oder: „Essen Sie von dieser Speise nicht zu viel! Es gibt noch etwas hinten auf" (= eine Speise zum Nachtisch); in Gumbinnen: „Die Kinder sind alle gut; sie schlachten sich" (= sie schlagen trefflich ein, sind nicht ungeschlacht); in Thüringen: „Ihr Kinder habt euch gestern schön erzogen" (= eure Kleider sehr schmutzig gemacht);[2] in Tirol nennt man eine zum Fallen reife Birne eine feige Birne, und in Schwaben spricht man von blödem (= fadenscheinigem) Tuche sowie von leisen (= faden) Suppen.

Also nicht nur in den verschiedenen Zeiträumen verknüpft man mit demselben Worte verschiedene Bedeutungen, sondern auch die einzelnen Landschaften weichen auf semasiologischem Gebiete voneinander und von der Schriftsprache ab. Wer solche Wendungen tagtäglich gebraucht, findet nichts Absonderliches darin, wer sie aber zum ersten Male hört oder in einem alten Buche liest, wird sein Befremden darüber kaum unterdrücken können. Denn die Sprache ist Gewohnheitssache und der Sprachgebrauch ein Thrann.

Freier in ihrem gebundenen Wirken,
Reicher als er in des Wissens Bezirken
Und in der Dichtung unendlichem Kreis.
Schiller, Würde der Frauen.

15. Die Frau und die Sprache.

52. Die schriftstellerische Tätigkeit und der sprachliche Ausbruck des weiblichen Geschlechts hängt eng mit seiner geistigen

---

[1] Ebenso sagt man: „Ich werde umkommen" im Sinne von „zu dir kommen".

[2] Vgl. den fränkischen Ausdruck: „Die Kinder haben gestern eine große Zucht (Lärm) gemacht", der z. B. in Römerstadt üblich ist. •

Eigenart zusammen. So wenig sich die Durchschnittsfrau zu tieferen Studien hingezogen fühlt, so wenig zeigt sie das Bestreben, auf wissenschaftlichem Gebiete mit dem Manne in Wettbewerb zu treten. Gelehrte Frauen haben nach der Ansicht des Volkes ihren Beruf verfehlt und werden darum als Blaustrümpfe bespöttelt. Wenn aber neuerdings manche Mädchen das Gymnasium und die Hochschule besuchen, so geschieht dies meist aus Selbsterhaltungstrieb im Kampfe ums Dasein und ist als Ausnahme zu betrachten gleich der Beteiligung des zarteren Geschlechts an den humanistischen Bestrebungen im Zeitalter der Ottonen und der Reformation. Frauen des 10. Jahrhunderts wie die Nonne Roswitha von Gandersheim, die in lateinischer Sprache dichtete, und die Herzogin Hadwig von Schwaben, die sich von dem Sankt Gallener Mönche Ekkehard im Latein unterweisen ließ,[1]) oder Vertreterinnen des 15.—16. Jahrhunderts wie die Schwester Pirkheimers, die mit C. Celtes u. a. in wissenschaftlichem lateinischem Briefwechsel stand, und die Gemahlin C. Peutingers, die ihren Gatten bei seinen gelehrten Forschungen eifrig unterstützte, sind zu allen Zeiten Ausnahmen gewesen. Am bedeutendsten zeigt sich die schöpferische Kraft des Weibes im Bereiche der Dichtkunst, aber weniger in der dramatischen Poesie als in der lyrischen und epischen, wohl deshalb, weil im Lied und im Roman mehr die Empfindungen des eignen Herzens zum Ausdruck gebracht werden können, sich also die Subjektivität hier freier entfalten kann. Am stärksten tritt dies im 19. Jahrhundert hervor; hier verdienen u. a. als Romanschriftstellerinnen genannt zu werden Fanny Lewald, Caroline Pichler, Gräfin Hahn-Hahn, Johanna Kinkel und in jüngerer Zeit Marie von Ebner-Eschenbach, Nataly von Eschstruth, Ossip Schubin (Lola Kirschner), Eugenie Marlitt (John), Sophie Junghanns, Ilse Frapan, Charlotte Niese, Bertha von Suttner und viele andere,

---

[1]) Im 12. Jahrhundert zeichneten sich durch wissenschaftliche Tätigkeit aus die heilige Hildegard († 1179), die Verfasserin medizinischer und naturgeschichtlicher Schriften, und Herrab von Landsberg, Äbtissin des Klosters auf dem Odilienberge, von der der Hortus deliciarum (Lustgarten) herrührt, eine Art Konversationslexikon des Mittelalters.

unter den lyrischen Dichterinnen aber läßt durch Originalität der Gedanken und Schönheit der Form die westfälische Freiin Annette von Droste-Hülshoff alle hinter sich, wiewohl auch hier manche Namen einen guten Klang haben, z. B. für das weltliche Lied Carmen Sylva (Elisabeth, Königin von Rumänien), Anna Ritter, Marie Janitschek, Isolde Kurz, Ricarda Huch und Frieda Schanz;[1]) für das Kirchenlied Luise Henriette von Brandenburg († 1667), die Dichterin von „Jesus, meine Zuversicht", Ämilie Juliane von Schwarzburg-Rudolstadt († 1706), die Verfasserin von „Wer weiß, wie nahe mir mein Ende", Eleonore von Reuß (Das Jahr geht still zu Ende, nun sei auch still, mein Herz) und Luise Hensel (Müde bin ich, geh' zur Ruh, schließ' die müden Äuglein zu).

Aber nicht allein bei der Wahl des schriftstellerischen oder dichterischen Schaffensgebietes, sondern auch im sprachlichen Ausdruck der Frauen spielt das Gefühl und die Empfindung eine größere Rolle als bei dem Manne, weil dieser in der Regel mehr verstandesmäßig begabt und nüchterner ist. Der Weg vom Kopfe zur Feder geht bei den Gedanken des Weibes durch das Herz; wo dieses nicht beteiligt ist, bleibt die Feder oft unberührt. Mit dieser Eigentümlichkeit hängen die Vorzüge und Mängel zusammen, denen wir im Stile der Frauen begegnen. Vor allem schreiben sie meist einfach und natürlich; wie ihnen die Worte über die Zunge gleiten, bringen sie sie gewöhnlich auch zu Papiere. Die geschraubte und gekünstelte Art der Kanzleisprache ist ihnen fremd, die langen Perioden und Satzungeheuer der in die Schule des Lateins gegangenen Gelehrten liegen ihnen fern. Selbst in den Zeiten, wo unsere Sprache unter den Händen pedantischer Stubenhocker zu verknöchern drohte, haben sie ihre schlichte Darstellungsweise großenteils beibehalten. Dies zeigt sich besonders in den Briefen, dem Hauptgebiete schriftlicher Aufzeichnungen, das die Frauen seit alters gepflegt haben. Zur Zeit des Rittertums, als die Männer dem Kriegsgewerbe oder dem

---

[1]) In der Zeitschrift Kyffhäuser II, Nr. 21 ist die deutsche Frauenlyrik der Gegenwart behandelt worden.

Weidwerk nachgingen, waren diesen ihre Gattinnen an Bildung oft überlegen. Dichter wie Wolfram von Eschenbach, der geniale Verfasser des Parzival, konnten weder lesen noch schreiben (swaz an den buochen stât geschriben, des bin ich künstelos beliben), und Ulrich von Lichtenstein mußte sich die Herzensergüsse seiner Geliebten durch einen Schreiber vorlesen und beantworten lassen, während die Auserkorene sie selbst aufgezeichnet hatte.

Seit dem 16. Jahrhundert wurde das freilich anders; man sorgte für die Herzensbildung der Frauen und vernachlässigte darüber oft den Geist.[1]) Viele „Mägblein“ besuchten gar keine Schule oder wurden nur in wenigen Fächern unterrichtet, meist begnügte man sich mit Lesen, Schreiben und Rechnen. Natürlich kleideten die, welche mit der Feder umzugehen wußten, ihre Gedanken in ein einfaches Gewand. Ursula von Frundsberg teilte ihrer Tochter im Jahre 1510 mit: „Ich schicke dir da ein Weschhemblin, das wollest du von meinen wegen (meinetwegen) behalten, und ich han es selber gesponnen, und der allmächtige Gott gebe dir Glück dazu, daß du es mit Freuden brauchest.“[2]) Hier sind die Sätze meist gleichwertig aneinander gereiht, die Unterordnung macht sich kaum geltend, aber das Gefühl bricht selbst in diesen wenigen Zeilen deutlich durch. In ähnlicher Weise schrieben fürstliche Frauen, wie Sibylla, die Gemahlin des lange gefangen gehaltenen Kurfürsten Johann Friedrich des Großmütigen von Sachsen, und als sich später der Stil unter französischem Einflusse etwas glättete, blieb er doch immer natürlich. Daher kommt es, daß wir in den öden Zeiten des 17. Jahrhunderts, besonders aber im 18. wahre Perlen deutschen Stils in Frauenbriefen finden. Was Gellert einem Fräulein schrieb: „Ich habe Ihnen schon oft gesagt, daß

---

[1]) Ausnahmen gibt es natürlich; Frau Gottsched war überzeugt, daß man mit der Latinität bekannt sein könne, ohne pedantisch zu sein und zu scheinen. Sie hatte als Neuvermählte das Lateinische gründlich erlernt. Auch das Griechische war ihr nicht fremd. Ihr Lehrer rühmt, daß sie gewagt habe, den Herodot, Homer, Plutarch und Lucian zu lesen.

[2]) Dieses und die folgenden Beispiele sind großenteils aus der Geschichte des deutschen Briefes von Steinhausen entnommen.

die Frauenzimmer bessere Briefe schreiben als die Mannspersonen, und dies gilt nicht allein von Frauenzimmern von Stande, die eine gute Erziehung genossen, sondern auch von anderen Personen Ihres Geschlechts", das kann man in gleicher Weise Frau Aja, der Mutter Goethes, Charlotte von Lengefeld (der Braut Schillers), ferner Karoline Schlegel, Eva König (der Braut Lessings), Gottscheds Gattin, geb. Kulmus, und verschiedenen anderen nachrühmen.[1]) Selbst in der Fremde unter dem Hochdruck französischen Einflusses blieben sie ihrer zwanglosen und ungekünstelten deutschen Art treu. Ein glänzendes Beispiel dafür bietet Elisabeth Charlotte (Liselotte) von Orleans, geb. Prinzessin von der Pfalz. Sie schreibt „ohne weitere Façon" in einem vorzüglichen Plaudertone. Darüber berichtet sie selbst: „Herr Leibniz, dem ich etliche Male schreibe, gibt mir die Vanitet, daß ich nicht übel deutsch schreibe" und Frau Rat Goethe äußert über sich: „Dieses unverfälschte und starke Naturgefühl bewahrt meine Seele, Gott sei ewig Dank, vor Rost und Fäulnis." Daraus erklärt sich, daß sie in der Wahl ihrer Worte und Wendungen nicht anders verfuhr, wenn sie an die Herzogin Amalie von Weimar oder an andere hohe Persönlichkeiten schrieb, als wenn sie sich an ihren „Hätschelhans" wandte. Das beweist z. B. folgende Stelle aus einem Briefe, den sie an die genannte Dame richtete und worin sie ein Urteil abgibt über den Hofrat Möhn, den von Sophie Laroche für ihre Tochter ausersehenen Bräutigam: „Theuerste Fürstin! Könnte Doktor Wolf den Tochtermann sehen, den die Verfasserin der Sternheim ihrer zweiten Tochter Luise aufhängen will, so würde er nach seiner sonst löblichen Gewohnheit mit den Zähnen knirschen und ganz gottlos fluchen. Gestern stellte sie mir das Ungeheuer vor — großer Gott! Wenn mich der zur Königin der Erde (Amerika

---

[1]) Vgl. Klaiber und Lyon, Die Meister des deutschen Briefes S. 123, 179 u. a.; Beispiele von Karoline Böhmer ebenda S. 255, Bettina von Arnim S. 307, Annette von Droste-Hülshoff S. 346; über Frau Gottsched besonders in Steinhausens Zeitschrift für Kulturgeschichte IX, S. 197 f. Zu beachten ist auch Wilhelm von Humboldts Brief an eine Freundin vom 23. Mai 1827.

mit eingeschlossen) machen wollte, so — ja so gäbe ich ihm einen
Korb. Er sieht aus wie der Teufel in der siebenten Bitte in
Luthers kleinem Katechismus, ist so dumm wie ein Heupferd,
und zu all seinem Unglück ist er Hofrat. Wenn ich von all
dem Zeug etwas begreife, so will ich zur Auster werden." [1]
Hier finden wir weder Schwulst und Bombast, noch gezierte,
zimperliche Art; dafür aber echt deutschen, wenn auch oft derben
Humor. Frau Rat nimmt kein Blatt vor den Mund, sondern
spricht offen ihre Gedanken und Empfindungen aus, aber gerade
durch die Ungezwungenheit ihrer Darstellung gewinnt sie den
Leser für sich.

Nach alledem können wir unbedenklich das Urteil Schröders
unterschreiben, der in seiner Schrift vom papiernen Stile S. 32
sagt: „Wenn ihr deutsch schreiben wollt, wendet euch an die
Frauen. Nach ihnen nennt sich ja die traute Muttersprache.
Mit der Mutter, der Schwester, der Geliebten, der Tischnachbarin
spricht man nicht so leicht im papiernen Deutsch. Frauen und
Bücherstaub werden einander hoffentlich immer feind bleiben.
Darum darf ich auch die Frauen gegen den Papiernen zu Hilfe
rufen. Was man zu ihnen niemals sagt und aus ihrem Munde
niemals hört und was sich weder von ihnen noch zu ihnen gesprochen denken läßt, das ist sicherlich papieren." Doch fügt
Schröder hinzu: „Damit stelle ich den weiblichen Stil noch nicht
als Vorbild hin. Stil, mein Schatz, hat dein Profil, deine
Briefe, gottlob, keinen." In der Tat laufen bei der weiblichen
Schriftstellerei auch Mängel unter, die man mit in Kauf nehmen
muß: die Frauen verstoßen leicht gegen die Logik, fallen aus der
Konstruktion, verknüpfen die Sätze oft gar nicht und behandeln
die Satzzeichen mit großer Flüchtigkeit.

53. Dafür haben sie sich in anderer Weise um unsere
Sprache verdient gemacht. Ihr deutsches Empfinden hat sie
meist davor bewahrt, der Ausländerei zu verfallen.
Frauen waren die ersten, die dem Latein des Mittelalters den

---

[1] Vgl. die Schriften der Goethegesellschaft, herausgegeben von
Erich Schmidt I, S. 26.

Laufpaß gegeben, Frauen waren es auch, die sich am längsten
von der Französelei des 17. Jahrhunderts frei gehalten haben.
Namentlich, wo ihre Liebe ins Spiel kam, bedienten sie sich gern
der heimischen Rede. In einer Briefsammlung des Mönches
Wernher von Tegernsee ist ein Schreiben verzeichnet, das aus
der Feder einer Frau stammt und sich an den Geliebten wendet.
Es beginnt mit einem Verse des römischen Dichters Ovid und
ist nach Art der Briefe jener Zeit lateinisch verfaßt. Die
Schreiberin zieht darin gegen den Auserwählten ihres Herzens
zu Felde und geht überhaupt nicht gerade zart mit dem männ=
lichen Geschlechte um. Was aber die Hauptsache für uns ist,
in der Erregung ihres Inneren durchbricht sie die Schranken
der lateinischen Sprache und mischt fortwährend deutsche Wörter
und Sätze ein. Und wie hier eine Frau von dem richtigen
Gefühle geleitet wird, daß für die Empfindungen des Herzens
nur die Muttersprache am Platze sei, so auch andere Vertrete=
rinnen des weiblichen Geschlechts bei den sogenannten Liebes=
grüßen jener Zeit. Wohl waren die Frauen vielfach des
Lateinischen mächtig, wohl erhielten sie auch in der Regel
lateinische Antworten, aber ihre Liebesäußerungen strömten in
deutschen Worten aus, wie in den poetischen Freundesliedern
(winileodos = Freundeslieder, nennt sie der Geschichtsschreiber),
die Karl der Große durch ein Kapitular von 789 den Kloster=
jungfrauen zu schreiben und abzusenden verbot. Ähnlich geartet
sind die Briefe der Elisabeth von Österreich, der späteren ersten
Gemahlin Kaiser Franz II., an ihren Verlobten. Sie sind
französisch geschrieben, aber die Liebesangelegenheiten werden
darin gewöhnlich deutsch zum Ausdruck gebracht. Und haben
nicht deutsche Fürstinnen im Auslande an ihrer Muttersprache
festgehalten? Konnte doch die schon oben genannte Liselotte
nicht verstehen, wie Frauen in der Heimat miteinander französisch
korrespondierten. Sie bedauert sehr, daß sie selbst infolge
mangelnder Übung manchen guten Ausdruck vergessen, und fragt
ab und zu bei ihren Verwandten an, wie dieses oder jenes
französische Wort richtig in unsere Sprache übersetzt werden
könne. Ihren Stiefbruder Karl Moritz aber, der es für gut

befand, an sie französisch zu schreiben, setzt sie darob zur Rede und
beruhigt sich erst wieder, als er sich entschuldigt. Daher schreibt
sie: „Lieber Karl Moritz, sobald ich weiß, daß Ihr das liebe
Teutsch nicht verachtet und auch persuadiert seid, daß ich es
nicht thue, so könnt Ihr mir nur schreiben, wie es Euch am
gemächlichsten ist"; und ein andermal äußert sie: „Daß man
einander auf französisch schreibt, approbiere ich nicht. Denn
warum kann man nicht ebensowohl ohne Ceremonie in teutsch
als französisch schreiben?" Ferner ist es bedeutsam, daß in
Goethes Wahlverwandtschaften die Geliebte über einen französisch
geschriebenen Brief ihres Liebhabers so erschrickt wie über einen
halben Beweis seiner Untreue.

Und wie mit der fremden Sprache, so verhält es sich auch
mit den Fremdwörtern. Auch ihnen sind die Frauen meist
abgeneigter gewesen als die Männer. Weil sie sich selten mit
wissenschaftlichen Stoffen beschäftigen, liegen ihnen die griechischen
und lateinischen Brocken fern, und wenn sie auch in neuerer
Zeit infolge des englischen und französischen Unterrichts ab und
zu Ausdrücke dieser Sprachen einfließen lassen, so geschieht es
doch meist unwillkürlich und nicht in dem Bestreben, damit zu
prunken. Sagt doch schon Liselotte 1699: „Was mich ver-
drießen kann, ist, daß man fremde Ausdrücke aus Affektion ein-
mischt. Dieses Wort konnte ich unmöglich anders auf Deutsch
sagen."

54. Bezeichnend ist ferner für die Frauen ihre Neigung,
Altes in der Sprache zu bewahren. Da sie weniger in
die Welt hinauskommen und viel auf ihre Häuslichkeit beschränkt
sind, finden sie nicht so reiche Gelegenheit wie die Männer,
Neues kennen zu lernen, halten daher im mündlichen Ausdruck
und im schriftlichen Verkehr Altertümlichkeiten oft mit Zähigkeit
fest. Schon Plato hebt im Cratylus diese Eigenschaft hervor
mit den Worten: „Die Frauen bewahren hauptsächlich altertümliche Wendungen", und Cicero bestätigt dies in seiner Schrift
über den Redner (III, 12, 45), wo er sagt: „Wenn ich meine
Schwiegermutter Lälia höre, so glaube ich Plautus oder Nävius
zu hören. So richtig, so schlicht ist der Ton ihrer Stimme;

nichts von Ziererei, nichts von Nachäffung. So sprach gewiß ihr Vater, so sprachen ihre Vorfahren, nicht plump, bäurisch, stockend, sondern knapp, gleichmäßig, sanft." Dazu fügt er als Grund: „Die Frauen bewahren nämlich leichter das Altertümliche unverdorben, weil sie mit wenigen verkehren und daher immer das festhalten, was sie zuerst gelernt haben." Ähnlich verhält es sich in neuerer Zeit. Der italienische Dichter Dante schrieb die ersten Versuche, die Volkssprache Italiens für den Schriftgebrauch heranzuziehen, dem stillwirkenden Einfluß der Frauen zu, die des Lateinischen unkundig seien. Und um auch einen Vertreter unserer Literatur zu Worte kommen zu lassen, so erwähne ich, daß Jean Paul im Siebenkäs von der Frau des gleichnamigen Armenadvokaten berichtet: „Sie konnte ohne Bedenken sagen, fleuch, reuch, kreuch anstatt flieg, riech, kriech. Diese religiösen Altertümer aus Luthers Bibel waren ihr brauchbare Beiträge zu dem Idiotikon ihrer Empfindungen und seiner Honigwochen."

Endlich ist noch hervorzuheben, daß es das weibliche Geschlecht mit dem Ausdruck genauer nimmt auf den Gebieten, die ihm besonders nahe liegen und seine persönliche Teilnahme hervorrufen. Während es mit der Geometrie meist auf gespanntem Fuße steht und z. B. von einem viereckigen Zimmer redet, wo ein quadratisches gemeint ist, liegt ihm daran, die Farbenabschattungen, mit denen es bei den Kleidern so viel zu schaffen hat, möglichst genau zu unterscheiden, und was die Angelegenheiten der Kinder betrifft, so haben die Frauen dafür ein vorzügliches Gedächtnis und eine reiche Darstellungsgabe. Rudolf Reichenau gibt dafür in seiner Schrift „Aus unseren vier Wänden" einen niedlichen Beleg: Die Mutter hat das Kind vor sich im Schoß, lächelt und nickt ihm zu. „Wie alt ist der Kleine?" „Mittwoch ein Vierteljahr!" Also Mittwoch! Der Vater des Kindes würde vielleicht gesagt haben: „ein Vierteljahr oder bald, nächstens ein Vierteljahr". Im Munde der Mutter wäre das ein unerklärlicher Mangel an Genauigkeit.

55. Soviel vom Stil der Frauen! Sehen wir nun zu, wie die deutsche Sprache sie selbst kennzeichnet und wie sie in

unserem Schrifttum geschildert werden! Weib ist jetzt die
Geschlechtsbezeichnung, in alter Zeit aber auch ehrender Ausdruck
für die einzelne Frau. In diesem Worte lag sogar etwas
Geheimnisvolles, Bezauberndes, Prophetisches,[1]) und noch Walther
von der Vogelweide gibt ihm den Vorzug, wenn er sagt: „Möchte
Weib immer der Weiber höchster Name sein! Er gilt mehr als
Frau, wie ich's erkenne." Dieser Zusatz deutet darauf hin, daß
zu seiner Zeit das Rittertum bereits das Weib herabgesetzt und
dafür die F r a u, die Gemahlin des frô (Herr, also die Herrin),
erhoben hatte. Für die vrouwe und in ihrem Auftrage ver-
richtete der Ritter seine Dienste, um ihr zu gefallen, zog er auf
Abenteuer aus; ihre Gunst erwarb er durch wackere Taten.
Doch auch das Wort Frau erlitt mit dem Niedergange des
Rittertums Einbuße an seinem Ansehen, und als sich zur Zeit
des dreißigjährigen Krieges französische Art in deutschen Gauen
verbreitete, trat die D a m e (= lat. domina, Herrin) und
M a d a m e[3]) an die erste Stelle. Erstarrte Bildungen aber
wie Liebfrauenkirche oder Kirche unserer lieben Frau lassen erkennen, daß einst sogar die Mutter Gottes den Ehrentitel Frau
gehabt hat.

Auch in den N a m e n   d e r   F r a u e n macht sich der Unterschied der Zeiten deutlich wahrnehmbar. Mit Recht bemerkt
Scherer in seiner Literaturgeschichte: „Die alten deutschen Frauennamen zerfallen in zwei verschiedene Gruppen; die eine verbindet

---

[1]) Weil man den Frauen die Gabe der Weissagung zuschrieb,
verlieh man ihnen gern Namen, die mit -run (Gudrun, Friderun,
Ortrun, Wolfrun u. a.) zusammengesetzt sind.

[2]) Poetisch, doch unrichtig ist die Ableitung Rückerts, der im
„Kleinen Frauenlob" sagt: „Frauen sind genannt vom Freuen, weil
sich freuen kann kein Mann ohn' ein Weib, das stets von neuem Seel'
und Leib erfreuen kann. Wohlgefraut ist wohlgefreuet, ungefreut ist
ungefraut; wer der Frauen Augen scheuet, hat die Freude nie geschaut.
Wie erfreulich, wo so fraulich eine Frau gebärdet sich so getreulich und
so traulich, wie sich eine schmiegt an mich."

[3]) D a m e wurde auch ein bevorzugter Stein im Brettspiel und
dann dieses selbst genannt; vgl. K ö n i g i n im Schachspiel = frz. vierge,
welches volksetymologisch umgedeutet ist aus persisch fers, firs, Minister,
dem Namen der leitenden Figur des Schachspiels neben dem Könige.

Natur und Schönheit, sie sucht das Liebliche und Anmutige, das Wohltätige und Erfreuende zu bezeichnen. Die Namen dieser Gruppe reden von Liebe, Treue, Wonne, Heiligkeit und Frieden,[1]) die andere Gruppe zeigt uns die Frauen als kampfesfroh, waffenführend, Fackeln schwingend, zum Siege stürmend.[2]) Ob aber diese doppelte Auffassung auf verschiedene Zeiten zurückzuführen ist, vermögen wir nicht mehr zu sagen." Seit dem 13. Jahrhundert drangen in wachsendem Maße die kirchlichen Namen ein, die nach den Heiligen des Kalenders oder nach biblischen Persönlichkeiten gewählt wurden. Hedwig, Hilbegard, Kunigunde u. a. Bezeichnungen mußten jetzt zu gunsten von Anna, Maria, Martha, Magdalena, Agnes, Sophie weichen, vor allem wurde Elisabeth beliebt, das noch jetzt in allen möglichen Variationen wie Elsbeth, Lisbeth, Elise, Else, Betty häufig auftritt. Bei der tieferen Hingabe an die christliche Lehre räumten die Frauen viel gründlicher mit den deutschen Namen auf als die Männer, ja, es gab Familien, in denen alle Söhne deutsche, alle Töchter aber biblische, besonders hebräische Namen führten.[3]) Eine andere Zeit spricht aus Benennungen wie Selinde, Belinde, Melinde, Philinde, Rosalinde, die dem Rokokogeschmack des 18. Jahrhunderts besonders zusagten und im Munde von Schäfern wie Corybon und anderen Helden der Schäferpoesie ebenso gang und gäbe waren wie Sigelinde und Theudelinde im Zeitalter des Nibelungenliedes. Die Damen à la mode in Reifrock und Turmfrisur schämen sich alter deutscher und biblischer Namen, wenden ihre Gunst den mit französischen und italienischen Endungen -ette, -otte, -ine geschmückten zu und huldigen den

---

[1]) Z. B. Bertha (die Glänzende), Adelheid (die Adelglänzende) Dagmar (glänzend wie der Tag), Liebetraut, Liebegard, Irmintrut, Hulda.

[2]) Z. B. Hildegunde, Brunhild, Hedwig, Walburg, Schwanhild, Mechthild, Hildegard, Sigrun.

[3]) So kommt es, daß von den Tausenden altdeutscher Frauennamen jetzt nur noch 10—15 im Gebrauche sind wie Gertrud, Adelheid, Hedwig, Bertha, Ida, Emma, Gisela, Mathilde, Chlotilde, Hildegard.

mit diesen Kose= und Tändelsilben versehenen Namen Henriette, Jeanette, Charlotte, Karoline, Georgine, Philippine.[1]) Die kosmopolitische Art der neueren Zeit aber hat uns mit Erzeugnissen aller Kultursprachen beglückt. Die Namen von Goethes Dorothea und Dora, Philine und Euphrosyne sind griechischen Ursprungs, die von Schillers Laura und Kosegartens Jukunde stammen aus dem Latein, Klopstocks Geliebte Fanny erfreut sich einer aus Stephanie in England umgeformten Bezeichnung u. s. f.

56. Gleichfalls einen starken Wandel können wir bei den schmückenden Beiwörtern beobachten, mit denen die Frauen in der Dichtung eingeführt werden. Im Heldenliede des Mittelalters erscheinen sie meist als schön, edel, gut, ab und zu auch mit der Steigerung viel edel, viel gut, unmäßig schön; seltener sind Ausdrücke wie minnigliche Maid, wonnigliches Kind, wätliches Weib, mächtige (reiche) Königin, wohlgetane, hochgemute Frau. Walther von der Vogelweide redet auch von werten Weibern, ja, er nennt sie schon Engel: „Recht wie Engel sind die Weiber geartet."[2]) Aber mit Beiwörtern körperliche Schönheit zu malen, liegt jener Zeit

---

[1]) Vgl. Blumschein, Streifzüge durch unsere Muttersprache. Köln 1898, S. 97.

[2]) Walther von der Vogelweide sagt zum Preise der Frauen unter anderem: „Wenn voll Schönheit eine edle Maid, wohlgekleidet und das Haupt geschmückt, sich zu erfreuen, unter Leute geht, hochgemut in ihrer Fraun Geleit, und bisweilen züchtig um sich blickt, der Sonne bei Sternen gleich an Majestät; der Mai bring' alle seine Wunder, sagt, was ist so Wonnigliches drunter als ihr gar so wonniglicher Leib? Wir lassen alle Blumen stehen und schauen an das werte Weib." Ferner „Durchsüßet und geblümet sind die reinen Frauen. So Wonnigliches gab es niemals anzuschauen in Lüften und auf Erden und in allen grünen Auen." Gottfried von Straßburg nennt die schöne Frau eine Wunderrose im Mai und sagt von ihr: „Die Wonnige, Sonnige, Sonnengleiche erleuchtet alle Reiche." Bei demselben Dichter lesen wir: „So kam die Königin Isot, das wonnigliche Morgenrot, mit ihrer Sonne (Isolde) an der Hand. Die junge, süße Königin zog die Gedanken zu sich hin aus manches Herzens Schiff, wie der Magnet zum Riff die Barken."

noch ziemlich fern. Wohl ist schon von der weißen Hand, von dem gelben Haar oder roten Munde die Rede, aber ziemlich selten, und homerische Zusammensetzungen wie weißarmig, flechten-geschmückt, helläugig, hoheitblickend sucht man in den mittelhochdeutschen Epen vergeblich. Wie das 15. Jahrhundert über die den Jungfrauen gebührenden Epitheta dachte, sagt uns die Vorschrift eines Briefstellers aus jener Zeit, wonach man in der Anrede zu verwenden habe: minnigliches, subtiles, wohlgebildetes, gerades, fürbündliches, inbrünstiges, wollüstiges, wohltätiges, überliebstes Frauenzimmer. Im Volksliede begegnen wir namentlich dem Worte lieb, das auch in Gebilden wie Liebchen, Feinsliebchen, Herzliebchen ver-treten ist. Einen höheren Ton schlägt Klopstock an mit der Bezeichnung göttlich für seine Fanny und mit Worten, wie er sie über Petrarkas Geliebte Laura singt: „Laura war jugendlich schön,[1] ihre Bewegungen sprachen alle die Göttlichkeit ihres Herzens, und wert, wert der Unsterblichkeit trat sie hoch im Triumph daher, schön wie ein festlicher Tag, frei wie die heitere Luft, voller Einfalt wie die Natur." Die Anakreontiker des 18. Jahrhunderts lieben es, die Frauen mit Epithetis wie hold, zärtlich, sanft und anmutsvoll zu bedenken. In der Sturm- und Drangzeit spricht man gern von englischen Mädchen und von Engeln. In den Briefen Goethes an Frau von Stein kehrt dieser Ausdruck sehr oft wieder, auch in der dritten Person bezeichnet er sie so (nach Tische ging ich zu Frau von Stein, einem Engel von einem Weibe), und im Clavigo werden fünfmal Frauen mit Engeln verglichen; dann begegnen wir dem Beiworte golden, wie z. B. Goethe die Gräfin Auguste von Stolberg ein goldenes Kind benennt. Realistischer ist derselbe Dichter in Schöpfungen wie Hermann und Dorothea. Wo er uns dieses echt deutsche Mädchen zum ersten Male vorführt, ist ihm darum zu tun, ihre kernige, kräftige Art hervorzuheben. Daher verleiht er ihr eine

---

[1] Das weibliche Geschlecht wird geradezu das schöne Geschlecht genannt; auch findet sich für ein einzelnes weibliches Wesen das sub-stantivierte Wort „die Schöne".

Umgebung, aus der wir einen Schluß auf ihren stattlichen Wuchs ziehen können, und sagt II, 22 ff.: „Fiel mir ein Wagen ins Auge, von tüchtigen Bäumen gefüget, von zwei Ochsen gezogen, den größten und stärksten des Auslands; nebenher aber ging mit starken Schritten ein Mädchen, lenkte mit langem Stabe die beiden gewaltigen Tiere, trieb sie an und hielt sie zurück, sie leitete klüglich." Auch Gretchen im Faust und Lotte im Werther sind getreu nach der Wirklichkeit gezeichnet. Schiller schwärmt in seiner Jugend von der sanften Augen blauem Himmel, dem wollustheißen Munde, dem Strahlenblicke, dem purpurischen Blute der Wangen Lauras, später aber fordert er die Männer auf: „Ehret die Frauen! Sie flechten und weben himmlische Rosen ins irdische Leben, flechten der Liebe beglückendes Band, und in der Grazie züchtigem Schleier nähren sie wachsam das ewige Feuer schöner Gefühle mit heiliger Hand", und fügt hinzu: „Kraft erwart' ich vom Mann, des Gesetzes Würde behaupt' er; aber durch Anmut allein herrschet und herrsche das Weib." [1]

57. Wir haben bisher nur von den guten Eigenschaften der Frauen gesprochen und müssen nun noch der Schatten = seiten gedenken, die oft genug gegeißelt worden sind. Wie das Volk darüber denkt, lassen die Sprichwörter deutlich erkennen, z. B. „Morgenregen und Frauentränen dauern nicht lange" oder „zwischen eines Weibes Ja und Nein läßt sich keine Nadelspitze stecken" und „der Weiber Weinen ist heimlich Lachen". Auch an Versen ähnlichen Inhalts fehlt es nicht, so sagt schon Freidank: „Weib und Spieles Liebe macht manchen Mann zum Diebe", und ein Spruch aus neuerer Zeit lautet: „Fürstengunst, Aprilenwetter, Frauenlob und Rosenblätter, Würfelspiel und Kartenglück wechseln jeden Augenblick," ein anderer: „Weiberlieb' und Herrengunst sind nicht mehr als blauer Dunst" und „Weibertränen, Tröpfelbier, gibt kein Mensch was Rechts dafür". Über den Wankelmut und die wählerische Art des verliebten Mädchens läßt sich das Volkslied oft aus. Selten heißt es da: „Mein

---

[1] Vgl. Goethes Tasso II, 1: Willst du genau erfahren, was sich ziemt, so frage nur bei edlen Frauen an."

Schatz ist a Reiter, a Reiter muß 's sein, das Pferd gehört
dem König, der Reiter ist mein," oder mit volksetymologischer
Deutung: „Mein Schatz is a Schandarm, und a Schandarm
muß 's sein, die Schand is 'm König und der Darm der is
mein;" viel häufiger singt die Unzufriedene: „Ich hab' immer
denkt, ich krieg a Student, jetzt hat mi der Teifi (Teufel) a
Schneider aufgehängt" oder „Meine Mutter hat gesagt, sauer
is nicht süße, nimm dir keinen Bäckerjungen, der hat krumme
Füße, nimm dir einen aus der Stadt, der 'ne schlanke Taille
hat." Sie will keinen Schuster, weil dieser schwarze Hände
habe, keinen Schneider, weil dieser zu lange sitze, keinen Kaufmann,
der zu viel verborge, keinen Fuhrmann, der zu weit fahre u. s. f.

Dem Musensohne erscheint das Mädchen als B a c k f i s c h
oder Schmaltier, als Evas Tochter oder Besen; die Geliebte nennt er Dulcinea oder Rosinante. Der Mann aus
dem Volke aber hat ein großes Register von Wörtern zur Verfügung, um Frauen zu bezeichnen, die nicht so sind, wie sie
sein sollen; er spricht von Klatschbasen und Zanktippen
(Xanthippen), Naschkatzen und Schnattergänschen, Bet-
schwestern und Rabenmüttern, von Muhmenweisheit
und Rockenphilosophie (= Aberglaube). Namentlich gern
verwendet er Zusammensetzungen mit Vornamen wie Liese, Suse,
Lotte oder mit Sachbezeichnungen wie Tasche und redet daher
von einer Schwatzliese, Heulsuse, Drecklotte, Plaudertasche. Aber auch z i m p e r l i c h e (vgl. oberdeutsch zimpfer, fein)
und s c h n i p p i s c h e (= redegewandt, von nd. snob, Schnabel),
a u f g e d o n n e r t e und a u f g e t a k e l t e, schwänzelnde und
k o k e t t e (coquet von coq, der Hahn) sind übel angeschrieben
und verfallen leicht dem Gespötte des männlichen Geschlechts.
Wenn man sie schnöde beim Tanze sitzen läßt, spielen sie die
Rolle von Mauerblümchen oder scheuern die Bänke (Leipzig),
tanzen mit Bankhansen (Altenburg), pflücken Peterfilie (Mecklenburg), hüten den Hund (Bayern) oder schimmeln (Sachsen),
haben auf jeden Fall keinen Ankratz (westfäl. Ankrigg, wohl
= Ankrahts, vom Krähen des Hahns; denn es kräht kein Hahn
nach ihnen). Wenn sie aber alte Jungfern geworden sind,

ergeht es ihnen im Volksmund nach dem Tode noch schlimmer: die Thüringerinnen müssen dann Schloßen quirlen, die Frankfurterinnen den Pfarrturm putzen, die Bernerinnen kommen aufs Kabitzen Moos, die Pinzgauerinnen müssen auf dem Brugger Moos Backscheite sieben, in einem großen Teile Deutschlands ist auch die Anschauung verbreitet, daß sie den Altweibersommer herstellen, den sonst die Nornen verfertigen. Weil sie nicht unter die Haube [1]) gekommen sind, blieb es ihnen jedoch erspart, „böse Sieben" [2]) zu werden, ebenso entgehen sie dem üblen Rufe der Stiefmütter und Schwiegermütter. Die Stiefmutter ist nach dem Sprichwort des Teufels Unterfutter; ja, schon seit den ältesten Zeiten erscheint der Böse in weiblicher Gestalt. Begegnet uns doch das Wort Unhold zuerst als Femininum, werden doch in dem alten fränkischen Taufgelöbnis vom Ende des 8. Jahrhunderts diejenigen, welche sich zum Christentum bekehren, an erster Stelle aufgefordert, sich von der Unholdin (= dem Teufel) loszusagen (vgl. got. unhulthôns, Unholbinnen, Teufel und ahd. holdo, genius).

So stehen sich auf diesem Gebiete Dichter und Volk meist schroff gegenüber; jener idealisiert gern und sucht mehr die Lichtseiten des weiblichen Wesens hervorzuheben, dieses hält sich an die gemeine Wirklichkeit und greift in seiner Lust am Scherz und in seiner Neigung zu übertreiben oft zu grellen Farben, nimmt daher den Mund gern etwas voll, wo es eine Blöße entdeckt. Das Richtige wird, wie so häufig, in der Mitte liegen.

Brevity is the soul of wit.
Kürze ist des Witzes Seele.
Shakespeare (Hamlet II, 2).

16. Der Volkswitz.

58. Humor und Witz sind Geschwister, aber von ungleicher Beschaffenheit. Jener entspricht mehr der germanischen Art und

---

[1]) Diese trugen einstmals nur verheiratete Frauen.
[2]) Über die böse Sieben vgl. die Beilagen zur Münchener Allg. Zeitung von 1899 Nr. 65, 92, 98, 101, 131 und 1900 Nr. 256 f.; ferner Kluges Zeitschrift für deutsche Wortforschung I, S. 363 f.

ist daher besonders von Engländern wie Sterne oder Dickens und von Deutschen wie Jean Paul, F. Th. Vischer, W. Raabe und Fr. Reuter gepflegt worden, dieser erfreut sich namentlich der Gunst der Franzosen, in deren Lande die Calembourgs heimatsberechtigt sind. Der Humor will uns mit behaglicher Ruhe über die Kleinheit der irdischen Verhältnisse und über die Unannehmlichkeiten des Lebens hinwegheben. Er ist daher harmlos und gutmütig und sucht, weil er im Herzen wurzelt, das Unglück durch sanftes Mitleid zu verklären. Der Witz dagegen will die Lachmuskeln der Hörer in Tätigkeit setzen, ihm ist daher jedes Mittel recht. Er schont niemand; denn er ist lediglich Sache des Verstandes und geht besonders darauf aus, versteckte Ähnlichkeiten zwischen verschiedenen Dingen herauszufinden.[1]) „Der Humor ist ein Krösus, der aus der Fülle eines reichen, warmen Herzens schöpft, der Witz aber ein Bettler, der von der Hand in den Mund lebt". Humoristisch ist die bekannte Antwort, die Luther auf die verfängliche Frage gab, was der liebe Gott während der Ewigkeit, die vor der Weltschöpfung vorausging, getan habe: er habe in einem Birkenwalde gesessen und Ruten abgeschnitten für unnütze Fragesteller, witzig dagegen die Bezeichnung Engel mit einem B für einen Bengel.

Reiche Fundgruben des Witzes sind der Kladderadatsch und die Fliegenden Blätter, am üppigsten aber quillt er im mündlichen Verkehr des Volks, das mit scharfer Beobachtungsgabe Parallelen zu ziehen und den springenden Punkt herauszufinden weiß. Alles bringt der Witz zusammen; denn nach Jean Paul ist er ein verkleideter Priester, der jedes Paar

---

[1]) Der Humor hat seinen Namen (humor, Feuchtigkeit) von der längst aufgegebenen Ansicht erhalten, daß die Gemütsstimmung von der Mischung der „vier Hauptsäfte" des Körpers abhängig sei, der Witz dagegen ist benannt von wissen und bedeutet ursprünglich Klugheit, wie man noch jetzt aus gewitzigt, d. h. durch Erfahrung klug geworden, erkennen kann. Der Name Calembourg wird auf den Pfaffen vom Kahlenberge (Ende des 15. Jahrhunderts) zurückgeführt. Das deutsche Wort Kalauer ist wohl unter Anlehnung an den Namen der brandenburgischen Stadt Kalau aus Calembourg zurechtgelegt. Vgl. G. Leuchtenberger, Hauptbegriffe der Psychologie, Berlin 1899, S. 88 ff.

kopuliert, und nach Geibel „ein schelmischer Pfaff, der keck zu
täuschendem Ehbund zwei Gedanken, die nie früher sich kannten,
vermählt. Aber der nächste Moment schon zeigt dir im Hader
die Gatten, und vor dem schreienden Zwist stehst du betroffen
und lachst“. Mit besonderer Vorliebe werden eben solche Paare
vereinigt, die ganz ungleich sind und ein Mißverhältnis zueinander aufweisen. Ein Wortwitz entsteht, wenn die Ähnlichkeit bloß in den Worten, ein Sachwitz, wenn sie im Gedanken
liegt. Wer die Legenden mit Anspielung auf Lügen als Lügen-
den bezeichnet, hat einen Beitrag zu jener Gattung geliefert, wer aber
wie der Berliner dem mit ausgestreckter Hand dargestellten Helden
eines Denkmals die Frage in den Mund legt: Tröpfelt's
schon? bekennt sich zu dieser Art des Witzes. Wie es in der
Natur der Dinge begründet ist, liegt von seiten des Redenden
meist Absicht vor, doch fehlt es auch nicht an unfreiwilliger
Komik. Dazu rechnen wir Fälle wie den, wenn ein zerstreuter
Professor Alexander den Großen in Abwesenheit seiner Eltern
geboren sein läßt.

59. Wir führen nun zunächst eine Reihe von namentlich
in Niederdeutschland verbreiteten witzigen Aussprüchen an,
in denen eine allgemeine Wahrheit durch einen besonderen Fall
erläutert wird, und zwar so, daß ein dort in übertragener Bedeutung
gebrauchtes Wort hier in gewöhnlichem Sinne steht und infolge
davon die beiden Teile herzlich schlecht zueinander passen; z. B.
alles mit Maß, sagte der Schneider, da schlug er seine Frau
mit der Elle tot; so kommt Gottes Wort in Schwung, sagte der
Teufel, da warf er die Bibel über den Zaun; dem Gefühle nach
hat der Mann Recht, sagte der Advokat, als ihm der Bauer
einen Dukaten in die Hand drückte; aller Anfang ist schwer,
sagte der junge Dieb, da stahl er einen Amboß. Doch nicht
bloß auf absichtlich falscher Auffassung der Metapher beruht der
Witz solcher Redensarten, sondern überhaupt auf dem Gegensatze
zwischen dem vorgetragenen Ausspruche und der angenommenen
bestimmten Situation, z. B. nur nicht ängstlich, sagte der Hahn,
da fraß er den Regenwurm; nichts für ungut, sagte der Fuchs,
da biß er der Gans den Kopf ab; vom Himmel hoch da komm

ich her, sagte der Zimmermann, als er vom Dache fiel; der liebe
Gott ist auch im Keller, sagte der Mönch, als er zum Wein ging;
wo man singt, da laß dich ruhig nieder, sagte der Teufel, da
setzte er sich in einen Bienenschwarm. Die Form dieser Wendungen
ist also die denkbar einfachste und bleibt sich immer gleich; überall
wird die erste Hälfte in direkter Rede eingeführt und die zweite
durch da oder als angeknüpft; dazwischen steht in allen Fällen
„sagte der und der". Unwillkürlich denkt man beim Lesen
solcher Witzworte an die Art des gleichfalls niederdeutschen Till
Eulenspiegel. Denn wie schon Goethe (Sprüche in Prosa) hervorhebt, beruhen die Hauptspäße dieses lustigen Gesellen darauf,
daß alle figürlich sprechen und er es eigentlich nimmt, sodaß er
z. B. auf die Aufforderung: Gehe mir aus den Augen! ant-
wortet: Da müßte ich euch durch die Augenlöcher kriechen,
wenn ihr die Augen zutätet. Damit lassen sich Sätze vergleichen
nach Art des bekannten: er reißt aus wie Schafleder, die in
dem größten Teile Deutschlands üblich sind und den Widerspruch
zwischen einer Behauptung und dem dazu gefügten Vergleich enthalten. Denn der Witz entsteht hier durch den Doppelsinn des
Wortes ausreißen (= zerreißen und davonlaufen). Ähnlich verhält es sich mit den volkstümlichen Ausbrücken: er hat Ein-
fälle wie ein altes Haus, sie ist gerührt wie Apfelmus, es
zieht wie Hechtsuppe, er ist grob wie Bohnenstroh, falsch wie
Galgenholz, er hat eine Anstellung an der Wand (vom umher-
lehnenden Faulpelz), er hat einen anschlägigen Kopf (von
jemand, der auf den Kopf fällt), er ist verschmitzt wie eine
Fuhrmannspeitsche (die vorn eine Schmitze hat), wer sich grün
macht, den fressen die Ziegen. Anders liegt der Fall, wenn
zwei Wörter von gleichem Klange, aber verschiedener Bedeutung
miteinander vertauscht und für einander eingesetzt werden. Dies
geschieht besonders häufig in den Mundarten, wo lautlicher
Zusammenfall weiter verbreitet ist als in der Schriftsprache.
B. B. sagt man in Thüringen zu einem Zweifelnden: Wenn
du's nicht gläbst (= gläubst, d. h. glaubst, und kleibst), da
mauerst du's; ebenso hört man dort das Scherzwort: Wenn's
hüte (= heute und Häute) regnet, werden die Schuhe wohl-

feil, wenn's aber morn (= morgen und Mauern) regnet, fallen
die Häuser ein. (Vgl. auch Lappländer = Mensch mit zer-
rissenen Kleidern, Lappen.)

Auch durch volksetymologische Umdeutung eines
Wortes erzielt man oft einen komischen Effekt. Darin haben
Schriftsteller wie Fischart Großes geleistet, der Jesuiter in
Jesuwider, Podagra in Pfotengram, melancholisch in
maulhenkolisch, Notar in Notnarr, Sarazenen in Saure-
zähne, Apotheker in Abdecker verdreht; aber ebenso willkürlich
und gewaltsam verfährt das Volk mit Fremdwörtern und Eigennamen, und wenn dies mit Absicht geschieht, ist der Wortwitz
oft beißend. So wurde der für Deutschland faule Friede von
Ryswyk und Nymwegen mit Anspielung auf die Länderverluste
als Friede von Reißweg und Nimmweg bezeichnet, so nannte
man den Gegner Luthers statt Murrner Murrnarr, den miß-
liebigen hessischen Minister Hassenpflug Hessenfluch und den
französischen General Mortier Mordtier. Aus Zivilverdienst-
orden wird Zuvielverdienstorden zurecht gelegt, aus Rheuma-
tismus Reißmatismus, ein bequemer Stadtsekretär heißt
Stadtkommode und ein Professor Brotfresser.

60. Wieder anderer Art ist der Witz, wenn ein Wort und
die damit bezeichnete Sache in Widerspruch stehen. So pflegt
der Mann aus dem Volke das Wasser mit Namen zu belegen,
die ähnlich wie die Weinmarken oder Bierbenennungen lauten,
z. B. Plumpenheimer, Gänsewein, Bornsches (nämlich
Bier: Anspielung auf Born = Brunnen und auf die sächsische
Stadt Borna) oder mit genauerer Angabe des Jahrgangs
Schöpfesechziger, Brunnenachtziger, so sagt man von einem
Menschen, der schmutzige Fingernägel aufweist, er habe Landes-
trauer, und von einem, der mit den Beinen baumelt, er läute
zu einem Eselsbegräbnis. Auch durch Änderung eines Wortes
in einer formelhaften, fest ausgeprägten Redewendung entsteht
ein komischer Sinn, z. B. wenn es heißt: Der Mensch denkt,
die Mensch in lenkt oder: der Mensch denkt, der Kutscher lenkt
(statt Gott lenkt); kommt Zeit, kommt Draht (= Geld statt
Rat); alles in der Welt läßt sich ertragen, nur nicht eine Reihe

von dummen Fragen (statt schönen Tagen); ebenso wenn durch Übertreibung von jemand etwas behauptet wird, was er in Wirklichkeit gar nicht ausführen kann; z. B. sagt man von einem ungeduldig Wartenden, er stehe sich die Beine in den Leib, von einem hastig Davonlaufenden, er nehme die Beine unter den Arm, von einem Altklugen, er höre das Gras wachsen oder die Krebse niesen, von einem Bäcker, der zu poröse Semmeln gebacken, er habe seine Frau durchgejagt, von einem Schläfrigen, er besehe sich inwendig; dem Kahlhäuptigen ist nach der Anschauung des Volks der Kopf durch die Haare gewachsen, dem Furchtsamen fällt das Herz in die Beinkleider, dem Blatternarbigen hat der Teufel Erbsen auf dem Gesichte gedroschen. Nicht einmal schwere Erkrankung oder Tod gebieten dem Witze Einhalt; so sagt man von einem Schwindsüchtigen (oder wie ihn das Volk wohl auch scherzhaft nennt, von einem Schwindsuchtskandidaten), er pfeife auf dem letzten Loche (nämlich der Flöte), von einem dem Tode Nahen, dem bereits die Füße geschwollen sind, er habe die Reisestiefel angezogen; ein in der sandigen Lausitz Begrabener treibt Sandhandel, ein ins Gotteshaus getragener Leichnam ist auf dem Rücken in die Kirche gegangen. Henken hieß in der Sprache des 17. Jahrhunderts in der Luft arrestieren, zum Feldbischof machen, Hanfsalat zu essen geben, Würgelbeeren kosten lassen; ein Gehenkter ist an der Brezel erstickt, die in eines Seilers Hause gebacken worden, hat Henkelbeeren gegessen, ist halsleidend, geht mit den vier Winden zu Tanze oder muß an der Herberge zu den drei Säulen als Bierzeichen aushängen.

Bei der Necklust, die unser Volk von jeher besessen hat, kann es nicht auffallen, daß sich auf manchen Gebieten eine große Zahl von witzigen Benennungen findet, z. B. für die einzelnen Gewerbe. So muß sich der Schmied die Bezeichnung Rußwurm gefallen lassen, der Schuster wird Pechhengst, Knieriem oder Zwickdraht genannt, der Schneider Fadenbeißer oder Ritter von der Nadel, der Wagner Krummholz, der Roßhändler Roßkamm, der Maurer Dreckschwalbe, der Hutmacher Kopfschuster, der Jäger Laubfrosch, der

Barbier Verschönerungsrat, der gewerbsmäßige Mäusefänger
Kammerjäger, der Apotheker Neunundneunziger (weil er
99 %$_0$ verdient), Pillendreher oder Giftmischer, der
Ökonom Stoppelhopser (vgl. das mhd. Wort ackertrappe), der
Rechtsanwalt Linksanwalt, die Köchin Küchendragoner oder
Küchenfee und der Kaufmann Ladenschwengel, Tütchens-
dreher, Heringsbändiger, Rosinenengel, Sirupsritter,
Ölprinz, Trankonditor u. s. f. Sehr beliebt sind, namentlich
in Niederdeutschland, imperativische Ausdrücke wie Kiel in
Aben (sieh in den Ofen) für den Bäcker, Kiek in Busch für
den Jäger, Lur upn Penning (Lauer auf den Pfennig) für
den Kaufmann, Griepenkerl (Greif den Kerl) oder Packan
für den Büttel, Slabot für den Soldaten, denen hochdeutsche
Eigennamen wie Fickenwirt (hau den Wirt), Jagenteufel an
die Seite gestellt werden können.

Ein anderes Feld, auf dem sich der Volkswitz mit Vorliebe getummelt hat, sind die körperlichen oder geistigen
Mängel der Menschen. Im Volksmunde trägt ein Aus-
gewachsener die Kriegskasse und wird Buckelinsky, Buckelomini
oder Buckelorum genannt, ein Schnarchender reißt Barchent,
ein Rückenmarkleidender hat vergnügte Beine, weil sein Gang
aussieht, als machten sich die Beine ein Privatvergnügen, der
Übermütige treibt sein Kälbchen aus, der Kleine heißt ab-
gebrochener Riese oder Dreikäsehoch, der Dicke Fettgriebe, der
Unbeholfene Tapp(s) ins Mus oder Platschinbrei, der Geizige
Knickebein oder Schabhals, der Leichtfinnige Guckindieluft, der
Zerstreute Konfusionsrat, der Wucherer Halsabschneider oder
Krawattenfabrikant.

Aber auch sonst ist das Volk außerordentlich erfinderisch.
Der Zylinderhut trägt den Namen Angströhre, der hohe Hals-
kragen Vatermörder, ein Insekt, welches den Menschen oft
unangenehm belästigt, Schwarzburger, Geld Knöpfe, Asche
oder Draht, die Habseligkeiten, die jemand besitzt, seine sieben
gebackenen Birnen (vgl. Siebensachen), eine Kleinigkeit nieder-
deutsch Lickup, Snapup, Sluckup, d. h. etwas, was man

gleich auflecken, aufschnappen oder aufschlucken kann.[1]) Ein
Schnaps heißt sanfter Heinrich, die Schnapsflasche Karoline,
Buchweizengrütze Bokweten- (Buchweizen)hinrik, ein kleines,
dickes Kind Pumpernickel, d. h. pumpernder Nikolaus; wer Unglück im Spiel hat, reitet auf der dürren Henne, der Windhund hat
Fässer gefressen und die Reifen nicht verbauen können, barfüßige
Kartoffeln sind solche ohne Butter, Dreimännerwein solcher,
bei dem zwei Männer nötig sind, um den, der trinken soll, zu
halten, und einer, um das Getränk einzugießen, und Rachenputzer solcher, bei dem man sich in der Nacht auf die andere
Seite legen muß, damit er kein Loch frißt.

61. Reiche Ausbeute liefern auch Ortsnamen. Oft knüpft
der Volkswitz zur Bezeichnung einer Handlung an schon vorhandene an oder erfindet selbst ähnliche. Nach Laufenburg
appelliert einer, der entläuft, nach Bettingen (Dorf bei Basel),
Rußland (Stadt in Schlesien) oder Federhausen geht der
Ermüdete, aus Schenkendorf stammt der Freigebige, aus
Greifswald oder vom Stamme Nimm der Habgierige, aus
Eilenburg der Hastende, aus Anhalt oder Anklam der
Geizige. Wer gern etwas umsonst genießt, ist ein Nassauer
oder Freiberger, wer allem Unangenehmen aus dem Wege
geht, ein Drückeberger, wer gern etwas Gutes ißt, vermacht
alles dem Kloster Maulbronn.[2]) Charakteristisch sind auch
Bezeichnungen von Kleinbahnen z. B. in der Mark Branden-
burg. Die von Paulinenaue nach Neuruppin heißt die stille
Pauline, die von Berlin nach Kremmen die lahme Karline,
die von Neustadt nach Pritzwalk der tolle Hengst, die von
Paulinenaue nach Rathenow die zahme Josephine. Merk-

---

[1]) Personennamen wie Schmeckdiekost, Schmeckebier, Lecks-
brätlein, Ißkraut für starke Esser und Trinker oder Hassenpflug
für einen trägen Bauer u. s. f. reden eine deutliche Sprache. Vgl.
auch A. Heintze, Die deutschen Familiennamen, Halle 1882, S. 50 ff.

[2]) Weitere, namentlich literarische Belege aus Abraham a Santa
Clara u. a. bei Wackernagel, Kleine Schriften III, S. 122 ff. Vgl.
auch schwäbisch Wüstenberger für einen rohen Menschen und meinen
Artikel über nassauern (entstellt aus naß sein, d. h. schlau, verschlagen
sein) in Kluges Zeitschrift für deutsche Wortforschung I, S. 273.

würdige Namen haben ferner oft die Wirtshäuser und Bierlokale. Da gibt es z. B. in Berlin die schmale Weste, die Feldtrompete, den hungrigen Wolf, den blutigen Knochen, den schlottrigen Schub, anderswo finden wir Gasthöfe und Güter mit den Benennungen der kalte Frosch, der kalte Hase, der dürre Esel, die dürre Henne, Fegesack, Fegebeutel, Fallum. Ebenso originell sind die Bezeichnungen von Straßen und Stadtteilen. In niederdeutschen Städten begegnet man öfter Straßennamen wie Sackpfeife, Seidenbeutel, Sperlingsnest, Löffelstiel, Gänsehals, Salzfaß, in schwäbischen Städten Pfannenstiel; das von den Ärmsten bewohnte Viertel heißt ebenda mehrfach Calabrien, in Leipzig die Schweiz, anderswo das Himmelreich. Das Westende von Berlin nennt man Westindien, den Nordwesten derselben Stadt Moabit (für Moab), weil man die Bewohner mit den biblischen Moabitern verglich. Bekannt ist die gleichgiltige Ecke in der Reichshauptstadt. Hier ist nach vier Eckhäusern der Jäger- und Oberwallstraße, in denen ein Parfüm-, Wurst-, Kleider- und Lichtziehereigeschäft betrieben wurde, alles Pomade, Wurst, Jacke wie Hose und Schnuppe, also gleichgiltig.

Das führt uns zu den Berliner Denkmälern, über die sich der Witz des „Berliner Schusterjungen" in reichem Maße ergossen hat. Der Scharnhorststatue am Kastanienwäldchen, wo die Wachtparade stattfindet, legt man die Worte in den Mund: „Hör' mal die schöne Musik!"[1]) Dagegen wird dem Denkmale Blüchers am Opernplatz die Äußerung zugeschrieben: „Komm mir hier keiner 'rauf auf meinen alten Ofen! Ich habe allein kaum Platz". Der Freiherr von Stein auf dem Dönhofsplatze spricht: „Noch einen Schritt, und ich falle 'nunter", Graf Wrangel auf dem Leipziger Platz: „Rechts fahren!", Graf Brandenburg in dessen Nähe: „Und wenn der Dreck so hoch ist, mit den Stiefeln komm ich doch durch".[2])

---

[1]) Mit Bezug darauf, daß Scharnhorst die rechte Hand nahe ans Ohr legt.

[2]) Weiteres bei B. Laverrenz, Die Denkmäler Berlins und der Volkswitz. 2 Bändchen. Berlin 1892 und 1899.

62. Wie sich hier ganze Gebiete an Witzworten ergiebig zeigen, so stehen auch gewisse Stäube in dem Rufe, daß sie diese besonders gepflegt haben; in erster Linie gilt dies von den Soldaten und den Stubenten. So heißt das Gardefüsilierregiment im Munde der übrigen Soldaten Maikäfer, angeblich weil es aus den früheren Garnisonen immer um die Maikäferzeit zu den Paraden nach Berlin gekommen ist, die roten Husaren werden Leuchtkäfer genannt, die Feldartilleristen Knallbroschkenkutscher, die Infanteristen Sanblatscher oder Dreckstampfer, die Pioniere Maulwürfe, die Jäger Grünspechte, die Proviantbeamten Mehlwürmer, der Train das schwere Getränke, die Hornisten das Hornvich. Im Munde der Musensöhne aber erscheinen die Theologen als Bibelhusaren, die Agronomen als Mystiker mit Anspielung auf das Element, welches die Fruchtbarkeit der Äcker wesentlich erhöht; die Nichtfarbenstudenten heißen in Jena Finken, in Breslau Kamele, in Tübingen Nachtstühle.[1]

Auch vieles von dem, womit es Soldaten und Musensöhne gewöhnlich zu tun haben, unterliegt dem Witze. Schon in früheren Jahrhunderten waren zahlreiche scherzhafte Bezeichnungen für Geschütze vorhanden. Bekannt ist die faule Grete des Kurfürsten Friedrich I. von Brandenburg, die ihren Namen von der Schwerfälligkeit der Fortbewegung erhielt; ein anderes derartiges Geschütz hieß die böse Else. Ein drittes, die faule Mette, d. h. Mechthild von Braunschweig, verdient diese Bezeichnung schon deshalb, weil es in einem Zeitraume von 317 Jahren nur neun Schüsse abgegeben hat. Ihnen reihen sich würdig an Kaiser Maximilians I. Donnerbüchsen, die man unter anderem Schnurrhindurch, Weckauf, Hummel nannte, und Kurfürst Karl Augusts von Sachsen Kanonen, welche z. B. Scherenteufel, d. h. Scher den Teufel und Höllenhund hießen. Ferner bezeichnet der Soldat noch heutigen Tags den Tornister als Affen, das Gewehr als Knarre,

---

[1] Genaueres bei P. Horn, Die deutsche Solbatensprache. Straßburg, Trübner 1899 und bei Fr. Kluge, Die deutsche Studentensprache, Straßburg 1895.

Schießprügel oder Kuhfuß, den Helm als Dunstkiepe oder Hurratute, das Seitengewehr als Käsemesser, den Degen als Plempe, die verhüllte Fahne als Bataillonsregenschirm, die Flintenkugeln als blaue Bohnen. In der Sprache der Studenten aber hat vor allen Dingen das Bier komische Namen aufzuweisen. Das Tangermünder wurde Kuhschwanz getauft, das Stendaler Taubentanz, das Dransfelder Hasenmilch, das Eislebener Krabbel an der Wand, das Arneburger Betere di noch (bessere dich noch), das Boitzenburger Bit den Kerl (beiß den Kerl), andere Dorfteufel, Totenkopf, Mord und Totschlag, Ausdrücke, die Fischart in seiner Ge- schichtsklitterung als „süßklingende, sirenische Taufnamen" be- zeichnet hat. Der Karzer heißt in der Studentensprache Hotel zur akademischen Freiheit (in Göttingen nach Heines Harz- reise Hotel de Brühbach), das Geld Moos, (rotwelsch, Plur. von hebr. meo, Pfennig) oder nach Luk. 16, 29 umgestaltet und erweitert: „Moses und die Propheten", der Hering Schneider- karpfen, ein alter Rock alter Gottfried, die Geige Wimmer- holz; eine Uhr, die sich auf dem Leihhause befindet, steht Ge- vatter oder nimmt hebräischen Unterricht u. s. f.[1])

Doch es würde zu weit führen, wenn man noch andere Gebiete besprechen wollte. Denn der Volkswitz ist unerschöpflich und treibt täglich neue Blüten. Überall aber gilt, was Shake- speare im Hamlet sagt: „Kürze ist des Witzes Seele".

―――――――

> Auch dem beschwerlichsten Stoff noch
> abzugewinnen ein Lächeln
> Durch vollendete Form strebe der wahre
> Poet.　　　　Geibel.

17. Die Sprache der Dichter.[2])

63. Klopstock sagt in seiner Abhandlung über die Sprache der Poesie 1759, so viel sei gewiß, daß keine Nation weder in

―――――――

[1]) Auch Verdrehungen gehören hierher wie z. B. Gasthof zum „schlauen Bild" in Dorndorf bei Jena statt Gasthof zum „blauen Schild".

[2]) Von den zahlreichen Mitteln der poetischen Darstellung kann hier nur ein kleiner Teil besprochen werden.

der Prosa noch in der Poesie Vortreffliches geleistet, die ihre
poetische Sprache nicht merklich von der prosaischen unterschieden
habe; und J. Grimm äußert sich in seinen kleinen Schriften
(VII, S. 446): „Mit der Erhebung eines Volkes zur Poesie
geht Hand in Hand eine Erhebung seiner Sprache, ein Streben,
gemeine Gedanken und niedrige, zuchtlose Worte zu bannen".
Die Blütezeit der deutschen Schriftsprache fällt mit den Höhe-
punkten der poetischen Literatur um das Jahr 1200 und 1800
zusammen. Denn die Schöpfungen der großen mittelhochdeutschen
Dichter stehen an Schönheit der Darstellung weit über dem althochdeutschen Evangelienbuche eines Otfried von Weißenburg,
und während im Zeitalter des dreißigjährigen Kriegs die Sprache
der Dichtung so tief herabsank, daß sie sich oft kaum von der
Rede des tagtäglichen Lebens unterschied, erhob sie sich sofort
wieder zu Glanz und Würde, als das Doppeldreigestirn Lessing,
Wieland und Herder, Klopstock, Goethe und Schiller dem deutschen
Volke aufging. Und wie in der Literatur, so ist es auch im
Leben des einzelnen Menschen. Wenn er unter dem Einflusse
einer höheren Macht steht, also bei besonders feierlichen Anlässen,
vertauscht er das Alltagsgewand der Sprache gern mit dem
Festtagskleide, bei gehobener Stimmung greift er sogar zum Verse,
gibt aber jedenfalls seinen Worten, z. B. in einer Festrede, größeren
Schwung, mehr Wohllaut und Rundung. Das höher gestimmte
Gemüt verlangt einen edleren Ausdruck. Zwar spricht die gute
Sache in der Regel schon genug für sich selbst und wird daher,
auch wenn sie im schlichten Gewande erscheint, einer wohlwollenden
Aufnahme versichert sein können, aber eine glänzende Dialektik
und eine schöne Darstellung erhöhen meist den Erfolg des Redners.
Brachte doch Fronto seinem kaiserlichen Zögling die Überzeugung
bei, daß man in öffentlichen Reden den Ohren der Zuhörer
schmeicheln müsse. Gestand doch selbst ein Cicero, daß man sich
um des Wohllauts willen sogar einmal einen Sprachfehler ge-
statten dürfe.

Viel wesentlicher dürfte die schöne Form für den Dichter
sein, der ja dazu berufen ist, uns die ewigen Wahrheiten des
menschlichen Lebens zu Gemüte zu führen und uns für alles

Edle und Gute zu begeistern. Für ihn bildet Schönheit das
höchste Ziel. Denn, um mit Goethe zu reden:

> Wirken will der Poet wie der Redner, aber das Höchste
> Bleibt ihm die Schönheit doch, die er zu bilden sich sehnt.

Jedoch „er gehorcht der gebietenden Stunde"; nur wenn ihm
die Muse günstig ist und ihm die nötige weihevolle Stimmung
verleiht, vermag er die rechten Worte zu finden. Was das aber
besagen will, erkennen wir aus einer Äußerung Schillers. Dieser
erklärte nämlich, als er damit umging, den Wallenstein in
poetische Form zu gießen, am 24. November 1797: „Ich habe
noch nie so augenscheinlich mich überzeugt, als bei meinem
jetzigen Geschäft, wie genau in Poesie Stoff und Form, selbst
äußere, zusammenhängen. Seitdem ich meine prosaische Sprache
in eine poetisch-rhythmische verwandle, befinde ich mich unter
einer ganz anderen Gerichtsbarkeit. Selbst viele Motive, die in
der prosaischen Ausführung recht gut am Platze zu stehen scheinen,
kann ich jetzt nicht mehr brauchen. Sie waren bloß gut für
den augenblicklichen Hausverstand, dessen Organ die Prosa zu
sein scheint; aber der Vers erfordert schlechterdings Beziehungen
auf die Einbildungskraft, und so mußte ich auch in mehreren
meiner Motive poetischer werden. Man sollte wirklich alles,
was sich über das Gemeine erheben muß, so in Versen, wenigstens
anfangs, concipieren. Denn das Platte kommt nirgends so ins
Licht, als wenn es in gebundener Schreibart gesprochen wird".
Auch ohne das Band des Versmaßes wirkt der Bericht über
alltägliche, nichtssagende Dinge komisch, wenn sie in gehobener
Sprache vorgetragen werden. Einen Beleg dafür bietet uns
Balthasar Schuppius, der von einem im Rufe gezierter Rede
stehenden hessischen Prokurator berichtet, daß er die Mitteilung
an seine Frau, es habe 9 Uhr geschlagen, es sei also Zeit, sich
niederzulegen, in die Worte gefaßt habe: „Du Hälfte meiner
Seele, du mein ander Ich, meine Gehilfin, meiner Augen Lust,
das gegossene Erz hat den neunten Ton von sich gegeben; er-
hebe dich auf die Säulen deines Körpers und verfüge dich in das
mit Federn gefüllte Eingeweide". Dementsprechend wird nüchterne,
platte Sprache noch lange nicht zur Poesie, auch wenn sie in

gebundener Rede vorgeführt wird. Das erkennt man deutlich an den in Versform gekleideten Worten, mit denen sich Melchior Meyr einmal über die Art der Dichterlinge lustig macht:

Du tust, o Freund, in deinem Liede zierlich dar,
Daß du gar wohl Ursache hätteft, froh zu sein.
Das mein' ich auch, und eben darum wundr' ich mich,
Daß du nicht lieber gleich es bist und fröhlich singst
Und uns dadurch auch Frohsinn gießest ins Gemüt u. s. f.

Damit vergleiche man die Worte, mit denen Macbeth seiner Gemahlin ausspricht, daß er in der Dämmerstunde den Banquo töten wolle: „Ehe die Fledermaus den klösterlichen Flug beendet, eh' noch auf den Ruf der bleichen Hekate der hornbeschwingte Käfer, schläfrig summend, das gähnende Geläut der Nacht vollendet, wird eine Tat furchtbarer Art getan sein", und man wird sofort den Dichter von Gottes Gnaden erkennen.

64. Fragen wir nun, über welche Mittel die Poesie verfügt, um ihre Sprache dem Gesichtskreise des gewöhnlichen Lebens zu entrücken und auf einen höheren Standpunkt zu stellen, so muß als eins der wirksamsten der Gebrauch von Figuren und Tropen bezeichnet werden. Sie erfüllen die Aufgabe, Gegenstände und Handlungen recht lebendig und anschaulich zu machen. Dies geschieht auf zweifache Weise, indem man das Entfernte entweder vergrößert, wenn man es nicht nahe bringen kann, oder nahe bringt, wenn man es nicht vergrößern kann. Jenes wird besonders durch verschiedene Arten der Steigerung wie Hyperbel, Polysyndeton und Anapher erreicht, dieses durch Plastik des Ausdrucks, namentlich durch Epitheton, Gleichnis und Metapher. Das schönste aller poetischen Darstellungsmittel aber ist das letztgenannte. „Die metaphorische Phantasie ist tausendfarbig wie Morgen und Abend. Sie durchgaukelt die Welt und wirft jenen geistigen Widerschein aus der Höhe herab auf das Irdische, umgoldet es, füllt es mit Leben, mit dem schimmernden Glanze der Schönheit; unter ihrem Zauberstabe gewinnt das Tote Leben und bestrahlt selbst das Unscheinbare im Lichte des Geistigen". So bemerkt auch schon Lessing, der Dichter wolle nicht bloß verständlich sein und seine Vorstellungen klar und deutlich aussprechen, hiermit begnüge sich der Prosaist, sondern er wolle die

Ideen, die er in uns erwecke, so lebhaft machen, daß wir in
der Geschwindigkeit die wahren sinnlichen Eindrücke ihrer Gegenstände zu empfinden glauben und in diesem Augenblicke der
Täuschung uns der Mittel, die er dazu verwendet, seiner Worte,
bewußt zu sein aufhören. Und wie dieser Dichter selbst reichen
Gebrauch davon gemacht hat, ja die Neigung zum Gleichnis und
zur Metapher als seine „Erbsünde" bezeichnet, so ist nach ihm
Goethe ein Meister im Gebrauche des bildlichen Ausdrucks geworden, dank seiner Mutter, von der er nicht allein die Froh-
natur und die Lust zu fabulieren überkommen, sondern auch im
Kindesalter große Anregungen erhalten hat. Darüber läßt Lewes
im Leben des Dichters I, S. 33 durch den Mund der Frau
Aja berichten: „Ich konnte nicht müde werden zu erzählen, sowie
er (Wolfgang) nicht ermüdete zuzuhören. Luft, Feuer, Wasser
und Erde stellte ich ihm unter schönen Prinzessinnen vor, und
alles, was in der Natur vorging, dem ergab sich eine Bedeutung,
an die ich bald fester glaubte als meine Zuhörer". Kein Wunder,
daß Goethe zeitlebens die Gabe behalten hat, alles plastisch zu
schauen und bildlich auszusprechen. Wie die frische Einbildungskraft des Kindes der Höhle ein Auge und dem Felsen ein Antlitz
verleiht, so zaubert uns der Liebling der Musen nicht selten
eine ganze Reihe schöner Bilder vor die Seele, z. B. wenn er
sagt: „Der Abend wiegte schon die Erde und an den Bergen
hing die Nacht, schon stand im Nebelkleid die Eiche, ein auf-
getürmter Riese, da, wo Finsternis aus dem Gesträuche mit
hundert schwarzen Augen sah".[1] Damit steht auch die Neigung
des Dichters im Zusammenhange, die Wörter wieder in ihrer
ursprünglichen, sinnlichen Bedeutung zu gebrauchen; so
läßt er z. B. die Sonne und den Mond sich im Meere laben,

---

[1] Fr. Vischer, Ästhetik III, S. 1216: „Aufgabe des Dichters ist
es, dafür zu sorgen, daß das Wort dem Hörer nicht mechanisches, totes
Zeichen bleibe, er muß ihn zwingen zu sehen und selbständig Belebtes,
Lebendiges zu sehen"; ebenda S. 1222: „Es ist poetischer zu sagen:
der Schmerz wühlt, gräbt, nagt, bohrt im Innern als er bewegt, erfüllt
es. Die nähere, schärfere, sinnlichere Bezeichnung ist der allgemeineren
vorzuziehen."

b. h. baden (= lat. lavare), sodaß uns ihr Gesicht dann wellenatmend doppelt so schön erscheint, so gebraucht er vorläufig im
Sinne von vorausgehend, entgegnen für entgegenkommen, spricht
von bequemen (= willkommenen) Geboten, gerechten (= richtigen)
Stunden, wirksamen (= werktätigen) Menschen u. s. f.[1]

Ein anderer Weg, die Sprache über die Alltagsrede hinauszuheben, ist die Verwendung archaischer Formen. Alte Wörter
und alte Bildungsmittel wieder hervorzuholen und zu neuem
Leben zu erwecken ist das Recht des Dichters. Denn dadurch
erhält die Darstellung eine gewisse Würde und den köstlichen
Duft des Altertümlichen wie Wein, der jahrzehntelang im Keller
gelegen hat. Daher rühmt Klopstock von sich in der Ode „neuer
Genuß“: („Ich) hatte, suchend im alten Hain Thuiskonas, vom
Stamm hergeführt neue Leiber, wenn mir würdig der Wahl
keiner im Walde schien“, daher hat Goethe in seinem Götz
manches brauchbare Korn aus der Biographie Gottfrieds von
Berlichingen, Schiller in seinem Tell vieles aus Tschudis Schweizerchronik beibehalten. Natürlich gilt es dabei, maßvoll vorzugehn;
nur wenn beabsichtigt wird, dem ganzen Gedicht ein altertüm-
liches Gepräge zu geben, wie bei Hans Sachsens poetischer
Sendung, kann damit stärker aufgetragen werden. Aber auf
diese Weise ist unserer Sprache eine große Zahl verloren ge-
gangener Wörter wieder gewonnen worden, namentlich durch den
Einfluß der Romantiker, doch auch schon Herders, welcher in den
Fragmenten zur deutschen Literatur 1769 die Macht und die
Herrlichkeit der alten Sprache preist, deren Klangworte man
wieder erobern müsse, an der die ermattende, lechzende Schreibart sich Kraft und Stärke trinken solle. Ihnen haben wir es
in erster Linie zu verdanken, wenn wir jetzt wieder, wenigstens
in der Poesie, Aar und Eiland, Hort und Hain, Minne
und Brünne, frommen und kiesen, heil und hehr und
viele andere Ausdrücke verwenden können; ebenso wenn es möglich ist, Hinde, Lenz, Eidam und Tann für die Komposita

---

[1] Vgl. auch O. Pniower, Zu Goethes Wortgebrauch, Goethejahrbuch XIX (1898), S. 229 ff.

Hirschkuh, Frühjahr, Schwiegersohn und Tannenwald zu ge-
brauchen. Doch die Möglichkeit zu archaisieren geht noch weiter.
Wie der Dichter die ältere Beiordnung bevorzugt und verwickelte
Perioden in der Regel meidet, so verwendet er auch gern die
bloßen Kasusformen statt der vielfach an ihre Stelle ge-
tretenen Fügung mit Präpositionen. So sagt Schiller in der
Braut von Messina: „wenn der Mächtige des Streits ermüdet"
(= von dem Streite) und in der Bürgschaft: „von Stunde zu
Stunde gewartet er der Wiederkehr" (= er wartet auf die
Wiederkehr). Auch Partikeln, die wir in der Schriftsprache
jetzt gewöhnlich hinzufügen, werden zuweilen weggelassen, z. B.
er fühlt sich bald (als) ein Mann, (als) einen Fremdling sah
ich mich in diesem Kreise, die Schicksalsschwestern grüßten ihn
(als) den Vater einer königlichen Reihe. Ebenso wird das Fürwort öfter unterdrückt, z. B. (du) füllest wieder Busch und
Tal, (es) sah ein Knab' ein Röslein stehn, (der) König und die
Königin, sie sind aufs neu verbunden, welches Band ist sichrer
als (das) der Guten? Beim Verb ist bald der Vokalstand ursprünglicher (beut, fleucht), bald der Konsonantismus (du willt,
sollt), beim Nomen werden die Biegungsendungen hier hinzugefügt (Apollen, Ulyssen) und dort weggelassen (ein eisern
Gittertor); manchmal weist die Einzahl eine eigenartige Bildung
auf (Schatte = Schatten, Bronne = Brunnen), manchmal die
Mehrzahl (Lande, Bande, Tale). In der Wortbildung greift
man gern auf einfache Wörter zurück, die schon längst durch
abgeleitete oder zusammengesetzte aus dem täglichen Gebrauche
verdrängt worden sind, wie höhen (= erhöhen), langen (= erlangen), ängsten (= ängstigen), besesten (= befestigen). Andererseits sind auch wieder längere Gebilde üblich wie die Umstands-
wörter auf -lich (ewiglich, wonniglich, bitterlich), die uns an den
Sprachgebrauch von Luthers Bibel gemahnen, und die Adverbien
auf -e wie balde, alleine, die mit den Formen mitteldeutscher
Mundarten übereinstimmen.

65. Den Gegensatz zum Archaisieren bildet die Neuerung,
zunächst die Schöpfung neuer Wortgebilde. Besonders auf
dem Gebiete der Zusammensetzung tritt diese stark hervor.

So sind entblümen, entkeimen, entknospen, entrauschen vorzugs-
weise in der Dichtersprache üblich, ebenso erglänzen, erglühen,
erkiesen, erlöschen und Getal, Gebreite, Gezweig, Gejaid (von
Jagd). Ihre schönsten Erfolge erzielen die Dichter aber durch
Komposita von Haupt- und Eigenschaftswörtern, wie Schatten-
wald (= schattiger Wald), Schreckengefild, Schwermutmeer,
Silberton, Blütenstrauch, Sternenflur, Flutgebraus, Flammen-
ruten und engelsmild, morgenfroh, schlangenkrumm, sturmes-
munter, mondbeglänzt, duftverloren, felsentstürzt u. a., die wir
sämtlich bei Lenau antreffen, oder von Hauptwörtern mit Partizipien, wie gottgesandt, fruchtbelastet, blumenbestreut, taten-
umgeben, ruinenentflohen, die Klopstock geschaffen hat. Aber
auch im Bereiche der Ableitung treffen wir neue Gebilde an,
namentlich hat die Sprache Lessings, Klopstocks und Schillers
hier manches Wort auf -er zu verzeichnen, das sich durch frische
Lebendigkeit und sinnliche Anschaulichkeit auszeichnet, z. B. der
Erbarmer, Vergesser, Hasser, Täuscher (Klopstock), Bringer der
Lust, Waller (= Wallfahrer), Segler der Lüfte (Schiller), die
namentlich bei appositivem Gebrauche eine kräftige Wirkung
haben: sein Blick, der Verderber (Messias VI, 300), du Tag,
du Versöhner (ebenda VII, 7).

Aber auch neue Fügungen verdanken wir der Poesie.
So verwenden unsere Dichter statt eines einfachen Verbums mit
einer Präpositionalverbindung (z. B. kreisen um) gern das zusammengesetzte (umkreisen) mit bloßem Akkusativ, sagen also
lieber der Sturm durchbraust den Wald oder mich umfluten
sanfte Lüfte, als der Sturm braust durch den Wald, sanfte
Lüfte fluten um mich. Wirkungsvoll ist auch die Verbindung
von Zeitwörtern mit Adverbien wie hin, her, herab, zurück und
einem davon abhängigen Akkusative, z. B.: Höre die Woge Tod
herrauschen oder: der Mond schimmert Gedanken herunter, ein
glücklicher Griff Klopstocks, der dadurch Lebloses zu beleben vermochte. Doch haben die Dichter auch andere intransitive Verba
zu transitiven gemacht: so tönen (die heil'ge Lippe tönt ein
wildes Lied), dämpfen (die Erde dampft erquickenden Wohlgeruch), triefen (Honig triefen deine Lippen), schnauben (die

Rotte schnaubet Mord), lächeln (er lächelt Gnade). Eine andere,
namentlich bei Klopstock häufige Neuerung ist der Gebrauch des
Plurals an Stelle des Singulars, worüber sich Cramer
folgendermaßen ausspricht: „Klopstock ist sehr kühn in der
Bildung manches neuen Plurals bei Wörtern, die vorher keinen
hatten, wenn gleich ihr Begriff die Mehrzahl gern zuließ: die
Ehren, die Frühen, die Tode, und nicht selten bei solchen, wo
nur der Dichter sich ihn erlauben darf: Ewigkeiten, Verwesungen,
Einsamkeiten u. a." Wie man sieht, handelt es sich um abstrakte
Begriffe, die der Natur der Sache nach meist des Plurals ent=
raten, ihn aber bei Klopstock oft erhalten zum Ausdruck größerer
Anschaulichkeit und Fülle, sowohl bei Wörtern auf -ung und -heit
(Verzweiflungen, Kühlungen, Erbarmungen, Lebendigkeiten) als
bei anderen Gebilden (Kummer, Schauer, Ruhen, Röten). Ebenso
haben die Dichter nach griechischem Vorbilde das Partizip in
mannigfacher Weise gebraucht und ihm wieder Fügungen ver=
stattet, die es schon in den ältesten deutschen Literaturdenkmälern
nicht mehr hatte, namentlich die Verwendung an Stelle eines
Nebensatzes, z. B. bei Rückert (Adler und Lerche): „Könnt' ich
steigen dem Adler gleich der kommenden Sonn' entgegen, die
Brust getaucht in Morgenrot, badend im Glanz des Äthers".
Wenn daher Jean Paul in der Vorschule der Ästhetik sagt, die
Neueren stünden in ihrer erbärmlichen Partizipiendürftigkeit gegen
die Römer als Hausarme da, gegen die Griechen gar als
Straßenbettler, so gilt dies mehr von der Prosa und den Mund=
arten als von der Poesie unseres Volkes.

66. Ferner ist der Dichtung eigentümlich, daß sie die
Wörter in viel freierer Weise stellen darf, wobei sie
teilweise alte Gewohnheiten festhält, die die Prosa längst auf=
gegeben hat, teilweise Neuerungen einführt. Zunächst bietet sich
die Möglichkeit, nach Art des alten Volksepos das Eigenschafts=
wort hinter sein Hauptwort zu stellen (Mündlein rot, Äuglein
klar, von blanken Rossen vier), ebenso kann man es zu einem
ganz anderen Hauptworte ziehen, als zu dem es grammatisch
gehört, z. B. das jauchzende Rufen der Menge, der Sonne röt=
licher Untergang, der beste Becher Weins = das Rufen der

jauchzenden Menge u. s. f. Zusammengehöriges wird oft durch
ein dazwischengeschobenes Wort auseinandergerissen (Meister rührt
sich und Geselle, seine Wort' und Werke merkt' ich und den
Brauch). Zuweilen geschieht dies sogar mit Absicht; denn wenn
Schiller in der Braut von Messina sagt: „Den Schleier zerreiß
ich jungfräulicher Zucht" oder: „Die Pforten durchbrech ich der
heiligen Zelle", so wird wirklich etwas zerrissen oder durch-
brochen wie die regelrechte Wortfolge im Satze. Andererseits
wird auch manches verbunden, was sonst getrennt ist, z. B.
dagegen überfließt mein Herz von allen Lastern, abschwur ich
die Beschuldigungen alle, losband ich das Roß, hertrat zum
Tisch der Ungestüme. Auch kommt der Genetiv weit häufiger vor
sein Substantiv zu stehen als in gewöhnlicher Rede, ja, Klopstock
äußert in seinen grammatischen Gesprächen: Mir kommt es vor,
daß nur die Dichtkunst „des Stroms Geräusch" sagen darf.[1]
   Überdies hat der Dichter die Verpflichtung, unter dem
vorhandenen Wortmaterial sorgfältig zu wählen. So
beklagen sich z. B. Matthisson (Briefe I, 112) und Salis
(Gedichte 1794, S. 103), daß oft die liebsten Blumen so
barbarische und unedle Namen hätten, daher in der Poesie kaum
verwendet werden könnten, weil ihre Nennung den guten Geschmack beleidigen würde. Tatsächlich beschränken sich die Dichter
in der Regel auf Veilchen, Rosen, Lilien und Nelken,
lassen aber Storchschnabel, Mäuseohr, Hahnenfuß,
Läusekraut, Saudistel u. a. mit Recht beiseite. Geschieht
dies hier aus ästhetischen Gründen, so ist oft auch aus anderen
Rücksichten eine Auswahl im Wortschatz zu treffen. Verstandes-
mäßige Unterscheidungen sind der Dichtung ein Dorn im Auge
und werden daher möglichst gemieden. Für sie gibt es keine
Petroleumlampe, keine Dampfmühle, sondern nur eine Lampe
und eine Mühle; die Steineiche macht der Eiche, der Fichten-
schwärmer dem Falter Platz. Lippenblütler, Säugetier u. a.
wissenschaftliche Kunstausdrücke bleiben unberücksichtigt. Für den

---

[1] Selbst vor den unbestimmten Artikel kann ein solcher Genetiv
treten, z. B. des Speerwurfs ein Verächter, deines Hauptes ein allmächt'ger Wink.

Dichter ist ein Kleid seiden, nicht halbseiden, rot (oder purpurn), nicht kirsch- oder dunkelrot. Solche genaue Unterschiede über-läßt man der nüchternen Prosa.[1]) Und wenn es in poetischer Sprache oft heißt ein unbesiegter Held statt ein unbesiegbarer oder ungezählte Scharen statt unzählbare, so liegt dies daran, daß alles, was nicht bloß als möglich, sondern als tatsächlich hingestellt wird, mehr Eindruck macht.

Selbstverständlich bestehen auch Unterschiede der Aus-drucksweise zwischen den einzelnen Dichtungsarten, z. B. zwischen der epischen und lyrischen, zwischen der volkstümlichen und nicht volkstümlichen Poesie u. a. So wird die Umschreibung mit tun vorwiegend in volkstümlicher Darstellung gebraucht (die Augen täten ihm sinken), ebenso die Wiederaufnahme eines Begriffes durch ein Fürwort (der Zopf der hängt ihm hinten, der Wirt er deckte selbst mich zu). Nach Art des Volksliedes verwendet Uhland in seinen Balladen gern das Adverb wohl (es zogen drei Burschen wohl über den Rhein, da lehnt' er die Harfe wohl an den Tisch), läßt „es" oder „da" weg bei voran-gestelltem Prädikat (begegnet ihm manch Ritter wert, hub der König an zu sprechen; vgl. Luther: Spricht Jesus zu ihm), ver-wendet flexionslose Adjektivformen auch beim Maskulin (lieb Vater, klein Roland, jung Walther, der gleißend Wolf), elidiert in viel freierer Weise, besonders im Reim (viel edle Blüt', Ehr', Kron', selbst Land' und Pferd' als Plurale).[2])

Im übrigen gilt von der poetischen Sprache, was W. Jordan im Vorgesang seiner Nibelungen so schön sagt: „Was einst graniten formte der Väter vollere Rede, das verstehe zu modeln vom

---

[1]) „Ausdrücke wie ziemlich, einigermaßen, teilweise, insofern, sozusagen erkälten augenblicklich, legen sich wie Meltau auf den poetischen Zusammenhang; denn die Poesie duldet im Ausdruck nichts Halbes, Vorbehaltendes, Teilendes. Weil in ihr alles leben soll, soll auch alles ganz sein" (Bischer, Ästhetik III, S. 1220). Von den Zahlwörtern werden am häufigsten die runden verwandt, also nicht 23, 36 u. a., von den Verhältniswörtern die alten, kurzen: in, aus, vor, mit u. s. w., nicht innerhalb, unterhalb, kraft, laut.

[2]) Vgl. H. Schultes, Einfluß des Volksliedes auf Uhlands Dich-tungen in Herrigs Archiv, Bd. 64, S. 17 ff.

weicheren Marmor der lebenden Sprache. Noch sprudelt ihr
Springquell unerschöpflich schäumend aus tiefen Schachten eignen
Erinnerns und bildender Urkraft und bedarf nur der Leitung,
um lauter und lieblich mit rauschendem Redestrom bis zum
Rande der Vorzeit Gefäße wieder zu füllen und neu zu verjüngen nach tausend Jahren die wundergewaltige, uralte Weise
der deutschen Dichtkunst.“

> In dem Mikrokosmos Goethe
> spiegelt sich der Makrokosmos
> der modernen Zeit.
>   A. Biese.

18. Goethes Sprache.[1]

67. Mit der „Lust zu fabulieren“ vererbte Frau Aja auf
den jugendlichen Goethe das Erzählertalent und die schlichte,
ungekünstelte Ausdrucksweise. Als dieser jedoch nach Leipzig über-
siedelte und mit der Sprache Gottscheds und Gellerts näher bekannt wurde, machte er einen Unterschied zwischen mündlicher und
schriftlicher Darstellung.[2] Denn obwohl er den Zwang empfand,
mit dem die „meißnische Mundart“ die übrigen zu beherrschen
wußte, so vermochte er sich doch ihren Einwirkungen nicht zu
entziehen. Ebenso machte er dem Zeitgeiste Zugeständnisse.
Wenn er sich in späteren Jahren bei der Erinnerung an die
Leipziger Studienzeit als einen Schäfer an der Pleiße bezeichnet,
so ist damit zur Genüge die Eigenart seiner damaligen Gedichte
angedeutet. Nach Art der Anakreontiker tändelt er wie ein
Schmetterling leicht über duftende Blumen hin. Mit Vorliebe
gebraucht er Ausdrücke wie küssen, singen, seufzen, Tal,
Bach, Hain, Zärtlichkeit, schönere Triebe u. a., ent-

---

[1] Von dem Einflusse englischer und französischer Dichter wie
Shakespeare und Voltaire auf Goethe ist hier abgesehen worden, weil
er weniger auf sprachlichem als auf anderen Gebieten wahrnehmbar ist.

[2] In Wahrheit und Dichtung sagt er selbst, daß er Reden und
Schreiben für zweierlei Dinge gehalten habe, von denen jedes wohl
sein eigenes Recht behaupte.

sprechend dem Wortschatz, den wir in den Liedern Chr. Felix
Weißes, Hagedorns, Jakobis u. a. antreffen. Empfindsam und
gemacht wie die Gefühle sind die Worte; gleich dem Rokoko-
kostüme jener Zeit mit seinen Spitzen, Bändern, Schnallenschuhen
und Schönheitspfläsſterchen finden wir die Poesie herausgeputzt,
leichtfertig, aber durch launische Anmut gehoben. Fremdwörter
aus dem Französischen und Italienischen werden nicht gemieden,
sondern als Zieraten da und dort eingestreut. In den Dramen
herrscht der welsche Alexandriner.

Aber noch in Leipzig fängt Goethe an mit dieser Richtung
zu brechen. Der Einfluß Klopstocks, dessen Messiade er schon
als Knabe eifrig gelesen, macht sich deutlich bemerkbar. In den
Briefen und Oden an Behrisch vom Jahre 1767 wandelt er
ganz in den Bahnen dieses großen Vorgängers. „Er zürnt —
die Elemente brausen, er träumt, und ahnungsvolles Grausen
beschleicht das hingegebene Herz". Da ist die Rede von einer
flammengezüngten Schlange, von des Mädchens sorgen-
verwiegender Bruſt, von des Freundes elendtragendem
Arm, da finden wir neugebildete Wörter wie Taxuswohnung,
Pantherarme, Silberblätter, Blumenfesseln, Klippen=
warte, Mondendämmerung, Oktobernebel, Flügel-
speichen, Muttergegenwart. Kurze, oft antithetisch gestaltete
Sätze folgen aufeinander wie du gehſt, ich murre oder du
gehſt, ich bleibe. Das Wort Freiheit spielt eine wichtige Rolle
und kündet die Zeit des Sturms und Drangs an.

Diese mehr deutsche Art kommt angesichts der gotischen
Baukunst des Straßburger Münsters und unter der Leitung
Herders zum vollen Durchbruch. Shakespeare, Ossian, Pindar
und das Volkslied werden jetzt für Goethe lebendige Quellen,
aus denen er neue Anregung schöpft. „William, Stern der
höchsten Höhe, dir verdank ich, was ich bin", spricht er nunmehr
selbſt aus. Die kraftgeniale Zeit findet ihren Niederschlag in
einer kraftgenialen Sprache. Weniger der Verstand als das
Gefühl kommt darin zur Geltung; für die Leidenschaften des
Herzens und das ganze Empfindungsleben stehen dem Dichter
zahlreiche Töne zur Verfügung. Die Ode Elyſium beginnt und

endigt mit den sich an Klopstocks Seeode anschließenden Worten:
„Uns gaben die Götter Elysium". Sie und andere damals
entstandene Gedichte wie Pilgers Morgenlied oder Felsweihgesang
verraten die Lebhaftigkeit und Erhabenheit der „Odenbeflügelung",
die wir an dem Sänger des Messias gewöhnt sind. Da hören
wir von den öden Gestaden des schauernden Himmels,
von den wehenden Zweigen des dämmernden Hains,
von himmlischen Küssen und himmlischen Lippen, da
sehen wir ihn in heiliger Wonne schweben und im An-
schaun selig ohne sterblichen Neid bastehen. Zu den
Lieblingsverben jener Zeit gehören z. B. seufzen, jauchzen,
wandeln, schauen und Zusammensetzungen wie entgegenweben
und entgegenkeimen. Unter den Adjektiven sind golden,
dunkel, still, freudenhell besonders beliebt. Etwas ge-
mäßigter und gedämpfter ist schon der Ton der Leier in Mahomets
Gesang, Prometheus, Harzreise im Winter, Wanderers Sturm-
lied, Gesang der Geister über den Wassern, an Schwager Kronos.
Aber wie Goethe hier noch die freien Rhythmen des „seraphischen"
Sängers anwendet, so redet er auch noch in vielfacher Hinsicht
mit dessen Zunge. Da finden wir kühne Konstruktionen wie
ekles Schwindeln zögert mir vor die Stirn dein Zaudern,
dem Schlaf entjauchzt uns der Matrose, die Arme öffnen
sich, seine Sehnenden zu fassen, Trunkenen vom letzten
Strahl reiß mich in der Hölle nächtliches Tor, wird
Rückkehrendem in unsern Armen Lieb und Preis dir.
Namentlich zahlreich sind die intransitiven Verba, die einen
Akkusativ zu sich nehmen wie Honig lallen, Gefahren glühen,
Rettungsbank glühen, den schallenden Trab rasseln u. a.
Ferner begegnen wir nicht wenigen Partizipien, die zur Belebung
der Rede als Beiwörter verwendet werden, wie silberprangend,
schlangenwandelnd, sturmatmend, freudebrausend, sieg-
burchglüht, sonnenbeglänzt; ebenso neuen Zusammensetzungen
zweier Substantiva wie Goldwolken, Flammengipfel, Ge-
sundheitsblick, Hüterfittiche, Schlammpfad, Schloßensturm, Feuerflügel, Blumenfüße, Einschiffmorgen. Die
Wortstellung wird mit großer Freiheit gehandhabt, z. B. O leite

meinen Gang, Natur, den Fremblings Reisetritt oder gott-
gesandte Wechselwinde treiben seitwärts ihn der vorgestellten
Fahrt ab. Die persönlichen Fürwörter fallen, wenn sie das
Subjekt des Satzes bilden, zuweilen weg, z. B.: Lächelst,
Frembling? Hast dein Siegel in den Stein geprägt, bildender
Geist; mehrfach fehlt auch das Verbum, z. B. weit, hoch, herrlich der Blick rings ins Leben hinein! Fragen und Ausrufe,
erhöhen und beleben die Stimmung, ja sie kommen so oft vor,
daß Herder den Dichter mit seinen „entsetzlich scharrenden Hahnen-
füßen" neckt. Unter den rhetorischen Figuren treffen wir Anapher,
Wortwiederholung und Asyndeton besonders häufig an.
Man hat aus den Jugendschriften für die Anapher 509 Fälle
gezählt und für die beiden andern Erscheinungen nicht viel
weniger (464 und 472), das Polysyndeton dagegen ist seltener,
nur im Werther findet es sich 32 mal.

Altertümlich ist der Gebrauch von einfachen Zeitwörtern
statt der zusammengesetzten, wie teilen kann ich euch nicht dieser
Seele Gefühl (= mitteilen) oder er deckte ihre Hand mit Küssen
(= bedeckte). Daneben sind biblische Klänge vernehmbar.
Schon in Leipzig hatte es der Dichter übel empfunden, daß ihm
die Anspielung auf biblische Kernstellen untersagt sein sollte;
jetzt bricht diese Neigung ungehindert und ungeschwächt hervor.
In Götz und Werther begegnen wir fortwährend Lutherschen
Ausdrücken. Das Bild von den goldenen Äpfeln in silbernen
Schalen, das sich zuerst in den Sprüchen Salomonis (25, 11)
findet, gebraucht Goethe fünfmal, z. B. in Wilhelm Meisters
Lehrjahren V, 4. Dreimal belegbar ist der gleichfalls aus
jener Schrift (1, 9) stammende Spruch: „nichts Neues unter der
Sonne", während die Wendung „die Sonne aufgehen lassen über
Böse und Gute" (Matth. 5, 45) zweimal bei unserem Dichter
vorkommt. Auch der Lebensbeschreibung des Gottfried von
Berlichingen entnimmt Goethe manch altertümlichen Ausdruck,
ohne sich sklavisch an den Wortlaut zu binden. Denn, um mit
Lenz zu reden, „der Biograph spezereit und salbt die alte
Mumie des Helden ein, der Poet haucht seinen Geist in sie.
Da steht er wieder auf, der edle Tote, in verklärter Schöne geht

er aus den Geschichtsbüchern hervor und lebt mit uns zum andern Male".

Wie nun in der Sturm- und Drangzeit die vorgeführten Personen entweder Kraftnaturen sind, die selbst den Göttern trotzen (Prometheus), oder schwärmerische Gefühlswesen, die sich in Empfindsamkeit verzehren (Werther), so durchbricht auch die Sprache dieser Periode die einengenden Dämme und wirft die Lehren der Grammatiker vielfach über den Haufen. Sie ist revolutionär, „empfunden aus dem Bedürfnis rückhaltloser Freiheit im persönlichen Wollen, Fühlen und Handeln, entsprungen dem elementaren Sehnen nach Befreiung von allem Zwang, allen Schranken, die Menschengesetze und Menschenweise dem Individuum gezogen haben". Daher kommt es auch, daß sie manchem anstößig erschien, so dem Verstandesmenschen Nikolai, so auch dem gelehrten Lichtenberg, welcher Goethe einen Shakespeare nennt, der draußen in Böotien aufgestanden sei und durch Prunkschnitzer die Sprache originell gemacht habe.

68. Der Epoche des „genialen" Stils folgte die des „idealen" noch in den siebziger Jahren. Die italienische Reise führte die innere Umwandlung zu Ende; unter dem heitern Himmel des Südens glättete sich des Dichters Sprache, wurden seine Verse geschmeidig und melodisch. Jetzt achtet er mehr auf Klangwirkungen, meidet die freien Rhythmen und macht gelegentlich auch vom Stabreim Gebrauch. Assonanz wird häufig gesucht, das Metrum sorgfältig dem Inhalte angepaßt. Die Sturm- und Drangzeit erscheint dem Gereifteren als ein Nebel, durch den er gegangen, um zur freien Dichterhöhe zu gelangen, oder als eine Zeit des Irrtums (Zueignung); und während er im „Wanderer" (1771) die Natur über die Kunst siegen läßt, redet er in „Natur und Kunst" (1802) einer glücklichen Verschmelzung beider das Wort und äußert, vergeblich würden ungebundene Geister nach der Vollendung reiner Höhe streben; das Gesetz nur könne Freiheit geben. Hatte die Rede des Jünglings gleich dem Bache im „Gesang der Geister über den Wassern" einen bewegten, unruhigen Lauf über Klippen gehabt, so floß der Stil des Mannes ruhig dahin gleich dem durch die Ebene über Wiesen

gleitenden Flusse. Weder kurz abgerissene Sätze noch lang ge-
zogene Perioden bieten uns Iphigenie und Tasso. Die Sprache
bewegt sich vorwiegend in Hauptsätzen, ab und zu ist ein Neben-
umstand relativisch angeschlossen, seltener ein Temporalsatz oder
ein anderer Nebensatz angefügt. Vergleiche und Metaphern erhöhen die Anschaulichkeit der Rede. Neue Wortbildungen werden
selten gewagt, neue Konstruktionen noch weniger. Gelassen ist
einer der Lieblingsausdrücke des Dichters in jener Zeit, gelassen,
ruhig und mild ist auch sein Stil in dieser Periode. Verstand
und Gemüt, Klarheit und Wärme, Würde und Volkstümlichkeit
haben sich hier vermählt und zu einem abgerundeten, harmonischen
Ganzen vereinigt.

In Italien war dem Dichter auch der Stern Homers, der
ihm schon lange bekannt war, in hellerem Glanze aufgegangen,
am Gestade des Mittelmeers in Sizilien faßte er sogar den
Plan, eine Nausikaa zu schreiben; und wenn später Alexis und
Dora, Euphrosyne, die römischen Elegien, die venetianischen
Epigramme, die Goethe unter dem Titel „antiker Form sich
nähernd" zusammengefaßt hat, vor allem aber die Achilleis sowie
Hermann und Dorothea in griechischem Versmaß erscheinen, so
ist dies mit auf die Anregungen dieser Zeit zurückzuführen. Aus
der Bekanntschaft mit der Ilias und Odyssee[1] erklären sich die
nicht seltenen Einmischungen hellenischen Sprachge-
brauches, die wir z. B. an dem letztgenannten idyllischen Epos
deutlich verfolgen können. Homerisch ist die Apostrophe, d. h.
die Anrede einer Person wie des Pfarrers oder Apothekers, wo
eigentlich die dritte Person verwendet werden sollte, (VI, 298.
302. VII, 103, z. B. „Doch du lächeltest drauf, verständiger
Pfarrer, und sagtest"); Homerischen Einfluß zeigen namentlich
Wortstellung und Wortgebrauch. Die Nachsetzung des adjek-
tivischen Attributs, die wir schon in ahd. und mhd. Zeit finden,
wird der nhd. Dichtersprache unter griechischer Einwirkung dauernd
gesichert. Daher heißt es so häufig: „Die Not der Menschen,

---

[1] Vgl. Künstlers Morgenlied: „Ich trete vor den Altar hin und
lese, wie sich's ziemt, Andacht liturg'scher Lektion im heiligen Homer."

der umgetriebenen", „aus jenem Hause, dem grünen", „den
Sohn, den willig folgenden", „des Jünglings, des guten", „das
Fest, das lange erwünschte" u. a. oder mit Trennung vom Hauptworte: „Hatte den Birnbaum im Auge, den großen", „seht nur
das Haus an da drüben, das neue", „den Willen des Sohnes,
den heftigen", „wenn er das Mädchen sieht, das einzig geliebte".
Freiere Stellung des attributiven Genetivs und der Apposi-
tion finden wir in Sätzen wie: Und auf das Mäuerchen setzten
beide sich nieder des Quells, war Gedräng und Getümmel noch
groß der Wandrer und Wagen, der mir des Vaters Art geschildert, des trefflichen Bürgers.   Den Teilungsgenetiv, der
bei Homer so oft vorkommt, verwendet Goethe z. B. II. 67:
„Sorgsam brachte die Mutter des klaren, herrlichen Weines",
den der Art und Weise II, 66: „Voll Sachen keines Gebrauches".
Griechischen Sprachgebrauch atmen auch Ausdrücke wie II, 83:
„Dem ist kein Herz im ehernen Busen" oder II, 70: „Denn
Zwiespalt war mir im Herzen".   Dabei ist deutlich zu beobachten,
daß sich der Dichter immer mehr in den griechischen Wortgebrauch hineinlebt, ihn immer häufiger anwendet, je mehr er
sich damit beschäftigt.   Manches, was in Hermann und Dorothea
noch selten vorkommt, tritt uns stärker in Pandora und Helena
entgegen.   So bietet jene Dichtung von Zusammensetzungen
eines Substantivs mit einem Partizip trotz der Menge solcher
Bildungen, die sich bereits bei Voß finden, nur gewitter-
drohend und gartenumgeben; in der Achilleis treffen wir
etwas mehr an, z. B. männertötende Schlacht, stein-
bewegender Hebel, erdverwüstender Drache, erdgeborene
Menschen, in der Pandora und der Helena ziemlich viele wie
schrittbefördernd, armausbreitend, händereichend, werk-
aufregend, schwarmgedrängt, taktbewegt, fruchtbegabt,
kriegerzeugt, marktverkauft, erdgebeugt, goldgehörnt,
hochgetürmt.

Ganz in griechische Farben getaucht ist auch der Stil der
Iphigenie.   Schon Wieland urteilt darüber im Deutschen
Merkur (1787): „Sie scheint bis zur Täuschung selbst eines
mit den griechischen Dichtern wohlbekannten Lesers ein alt-

griechisches Werk zu sein. Der Zauber dieser Täuschung liegt
teils in der Vorstellungsart der Personen und dem genau
beobachteten Kostüme, teils und vornehmlich in der Sprache.
Der Verfasser scheint sich aus dem Griechischen eine Art Ideal
gebildet und nach selbigem gearbeitet zu haben". Und in der
Tat ist die Zahl der Epitheta, Metaphern u. a. Spracherscheinungen,
die hellenischen Geist atmen, in diesem Drama nicht gering. Da
hören wir von dem göttergleichen Agamemnon und dem vielgewandten Odysseus, von der hohen Stadt Troja und den
sanften Pfeilen des Gottes, von Netzen des Verderbens und
dem unwirtbaren Todesufer; da erscheinen eherne Hände,
ein ehernes Geschick und eherne Füße der Furien, ferner Ajax
Telamons (Sohn) und der umgetriebene Sohn der Erde;
da heißt es: „So lang des Vaters Kraft vor Troja stritt"
und: „Du nährest ein verwünschtes Haupt". Kurzum in jedem
Auftritt begegnen wir den Spuren Homers und anderer griechischer
Dichter.[1]) Denn „Homeride zu sein, auch nur als letzter, ist
schön" (Elegie Hermann und Dorothea V. 30).[2])

69. Eine neue Schreibart, der Altersstil, tritt uns bei
Goethe etwa seit 1815 entgegen. Die erhöhte Reflexion des
Greises zeigt sich in der Neigung zum Didaktischen, das gesteigerte Naturgefühl in der Vorliebe für das Symbolische. Auch
die Wandelungen in Wissenschaft, Kunst und Politik bleiben nicht
ohne Einfluß. Der westöstliche Divan, die Xenien, des Epimenides

---

[1]) In anderen Dichtungen Goethes ist die Rede von dem hohlen
Schiffe, der unermüdeten Sonne, dem allleuchtenden Tage, den
fliegenden Worten, der städteverwüstenden Helena u. s. w.

[2]) Die Wertschätzung des Griechentums war in der zweiten Hälfte
des 18. Jahrhunderts ziemlich groß. Die Studenten sprachen von
Spreeathen, Saalathen u. a. „Musensitzen", und die Dichter ließen sich
von den Musen begeistern. Klopstock, „der Lehrling der Griechen",
führte in seinen Oden den ganzen Olymp mit seinen Göttern vor, selbst
Herder versprach sich von der Eröffnung des griechischen Tempels der
Dichtkunst und Weisheit eine Umbildung des Geschmackes in Deutschland, sodaß Schönaich schon 1754 schreiben konnte: Geht das weiter so
fort, so griechenzen wir ärger als die griechenzendsten Griechen ge-
griechenzt haben.

Erwachen, der zweite Teil des Faust und vieles andere gibt uns
davon deutlich Kunde. Das Streben nach Kürze ist an dem
häufigen Wegfall des Artikels zu erkennen. Hatte Goethe nach
Klopstocks und Vossens Vorgange schon vorher zuweilen auf diesen
verzichtet, so geschah es jetzt oftmals, z. B.: „Hell ist Nacht, und
Glieder sind geschmeidig, wer beschwichtigt beklommenes Herz?"
In den 267 Versen der letzten Szene vom zweiten Teile des
Faust fehlt er 36 mal an Stellen, wo wir ihn nach dem gewöhnlichen Sprachgebrauch erwarten, in einem 40 Zeilen um-
fassenden Gedichte des Divans vermissen wir ihn 10 mal. Härter
ist der Ausfall von Zeitwörtern, z. B. was geschehen? was
verschuldet? das hört' ich oft und (hatte es doch) falsch gehofft,
oder von Konjunktionen, so wenn eine von zwei einander entsprechenden unterdrückt wird, z. B.: „Das Reich (bald) von eignem,
bald von fremdem Blute rot". Noch härter erscheinen Ellipsen
wie: „Doch bin ich, hoffe euch zu erretten" = Doch bin ich zu
erretten, so hoffe ich auch euch zu erretten. Der Vorliebe für
gedrängte, kurze Ausdrucksweise entspringt auch die Neigung,
Begriffe prädikatlos hinzuwerfen, sodaß es den Anschein gewinnt,
als ob der von der Menge der Ideen überwältigte Dichter darauf
bedacht sei, sie rasch los zu werden, z. B. „Worte die wahren,
Äther im Klaren, ewigen Scharen überall Tag" oder: „ewiger
Wonnebrand, glühendes Liebeband, siedender Schmerz der Brust,
schäumende Gottesluft". Stark ausgeprägt ist ferner im Altersstil das Bestreben, von zwei einander beigeordneten Adjektiven
das erste flexionslos zu lassen, so daß es das Aussehen eines
Adverbs erhält, z. B. in der Helena: ängstlich labyrinthisch,
göttlich heldenhaft, langsam ernst, flüchtig leise, streubig
hoch, holdmildest, jungholdest. Größere Härten bei der
Unterdrückung eines Kompositionsgliedes zeigen Gebilde wie sitt-
und tugendreich, Geist- und Körperkraft, Frühlingsblüt-
und Blumen, ost- und westlicher Schiffer. Absonderliches
in der Zusammensetzung finden wir bei Wörtern wie Ameis-
wimmelhaufen (= wimmelnder Ameisenhaufen), Pappel-
zitterzweig (= zitternder Pappelzweig), Flügelflatterschlag
(= flatternder Flügelschlag).

Gleichfalls auf bewußtem Ringen nach Prägnanz und Kürze beruht die Sucht, bloße Kasus zu setzen, wo die jetzige Sprache den Gebrauch der Präpositionen fordert. So findet sich namentlich der Dativ oft, z. B. umworben standest du (von) ausgesuchter Heldenschar, (vor) seinen Blicken, seinem Winken möcht ich in die Knie sinken, so bedarf es deinen Wegen (= für deine Wege) weiter keinen Reisesegen, führe die Schönen an (zu) künstlichem Reihen; aber auch der qualitative Genetiv, z. B. schweigsames Fittichs (= mit schweigsamen Fittich) fliegen, sie haben großen Sinns und geistiger Macht das vollbracht, säuseln heimlich (in) nächster Nähe, der Mond geht hell und heller (auf) reiner Bahn in voller Pracht u. s. w.[1]

Aus dem Triebe, recht anschaulich und deutlich zu sprechen, läßt sich die starke Vermehrung der Attribute erklären. In der Helena von 1800 sagt Goethe noch „die Gebräuche zu vollziehen", 1826 „vollziehend heiligen Festgebrauch", dort „die bemoost gestanden", hier „die bemoost und feucht gestanden", dort „die bürren Äste brennen, glühn und stürzen ein", hier „Äste dürr, die flackernd brennen, glühen schnell und stürzen ein". Auf Verstärkung und nachdrucksvolle Hervorhebung ist der Dichter auch dann bedacht, wenn er, wie so oft im zweiten Teile des Faust, Elative statt der Positive verwendet, z. B.: „So viel Erschrecklichstes im engsten Raume"; „du bleibst zu Hause, Wichtigstes zu tun"; „nun wird sich gleich ein Gräulichstes ereignen". Demselben Zwecke dient das oft gebrauchte Hendiadyoin, z. B.: „Und mir leuchtet Glück und Stern" (= der Glücksstern), „in Laub und Gängen" (= in Laubgängen), „Wall und Schutz" (= Schutzwall), „Bahn und Fahrt" (= Fahrbahn), „Zweig und Weiden" (= Weidenzweige), desgleichen die Wiederholung des attributiven Adjektivs, wodurch der Empfindungs- und Stimmungswert beträchtlich gehoben wird, z. B.: „Er findet golden goldne Rollen" oder: „Es wird, die Masse regt sich klarer, die Überzeugung wahrer, wahrer" (= immer wahrer). Auf Heraushebung sind ferner die im Altersstil sehr beliebten Kom-

---

[1] Vgl. auch verschwenderisch eigenen Blutes = mit eigenem Blute.

posita mit hoch berechnet, wie Hochbesitz, Hochpalast, Hochgeschenk, Hochgedanke.[1])

So haben wir an der Hand von Goethes Sprachgebrauch einen Zeitraum von mehreren Menschenaltern durchmessen und gesehen, wie der jugendliche Dichter die deutsche Poesie „aus welschen Taxushecken zum freien Dichterwalde führt", wie er dann in seiner klassischen Zeit „mit der Zauberkraft des Schönen, die alle Herzen bannt und zwingt, im Sang läßt goldne Weisen tönen, daß Erd und Himmel wiederklingt", wie aber sein Stil im Alter etwas verknöchert und bei dem Streben nach Kürze und Anschaulichkeit oft nach Ungewöhnlichem fahndet.

> Von Schillers Sprache gilt, was er selbst von Coligny sagt: „er sprach rein, edel, stark und originell", und man kann noch hinzusetzen bestimmt, klar, bilderreich.   Hoffmeister.

19. Schillers Sprache.

70. „Die Schillersche Diktion ist aus einem Zusammenwirken des intellektuellen, ästhetischen und rhetorischen Elements gebildet und findet in dieser Vereinigung eben ihre Totalität. Ein wissenschaftliches Denken, ein poetisches Schaffen und ein Trieb, auf den Leser auch sittlich zu wirken, sind, nur in verschiedener Weise, die organisierenden Kräfte sowohl seiner Prosa als seiner Poesie".[2]) Nicht vom eignen Erlebnis geht er aus

---

[1]) Auch sonst fehlt es nicht an Eigentümlichkeiten dieser Periode, von denen ich hier nur noch die Neigung zum Gebrauch des substantivierten Infinitivs hervorheben möchte, der an manchen Stellen geradezu gehäuft wird (z. B. das Verlangen, Bangen, euer Wanken, Weben, euer Hasten, euer Streben), sowie die zur Auflösung von Kompositis (z. B. voller Mondenschein = Vollmondschein, der Beine Schienen = die Beinschienen, das seeisch heitere Fest = das heitere Seefest, luftfeine Dirnen = feine Luftdirnen).

[2]) Vgl. K. Hoffmeister, Schillers Leben Geistesentwickelung und Werke. Stuttgart 1839. III S. 107.

wie Goethe, sondern von der Idee wie Lessing. Für ihn, der
sich scheut, seine persönlichen Verhältnisse in die Poesie zu
mischen, liegt nach eigenem Geständnis „der große Stil nur in
Wegwerfung des Zufälligen und in dem reinen Ausdruck des
Notwendigen". Daher sucht er seine Darstellung zu beleben
durch die Kunstmittel des Redners und anschaulich zu machen
durch die Schmuckmittel des Dichters. Rhetorischer Aufputz
soll den Ohren schmeicheln, Bildlichkeit den Augen. Jener
macht sich am meisten in den Jugendschöpfungen breit und wird
in den klassischen Werken von seinem Genius mehr und mehr
abgestreift. Doch zeigt Schiller für manche rednerische Formen
zeitlebens große Vorliebe, z. B. tritt der vorangestellte
Genetiv bei ihm so häufig auf, daß man ihn als charakteristisches
Merkmal seines Stils bezeichnen kann,[1]) vor allem aber liebt
er die Antithese, wie man schon aus den Überschriften verschiedener Gedichte erkennen kann (z. B. Breite und Tiefe, Zenith
und Nadir, Ideal und Leben, Erwartung und Erfüllung, die
zwei Tugendwege).[2]) „Wo es nur möglich ist, hebt er je zwei
fruchtbare Begriffe hervor, die er in jeglicher Weise miteinander
vergleicht und einander entgegensetzt". Daß er aber auch das
Bedürfnis hat, sich plastisch und anschaulich auszudrücken, davon
zeugen die vielen Gleichnisse, mag er sie nun aus der antiken
Mythologie nehmen oder aus dem Leben der Natur. Wenn er
uns z. B. die Erhebung des Menschen von der Sinnenwelt zum
Ideal recht anschaulich machen will, wie am Schluß des Gedichtes „Das Ideal und das Leben", so tut er dies unter dem
Bilde des sterbenden Herkules, in dem sich „der Gott, des Irdischen
entkleidet, flammend von dem Menschen scheidet". Ebenso vergleicht er den Gesang mit einem Bergstrome, der mit Donners
Ungestüm aus nie entdeckten Quellen hervorbricht, und das
Schwinden von Mißgunst, Haß und Neid mit dem Fliehen der
nachtgewohnten Brut des Eulenvolkes, das bei einer Feuersbrunst

---

[1]) Vgl. auf seines Daches Zinnen, auf Corinthus' Landesenge,
in Abendrots Strahlen, an Ufers Grün, Feuers Wut, Himmels
Glanz u. a.

[2]) Auch Gedichte wie das Siegesfest sind voller Gegensätze.

aus der alten Lagerstätte flüchtet.[1]) Von den Dramen ist vor allem die Braut von Messina reich geschmückt mit Tropen aller Art, auch mit herrlichen Beiwörtern, die dazu angetan sind, die Anschaulichkeit zu fördern. Wir brauchen dabei nicht bloß an die schönen Chorlieder zu denken, die an Erhabenheit der Sprache alles hinter sich lassen, z. B. an die Worte Berengars (I, 8): „Oder wollen wir uns der blauen Göttin, der ewig bewegten, vertrauen, die uns mit freundlicher Spiegelhelle ladet in ihren unendlichen Schoß? Bauen wir auf der tanzenden Welle uns ein lustig schwimmendes Schloß? Wer das grüne, kristallene Feld pflügt mit des Schiffes eilendem Kiele, der vermählt sich das Glück"; nein, auch aus anderen Teilen des Dramas lassen sich zahlreiche Belege dafür beibringen, z. B. aus I, 1 wo Schiller von dem tapfern Helden- paare glorreicher Söhne spricht, die in freudiger Kraft auf- gewachsen sind, und von dem Vater, der mit strengem Macht- gebot den rohen Ausbruch ihres wilden Triebes hemmt, und von Isabella, die aus den verschwiegenen Gemächern ihres Frauensaals an das entwohnte Licht hervortritt, anstatt die schwarzumflorte Nachtgestalt dem Auge der Welt in stillen Klostermauern zu verbergen. Durch solche Beiwörter hat der Dichter die Schönheit der Diktion entschieden gehoben, auf ihnen beruht nicht zum wenigsten das Urteil Bulthaupts über die Sprache dieses Dramas: „Die Braut von Messina redet Worte so voll von Wohllaut, Macht und Fülle, so schmeichelnd und berauschend, so bewegend und zermalmend, daß wir nicht müde werden, ihr zuzuhören und uns zu fragen, ob dies wirklich noch die deutsche Sprache, unsere Sprache ist, die Goethe einmal im Unmut den schlechtesten Stoff für den unglücklichen Dichter ge- nannt hat".[2])

71. Fragen wir nun, von welchen Seiten Schillers Stil

---

[1]) Zuweilen wie in der „Macht des Gesanges" führt er uns eine Reihe von Gleichnissen nach einander vor, um uns in verschiedener Weise eine klare Vorstellung von seiner Idee zu geben.

[2]) Vgl. H. Bulthaupt, Dramaturgie der Klassiker. 2. Aufl. Oldenburg 1883. S. 300.

hauptsächlich beeinflußt worden ist, so müssen hier (außer Shakespeare, Offian u. a.) vor allem Klopstock, die Lutherſche
Bibel, Homer und die franzöſiſche Literatur verzeichnet
werden. Die Einwirkung der beiden erſtgenannten machte ſich
mehr in den Jugendſchöpfungen, der Homers beſonders ſeit 1788
geltend, franzöſiſche Anregungen ſind zu aller Zeit wahrnehmbar.

Als Schüler des Meſſiasſängers und der Schweizer gibt
ſich der Dichter namentlich auf dem Gebiete der Wortfügung
und Wortbildung zu erkennen. Zunächſt iſt der Akkuſativ des
innern Objekts zu beachten, den wir bei Klopstock oft neben
Verben des Tönens finden (rauſchen, weinen, ſingen, jauchzen,
donnern), aber auch ſonſt beobachten (z. B. bei blicken, ſchauen,
duften, atmen), wenn der Inhalt einer Handlung oder der
Erfolg einer Tätigkeit ausgedrückt werden ſoll. So ſchreibt
Schiller unter anderem: Dein Auge iſt's, wenn es mir Liebe
blickt, Seelen träumt' ich in die Felſenſteine u. ſ. w. Ebenſo
verhält es ſich mit der etymologiſchen Figur, die zwar urdeutſch
iſt, aber beſonders von Klopstock und ſeinen Freunden wieder
hervorgeſucht wird; bei Schiller begegnen wir Wendungen wie:
Lebe, wer's kann ein Leben der Zerknirſchung, Sie ſpielen ein
gewagtes Spiel, er ſchläft den ewigen Schlaf, nein, länger werd'
ich dieſen Kampf nicht kämpfen, den Rieſenkampf der Pflicht.
Gleichfalls auf Klopstocks Vorgange[1]) beruht es, wenn unſer
Dichter den alten qualitativen Genetiv wieder in ausgedehnterem
Maße verwendet, z. B. Sterne gehen tauſendjährigen Gangs
durch das Firmament, zu Ritter Delorges ſpottender Weis wendet
ſich Fräulein Kunigund, ich kam, dir volles Herzens zu danken,
die Reuß ſtürzt wildes Laufes von den Bergen. Eine weitere
Eigentümlichkeit der Sprache des Meſſias iſt der Gebrauch von
Partizipien der Gegenwart, bei denen das rückbezügliche Fürwort
„ſich" unterbrückt iſt; dies ahmt Schiller öfter nach, z. B. in

---

[1]) Im Züricher See hatte dieſer 1750 geſchrieben „in vollem
Maße", 1771 änderte er „vollen Maßes", in der Meſſiade I, 183 ſtand
urſprünglich „Geſpräche von hohem, tiefſinnigem Inhalt", dafür wird
1780 eingeſetzt „Geſpräche ſchickſalsenthüllenden Inhalts".

den Ausbrücken der schlängelnde Pfad, die türmende Stadt und das wundernde Ohr.

Im Bereiche der Wortbildung sind zuerst die zusammengesetzten Substantiva zu nennen. Wie Klopstock für schattige Wälder Schattenwälder sagt und auch sonst große Neigung zu solchen Kompositis hat (vgl. Siegesgewand, Jünglingsträne, Sternkristall), so schwelgt der jugendliche Schiller geradezu in Bildungen wie Morgentor, Spiegelmeer, Schauerflor, Wollustflamme, Schlangenwirbel, Glutverlangen, Götterfunken, Silberquelle, Adlergang,[1]) zu denen sich breifach zusammengesetzte gesellen nach Art von Schauernachtgeflüster, Himmelsmaienglanz, Lebenslampenschimmer, Körperweltgewühl, lauter Ausdrücke, die Kraft und Fülle, Kürze und Prägnanz in sich vereinigen. Auf die nämliche Quelle scheinen Zusammenrückungen zweier Adjektiva zurückzugehen, von denen das erste ohne Biegungsendung bleibt. Wie Klopstock sagt ernstfreudig, innigfreudig, freudiggeschäftig, so Schiller, z. B. in der Braut von Messina, ein seltsamwunderbarer Traum, die unabtragbarungeheure Schuld, mit stolzunfreundlichem Gemüte, der unregiersamstärkern Götterhand u. s. w. Hierher gehören ferner neue Verba, die mit den Vorsilben er- und ent- gebildet sind, wie erweinen (Melancholie an Laura), entmenschen (Gang nach dem Eisenhammer; auch bei Klopstock), entgöttern (Götter Griechenlands), entleiben (Semele).

Aber der Einfluß des „seraphischen" Dichters geht noch weiter. Hat doch Schiller ganze Oden in seiner Manier geschaffen wie den „Eroberer", worin die Ausdrücke Jehovah, jugendliches Eden, Donnerposaunen Gottes deutlich an das Vorbild erinnern, und Hymnen wie „an den Unendlichen", worin er unter anderem sagt: „Ungeheure Natur! Du, der Unendlichkeit Riesentochter! Sei mir Spiegel Jehovahs! Brüllend spricht der Orkan Zebaoths Namen aus."

72. Mitunter kann man in Zweifel sein, ob ein Ausdruck aus Klopstocks Werken oder aus der Bibel stammt. Denn auch

---

[1]) Vgl. auch Adlergedanke, Nebelferne, Flammentrieb, Flammenschmerz, Purpurflamme, Feuerkelch, Sonnenhügel, Tränenwelle, Strahlenblick, Nebelschein u. a.

diese hat reichen Anteil an der Ausbildung von Schillers Stil
gehabt. Wenn sich in den Werken der Jugendzeit besonders häufig
die Wörter Hölle, Himmel, Teufel u. a. mit ihren Zusammensetzungen (Höllendrache, Höllenrachen, Höllenpfuhl u. a.) finden,
so kann man dabei wohl an beide Quellen denken. Dagegen
weisen unmittelbar auf biblische Einwirkungen Stellen folgender
Art hin: „Was kein Verstand der Verständigen sieht, das übet in
Einfalt ein kindlich Gemüt" (vgl. 1. Korinther 1, 19: „Ich will
zu nichte machen die Weisheit der Weisen und den Verstand der,
Verständigen will ich verwerfen" und Matth. 11, 25), ferner die
in Wallensteins Lager 11 aufgeworfene Frage: „Wes ist das
Bild und Gepräg?" (vgl. Matth. 22, 20). Vor allen Dingen
begegnen uns viel biblische Anklänge in den Räubern und in
der Jungfrau von Orleans. So sagt der alte Moor V, 2 wie
der verlorne Sohn: „Ich habe gesündigt im Himmel und vor
dir. Ich bin nicht wert, daß du mich Vater nennst". In
demselben Stücke ist die Rede von Heulen und Zähneklappen
(V, 2 = Matth. 8, 12) und von der Schale des Zornes Gottes[1])
(V, 1 = Offenb. 16, 1); da heißt es: Bis deine Haare wachsen
wie Adlerfedern und deine Nägel wie Vogelklauen werden (I, 2
= Daniel 4, 30), das ist Gottes Finger (V, 2 = Mos. 8, 19),
leer kam ich hierher, leer ziehe ich wieder hin (V, 1 = Ruth 1,
21, Hiob 1, 21). In der Jungfrau aber lesen wir Stellen
wie: in der Wüste trat der Satansengel selbst zum Herrn des
Himmels (Prolog 2 = Matth. 4, 3) oder: möge Gott sie einst
wie jene stolze Jsabel verderben (Prolog 3 = 2. Kön. 9, 30).
Die Jungfrau ist wie Jsais Sohn zur Streiterin ausersehen
von dem, der einst zu Mosen auf des Horebs Höhen im feurigen
Busch sich flammend niederließ, der ihm befahl, vor Pharao zu
stehen (Prolog 4 = 2. Mos. 3, 2) und zu ihr sagte: du sollst
auf Erden für mich zeugen (Prolog 4 = Apostelg. 1, 8). Die
löwenherzige Jungfrau, die den Tigerwolf bezwungen hat, erinnert
an 1. Sam. 17, 34 ff. (= Prolog 3), das Bild der Sichel, mit
der sie die stolzen Saaten niedermähen wird, an Joel 3, 18

---

[1]) Dasselbe Bild findet sich in der Jungfrau von Orleans I, 10.

und Offenb. 14, 15, der Vergleich des Kriegsheeres mit der Heuschreckwolke an 1. Richter 6, 5 und Judith 2, 11 (= Prolog 3). Die Erzählung von Salomos weisem Urteil kam dem Dichter ins Gedächtnis, als er schrieb: Soll ich gleich jener unnatürlichen Mutter mein Kind zerteilen lassen mit dem Schwerte? (I, 5 = 1. König 3, 16), der Lobgesang der Maria bei den Worten: Selig preisen sollen dich die spätesten Geschlechter (III, 4 = Luk. 1. 48). An Matth. 10, 29 klingt an V, 4: Ohne Götter fällt kein Haar vom Haupt des Menschen, an Mark. 5, 2: Als ob die Hölle ihre Legionen verdammter Geister ausgespieen (II, 5). Bilder wie das von der Schlange des Paradieses als Urbildes der Verführung und Falschheit (1. Mos. 3, 15) kehren mehrfach wieder, z. B. Räuber V, 2, Maria Stuart IV, 10 und Wallensteins Tod IV, 7.

Auch altertümliche Wörter und Wortformen in Schillers Sprache entstammen vielfach der Lutherschen Bibel. Denn er kannte das Buch der Bücher ziemlich genau. Ich erinnere an risch wie der Wind (Räuber II, 3 = 1. Samuelis 20, 38) und an die strampfenden Rosse (Fiesko III, 2 = Hiob 39, 21) oder an Verbalformen wie fleußt (= fließt, Elegie auf den Tod eines Jünglings), verzeuch, gebeut, fleucht (alle drei in der Semele), was da fleucht und kreucht (Tell III, 1 = 1. Mos. 1, 26. 28), an die drei Geschlechter des Zahlwortes zween, zwo, zwei (z. B. zween Knaben, Don Karlos I, 2, zwo Flammen, Räuber III, 1),[1] ferner an alte Genetive und Dative auf -en von weiblichen Hauptwörtern, z. B. festgemauert in der Erden (Glocke), weil das Glück aus seiner Tonnen die Geschicke blind verstreut (Siegesfest), auf der Londoner Straßen (Maria Stuart). Endlich hat der Dichter nicht selten den im Hebräischen so beliebten Parallelismus der Satzglieder nachgeahmt, z. B. Räuber IV, 3: „Finsternis verlösche sie auf ewig, und der

---

[1] Diese Unterscheidung ist in manchen Gegenden noch jetzt mundartlich erhalten; hätte sie Schiller aus dem Dialekte seiner Heimat geschöpft, so würde er sie überall richtig angewendet haben. Doch er sagt Kabale und Liebe I, 4 zwoer Herzen (statt zweier) und Gang nach dem Eisenhammer zwoen Knechten (statt zween).

Tod rühre sie nicht auf" oder IV, 5: „Höre mich, der da droben
über dem Monde waltet und rächt und verdammt über den
Sternen". Ganz nach Art der Bibel aber ist folgende Stelle
im Prolog der Jungfrau von Orleans (3) angelegt: „Der den
heiligen Pflug beschützt und fruchtbar macht die Erde, der dem
Schwachen beisteht und den Bösen schreckt, der ein Mensch ist
und ein Engel der Erbarmung; es zittert der Schuldige, ver-
trauend naht sich der Gerechte und scherzet mit den Löwen um
den Thron" (1. Kön. 10, 20).

73. Ebenso stark wie der biblische Einfluß war bei Schiller
der des Hellenentums. Namentlich gegen das Ende der 80er
Jahre fühlte er das Verlangen, sich tiefer in die Schöpfungen
griechischer Dichter zu versenken.[1]) Fr. L. v. Stolbergs Übersetzung von vier Stücken des Äschylus machte einen so mächtigen
Eindruck auf ihn, daß er erklärte, seit vielen Jahren habe ihn
nichts mit solchem Respekt durchdrungen, vor allem aber sagten
ihm die Werke des Homer, Euripides und Plutarch zu. 1788
schrieb er an Körner: „Ich lese jetzt fast nichts als Homer.
Die Alten geben mir wahre Genüsse. Zugleich bedarf ich ihrer
im höchsten Grade, um meinen eigenen Geschmack zu reinigen.
In den nächsten zwei Jahren, habe ich mir vorgenommen, lese
ich keine modernen Schriftsteller mehr". Er trieb seine Homer-
studien gemeinsam mit den beiden Schwestern von Lengefeld in
Rudolstadt, die sich so sehr dafür erwärmten, daß die ältere (die
spätere Frau von Wolzogen) in ihrer Schillerbiographie ausspricht, es sei ihnen gewesen, als riesele eine neue Lebensquelle
um sie her. Kein Wunder, daß der Dichter unter dem Eindrucke
dieser Lektüre an die jüngere (seine spätere Frau Charlotte)
schreiben konnte: „Wie haben Sie denn heute Nacht in Ihrem
zierlichen Bette geschlafen? Und hat der süße Schlaf Ihre holden
Augenlider besucht? Sagen Sie es mir in ein paar geflügelten
Worten; aber ich bitte, daß Sie mir Wahrheit verkündigen".
Man kann hier, wie auch mehrfach in seinen Dichtungen,[2]) den

---

[1]) Den Gegensatz dazu bildet Klopstock, der später in seinen Oden
die griechischen Gottheiten durch germanische ersetzt hat.

[2]) Vgl. die Stelle der Jungfrau von Orleans: Wer bist du? Welch
glücklich Land gebar dich? Wer sind die gottgeliebten Eltern? (I, 10).

Wortlaut der Vossischen Homerübersetzung erkennen. Denn da
Schiller nicht im stande war, griechische Texte im Original zu lesen,
so sah er sich genötigt, zu Übertragungen seine Zuflucht zu nehmen.[1])
War es bei Homer die „edle Simplicität", die ihn anzog,
weil er hoffte, durch sie seinen „von der Schönheit abgeirrten
und verkünstelteten Geschmack" zu läutern, so fesselte ihn an
Euripides die klare, an Gegensätzen (Antithesen) und anderem
rhetorischen Beiwerk reiche Sprache. In erster Linie aber fühlte
er sich von dem stofflichen Gehalte der griechischen Literatur hin-
gerissen,[2]) sodaß er 1788 den Hymnus auf „die Götter Griechenlands" anstimmte, worin er die Zeit zurückwünscht, „da diese
noch die schöne Welt regierten an der Freude leichtem Gängel-
band", und noch 1803 die Heldentaten des trojanischen Krieges
einem Gesellschaftsliede, dem Siegesfest, zu Grunde legte. Daher
kommt es, daß er so oft griechische Anschauungen ausspricht.
So preist er durch den Mund des Neoptolemus den Ruhm als
das höchste Gut des Menschen und läßt von Nestor empfehlen,
im Schmerze Maß zu halten. So rückt er kein gräßliches Gerippe vor das Bett des Sterbenden und gönnt den frohen
Schatten ihre Freuden in Elysiums Hainen, redet vom heiteren
Dienst der Götter, ja sogar von der heitern Mitte des Staats-
rats der Elisabeth unter Hindeutung auf die heitere Klarheit der im Palaste des Zeus versammelten hehren Götter
Griechenlands.

In gleicher Weise dient ihm die griechische Mythologie
dazu, den Ausdruck sinnlich zu beleben. Den Gedanken, daß

---

[1]) Im November 1789 schrieb er an seine Braut: „Prof. Naß,
bei dem ich das Griechische lernte oder vielmehr lernen sollte." Humboldt
sagt darüber in der Charakteristik Schillers: „Er eignete sich den Geist
der griechischen Dichtung an, ohne sie je anders als aus Übersetzungen
zu kennen. Er scheute dabei keine Mühe; er zog die Übersetzungen vor,
die darauf Verzicht leisteten, für sich zu gelten; am liebsten waren ihm
die wörtlichen lateinischen Paraphrasen." Vgl. auch Nerrlich, Das
Dogma vom klassischen Altertum S. 212 und 261.

[2]) „Es macht viel Vergnügen, den Menschen sich ewig gleich zu
finden, dieselben Leidenschaften, dieselben Kollisionen der Leidenschaften,
dieselbe Sprache der Leidenschaften."

wir nur durch das Erhabene über die Sinnenwelt erhoben
werden, in der uns das verführerische Schöne immer festhalten
möchte, veranschaulicht er uns durch den Hinweis auf Odysseus,
der von Kalypsos Reizen gefesselt, aber durch das Erscheinen seines
Mentors Hermes an seine bessere Bestimmung erinnert wird,
und die Abhandlung über Anmut und Würde eröffnet er mit
der Entwickelung des Begriffes Anmut aus einem griechischen
Mythus. So muß ihm die hellenische Götterwelt oft auch das
bildliche Element in seinen Gedichten liefern, z. B. den schönen
Vergleich in der 4. Strophe der vier Weltalter: „Und wie der
erfindsame Sohn des Zeus auf des Schildes einfachem Runde
die Erde, das Meer und den Sternenkreis gebildet mit göttlicher
Kunde, so drückt er ein Bild des unendlichen All in des Augenblicks flüchtig verrauschenden Schall". Den Gedanken aber, daß
alle gute Gabe von oben herabkomme, kleidet der Dichter öfter
in die Form, daß er den ganzen Olymp erscheinen läßt, um den
Menschen die Errungenschaften der Kultur zu bringen, z. B. im
Eleusischen Fest und im Spaziergange.

Auch sonst läßt Schillers poetische Sprache nicht wenige
Anklänge an die griechische Götterlehre erkennen. So führt er
in der mit hellenischen Anschauungen durchtränkten Braut von
Messina den Eid als der Erinnyen Sohn ein, spricht von der
blühenden Hebe, von Themis' Töchtern, Perseus' Turm und dem
stygischen Boot, so erwähnt er auch in der Maria Stuart das
Schwert der Themis (I, 7), die Ate des Kriegs (II, 3), den
Argusblick der Eifersucht (II, 8) und die Hochzeitsfackel Hymens
(II, 2).[1]) Welche Rolle aber in seinen Jugendgedichten griechische
Ausdrücke wie Elysium, Tartarus, Styx, Lethe, Cocyt u. a.
spielen, weiß jedermann. Unwillkürlich wird man dabei an ein
Schreiben Brentanos vom 18. März 1806 erinnert, wo es heißt:

---

[1]) Vgl. auch: der Anmut Götter und der Jugendlust (= Charitinnen oder Grazien) II, 6, die Schlangenhaare schüttelnd umstehen
mich die finstern Höllengeister III, 3, da seid ihr der allmächt'ge Mann,
der Atlas des Staats IV, 3, was hängt Ihr Euch gleich einem bösen
Geist an meine Fersen? IV, 4; ein Strahl des Donners, der geflügelt
trifft IV, 11, Basilislenblick III, 4 wie im Kampf mit dem Drachen.

„Ich lese in diesem Augenblicke den Briefwechsel zwischen Heinse, Gleim und Müller. Wunderbar verwirrend ist mir diese Lektüre; denn es kommen so unzählig oft die Worte Elysium, Grazien, Charitinnen vor, als heutzutage Universum, rein Menschliches, objektiv und subjektiv". Ähnlich verhält es sich mit anderen Ausdrücken. Wenn wir z. B. im Prolog zu Wallenstein die Bezeichnung Mime für Schauspieler[1]) finden, gedenken wir der Worte, die L. Tieck 1826 schrieb: „Vor Zeiten sagte man Akteur, Komödiant, wenn man vom Schauspieler sprach, dann wurde er Darsteller und Künstler genannt, zuletzt Mime". Doch sind die griechischen Fremdwörter in den späteren Dichtungen Schillers weit seltener als in den Jugendschöpfungen, und Gebilde wie Phantom oder Troglodyte finden sich nur ganz vereinzelt.

Dagegen hat er gerade in der Zeit seiner klassischen Vollendung ziemlich häufig griechische Wörter in deutscher Übersetzung verwertet sowohl in den Gedichten wie in den Dramen; namentlich gilt dies von charakteristischen Epithetis Homerischer Helden, aber auch von anderen Ausdrücken. Ganz im Fahrwasser Homers befindet er sich im Siegesfest, wo er von des Kummers finstrer Wolke (nephelē acheos) spricht,[2]) Atreus' Sohn als Fürst der Scharen (anax andrōn) und Odysseus als schlauen, vielgewandten Mann (polytropos) bezeichnet, ferner den Ajax einem Turm in der Schlacht vergleicht (pyrgos Achaiōn), den Neptun um die Länder seinen Wogengürtel schlingen (gaiēochos) und den Zeus die Ägis grausend schwingen läßt (aigiochos); ebenso im „Glück", wo unter anderem vom Vater der Menschen und Götter (patēr andrōn te theōn te) die Rede ist, und im Eleusischen Feste, wo uns Hephäst als Zeus' erfindungsreicher Sohn (polymēchanos) entgegentritt. Und sind nicht Ausdrücke

---

[1]) „Dem Mimen flicht die Nachwelt keine Kränze".

[2]) Vgl. Jl. 17, V. 591. Den metaphorischen Gebrauch des Wortes Wolke in der griechischen Literatur untersucht Burmester in seiner Abhandlung über den Einfluß der Metapher auf die Entwickelung der Sprache. Barmener Programm 1863. Auch Goethe sagt im Tasso III, 2: „Denn eine Wolke stand, schon als er zu uns trat, um seine Stirn."

der Glocke wie „der Fürst der Schatten, die heilige Erde, die
Himmelstochter Ordnung, das bekränzte Jahr, die freie Tochter
der Natur, die Götterstärke des Feuers" ganz in die Farben
des Homerischen Stils getaucht? Wenn endlich in der Jungfrau
von Orleans von einem tränenvollen Kriege gesprochen oder
Salesbury als Mauerzertrümmerer hingestellt wird, so blickt
dort das Homerische polemos dakryoeis, hier teichesiplētēs durch.
Ebenso erkennen wir in den Wendungen „das heilige Meer
zurückmessen (II, 7), den Tag der frohen Heimkehr sehen (II, 7),
die buhlerische Circe (II, 10), der himmelstürmende, hunderthändige
Talbot" (Prolog 3) den Einfluß der Ilias und Odyssee.

Dazu gesellen sich zahlreiche nach hellenischem Vorbilde
frei geformte Adjektiva, die gewöhnlich aus einem Hauptwort und einem Partizip zusammengesetzt sind, z. B. der laub-
umkränzte Becher (Siegesfest), die blutgefüllte Schale, der schilf-
bekränzte Gott (Eleusisches Fest), die giftgeschwollnen Bäuche
(Kraniche des Ibykus), das säulengetragene Dach, die sturm-
bewegten Wogen, die glückbekrönte Wachsamkeit, die nachtgewohnte
Brut der Eulen, das götterbegünstigte Haus, die volksbelebten
Gassen u. a. Aber nicht nur die schmückenden Beiwörter schuf
er nach griechischem Muster, sondern oft auch andere Redeweisen,
die den Ausdruck beleben und der Sprache Schmuck verleihen.
Man denke an Wendungen wie: er hat der Leier zarte Saiten,
doch nie des Bogens Kraft gespannt (= den kräftigen Bogen)
oder an König Rudolfs heilige Macht (vgl. hieron menos
Alkinooio) im Grafen von Habsburg und an der Mutter liebliche
Hoheit zwischen der Söhne feuriger Kraft in der Braut von
Messina I, 3 (vgl. des Boten jugendliche Kraft in demselben
Drama). Ferner erinnere ich an die Worte, mit denen in demselben
Drama der Chor die Fürstin Donna Isabella begrüßt: „Knieend
verehr' ich dein heiliges Haupt" (I, 3), was sich mit dem um-
schreibenden Gebrauch des griechischen kara, Haupt im Anfang
der Antigone vergleichen läßt,[1]) endlich an Ausdrücke wie: „wo

---

[1]) Ausdrücke wie Sîvrides lîp, Guntheres muot als Umschreibung
für die betreffenden Eigennamen lesen wir allerdings schon im Nibelungenliede, doch sind diese nicht von Einfluß auf Schillers Sprache gewesen.

der friedliche Pan lacht, der Flurenbehüter" (ebenda) und: „es lacht der unbewölkte Zeus", die ganz griechischer Anschauung entsprechen.

Selbst Schillers Syntax hat Anregungen von Griechenland empfangen. Daher erklärt sich der Teilungsgenetiv bei Zeitwörtern wie schenken (es schenkte der Böhme des perlenden Weins) und gießen (gießt Neoptolem des Weins),[1]) daher die Nachstellung des Eigenschaftswortes mit dem Artikel: „soll der Freund mir, der liebende, sterben"; „soweit er die Stimme, die rufende, schicket"; „dem Erzeuger jetzt, dem großen"; daher die Freiheit der Wortstellung: „nicht die eherne Brust rührt es des stygischen Zeus", „den Schleier zerriß ich jungfräulicher Zucht". Gleichfalls in das Gebiet der Satzfügung gehört die Art, wie Schiller öfter seine Gleichnisse formt. Hier wird ab und zu Vorder- und Nachsatz nach Homerischem Vorbilde durch ein oder mehrere parenthetisch eingeschobene Gefüge unterbrochen, z. B. in der Maria Stuart: „Wie ein Unsterblicher auf goldnen Wolken herniederfährt, wie den Apostel einst der Engel führte aus des Kerkers Bauden — ihn hält kein Riegel, keines Hüters Schwert, er schreitet mächtig durch verschlossene Pforten, und im Gefängnis steht er glänzend da —, so überrascht mich hier der Himmelsbote, da jeder irb'sche Retter mich getäuscht" (V, 7) oder im Grafen von Habsburg: „Wie in den Lüften der Sturmwind sanft — man weiß nicht, von wannen er kommt und braust — wie der Quell aus verborgenen Tiefen, so des Sängers Lied aus dem Innern schallt".

Daß auch sonst die Darstellungsweise des Dichters unter griechischem Einflusse steht, hat dieser selbst in einem Briefe an Goethe vom 24. August 1798 ausgesprochen, worin es unter anderem heißt: „Ich lasse meine Personen viel sprechen, sich mit einer gewissen Breite herauslassen. Es ist zuverlässig, man könnte mit weniger Worten auskommen, um die tragische Handlung

---

[1]) Bei Klopstock wird dieser Teilungsgenetiv seit der 2. Hälfte der 60er Jahre häufiger, z. B. 1768: „Du sandtest deiner Krieger hin". Deutsche Wortverbindungen wie „genießen eines Dinges" erleichterten und unterstützten die Einführung dieser Konstruktion.

auf= und abzuwickeln, auch möchte es der Natur handelnder
Charaktere gemäßer scheinen. Aber das Beispiel der Alten, welche
es auch so gehalten haben und in demjenigen, was Aristoteles
Gesinnungen und Meinungen nennt, gar nicht wortkarg gewesen
sind, scheint auf ein höheres poetisches Gesetz hinzudeuten, welches
eben hierin eine Abweichung von der Wirklichkeit fordert. Eine
kürzere und lakonischere Behandlungsweise würde nicht nur viel
zu arm und trocken ausfallen, sie würde auch viel zu sehr
realistisch hart und in heftigen Situationen unausstehlich werden".

Von allen andern Anregungen, die dem Dichter aus Hellas
kamen, möchten wir nur noch die der Versbehandlung erwähnen,
z. B. der Stichomythie, jener lebhaften Dialogform, wo „Frage
und Antwort, Einwurf und Widerlegung in bestimmter, kurzer
Verszahl Schlag auf Schlag folgen, beschwingten Pfeilen gleich,
die hinüber und herüber schwirren, oder wie die hellen Schläge,
mit denen schwertgrimme Recken aus Schild und Helm die Funken
schlagen".

Überblickt man nun dies alles, so kommt man in der
Tat zu der Überzeugung, daß Schiller wenigstens betreffs des
Griechischen der Ansicht treu geblieben ist, die er in einem
Epigramm ausspricht:

„Tote Sprachen nennt ihr die Sprache des Flaccus und Pindar?
Und von beiden nur kommt, was in der unsrigen lebt",

und daß G. Schwab berechtigt ist, von ihm zu sagen: „Er sang
von Griechengöttern viel, als wär' er ihres Bluts" (der Riese
von Marbach).

74. Noch gilt es, in Kürze des Einflusses der französischen Literatur auf Schiller zu gedenken. Dieser schreibt
sich von den Zeiten der Karlsschule her, die ja nach dem Vorgange Ludwig XIV. eingerichtet war und dessen Geschmack und
Sprache mit regem Eifer pflegte. So erklärt sich, daß der Dichter
des Französischen mächtiger geworden ist als einer andern, sei es
klassischen oder modernen Sprache und zeitlebens gern Bücher
gelesen hat, die darin verfaßt waren. Am stärksten tritt die
Einwirkung Rousseaus hervor, der die Kultur verdammte und
nach Natur und Ursprünglichkeit verlangte, daher die Losung

ausgab: „Geht in die Wälder und werdet wieder Menschen!"
Schon der jugendliche Schiller begrüßt in einem feurigen Gedichte Rousseaus Grab und preist ihn als einen Sokrates unter
den Sophisten, der aus Christen Menschen wirbt, und in seinen
Jugenddramen begegnen wir oft Rousseauschen Anschauungen.
Durch die herrliche Schilderung des Genfer Sees in der Neuen
Heloise wurde seine Schwärmerei für Naturschönheiten geweckt;
ja, wir können sie bereits in den Räubern bewundern, wo er
den Sonnenuntergang an einem Sommerabend schildert und den
Anblick der heimatlichen Flur mit dem Pinsel eines Künstlers
malt. Rousseaus Naturevangelium predigt der Dichter sogar
noch in der Braut von Messina, z. B. IV, 7: Die Welt ist
vollkommen überall, wo der Mensch nicht hinkommt mit seiner
Qual (vgl. Émile: Tout dégénère entre les mains de l'homme).
An Diderots Erzählungskunst schult sich Schiller als Prosaiker.
Im Verbrecher aus verlorner Ehre und im Geisterseher wandelt
er in dessen Bahnen. Auch Voltaire entzückt ihn; die geistvolle
Schreibart dieses Mannes und anderer Schriftsteller, die in unserer
Sprache fast nicht erreicht werde, wünscht er annehmen zu können.
Aus französischer Quelle ist der Stoff verschiedener Dramen
(z. B. des Fiesko) und Balladen (vgl. Gang nach dem Eisen-
hammer und Handschuh) geschöpft; Racines Phädra wird von
ihm ins Deutsche übertragen, ebenso einige Stücke Picards
(Parasit, Neffe als Onkel).[1]

Unter französischem Einflusse hat Schiller die schon oben
hervorgehobene große Vorliebe für Antithesen genährt und kräftig
entwickelt, infolge der Kenntnis dieser fremden Sprache und des
Studiums der sie schreibenden Autoren schleichen sich nicht selten
Fremdwörter sowie phraseologische und syntaktische Eigentümlichkeiten ein, die wir nicht anders als Gallicismen nennen

---

[1] Über die Art der Nachahmung französischer Vorbilder spricht
sich Schiller in dem Gedichte an Goethe aus, als dieser den Mahomet
Voltaires auf die Bühne brachte: „Nicht Muster zwar darf uns der
Franke werden. Aus seiner Kunst spricht kein lebend'ger Geist; des
falschen Anstands prunkende Gebärden verschmäht der Sinn, der nur
das Wahre preist. Ein Führer nur zum Bessern soll er werden!"

können. Derselbe Mann, der einst den Übersetzer einer französischen Schrift über Goldoni getadelt hatte, daß er Wörter wie
genieren, toupieren, apathisch, Doktrin gebraucht habe, wofür uns
doch gute deutsche Ausbrücke zur Verfügung ständen, spricht in
seinen historischen Schriften von Prozessen, Motionen, Extremität,
Mediateur, Attaque und braucht in seinen Briefen Wendungen
wie das schöne Morceau, Gott helfe mir über die Besogne hinweg, einige Longueurs des Dramas, ich werde Herdern prävenieren,
eine recht angenehme Apparition. In seiner Geschichte des
breißigjährigen Krieges und des Abfalls der Niederlande sind
französische Konstruktionen verschiedentlich untergelaufen, z. B. um
die Wut der Faktionen zu löschen, von denen er endlich ein
beklagenswertes Opfer wurde; im Jahre 1531 ward die Börse
gebaut, die prächtigste im ganzen damaligen Europa und die
ihre stolze Aufschrift befolgte; Utrecht und Middelburg waren
von den ersten, welche die Tore öffneten; gehorcht zu sein
wie er konnte kein Feldherr sich rühmen; durch eine verstellte
Freundlichkeit war es ihm gelungen, ihre Furcht einzuschläfern;
dieses Geschäft berichtigt, eilten alle Statthalter nach ihren
Provinzen.

Auch die poetischen Erzeugnisse sind nicht frei von derartigen
Auswüchsen, namentlich (abgesehen von den in Prosa verfaßten
Jugendbramen) der Don Carlos. Hier schreibt Schiller unter
anderem I, 1: des Übels mehr als Gift und Dolch in Mörder-
hand nicht konnten und: fürstlicher als er noch keine gute Tat
bezahlte; I, 2: ich warf mich zu den Füßen des Königs
(= dem König zu Füßen), V, 2: doch aber ist es auf Befehl
des Königs, daß ich mich hier befinde. V, 4: Verfassungen wie
meine wollen geschmeichelt sein. Manche Stellen sind auch
ziemlich eng an den Text der französischen Quelle angeschlossen,
so der bekannte Ausspruch des Don Carlos: 23 Jahre und nichts
für die Unsterblichkeit getan, der bei St. Réal (Dom Carlos 1673)
lautet: une honte extrême de n'avoir encore rien fait pour
la gloire.

Wiewohl sich also bei Schiller mitunter fremde Konstruktionen
eingeschlichen haben, so läßt sich doch nicht leugnen, daß er unsere

Sprache in mannigfacher Hinsicht mächtig gefördert hat. Vor allem verdankt sie ihm Hoheit und Würde, Anmut und Wohlklang, wie schon Felix Dahn in den schönen Worten hervorhebt:

Nachdem schon mancher schlichter, stiller
Das tote Wort zu wecken rang,
Kam jener königliche Schiller
Mit edelstolzem Heldengang.
Wie einen Kaisermantel prächtig
Wirft er die Sprache um sich her,
Bei jedem Schritte rauscht sie mächtig,
Von Wohllaut und von Fülle schwer.

Der Dichter soll immer malen.

Lessing.

20. Beiwörter (Epitheta).

75. Der Prosaiker kann sich nach Lessings Ansicht damit begnügen, verständlich zu schreiben, der Dichter aber strebt nach Anschaulichkeit der Vorstellungen und nach Plastik des Ausdrucks. Dabei leisten ihm die Epitheta vortreffliche Dienste; denn da sie bald diese, bald jene Seite eines Dinges aufhellen, so regen sie die Phantasie des Lesers oder Hörers an und geben seinem Geiste unablässig neue Nahrung. Gleich Tauperlen, die in der Morgensonne funkeln, verleihen sie den Wörtern herrlichen Schmuck und den bezeichneten Gegenständen wunderbaren Glanz. Je anschaulicher und sinnfälliger diese vor unser geistiges Auge gestellt werden, um so besser; denn der Gesichtssinn will vor allen Dingen befriedigt sein. Deshalb haben auch die Lichterscheinungen von jeher den wesentlichsten Anteil bei der Schöpfung der Epitheta gehabt. Schon bei Homer können wir dies beobachten; denn er spricht fortwährend von glänzenden, funkelnden, strahlenden Gerätschaften aller Art. Jedoch auch im Nibelungenliede und in andern altdeutschen Epen begegnen wir nicht selten Beiwörtern wie klar, licht, hell, lauter, die z. B. den Waffen, Kleidern, Blumen, Augen und Wangen beigelegt werden; ebenso ist oft von rotem Blut und rotem Golde, von grünem Gras und

grünem Klee, von braunem (d. h. glänzendem) Eisen und von
braunen Helmen die Rede. Bis zur Gegenwart aber hat sich
das Volkslied die Vorliebe für farbenbezeichnende Beiwörter bewahrt. Da lesen wir von dem Mündlein rot wie ein Rubin
und vom schwarzbraunen Mädel mit rosigem Munde, da
hören wir die Geliebte sprechen: „Im Rosengarten will ich deiner
warten, im grünen Klee, im weißen Schnee". Aber nicht
bloß Farbenbezeichnungen sind in der volkstümlichen Poesie beliebt, sondern auch andere augenfällige Eigenschaften; z. B. wird
in den mhd. Volksepen der Saal weit, das Feld breit, der
Schild fest und der Spieß scharf genannt. Dabei sind die
Epitheta nicht nach den obwaltenden Umständen ausgewählt,
sondern meist typisch; sie kehren bei Erwähnung desselben Gegenstandes wieder, gleichviel, in welcher Lage sich dieser befindet.
Wie bei Homer ein Schiff selbst dann das schnelle heißt, wenn
es ruhig im Hafen liegt, so wird im Nibelungenlied Siegfried
auch noch auf dem Totenlager der kühne genannt; dieselbe
Eigenschaft erhält Hildebrand, wo er vor Hagen flieht, den
Rücken mit dem Schilde deckend. Dem Volke genügt es eben
festzustellen, daß Kühnheit ein Hauptkennzeichen der Helden ist,
und es hebt dies hervor, so oft sie erwähnt werden, selbst an
Stellen, wo es nicht am Platze zu sein scheint. Und wenn
das Volkslied so gern von der finstern Nacht und den goldnen
Sternen redet oder wenn das Volk so oft stehende Wendungen
gebraucht, wie keinen roten Heller haben, einen blanken
Taler ausgeben, schweres Geld bezahlen, etwas bei hellem,
lichtem Tage ansehn, keine blasse Idee haben, so verfährt
es in ähnlicher Weise, d. h. es verwendet Beiwörter, die eine
zum Wesen des betreffenden Dinges gehörige Eigentümlichkeit
bezeichnen, also zum Begriffe des Hauptwortes nichts Neues
hinzubringen. Aber nicht allein solche Epitheta, die eine äußere
oder eine innere Eigenschaft angeben, können typisch sein, sondern
auch solche, welche den ethischen Gehalt eines Begriffes hervorheben, z. B. in den Verbindungen der hehre Kaiser, der
mächtige (riche) König, der lobesame Held u. s. w. Auch
diese Zusätze bieten dem Verstande nicht viel oder gar nichts

Neues, aber sie beschäftigen sicherlich die Phantasie und geben dem Ausdrucke Farbe, Leben und Anschaulichkeit, oft auch einen gemütvollen Zug.

Den Gegensatz zu solchen stehenden Beiwörtern bilden die charakteristisch gewählten, die sich den Verhältnissen genau anpassen. Sie haben ihren Platz vor allem in der Kunstpoesie und werden je nach der Eigenart der Dichter verschieden gebraucht. Viele von diesen heben damit eine besondere Eigenschaft heraus, manche wie Heine benutzen sie auch gern dazu, um Stimmung zu machen, z. B. in dem Verse: „Dort liegt ein rotblühender Garten im stillen Mondenschein, die Lotosblumen erwarten ihr trautes Schwesterlein. Es hüpfen herbei und lauschen die frommen, klugen Gazellen und in der Ferne rauschen des heiligen Stromes Wellen". Ihre geschickte Prägung ist eine Gabe des Genies. Ihren Wert hebt Hebbel hervor, wenn er (Tagebücher I, 28) sagt: „Heute empfand ich einmal recht lebhaft wieder, wie die Eigenschaftswörter, insofern sie etwas Schönes und Liebliches ausdrückten, wie Duft und Farbe, in den Zeiten reinster Empfänglichkeit mich bezauberten". An ihnen kann man darum erkennen, ob der Dichter ein Sänger von Gottes Gnaden ist oder nicht. Wenn z. B. Goethe das Heideröslein morgenschön und das Veilchen gebückt in sich nennt oder die Berge wolkig himmelan und das Frühlingswetter rosenfarben, so spüren wir den Hauch des Genius, der alle Gebiete der Natur in seinen Dienst zu stellen weiß und durch die sorgfältigste Beobachtung der Umwelt seine Sprache bereichert. Am schönsten sind die Beiwörter, welche den leblosen Dingen beseelenden Odem einflößen und sie dadurch zu lebenden Wesen machen. Wie schon Homer den Stein, welchen Sisyphus immer wieder bergan wälzen muß, schamlos oder frech nennt, also mit einer sonst nur Menschen zugeschriebenen Eigenschaft ausrüstet, so spricht Klopstock von geselligen Wolken, Bodmer von verwitweten Nächten, Mörike von einem windebangen Hause, Goethe von der buhlerischen Welle.[1] Tritt vollends an die Stelle des

---

[1] Damit ist die kausative Gebrauchsweise des Eigenschaftswortes zu vergleichen, z. B. in Schillers Ring des Polykrates: mit des Lorbeers

Adjektivs ein Partizip der Gegenwart, so wird der Ausdruck noch lebendiger. Denn eine Verbindung wie segnende Blitze (in Goethes Prometheus) ist entschieden poetischer als segensreiche Blitze, weil hier die Naturerscheinung als tätig und handelnd hingestellt wird. Daher steht es den Dichtern so wohl an, von weinenden Wolken oder von des schauernden Himmels Gestaden zu reden; daher führt uns Goethe das zitternde Heer der Sterne vor sowie Inseln, die sich auf Wellen gaukelnd bewegen, und Schiller sagt: „Etwas fürchten und hoffen und sorgen muß der Mensch für den kommenden Morgen, daß er die Schwere des Daseins ertrage und das ermüdende Gleichmaß der Tage und mit erfrischendem Windesweben kräuselnd bewege das stockende Leben." Und wie malerisch sind nicht die Gebilde wellenatmend, silberprangend, schlangenwandelnd, seidenrauschend, opferdampfend! Kein Wunder, daß die Partizipien des Präsens in der poetischen Sprache oft geradezu gehäuft werden. So verwendet Klopstock in der kurzen Ode über „den Lehrling der Griechen" deren 11 und Schiller in den 100 Distichen seines „Spaziergangs" 66; so finden wir in einem einzigen Chorliede der Braut von Messina (I, 3) folgende derartige Formen: die himmelumwandelnde Sonne, die dunkelnachtenden Schwingen, des Meeres ringsumgebende Welle, des Korns hochwallende Gassen, der waltende Gottesfriede, das kochende Blut, die prangende Halle, der zürnende Mut, das heilende Wort, die glänzende Sonne, das rasende Beginnen, der blitzende Glanz, der blühende Baum, die rollende Zeit, die ragenden Gipfel der Welt.[1])

Während also die Volkspoesie bis zum heutigen Tage die typischen Beiwörter festgehalten hat, ist die Kunstpoesie bestrebt, die Epitheta der Situation entsprechend zu wählen. Daher hat

---

muntern Zweigen bekränze dir dein festlich Haar oder im Eleusischen Fest: kleines Tempels heitre Säule zeuget, daß man Götter ehrt.

[1]) So heißen auch in Goethes Hermann und Dorothea die Zweige der Obstbäume lastend, das Korn wankend und herrlich nickend, der Kohl kräftig strotzend, der Mann schützend, die Gattin erhaltend.

schon Ph. Harsdörfer, der Gründer des Ordens der Pegnitzschäfer, in seinem poetischen Trichter (einer „Anweisung, in sechs
Stunden die deutsche Dicht- und Reimkunst einzugießen) die Anweisung gegeben, das Feld je nach dem Monat des Jahres hart-
durchfroren, windbetrübt, nebliggrau, neugepflügt,
blumenhold, vielbegrast, hitzematt, ährenreich, ganz
durchfeuchtet, fruchtbereift, grünlichfalb, schneebesamt
zu nennen. So hat auch Schiller recht daran getan, immer mit
dem Ausdruck zu wechseln, wenn er denselben Gegenstand erwähnt, und z. B. den Ort, wo der Taucher seine kühne Tat
ausführt, bald einen schwarzen Schlund, einen finstern Schoß,
eine unendliche See, bald ein wildes Meer, eine heulende
Tiefe oder eine strudelnde Wasserhöhle zu nennen. Und während
Voß in der Luise, befangen in den Überlieferungen Homerischer
Technik, stehende Beiwörter verwendet, hat Goethe in Hermann
und Dorothea das Richtige getroffen, wenn er die Epitheta der
Lage anpaßt und von der ungeduldigen Hausfrau, der guten,
verständigen Mutter, dem menschlichen Hauswirt, dem ge-
sprächigen Nachbar, den stampfenden und schäumenden
Pferden redet. Denn zwischen Substantiv und Adjektiv ist in
der Kunstpoesie nach Daudets Ausspruch keine dauernde Ehe
geschlossen, sondern nur eine vorübergehende Vereinigung hergestellt.

76. Auch sonst lassen sich manche Unterschiede im Gebrauche
der Beiwörter beobachten. Im Ahd. und Mhd. findet man fast
nur einfache Ausdrücke, im Nhd. tritt starke Neigung zu zusammengesetzten hervor. Diese sind ihrer Bildung nach von
verschiedener Art. Entweder verbinden sie Begriffe, die eigentlich
kopulativ mit „und" verknüpft werden sollten, oder sie vereinigen
solche, in denen der eine vom andern abhängig ist, sei es in
einem Kasus oder adverbiell. Wenn Walther von der Vogelweide liljerôsevarwe (lilien- und rosenfarbig) und vröudehelfelôs
(freud- und hilflos) bildet oder Schiller von einem heiligwunder-
samen Mädchen und von einer schuldlosreinen Welt redet, so
machen sie von jener Art Gebrauch, wenn aber andere nhd.
Dichter Formen wie mondbeglänzt, meerumschlungen, harnisch-

glänzend, wonnebebend sagen, so bedienen sie sich dieser Gattung.[1]) Solche Komposita sind eine große Zierde unserer poetischen Ausdrucksweise. Sie werden daher schon von Breitinger und Klopstock angelegentlich empfohlen. Jener sagt: „Die Zusammensetzung der Wörter taugt für die Poesie auf eine besondere Weise, nicht nur weil sie die Schreibart erhöht und verherrlicht, sondern auch, weil dadurch der Tonlaut mächtig verstärkt wird, mehr Klang und Pomp überkommt und die Bilder desto mehr Nachdruck erhalten, indem sie durch den Ton nachgeahmt werden" (Kritische Dichtkunst II, S. 271), und bei diesem lesen wir: „Es möchte vielleicht nicht überflüssig sein, die Deutschen zu erinnern, daß diejenigen Wörter, die mit Geschmack zusammengesetzt sind, unter die von ausgemachter Stärke zu zählen sind. Es ist der Natur ihrer Sprache gemäß, sie zu gebrauchen. Sie sagen sogar im gemeinen Leben: ein gottvergessener Mensch. Warum sollten sie also den Griechen hierin nicht nachahmen, da ihnen ihre Vorfahren schon lange die Erlaubnis dazu gegeben haben? Die Zusammensetzung macht, daß man schneller denkt, und der schnellere Gedanke ist lebendiger, hat mehr Kraft" (Abhandlung über die Sprache der Poesie). So ist es begreiflich, daß die nhd. Poesie unter dem Geisteshauche Homers und anderer griechischer Sänger eine große Zahl solcher Gebilde geschaffen hat, die unserer Sprache zu großem Schmucke gereichen. Natürlich sind sie je nach der Eigenart der Dichter verschieden an Zahl und Bildungsweise, wie sich denn überhaupt die einzelnen Autoren in der Wahl und Gebrauchsweise ihrer Epitheta wesentlich voneinander unterscheiden.

Klopstocks Eigenart entspricht die große Vorliebe für inbrünstig, göttlich, heilig, olympisch, ätherisch und ähnliche meist mit ethischem Gehalt ausgestattete Adjektiva, die er zahlreichen Substantiven beigibt, für Heine ist es charakteristisch, daß er in seinem Buch der Lieder so oft von still, heimlich,

---

[1]) Weiter gehen Übersetzer orientalischer Dichtungen (z. B. Rückert), indem sie nach indischem Vorbilde Komposita schaffen wie gliederzartwüchsige, gewölbtaugenbrauenbogige, sanftlächelredewogige (Königstochter Damajanti).

einsam, seltsam, dunkel Gebrauch macht; der junge Goethe
ist ein großer Freund von golden und munter, der alternde
von geistreich, anständig, bedeutend, ewig.   Zur Zeit des
Barockstils trifft man absonderliche Bezeichnungen wie die gesalzenen Zähren, der braune Abend, die Hoffmannswaldau
durchbringend, geschärft und löblich nennt, zur Zeit des Sturms
und Drangs aber spielen Wörter wie unendlich, über-
schwenglich, göttlich, schrecklich eine bedeutende Rolle.

Selbstverständlich ist auch die Mannigfaltigkeit der
Ausdrücke, die ein Dichter für ein und denselben Gegenstand
zur Verfügung hat, verschieden groß.   Dies richtet sich nach
seiner Beanlagung und nach dem Grade des Interesses, das er
den Gegenständen widmet.   So tritt im Nibelungenliede die
größte Abwechselung hervor bei den Bezeichnungen der Helden
und der Schwerter; jene erscheinen unter anderem als edel,
wohlgeboren, lobesam, auserkoren, stark, schnell, kühn,
vermessen, stolz, mächtig, diese als schneidend, scharf,
stahlhart, steinhart, breit, licht, goldfarben.[1])   In
Hermann und Dorothea heißt der Sohn des Wirts bald der
junge Hermann oder der treffliche, der sinnige, der gehaltene Jüngling, bald der wohlgebildete, der bescheidene,
der gute, verständige Sohn oder der leitende Freund und
der stille Begleiter.

Auch darin unterscheiden sich die Dichter wesentlich von
einander, wie viele Substantiva sie der Auszeichnung durch ein
Beiwort würdigen.   Christian Ewald v. Kleist und andere, welche
die Poesie für eine redende Malerei ansahen, waren der Worte
Breitingers eingedenk: „Wohlausgesuchte Beiwörter sind etwas, was
die poetische Erzählung vornehmlich belebt und ausschmückt, indem
sie eine Sache im Vorbeigange mit einem einzigen, aber lebhaften Pinselzuge nach der absonderlichsten Eigenschaft in einem
hellen Lichte vor Augen stellen und dadurch die Erzählung nicht

---

[1]) Bielschowsky, Goethe I, S. 97, hebt hervor, daß Goethe fast
nie das Land seiner Sehnsucht, Italien, erwähnt, ohne ihm einen aus
dem Herzen kommenden Zusatz wie teuer, schön, heiter, fruchtbar,
herrlich, paradiesisch zu geben.

allein angenehm abändern und vor Mattigkeit bewahren, sondern
auch ihren Duft und ihre Absicht nachdrücklich fördern", gingen
aber zu weit im Gebrauch der „malenden" Beiwörter, als sie
fast jedem Substantiv eins beigaben, z. B.: „Wo soll mein
irrendes Auge sich ausruhn? Hier unter der grünenden
Saat, die sich in schmälernden Beeten mit bunten Blumen
durchwirkt in weiter Ferne verlieret? Dort unter den Teichen,
bekränzt mit Rosenhecken und Schlehdorn? Auf einmal reißet
mein Auge der allgewaltige Welt fort, ein bläulicher Grund
voll tanzender Wellen, die strahlende Sonne wirft einen
Himmel voll Sterne darauf" (Frühling V. 45 ff.). Aber auch
bei anderen Dichtern, die nicht jener Richtung angehören, finden
sich episch gehaltene Stellen, an denen dem innern Drange und
der gemütvollen Teilnahme eine üppigere Fülle der Epitheta
entsprossen ist, so in Schillers Glocke: „Und drinnen waltet die
züchtige Hausfrau und füllet mit Schätzen die duftenden
Laden und dreht um die schnurrende Spindel den Faden und
sammelt im reinlich geglätteten Schrein die schimmernde
Wolle, den schneeichten Lein" oder im Tell (IV, 3): „Hier geht
der sorgenvolle Kaufmann und der leicht geschürzte Pilger,
der andächt'ge Mönch, der düstre Räuber und der heitre
Spielmann." Besonders reich an Beiwörtern sind die Briefe
des jungen, sinnigen Werther. Da heißt es am 18. August:
„Das volle, warme Gefühl meines Herzens an der lebendigen
Natur wird mir jetzt zu einem unerträglichen Peiniger. Wenn
ich sonst vom Felsen das fruchtbare Tal überschaute, wenn ich
jene Berge mit hohen, dichten Bäumen bekleidet, jene Täler
in ihren mannigfaltigen Krümmungen mit den lieblichsten
Wäldern beschattet sah, und der sanfte Fluß zwischen den
lispelnden Rohren dahingleitete (= glitt) und die lieben
Wolken abspiegelte, die der sanfte Abendwind am Himmel
herüberwiegte, wenn die Millionen Mückenschwärme im letzten,
roten Strahle der Sonne mutig tanzten und ihr letzter,
zuckender Blick den summenden Käfer aus seinem Grase be-
freite, wie faßte ich das alles in mein warmes Herz, fühlte
mich in der überfließenden Fülle wie vergöttert, und die

herrlichen Gestalten der unendlichen Welt bewegten sich
allbelebend in meiner Seele". Das Gegenstück dazu bilden
Schriftsteller, die von den Epithetis einen sehr sparsamen Gebrauch machen wie K. F. Meyer. Bei ihm suchen wir malerische,
schmuckreiche Beiwörter fast vergebens; wenn er es einmal für
nötig hält, eine Eigenschaft hervorzuheben, so tut er es mit einem
einfachen, kurzen Worte, wie die breite Brust, das scharfe
Gesicht, der hagere Kavalier, das feige Herz.

77. Bisher haben wir immer an je ein Beiwort gedacht,
das zu einem Substantiv gefügt wird; und dies bildet auch die
Regel. Sagt doch schon Lessing im 16. Kapitel des Laokoon:
„Die Prosa kann in fortschreitender Nachahmung nur eine einzige
Eigenschaft der Körper nützen und muß daher diejenige wählen,
welche das stärkste Bild des Körpers von der Seite erweckt, von
der er sie braucht. So nennt Homer ein Schiff bald das
schwarze, bald das hohle, bald das schnelle. Hieraus fließt die
Regel von der Einheit der malerischen Beiwörter". Anderer
Ansicht sind manche Dichter des 17. Jahrhunderts, bei denen
das Hauptwort von den Beiwörtern förmlich überwuchert wird
wie ein Baumstamm von üppigen Schmarotzerpflanzen, z. B.
Weckherlin, der unter anderem von einem Volke fromm, red-
lich, kühn, getreu spricht oder von Streichen stark, stolz,
schnell, streng, laut oder von einem Liede wahr, hell und
rein. Bei ihnen ist das Adjektiv geradezu der Feind des Substantivs, und ihre mit Eigenschaftswörtern überladenen Sätze
gleichen einem Heere, bei dem hinter jedem Soldaten mehrere
Diener einhergehn.[1])

---

[1]) Bei den großen Dichtern der klassischen Zeit findet sich eine
derartige Häufung selten; eine Ausnahme bildet Goethes Natürliche
Tochter, in der oft drei Adjektiva zu einem Substantiv gesetzt werden,
z. B. II, 23: geräumig, heiter, trefflich ausgestattet, II, 76:
gefällig, liebenswert, unwiderstehlich (Vgl. Fr. Kern in Lyons
Zeitschrift II, S. 283). Dem entspricht, was P. Knauth über den
Altersstil des Dichters sagt (Freiberger Programm 1894, S. 25):
„Vermehrung, ja Häufung der Beifügungen ist dem Altersstil eigentümlich. Sie erklärt sich aus der stets wachsenden Ideenfülle und dem
daraus hervorgehenden Streben, immer mehr Vorstellungen auf einem
Raum unterzubringen."

Gelegentlich häufen aber auch andere Dichter die Beiwörter, wenn sie eine besondere Wirkung erzielen wollen. Im Überschwange der Freude und des Glückes ruft Tellheim in Lessings Minna von Barnhelm V, 9 aus: „Sind Sie doch das süßeste, lieblichste, holdseligste, beste Geschöpf unter der Sonne", und bei dem ersten, überwältigenden Anblick des Meeres ruft Anastasius Grün aus: „Unermeßlich und unendlich, glänzend, ruhig, ahnungsschwer liegst du vor mir ausgebreitet, altes, heil'ges, ew'ges Meer" (Erinnerungen an Adria). Aber auch bei weniger erregtem Gefühle beuten die Dichter nicht selten den Stimmungsgehalt des Adjektivs in ergiebiger Weise aus, z. B. Goethe, wenn er sagt: „Gern ergibt sie sich nur dem raschen, tätigen Manne, dieser findet sie zahm, spielend und zärtlich und hold". Derselbe verwendet gleich im Anfange seiner Iphigenie die drei Ausdrücke alt, heilig und dichtbelaubt zur Kennzeichnung des taurischen Tempelhains, um die Liebe der Heldin zu dieser trauten Stätte recht nachdrücklich hervorzuheben; auch gibt er in Hermann und Dorothea dem Tische in einem Zimmer des goldenen Löwen die Epitheta: glänzend gebohnt, rund, braun und auf mächtigen Füßen stehend, um uns daran die Tüchtigkeit und den gesunden Sinn der Wirtsleute kenntlich zu machen. Und wie das Volksepos mit einzelnen Beiwörtern besonders diejenigen Gegenstände auszeichnet, die den Sängern ans Herz gewachsen sind (z. B. Leute, Mannen, Volk, Waffen, Schilde im Hildebrandsliede oder Recken, Degen, Helden, Frauen, Schilde, Gere, Gewänder, Falken, Ehre, Kraft im Nibelungenliede), so schäumt bei solchen Begriffen die Phantasie des Dichters zuweilen dermaßen über, daß er eine Reihe von Epithetis nebeneinander setzt, um einen Begriff von mehreren Seiten zu beleuchten. Das gilt z. B. von Kriegsgerätschaften. Ich erinnere an Homers Odyssee 1, 99, wo es von der Athene heißt: „Sie nahm die starke Lanze, die schwere, große, wuchtige, mit scharfem Erze gespitzte" oder an Ilias 18, 611, wo von dem lastvollen, an die Schläfe passenden, schönen, prangenden Helme die Rede ist; ebenso erwähne ich, daß im Nibelungenliede

67, 5 der Schild scharf, ungefüg, groß und breit und 61, 4 das Roß zierlich, schön, groß und stark genannt wird.

Noch bleibt uns übrig, einige Worte über die Stellung der Epitheta hinzuzufügen. Ihr regelrechter Platz ist vor dem Substantivum; doch werden sie nicht selten nachgesetzt, namentlich im Volksepos und im Volksliede, aber auch sonst. Dies bildet bei substantivisch oder adverbial ergänzten Beiwörtern im Ahd. und Mhd. die Regel und geschieht auch jetzt noch häufig in der poetischen Sprache. Nach dem Urteil von Ameis (Kritisch. Anhang zu Odyssee I, 327) ist der Grund für diese Erscheinung im Wesen des mündlichen Vortrags zu suchen. Um nämlich Ruhepunkte für die Stimme und ein leichteres Verständnis für den Hörer zu gewinnen, pflegt der Epiker jeden Satz möglichst schnell zu einem gewissen Abschluß zu bringen und dann erst die nähere Bestimmung nachzuholen gleich einem parataktisch angereihten Hauptsatze. Und in der Tat, wenn man Ausdrücke liest wie „und die Griechen siegestrunken, reichbeladen mit dem Raub" (Schiller, Siegesfest) oder „allein die Tränen, die unendlichen der überbliebenen, der verlaßnen Frau" (Goethe, Iphigenie), so wird man sich des Gefühls nicht erwehren können, daß hier die Beiwörter durch Nachstellung selbständiger geworden sind und kraftvoller hervortreten als bei der gewöhnlichen Anordnung.[1]) So erklärt es sich auch, daß sie oft sogar zu Appositionen umgeschaffen werden wie „der Wein, der Sorgenbrecher" (= der sorgenbrechende Wein). Das Gegenstück dazu bildet die enge Verknüpfung eines vorangestellten Adjektivs, das eigentlich in einem Konsekutivsatze nachfolgen müßte. Diese Vor-

---

[1]) Damit stimmt die Freiheit des Dichters überein, im Nebensatze das Verbum vorwegzunehmen und die davon abhängigen adverbialen Bestimmungen folgen zu lassen, z. B. bei Goethe in Hermann und Dorothea I, 13: „Daß du milde den Sohn fortschicktest mit altem Linnen (Leinen) und etwas Essen und Trinken". So sprach man allgemein bis zum Ausgang des 15. Jahrhunderts, so redet auch noch jetzt vielfach die Mundart, und es ist bezeichnend, daß für die schriftsprachliche Prosa während des Sturms und Drangs im 18. und am Ende des 19. Jahrhunderts die altdeutsche Weise wieder Anklang gefunden hat.

wegnahme (Antizipation) liebt namentlich Schiller, der z. B.
Hekate auf ewig den stummen Mund (= so daß er stumm
wird) schließen läßt oder Thekla im Wallenstein die Absicht zuschreibt, den Pechkranz auf das brennende Gebäude zu werfen.
Auch bleibt es dem Dichter unbenommen, ein Adjektiv aus bestimmten Gründen mit einem anderen Substantiv zu verbinden,
als zu dem es grammatisch gehört (z. B. Schiller: „er flieht
der Brüder wilden Reihn" = den Reihen der wilden Brüder;
da rollt der Graf die finstern Brauen). Treten aber zu einem
Substantiv mehrere Epitheta, so erhält das allgemeinere den
ersten Platz. Alt, neu, groß, klein, gut, schlecht und
ähnliche Ausdrücke werden meist vorangestellt, Farbenbezeichnungen
meist nach, z. B. ein schönes, weißes Tuch, ein neues, blaues
Kleid, ein großer, runder Hut, ein kleiner, gesunder Knabe,
ein hoher, schattiger Baum. Die Möglichkeit, eins der beiden
Adjektiva hinter dem Hauptworte folgen zu lassen, hat sich die
Dichtkunst seit alter Zeit gewahrt, z. B. heißt es im Nibelungenliede: der stolze Ritter gut, die schöne Maget gut, und bei
Uhland: in ernsten Tagen, wundervollen; doch ist die Nachstellung beider viel häufiger, z. B. bei Schiller: ein Mädchen schön
und wunderbar oder bei Freiligrath: die Tanne schlank und
grün und bei Lenau: auf der Flut, der sanften, klaren,
wiegte sich des Mondes Bild. Daraus erhalten wir eine Vorstellung von der Mannigfaltigkeit, die der Gebrauch des Beiworts
gestattet, und von der Möglichkeit, damit große Wirkungen zu
erzielen.

> Die Muttersprache zugleich
> reinigen und bereichern ist das
> Geschäft der besten Köpfe.
>   Goethe.

21. Die Fremdwörter in der Poesie.

78. Erich Schmidt sagt einmal:[1] „Wie Schiller in den
Briefen das zeitgenössische Übermaß französischer Ausdrücke wuchern

----

[1] Lessing II, S. 701.

läßt, seine Poesie aber rein davon erhält, so ist auch bei Lessing ein großer Unterschied: Die Poesie steht strenger auf der Wacht als die Abhandlung"; und in ähnlichem Sinne äußert sich Schiller selbst:[1) „Lateinische Wörter wie Kultur fallen in der Poesie etwas widrig auf". In der Tat ist die Dichtkunst von jeher auf größere Sprachreinheit bedacht gewesen als die Prosa. In wissenschaftlichen Abhandlungen wie im brieflichen Gedankenaustausch haben die Gelehrten leider allzu oft ihrer Fremdwörtersucht die Zügel schießen lassen, teils aus Bequemlichkeit und Nachlässigkeit, weil es von jeher Brauch war, teils aus Eitelkeit und Selbstüberhebung, weil sie glaubten, ein wissenschaftliches Werk dürfe nicht in derselben gemeinverständlichen Sprache abgefaßt sein wie eine volkstümliche Schrift. Und da sie in der Regel nur für die höheren Stände schrieben, also darauf rechnen konnten, von diesen verstanden zu werden, so fühlten sie sich auch nur selten veranlaßt, von der hergebrachten Sitte abzugehen. Anders verhält sich's beim Dichter. Was dieser schafft, ist für das ganze Volk bestimmt; nicht einen kleinen Kreis besonders Berufener will er durch seine Werke erfreuen, sondern er wendet sich damit an alle seine Sprachgenossen. Und wie er, um einen Ausdruck Herders[2) zu gebrauchen, nur in der Muttersprache Ansehen und Gewalt über die Worte besitzt und eine Gewißheit davon hat, daß seine Freiheit nicht Gesetzlosigkeit wird, so kann er auch nur dann überall schnell und richtig verstanden werden, wenn nicht bloß der Inhalt seiner Erzeugnisse klar und durchsichtig ist, sondern auch die Form keinerlei Schwierigkeiten bereitet, namentlich die dem Ausdrucke zu Grunde liegenden Bilder recht anschaulich hervortreten. Dies geschieht aber in heimischen Wörtern weit eher als in fremden. Dazu kommt, daß es dem Hörer oder Leser bei deutschen Bezeichnungen leichter und in größerem Umfange möglich ist, den Bau der Wörter zu erkennen, Vor- und Nachsilben abzutrennen, einfache und zusammengesetzte Ausdrücke zu unterscheiden, kurz das eigenartige Gepräge des Wortschatzes und damit manche feine Abschattung des Sinnes recht zu verstehn.

[1) Im Briefwechsel mit Körner am 26. März 1790.
[2) Fragmente zur deutschen Literatur. 1767.

Ferner haben die Gebilde der Muttersprache meist mehr Ahnen aufzuweisen als fremde Eindringlinge und tragen daher etwas von dem edlen Roste des Alters an sich, der ihnen ein würdiges Aussehen, eine höhere Wertschätzung verleiht. Wörter wie Papa, Diner, Salon u. a., die sich im geselligen Verkehr der oberen Zehntausend eingenistet haben, sind vom Gebrauche in der Dichtung so gut wie völlig ausgeschlossen, Vater, Mahlzeit, Saal aber durch jahrhundertelange Verwendung im höhern Stile geadelt. Besonders das sittliche Gebiet, auf das unser Volk entsprechend seiner gemütvollen Beanlagung einen hohen Wert legt, hält sich möglichst von dem eitlen Tande fremder Flitter frei, und da die Dichtung auf diesem Boden ihre Hauptnährquellen hat, so begreifen wir, warum gottbegnadete Sänger bei allem, was mit den Begriffen der Frömmigkeit, Treue, Liebe, Freundschaft u. s. w. zusammenhängt, ausländische Formen wie entstellende Flicken möglichst meiden. Nur so können sie erzielen, daß der Hörer nicht abgestoßen, sondern innerlich ergriffen wird, daß „Empfindung und Anschauung wie verklärt in seine Seele schweben". Denn gleich wie die Wintersonne, mag sie auch noch so hell strahlen und noch so herrlichen Glanz verbreiten, doch an wohltuender Wärme nicht entfernt der Sommersonne gleichkommt, so fehlt auch den in fremden Sprachen abgefaßten Schriften das Belebende, Erwärmende und Anheimelnde des deutschen Wortschatzes. Mit Recht heißt es daher in einer kurpfälzischen Schulordnung vom Jahre 1615: „Auch auf Lateinkundige machen deutsche Worte einen tieferen Eindruck" (Etiam latine doctos vernacula verba plus movent.) Endlich gebietet die Rücksicht auf das Gesetz der Schönheit, von der Einmischung fremder Bestandteile abzusehen. Denn wenn die Darstellung aus einem Gusse ist, wirkt sie künstlerischer, als wenn sie aus einem bunten Mischmasch besteht, geradeso wie ein Baudenkmal den Kenner mehr befriedigt, wenn es einen einheitlichen Baustil aufweist und nicht eine Auswahl verschiedener Stilformen enthält.

79. Nach alledem kann es nicht befremden, daß die Volksdichtung seit den ältesten Zeiten rein deutschen Ausdruck gezeigt hat; sie war unbewußt volkstümlich und machte ganz aus innerem

Drange von dem heimischen Wortschatze Gebrauch wie die große Masse. Daher sind die alten Volksepen ziemlich frei von auswärtigen Zutaten, und das Volkslied hat im ganzen ebensowenig Neigung dazu an den Tag gelegt. In den Merseburger Zaubersprüchen, im Hildebrands- und Ludwigsliede und in andern althochdeutschen Dichtungen sind nur einige ganz vereinzelte Lehnwörter[1]) enthalten. Auch im Nibelungenliede und in der Gudrun finden sich nur einige Dutzend in der Blütezeit des Rittertums aufkommende und bei der Überarbeitung dieser Epen im 12. Jahrhundert eingestreute Ausdrücke französischer Herkunft.[2]) Einer gleich sauberen Sprache erfreuen sich volkstümliche Werke späterer Zeit wie Goethes Reineke Fuchs und Hermann und Dorothea.

Im übrigen unterscheiden sich die aus der Feder einzelner Verfasser geflossenen Schöpfungen wesentlich voneinander je nach den Gattungen der Poesie, nach den Grundsätzen der Zeit, in der der Dichter lebt, sowie nach den Anschauungen, die er hegt, und nach dem Gefühl für das Schöne, das er besitzt. Im allgemeinen ist die Lyrik den Fremdwörtern weniger geneigt als die übrigen Dichtungsarten, weil sie das Ich am treuesten widerspiegelt. Zumal wenn sie wahre Empfindungen ausströmt, also unmittelbar aus dem Herzen kommt, liegen ihr deutsche Worte am nächsten. In erster Linie gilt dies von den Liedern vaterlandsliebender Sänger, die Deutschlands Ruhm und Ehre verherrlicht haben. Seit der Zeit Walthers von der Vogelweide[3]) bis zum letzten deutsch-französischen Kriege sind nur wenige von denen, welche die Leier zum Lobe des Vaterlandes angestimmt haben, der Einmischung fremder Ausdrücke geneigt gewesen. Und in der Tat wäre es auch ungereimt und mit den Gefühlen des Volkes unvereinbar, geharnischte Lieder gegen den äußeren Feind zu schleudern und in diese fremde Brocken, womöglich aus dessen Sprache, einzuflechten. So hat, um nur einige Dichter namhaft

---

[1]) Z. B. cheisuring, Kaisermünze, krist, Christus.

[2]) Z. B. garzûn, prîs, kovertiure, puneiz, birsen.

[3]) Bei ihm finden wir fast nur unvermeidliche Fremdwörter wie palas und kemenâte.

zu machen, während der ruhmreichen Zeit Friedrichs des Großen
Christian Ewald von Kleist seinen Saiten immer reine Töne
entlockt, nicht minder Ludwig Gleim, der sogar an die Lob-
redner des Auslandes die Worte richtet: „Laßt uns Deutsche sein
und bleiben, deutscher Ausdruck steht uns wohl, was wir denken,
reden, schreiben, sei des deutschen Geistes voll!" So haben ferner
während der Befreiungskriege Arndt und Schenkendorf ihre
vaterländischen Weisen nicht mit fremdem Plunder verunziert, so
hat sich endlich in neuster Zeit der deutsche Reichsherold Emanuel
Geibel eines unverfälschten Deutsch befleißigt und auch Uhland
gepriesen, weil er dagestanden als „deutschen Reichtums Wächter
in sinnverwelschter Zeiten Lauf".

Im Gegensatze zur Gefühlspoesie steht die Lehr- und Ge-
dankendichtung, die gleich der ungebundenen Rede wissenschaftlicher Werke vor den Fremdwörtern weit weniger zurückschreckt.
Ich erinnere an Goethes Faust, der davon nicht weniger als
266 aufweist, während andere Bühnenstücke desselben Dichters
wie Tasso und die natürliche Tochter nur je 15 enthalten.[1])
Ich erinnere ferner an die Parodie und das komische Epos,
die oft unnötig und mit einem gewissen Wohlbehagen ausländische,
namentlich französische Lappen zur Schau tragen.   Z. B. bietet
Blumauers Äneide im ersten Gesange Formen wie curieren,
accompagnieren, vexieren, einballieren, frisieren, barbieren, illu-
minieren, musicieren, Pardon, Pastete, Klerisei, miserabel u. s. w.
Ähnlich verhält es sich mit Zachariäs Renommisten u. a. derartigen Schriften.   Sodann haben Satiriker wie Lauremberg,
Joachim Rachel und ihre Gesinnungsgenossen, aber auch Wieland, Musäus und Heine[2]) nicht selten Fremdwörter gebraucht,
um Menschen und menschliche Einrichtungen zu geißeln oder sich
darüber lustig zu machen, z. B. Heine, wenn er im Prologe
der Harzreise sagt: „Schwarze Locken, seidne Strümpfe, weiße,

---

[1]) Vgl. O. Dehnicke, Goethe und die Fremdwörter.   Lüneburger
Programm 1892.

[2]) Für Musäus und Wieland vgl. die Zeitschrift des allgemeinen
deutschen Sprachvereins X, S. 11, für Heine M. Seelig, Die dichterische
Sprache in H. Heines Buch der Lieder 1891.

höfliche Manschetten, sanfte Reden, Embrassieren, ach, wenn sie nur Herzen hätten!" Wesentlich anders liegt die Sache bei Dichtungen wie Wallensteins Lager von Schiller oder Sanssouci von Geibel. Denn wenn jener in seinem Kriegsspiel verhältnismäßig häufig von Fremdlingen Gebrauch macht, so trägt er damit der Sitte der Zeit Rechnung, in die uns das Stück versetzt, und wenn dieser in seinem Gedicht von Steintritonen, Nymphen, Flora, Terrassen, Nischen, Orangen u. s. w. redet, so bringt er damit den Rokokogeschmack des geschilderten Parks und der darin vorgeführten Person zum Ausdruck.

80. Aber nicht bloß auf die Dichtungsart und die Absicht des Dichters kommt es an, sondern auch auf die Zeit, in welcher dieser lebt. Es gibt Jahrhunderte, in denen sich die Poesie der prosaischen Darstellung sehr nähert, und wieder andere, in denen sie sich weit davon entfernt. Dort sind die Fremdwörter reichlich, hier spärlich vertreten. Jenes war bei uns z. B. im 17. Jahrhundert der Fall, als man die Dichtkunst für erlernbar hielt und als Ausfluß des nüchternen Verstandes ansah, dieses am Ende des 18. während der höchsten Blüte unseres ganzen dichterischen Schaffens. Sodann ist es von Belang, wie weit der fremde Einfluß das Denken und Fühlen des Volkes durchdringt. Im 17. Jahrhundert war unser unglückliches, durch den dreißigjährigen Krieg schwer betroffenes Vaterland den französischen Einwirkungen in Sitte und Lebensweise, Schrifttum und Sprache völlig preisgegeben. Bezeichnend ist in dieser Richtung ein Geständnis des Zittauer Rektors Christian Weise: „Und weil die Deutschen viel aus andern Sprachen borgen, so muß ich ebenfalls mich auch dazu verstehn; ein andrer, den's verdreußt, mag sich zu Tode sorgen, gnug, daß die Verse gut, die Lieder lieblich gehn".[1] Leider waren damals Männer, die das Herz gehabt hätten, dem Fremden den Fehdehandschuh hinzuwerfen, nicht allzu zahlreich und hatten überdies wenig Erfolg, selbst wenn sie wie Logau eiferten: „Das deutsche Land ist arm, die Sprache kann es sagen, die jetzt so mager ist, daß ihr man zu muß tragen aus Frank-

---

[1] Widmungsgedichte an das hochverehrte Deutschland.

reich, was sie darf (= bedarf), und her vom Tiberstrom". Mehr
oder weniger gilt dies aber auch von der Zeit des Rittertums, wo
man in höheren Kreisen durchaus dem welschen Vorbilde folgte
und nicht vaterländisch genug fühlte, um die Fesseln der fremden
Sprache gänzlich abzustreifen. So kommt es, daß die Epen
eines Gottfried von Straßburg, Wolfram von Eschenbach u. a. sprachlich wie stofflich vielfach vom Auslande beeinflußt werden, demnach in der Reinheit des Ausdrucks manches
zu wünschen übrig lassen. Der höfische Roman des Mittelhochdeutschen steht eben, wie schon O. Behaghel mit Recht hervorhebt,[1]) der gesprochenen Rede der ritterlichen Kreise viel näher als
das gleichzeitige volkstümliche Epos. So hat V. von Scheffel
ganz recht, wenn er in „Frau Aventiure" ein Rügelied wider
Wolfram von Eschenbach und die übereifrigen Nachahmer französischer Art und Dichtung aufnimmt, worin es heißt: „Denn
unverrückt in allem Tun und Lassen steht euer Aug' der Fremde
zugekehrt, Hofzucht und -kleid, der Rede Ernst und Spaßen muß
sein wie dort, sonst bleibt es ungeehrt. Ei, strenge Richter,
schmeckt das Mus drum reiner, wenn blanc manger es nennt
der Köche Mund? Und kleidet auch der Wappenrock drum feiner,
wenn ihn ein Schneider steppt im petit punt?"[2])

Doch ist im Gebrauche der Fremdwörter ein Unterschied
zwischen den einzelnen Sängern. Gottfried von Straßburg
läßt die meisten einfließen, Hartmann von Aue die wenigsten.
Überdies verdient bei diesem gelobt zu werden, daß er im Laufe
seiner dichterischen Entwickelung wesentliche Fortschritte in der
sprachlichen Sauberkeit gemacht hat.[3]) Und wie er, so haben
später manche hervorragende Dichter, je mehr sie sich in ihrer

---

[1]) Die deutsche Sprache, 1. Aufl., S. 93.

[2]) Dagegen im lyrischen Liede, wo sie der tiefsten Empfindung
Ausdruck geben, suchen dieselben Dichter die Fremdwörter möglichst zu
meiden. Vgl. Singer, Die mittelhochdeutsche Schriftsprache, Zürich
1900, S. 7.

[3]) Vgl. Haupt zu Erec S. 15; Steiner, Die Fremdwörter der
bedeutendsten mhd. Dichtungen, Germanistische Studien von K. Bartsch
II, S. 239 ff. und J. Kassewitz, Die französischen Wörter im Mhd.
Straßburg 1890.

Kunst vervollkommneten, die Überzeugung gewonnen, daß die fremden Brocken den Wert der Dichtung nicht erhöhen, sondern herabsetzen, z. B. Schiller, der in seinen Jugendgedichten Ausdrücke wie Phantom, Harmonie u. s. w. in großer Zahl verwendet, in der Zeit seiner klassischen Vollendung aber fast gänzlich meidet. Ist er doch sogar bei der spätern Überarbeitung seiner Erstlingslieder soweit gegangen, daß er mehrfach Fremdwörter ausgemerzt und durch gute deutsche ersetzt hat.[1] Indes steht er darin nicht allein da. Auch von Klopstock wissen wir, daß er bei Neuauflagen des Messias und der Oden vom Rotstift reichlich Gebrauch gemacht und Äther und ätherisch (z. B. Meff. I, 188; 205; 476) beseitigt, für Olymp (III, 560; 689) Donnerwolke, für olympische Wetter (II, 438) brohende Wetter, für Planeten (I, 189) Erdkreis, für Zephyre (II, 391) Weste, für Ocean (II, 595) Weltmeer, für sphärisch (I, 236) wandelnd eingesetzt hat. Daher stellt er auch das Wort Dichter höher als das Wort Poet; denn er sagt in einem Epigramme:

Wie der Deutsche denkt von seinem Dichter, dies zeigt er
Auch in der Sprache. Vordem hieß ihm der Dichter Poet.
Jener eblere Name begann, da, wer sich Homers Kunst
Weihte, nicht strebt', a poet, nicht un poète zu sein.

Und wie Goethe über diesen Punkt dachte, erkennen wir nicht nur an mehreren seiner Werke,[2] sondern ersehen es auch aus einem Briefe, den er am 6. Oktober 1798 an Schiller geschrieben hat. Dort sagt er nämlich, daß er vor der ersten Aufführung des Wallenstein die Mimen und die Ären des Prologs beseitigt habe, weil er ein besseres Verständnis beim Volke erwarte, wenn dafür deutsche Ausdrücke eingesetzt würden, wie er denn

---

[1] Auch sonst feilte er bei Neuauflagen und ersetzte z. B. in der 4. Strophe der Ideale die sympathetischen Triebe durch Flammentriebe („teilend meine Flammentriebe").

[2] Vgl. auch die Zeitschrift des allgemeinen deutschen Sprachvereins VII, S. 115. Über die Sprachreinigungsbestrebungen Ad. Stifters vgl. A. Sauer, „Ad. Stifter als Stilkünstler" in der Festschrift des Vereins für die Geschichte der Deutschen in Böhmen, Prag 1902, S. 108 ff., über G. Freytag und die Fremdwörter H. Künkler in Lyons Zeitschrift III, S. 210 ff., 481 ff.

Weise, Ästhetik. 14

auch sonst seinem Freunde warm empfiehlt, recht deutlich zu sein und die Urteilskraft der großen Menge nicht zu überschätzen (10. November 1798). Und Schiller hat diese Mahnung beherzigt. Seine Meisterdramen sind von derartigen Auswüchsen frei.[1]) Hat er doch in der Braut von Messina (I, 7, 801) sogar den Ausdruck „Fußgestell des Ruhms" gewählt, um das fremde „Piedestal" zu vermeiden. Damit ist der Stab über Dichter wie Freiligrath gebrochen, die, um den abgestumpften Gaumen der Menge zu kitzeln, „die Barbarei beständiger Janitscharenmusik erklingen ließen" und sich den Mißbrauch ausländischer Reimwörter zum Überdruß oft gestatteten.[2]) Schon 1832 lesen wir bei ihm Reime wie Padischah: Janina und 1833: Äquator: Alligator, athletisch: Fetisch, die offenbar unter dem Einflusse von Viktor Hugo (Orientales) und Byron entstanden und sich von den matten und trivialen Reimen vieler Zeitgenossen abheben sollten. Den nach Frankreich schielenden Dichtern aber hat sicherlich Kästner die beste Antwort gegeben, da er dem eingebildeten Franzosen, der „gallisch nur verstand und das allein reich, stark und zierlich fand", den Nachweis lieferte, daß die deutsche Sprache noch reicher sei; denn sie könne auch Hippokrene durch Roßbach übersetzen.

Das Merkmal des wahren Dichters
ist die Fähigkeit zu korrigieren.

E. Geibel.

22. Feilen und Überarbeiten.

81. Horaz fordert vom Dichter (Ars Poetica V. 388), daß er den ersten Entwurf seiner Schöpfungen neun Jahre liegen lasse, damit er reichlich Zeit habe, das, was er mit kühnem

---

[1]) Daß Schillers spätere Dramen weit weniger Fremdwörter enthalten als die Räuber, Fiesko, Kabale und Liebe, hat schon Kehrein (Fremdwörterbuch S. 17) nachgewiesen.

[2]) Vgl. auch die Bemerkungen über eine ähnliche Erscheinung bei A. Fitger in der Zeitschrift des allgemeinen deutschen Sprachvereins V, S. 11.

Geistesflug geschaffen, sorgfältig auszugestalten und gründlich durchzuarbeiten, und M. Greif sagt: „Dichter und Recensent in einer Person, nun warum nicht? Wenn sich die Strenge nur kehrt gegen das eigene Werk." Mit Recht, denn bei der Poesie fällt die Formvollendung viel schwerer ins Gewicht als bei der Prosa. Hier ist jedes Wort genau abzuwägen, daß es die Gedanken des Dichters nicht bloß richtig, sondern auch schön zum Ausdruck bringe und mit dazu beitrage, dem ganzen Werke einen harmonischen Abschluß zu geben. Unsere Sprache hat für diese Tätigkeit den bezeichnenden Namen feilen, d. h. mit der Feile alle Unebenheiten beseitigen. Wie man einen Menschen hobeln (vgl. ungehobelt) oder schleifen (vgl. ungeschliffen) muß, ehe er ein vollwertiges Glied der Gesellschaft wird, wie man mit Rücksicht auf ihn sagt: „Willst du, daß wir mit hinein in das Haus dich bauen, laß es dir gefallen, Stein, daß wir dich behauen," so gilt auch für den Dichter die Forderung, das Metall unserer Sprache von Schlacken zu befreien, wenn er einen schönen Guß erhalten will. Die Sätze sollen „abgerundet" sein und „glatt" dahinfließen[1]). Aber „nur dem Fleiß, den keine Mühe bleichet, rauscht der Wahrheit tief versteckter Born, nur des Meißels schwerem Schlag erweichet sich des Marmors sprödes Korn." In Wissenschaft und Kunst muß mit dem Stoffe und mit der Form gerungen werden, ehe etwas Vollkommenes zu Tage tritt. Das hat zu allen Zeiten gegolten, das haben selbst unsere bedeutendsten Dichter an sich erfahren. Haller, dem in der ersten Auflage seiner Gedichte manche schweizerische Eigentümlichkeit untergelaufen war, bemühte sich von der britten an, alle Spuren alemannischer Mundart gewissenhaft zu tilgen, Wieland war unermüdlich im Feilen[2]), und Lessing, dem Jahrzehnte lang Lausitzer Idiotismen

---

[1]) Vgl. Horaz Ars Poet. V. 323: Graiis ingenium, Graiis dedit ore rotundo Musa loqui.

[2]) Für Heine ist eine briefliche Äußerung vom 29. Oktober 1820 charakteristisch: „Schone nicht das kritische Amputiermesser, wenn's auch das liebste Kind ist, das etwa ein Buckelchen, ein Kröpfchen oder ein anderes Gewächschen mit zur Welt gebracht hat. Sei streng gegen Dich selbst, das ist des Künstlers erstes Gebot. Ich glaube Dir hierin oft ein Beispiel gegeben zu haben."

in die Feder kamen, konnte sich bei späterer Durchsicht seiner
Jugendschöpfungen nicht genug tun im Ausmerzen von Formen,
die in der Schriftsprache verboten waren, namentlich von Latinismen und Gallicismen, die er sich gestattet hatte. Und wie
sorgfältig und langsam arbeitete dieser sprachgewaltige Mann
noch im reifen Mannesalter! Konnte er doch von sich selbst
sagen: „Ich mache alle sieben Tage sieben Zeilen, erweitere unaufhörlich meinen Plan und streiche unaufhörlich von dem schon
Ausgearbeiteten wieder aus." Wie Schiller verfuhr, ergibt sich
z. B. aus einer Stelle des Demetrius (II, 1, 38), die folgende
drei Fassungen zeigt:

1. Mir soll Nichts meinen tiefen Gram und Schmerz ablaufen,
   Teurer ist er und köstlicher als jedes andre Glück.
   So halt ich das Entflohene mir fest,
   Und räche mich an meinem harten Los,
   Wenn ich's mit freiem Willen mir erschwere,
   Und fühle mich auch unterm Zwange frei.

2. Mir soll Nichts meinen Schmerz ablaufen, teurer noch
   Ist mir mein Gram als jedes andre Glück.
   So räch' ich mich an meinem harten Los,
   Wenn ich's aus eigner Wahl mir noch erschwere,
   Und fühle mich auch in den Banden frei.

3. Mir soll Nichts meinen Gram ablaufen. Wie des Himmels
   Gewölbe ewig mit dem Wandrer geht,
   Ihn immer unermeßlich, ganz umfängt,
   Wohin er fliehend auch die Schritte wende:
   So geht mein Schmerz mit mir, wohin ich wandle.
   Er schließt mich ein wie ein unendlich Meer,
   Nie ausgeschöpft hat ihn mein ewig Weinen.

Auch Goethe hat seine Werke in mannigfacher Weise über-
arbeitet, immer verändert und verbessert. Der erste Entwurf
seiner Iphigenie wurde prosaisch abgefaßt im Februar und März
1779, aber wesentlich umgestaltet im Frühjahr 1780, wo er die
Form freier Rhythmen erhielt. Darauf folgte eine zweite Prosabearbeitung 1781, bis endlich der Aufenthalt in Italien das
Drama zur Reife brachte. „Daß diese verschiedenen Ausgaben
einen Besserungsprozeß bis zur höchsten Stufe der Vollendung
darstellen, wird derjenige mit Bewunderung erkennen, der sich
der genuß- und lehrreichen Mühe unterzieht, die Fassungen mit

einander zu vergleichen. Auch wird er dadurch von der weit-
tragenden Bedeutung der Form und des Verses für die Wirkung
des Dramas überzeugt werden"[1]). Überdies ist beachtenswert,
wie Goethe verfuhr, als er die letzte Hand an seine Iphigenie
legte. In Karlsbad, wohin er sie mitgenommen, konnte er sich
mit der Arbeit nicht recht befreunden. Als er aber den Brenner im
Rücken hatte, holte er sie aus dem Pakete hervor und steckte sie
zu sich. Am Gardasee, wo der heftige Mittagswind die Wellen
ans Land trieb und er so allein war wie seine Heldin am Gestade von Tauris, zog er die ersten Linien der neuen Bearbeitung,
die er in Verona, Vicenza, Padua, am fleißigsten aber in Venedig
fortsetzte. Dann geriet diese Tätigkeit ins Stocken, in Rom aber
kam sie wieder in Fluß. Darüber berichtet er selbst am 6. Januar
1787: „Abends beim Schlafengehen bereitete ich mich auf das
morgende Pensum vor, welches dann sogleich beim Erwachen angegriffen wurde. Mein Verfahren war dabei ganz einfach. Ich
schrieb das Stück ruhig ab und ließ es Zeile für Zeile, Periode
für Periode regelmäßig erklingen;" und am 22. Januar, als er
die Iphigenie im Freundeskreise wieder vorgelesen, fügt er hinzu:
„Auch da entdeckte ich manche Stelle, die mir gelenker aus dem
Munde ging, als sie auf dem Papier stand. Freilich ist die
Poesie nicht fürs Auge gemacht". Gefühl und Gehör gingen
also Hand in Hand und schufen jene geschmeidige Form, mit der
sich die Sprache wie ein passendes Gewand an das Drama
anschließt. Dabei studierte Goethe eifrig „Moritzens Prosodie"[2]),
die er als Leitstern in der Verstechnik bezeichnet; auch hielt er
mit Moritz längere Gespräche über Silbenmessung und andere
rhythmische Fragen. Von der Art der Textveränderungen aber
kann man sich erst dann einen rechten Begriff machen, wenn
man einmal ein Stück des Dramas in zwei verschiedenen Bearbeitungen vergleicht. Ich wähle dazu den Anfang von dem
Monolog Iphigeniens, der den vierten Aufzug eröffnet:

---

[1]) Heinemann, Goethes Leben und Werke. Leipzig, ohne Jahres-
zahl, S. 85 f.

[2]) Versuch einer Prosodie von Professor Karl Philipp Moritz.
Berlin 1786.

Er heißt in der Prosabearbeitung von 1779:

Wem die Himmlischen viel Verwirrung zugedacht haben, wem sie erschütternde, schnelle Wechsel der Freude und des Schmerzes bereiten, dem geben sie kein höher Geschenk als einen ruhigen Freund. Segnet unsern Pylades und sein Vorhaben!

Er ist wie der Arm des Jünglings in der Schlacht wie des Greisen leuchtend Auge in der Versammlung; denn seine Seele ist still, er bewahrt die Ruhe wie einen heiligen Schatz, und aus ihren Tiefen holt er für den Umgetriebenen Rat und Hilfe. Er hat mich vom Bruder losgerissen. Den staunt' ich immerfort an, hielt ihn in meinen Armen und dachte an keine Gefahr.

Daraus wird in der letzten Fassung:

Denken die Himmlischen | einem der Erdgebornen | viele Verwirrungen zu | und bereiten sie ihm | von der Freude zu Schmerzen | und von Schmerzen zur Freude | tieferschütternden Übergang, | dann erziehen sie ihm | in der Nähe der Stadt | oder am fernen Gestade, | daß in Stunden der Not | auch die Hilfe bereit sei, | einen ruhigen Freund. | O segnet, Götter, unsern Pylades | und was er immer unternehmen mag!

Er ist der Arm des Jünglings in der Schlacht, | des Greises leuchtend Aug' in der Versammlung; | denn seine Seel' ist stille, sie bewahrt | der Ruhe heil'ges, unerschöpftes Gut. | Und den Umhergetriebenen reichet er | aus ihren Tiefen Rat und Hilfe. Mich | riß er vom Bruder los; den staunt' ich an | und immer wieder an und konnte mir | das Glück nicht eigen machen, ließ ihn nicht | aus meinen Armen los und fühlte nicht | die Nähe der Gefahr, die uns umgibt.

Das erste Gefühl, welches man nach Durchsicht beider Fassungen hat, ist, daß der Dichter alles mehr abgerundet und namentlich vielfach das Angedeutete weiter ausgeführt hat.[1]) So

---

[1]) Wenn es nötig ist, nimmt der Dichter auch Kürzungen vor. So steht in der ersten Ausgabe des Götz von Berlichingen (III, 19): „ein braver Reiter und ein rechter Regen ermangeln nie eines Pfades"; später schreibt Goethe dafür kürzer und volkstümlicher: „kommen überall durch". Ebenso sind die Worte Georgs (II, 8): „ich sagte, es gäbe nur zweierlei Leute, ehrliche und Schurken, und daß ich ehrlich wäre, sähe er daraus, daß ich Götzen von Berlichingen diente", von Schurken an verkürzt worden in: „und ich diente Götzen von Berlichingen". In der Prosabearbeitung der Iphigenie I, 1 heißt es: „und wenn Zerstörung ihr Haus ergreift,

erklärt sich der größere Umfang der letzten Bearbeitung. Ganz
neu hinzugefügt ist die Stelle: „in der Nähe der Stadt oder
am fernen Gestade, daß in Stunden der Not auch die Hilfe
bereit sei." Denn dem Dichter erschien hier eine Ortsangabe
und eine Zweckbestimmung wesentlich. Weiter ausgeführt ist auch
der Schluß, wo die Worte: „ich hielt ihn in meinen Armen
und dachte an keine Gefahr" jetzt lauten: „und konnte mir das
Glück nicht eigen machen, ließ ihn nicht aus meinen Armen
los und fühlte nicht die Nähe der Gefahr, die uns umgibt."
Wirkungsvoll ist ferner der Gegensatz zwischen den Himmlischen
und den Erdgebornen, der durch Einfügung des letztgenannten
Wortes geschaffen wird. Der Zusatz von „Götter" erleichtert
das Verständnis; denn nun weiß man gleich, an wen die Worte
gerichtet sind; die Umschreibung des „Vorhabens" durch „was
er immer unternehmen mag" wirkt kraftvoller. Nachdrücklicher
ist es auch, wenn es für: „den staun' ich immerfort an" heißt:
„den staun' ich an und immer wieder an", anschaulicher: „von
der Freude zu Schmerzen und von Schmerzen zu Freude"
(= Wechsel der Freude und des Schmerzes), edler: erziehen für
geben, reichen für holen. An Stelle des Vergleiches „wie der
Arm des Jünglings" ist die Metapher „der Arm des Jünglings"
getreten. Den Singular finden wir in den Plural verwandelt
bei Verwirrung, Schmerz und Umgetriebenen, das Umgekehrte
aber bei den schnellen Wechseln. Der Relativsatz am Beginn hat
einem Bedingungssatze Platz gemacht und das Perfekt „hat losgerissen" dem Imperfekt „riß los", sodaß das Verb nun im Tempus
mit den folgenden Verbalformen übereinstimmt. Die Worte „die
Ruhe wie einen heiligen Schatz" werden ersetzt durch „der
Ruhe heiliges, unerschöpftes Gut", endlich dem Metrum zu Liebe:
„seine Seele ist still" durch „seine Seel' ist stille".[1])

---

führt sie aus rauchenden Trümmern durch der erschlagenen Liebsten
Blut den Überwinder fort". Daraus wird später gekürzt: „wie elend,
wenn sie gar ein feindlich Schicksal in die Ferne treibt!"

[1]) Auch um den Hiatus zu beseitigen, hat Goethe geändert, z. B.
in einem Jugendgedichte folgendes: „Schon naht sich die zweite und
streichelt mich wieder" in: „Schon naht sich die zweite, sie streichelt mich
wieder".

82. Und so könnte man das ganze Drama durchgehen und überall interessante Studien machen, den Genius bei seiner Tätigkeit belauschen und dadurch lehrreiche Einblicke in die Geistesarbeit eines unserer Dichterheroen tun: eine besonders empfehlenswerte Aufgabe für solche, die sich mit den Eigentümlichkeiten unserer poetischen Sprache vertraut machen wollen. In diesem Sinne äußert sich auch Lessing im 19. Literaturbriefe, wo er die Varianten Klopstocks einer genaueren Kenntnisnahme anheimgibt. Dort sagt er: „Veränderungen und Verbesserungen, die ein Dichter wie Klopstock in seinen Werken macht, verdienen nicht allein angemerkt, sondern mit allem Fleiß studiert zu werden. Man studiert an ihnen die feinsten Regeln der Kunst. Denn was die Meister der Kunst zu beobachten für gut befunden, das sind Regeln". Und R. Hamel in seinen Klopstockstudien bemerkt dazu mit Recht, daß die Prüfung dieser Korrekturen ein praktisch-ästhetischer Kursus sei, der einen Blick eröffne in die Werkstatt des schaffenden Geistes. In der Tat ist diese Aufgabe bei Klopstock ebenso lohnend wie bei Goethe, zumal wenn man bedenkt, daß wenige Dichter so unermüdlich und peinlich Wörter und Silben abgewogen, Wirkungen ausgeklügelt haben. Daher ist das Studium der verschiedenen Ausgaben von Teilen der Messiade oder vom ganzen Werke aus den Jahren 1748, 1751, 1755, 1780 und 1800 ein wahres Labsal für solche, die ihre Freude daran haben, die poetische Ausdrucksweise in ihrer Entwickelung zu verfolgen. So wird bei späterer Überarbeitung die Darstellung meist faßlicher, anschaulicher, plastischer. In den 1748 erschienenen ersten Gesängen hatte der Dichter nach Art der Kanzleisprache Partizipien öfter durch adverbiale Bestimmungen und andere Zusätze beschwert, z. B. seine von allen Göttern so lange gewünschte Zurückkehr (II, 296). Diesem Übelstande, auf den schon Cramer hinwies, wurde in verschiedener Weise abgeholfen. Bisweilen konnte die Härte, daß der Artikel oder das Possessiv soweit von ihrem Hauptwort getrennt waren, schon durch Änderung der Wortfolge beseitigt werden, z. B. II, 99: „Die zum ewigen Bilde verneuerte Schöpfung der Menschen" = die Schöpfung der Menschen, verneut zum ewigen Bilde.

Zuweilen trat ein Relativsatz an die Stelle des Partizipiums, z. B. an der oben angeführten Stelle: „Seine Zurückkunft, auf welche die Götter so lange schon harrten" (1755) oder: „Jene Rückkehr, der die Götter so lange schon harrten" (1780), anderswo wurde ein Zwischensatz eingefügt, z. B. II, 142: „Seine dem Tode noch kaum entgegenringende Seele" = sein erschütterter Geist (er rang noch kaum mit dem Tode), oder endlich wurde die Bestimmung auch ganz weggelassen, so II, 289: „Drauf hub er sich in einem von Schwefel dampfenden Nebel" = riß sich ergrimmt durch die Pforte, dann stieg er im dampfenden Nebel. Lebendiger und anschaulicher ist ferner das Partizip des Präsens, wenn es an Stelle eines Adjektivs oder Adverbs eintritt. Wir können es daher mit Freuden begrüßen, daß Klopstock IV, 106 für schrecklicher Ton schreckender Ton sagt, II, 429 für spöttische Stellung spottende Stellung, II, 704 für trauriges Angesicht trauerndes Angesicht einsetzt (vgl. II, 109 in Moder und Asche = in modernder Asche).

Dem Streben nach Veredelung des Ausdrucks entspringt der Gebrauch von Wörtern, die einen höheren Gefühlswert besitzen. So finden wir bei Neubearbeitungen wiederholt beginnen für anfangen, trocknen für wischen, umflossen für umgeben, vereint für vermengt gebessert. So ändert der Dichter III, 235 Bekleidung in Gewand, II, 677 Versammlung der Geisterwelt in der Unsterblichen Heerschar, II, 773 traurig Geheul in nächtliches Jammern, II, 416 Inseln im Eilande, II, 388 Gegend in Gefilde u. s. w. So treten auch nicht selten Komposita an die Stelle von Substantiven mit dazugehörigen attributiven Adjektiven, z. B. IV, 111 Mittagssonne für mittägliche Sonne, II, 661 Silbergewölk für silbernes Gewölk (vgl. Sternkristall für gestirntes Kristall in der Ode Kunst Tialfs). Dann wird auch öfter für ein Adjektiv ein Substantiv mit davon abhängigem Genetiv genommen, z. B. II, 92: Tränen der Wehmut = wehmütige Tränen, III, 754 Blicke der Huld = holde Blicke, I, 153 Geister der Hölle = höllische Geister, III, 151 in den Nächten des Waldes = im schattigen Walde. Zugleich erhält das Ganze eine altertümliche Färbung,

wenn statt der präpositionalen Ausdrücke oder einfachen Adverbien
Genetive der Eigenschaft eintreten, so II, 891: mit ohn-
mächtigem Arm = hinsinkenden Arms, III, 97: mit
leichtem Gefieder = eilenden Flugs, III, 401 fromm leben
= frommes Herzens beginnen. Hierher gehört auch die
Verwendung von bloßen Kasus statt der Präpositionen mit davon
abhängigen Substantiven, z. B. IV, 123: zum ewigen Leben erwachen = dem ewigen Leben erwachen, III, 553: vor dem
Himmel vorüber = dem Himmel vorüber, IV, 132: wäre
Ruhe für mich gewesen = wäre mir Ruhe gewesen.

An anderen Stellen hat der Dichter einen Ausdruck deshalb beseitigt, weil dieser in einem benachbarten Verse wieder-
kehrte; denn variatio delectat. So setzt er z. B. II, 297
Nebel für Dämmerung ein, weil 289, 292 und 295 Nebel
steht, ferner macht er III, 446 aus Bewegung des Herzens
1755 Bewegung der Seele und 1800 Gefühl, da 445
Herz noch einmal steht. Ähnlich verhält es sich II, 66, wo die
Worte „Jesus ging den Ölberg hinab, in der Mitte des Ölbergs"
so geändert werden, daß am Schluß für Ölberg „sein" eintritt
(in seiner Mitte).

Doch würden wir noch viele Seiten brauchen, wenn wir
alle Verbesserungen aufzählen wollten, die Klopstock bei Neu-
ausgaben der Messiade vorgenommen hat. Daher erwähnen wir
nur noch seine sich auch sonst geltend machende Vorliebe für den
Komparativ an Stelle früherer Positive oder Superlative, ferner
für den Plural der abstrakten Substantiva (z. B. himmlische
Schimmer I, 169, zärtliche Kummer III, 180, langsame
Schauer II, 756) und heben endlich noch eine Stelle heraus, die
besonders charakteristisch ist, II, 648 ff. Dort hieß es 1748:
„Allein die Kriegswagenburg Satans, die im Triumph sie wieder
zu holen, schnell um sie herum kam, und der gewaltig einladende
Lärm der Kriegsposaune"; 1755 nahm der Dichter Anstoß an
der Wiederkehr des Wortes Krieg und änderte dementsprechend
Kriegswagenburg in rollende Wagenburg, ohne zu bedenken, daß
es unschön ist, eine Wagenburg als rollend zu bezeichnen. Daher wurde 1780 wieder geändert in: „Doch Satans beflammter,

rollender Wagen, der, zu Triumphen zurück sie zu führen, schnell um sie herkam und der Drommetenden Kriegszuruf, der sie ungestüm einlud". Nach alledem können wir hier nur wiederholen, was Wieland in dem Sendschreiben an einen jungen Dichter sagt: „Ich müßte die Hälfte der Messiade abschreiben, um Ihnen Stellen aufzuzeichnen, wo die Sprache dem Dichter zu jedem Ausdruck sanfter, zärtlicher, liebevoller, trauriger, wehmütiger oder erhabener, majestätischer, schauervoller, schrecklicher und ungeheurer Gegenstände oder Empfindungen freiwillig entgegengekommen ist, und die andere Hälfte, um Ihnen an den Beispielen zu zeigen, wie dieser große Dichter die Sprache, die er fand, auszuarbeiten, zu formen, zu wenden, kurz zur seinigen zu machen gewußt hat. Niemand hat besser als er die Kunst verstanden, ihre Widerspenstigkeit zu bezähmen. Studieren Sie ihn, ohne ihn jemals zu kopieren, lernen Sie von ihm!" Auch kann das, was Herder in den Fragmenten zur deutschen Literatur (3. Sammlung) von Luther sagt, daß er die deutsche Sprache, einen schlafenden Riesen, aufgeweckt und losgebunden habe, mit fast gleichem Recht auf Klopstock angewendet werden. Jedenfalls verdankt diesem unsere poetische Ausdrucksweise ebensoviel als jenem die prosaische.

83. Ein anderes beim Feilen von Dichtungen oft hervortretendes Streben ist das, die Fremdwörter möglichst auszumerzen, die beim ersten Entwurf untergelaufen sind. Dies können wir bei Klopstock, Lessing, Schiller, Goethe u. a. deutlich beobachten. Z. B. hat Goethe, besonders unter Herders Einfluß, den Göz nach und nach von derartigen Auswüchsen zu reinigen gesucht. 1771 schreibt er Vesikatorien, parat, kujonieren, 1773 dafür Schröpfköpfe, bereit und plagen; 1787 geht er noch weiter und beseitigt auch noch Retour, Kommission, Detaschement, Desavantage, Armee, Papa u. a. durch Einsetzung von Wiederkehr, Auftrag, Haufen, Nachteil, Heer, Vater.[1]

Höherer Art ist die ästhetische Kritik des Dichter dann, wenn er bei der Durchsicht ganze Verse oder Stellen um-

---

[1] Vgl. Th. Matthias in der Zeitschrift des allgemeinen deutschen Sprachvereins XVII, S. 65 ff.

modelt. In wie wirksamer Weise das geschehen kann, zeigt eine Strophe in Schillers Gedicht „die Ideale". Hier lautet die ursprüngliche Fassung: „Die Wirklichkeit mit ihren Schranken umlagert den gebundenen Geist, sie stürzt die Schöpfung der Gedanken, der Dichtung schöner Flor zerreißt; so schlang ich mich mit Liebesarmen um die Natur mit Jugendlust, bis sie zu atmen, zu erwarmen begann an meiner Dichterbrust". In der Neubearbeitung finden wir nun die erste Hälfte bis „zerreißt" in folgender Weise geändert: „Wie einst mit flehendem Verlangen Pygmalion den Stein umschloß, bis in des Marmors kalte Wangen Empfindung glühend sich ergoß", und werden zugeben müssen, daß durch diesen schönen Vergleich die ganze Stelle anschaulicher und schöner geworden ist.[1] Dieselbe Beobachtung können wir bei Heine machen, der die erste und vierte Strophe eines Gedichts folgendermaßen umformt: „Das alte Jahr so traurig, So falsch, so schlimm und arg, Das laßt uns jetzt begraben, Holt einen großen Sarg. Und holt mir auch zwölf Riesen, Die müssen noch stärker sein Wie der Christoph im Dom zu Münster, Der heil'ge Mann von Stein." „Die alten, bösen Lieder, die Träume schlimm und arg, Die laßt uns jetzt begraben, Holt einen großen Sarg. Und holt mir auch zwölf Riesen, Die müssen noch stärker sein, Als wie der starke Christoph Im Dom zu Köln am Rhein". Goethes Gedicht an den Mond aber, das von Haus aus für Frau von Stein bestimmt war, lautet in der zweiten Strophe: „Wie der Liebsten Auge mild" und in der dritten: „Das du so beweglich kennst, dieses Herz in Brand, Haltet ihr wie ein Gespenst an den Fluß gebannt" u. s. f., in der Umarbeitung aber: „Wie des Freundes Auge mild"; „Jeden Nachklang fühlt mein Herz Froh- und trüber Zeit, Wandle zwischen Freud' und Schmerz In der Einsamkeit."

---

[1] Oft ist bei solchen Änderungen der Einfluß anderer bemerkbar, z. B. bei Schiller der Goethes, Humboldts u. a. So hat er z. B. den Schluß des Gedichtes „Der Handschuh", der ursprünglich lautete: „und er wirft ihr den Handschuh ins Gesicht" (bei St. Foix: il jette le gant au nez de la dame) auf Veranlassung der Frau von Stein umgeändert in: „Und der Ritter sich tief verbeugend spricht".

Haben wir bisher nur von den Veränderungen gesprochen, die ein Dichter mit seinem eignen Werke vornimmt, so gilt es nun, noch einen Blick auf die zu werfen, welche von fremden Herausgebern oder Überarbeitern damit vorgenommen werden. So hat man Kirchenlieder oft dem veränderten Geschmacke einer andern Zeit angepaßt; z. B. ist in manchen Gesangbüchern der Gegenwart der Anfang eines Keimannschen[1]) Liedes etwas umgestaltet worden. Während dieser Dichter schrieb: „Meinen Jesum laß ich nicht; weil er sich für mich gegeben, so erfordert meine Pflicht, Kletten gleich an ihm zu kleben“, formt man jetzt die letzte Zeile oft um in: „nur allein für ihn zu leben“, weil man an dem Ausdruck kleben und an dem ganzen Vergleiche Anstoß nimmt. Ähnlich liegen die Dinge, wenn ein Dichter Strophen eines andern benutzt und seiner Ausdrucksweise anpaßt. Dies gilt z. B. von Hauffs (✝ 1827) Liede „Reiters Morgengesang“. Darin ist eine Stelle enthalten, die nach Chr. Günthers (✝ 1723) „Abschied von der untreuen Liebsten“ umgestaltet worden ist[2]). Die Verschiedenheit beider ergibt sich leicht aus folgender Zusammenstellung:

Günther:	Hauff:
Wie gedacht,	Kaum gedacht,
Vorgeliebt, jetzt ausgelacht;	War der Lust ein End' gemacht.
Gestern in den Schoß gerissen,	Gestern noch auf stolzen Rossen,
Heute von der Brust geschmissen.	Heute durch die Brust geschossen,
Morgen in die Gruft gebracht.	Morgen in das kühle Grab.
Und wie bald	Ach, wie bald
Mißt die Schönheit die Gestalt?	Schwindet Schönheit und Gestalt!
Rühmst du gleich an deiner Farbe,	Lust du stolz mit deinen Wangen,
Daß sie ihresgleichen darbe,	Die wie Milch und Purpur prangen?
Auch die Rosen werden alt.	Ach, die Rosen welken all'!

So hat der geläuterte Geschmack des späteren Dichters hier unter anderem Ausdrücke wie geschmissen beseitigt, aber auch veraltete Wörter wie darben = ermangeln durch andere ersetzt

---

[1]) Keimann lebte 1607—1662.
[2]) Vgl. K. Beyer, Deutsche Poetik. S. 274.

und doppelsinnige wie mißt (von missen = vermissen und von
messen) ausgeschieden. Daher bezeichnen die Umwandelungen auch
hier einen Fortschritt, was man von einem wahren Dichter als
selbstverständlich erwartet.

> Was Nord und Süd in hundertfält'gen
> Zungen
> Dem Lied vertraut, wer hat's wie wir
> durchdrungen?
>
> Geibel.

23. Übersetzungen.

84. Übersetzen ist von Haus aus eine Sache des praktischen
Bedürfnisses, das sich in Grenzgebieten zwischen Völkern von verschiedener Sprache geltend macht. Daher haben sich unsere Altvordern an Rhein und Donau mit den Römern, im Osten
Deutschlands mit den Slaven und Magyaren zu verständigen
gesucht, ehe sie daran dachten, Literaturdenkmäler in unsere Sprache
zu übertragen. So erklärt sich auch der Ausdruck Verdolmetschen
(mhd. tolmetschen = poln. tlumacz, böhm. tlumač, magyar.
tolmacs, alle von türkisch tilmač), der bis zum 17. Jahrhundert
für übersetzen üblich war. Bei diesem mündlichen Verkehr der
Grenznachbarn trat die Forderung einer formvollendeten Wiedergabe vollständig zurück, wie noch gegenwärtig bei der Tätigkeit
des Dolmetschers, dagegen kam es wesentlich darauf an, daß der
Inhalt des fremdsprachlichen Ausdrucks richtig erfaßt wurde.
Falsche Auslegung von Wörtern konnte im Geschäftsleben zu
Mißverständnissen und Mißgriffen führen und kann auch noch
jetzt auf allen Gebieten störend wirken. Haben sich doch Irr-
tümer, die durch unrichtige Übertragung entstanden sind, selbst
auf wissenschaftlichem Gebiete, wie eine Krankheit lange fort-
geschleppt. Ungebildeten oder Halbgebildeten verdanken wir
Wörter wie Tausendgüldenkraut für centaurea, Centauren-
kraut (nicht Kraut von centum aurei), Schwarzkunst für
necromantia, Totenbeschwörung (nicht von niger, schwarz) und

Wendungen wie auf dem Laufenden sein für être au courant, in der Strömung sein, mit dem Strome schwimmen. Und wenn aus dem savetier (Schuhflicker) des Lafontaine bei Hagedorn ein munterer Seifensieder (savonnier) geworden ist oder wenn die fourrés de vair, pelzgefütterten Schuhe im Märchen mit gläsernen Pantoffeln (fourrés de verre) wiedergegeben werden, so liegt die Schuld auf seiten der Übersetzer. Auf ähnliche Weise ist der salische Graf Ludwig, dessen Geschlecht von der Isala (Yssel) herstammt, zu einem Springer gemacht worden, weil man Salius mit salire in Verbindung brachte; ebenso liefen bei mhd. Dichtern wie Wolfram von Eschenbach infolge ihrer mangelhaften Kenntnis des Französischen[1]) manche Mißverständnisse unter, z. B. wenn er la fée Morgain (Fata Morgana) und ihren Wohnsitz terre de la joie vermischt und von einer Fee Terdelaschoye und ihrem Lande Famurgan redet; selbst nhd. Dichter haben sich vergriffen, wenn sie die Sprache der Vorlage nicht völlig beherrschten. Schiller fand bei seinen Studien zum Tell in Tschudis Schweizerchronik den Satz: „Er schrie den Knechten zu, daß sie hantlich zugend", d. h. tüchtig zögen (= ruderten). In der Meinung nun, daß er bei zugend ein Kompositum von gehn vor sich habe, vergriff er sich im Ausdruck und schrieb handlich zugehen. Ähnlich verhält es sich mit der Stelle, wo der Landvogt den Bauern verbietet, Häuser ohne seine Genehmigung zu bauen, und die Chronik hinzufügt: „Ich wird' üchs underston zu wehren". Hier hat underston den Sinn von versuchen, bei Schiller aber lautet der Vers: „Ich will mich unterstehn, euch das zu wehren". Ferner läßt G. Freytag in seinen Bildern aus der deutschen Vergangenheit I, S. 546 Ulrich von Lichtenstein erzählen: „Durch fünf Stunden tat ich den Mund auf, um zu reden, aber die Zunge lag mir fest und ich konnte kein Wort finden", während es heißen sollte: „Fünfmal tat ich den Mund auf" (mhd. stunt, unbestimmter Zeitpunkt, Mal); Scherenberg hält in seinem Epos Leuthen das mhd. Eigenschaftswort lobebaere, löblich, lobsam für eine Zu-

---

[1]) Darüber scherzt er selbst im Willehalm 237, 3.

sammensetzung mit Bär (statt für eine Ableitung mit -bar),
sagt daher: „Der Anhalt Dessau, der nie aus der Richtung
konnte wie sein alter Lobebär;“ und wenn der schlesische Dichter
Günther die Worte der Lutherschen Bibelübersetzung (Matth.
23, 24): „Die ihr Mücken seiget“ (= seihet) entstellt zu: „Die
ihr Mücken säuget“, so macht er sich eines ebensogroßen Miß-
verständnisses schuldig.

85. Von einem Übersetzer muß man also zuerst verlangen,
daß er die Worte des zu übertragenden Textes richtig versteht;
bei Literaturwerken, besonders poetischen Erzeugnissen, reicht dies
jedoch nicht hin; hier ist auch zu wünschen, daß er seine Muttersprache vollkommen beherrscht. Vor allem darf er sie nicht miß-
handeln oder vergewaltigen durch unrichtige Wortbetonung,
Wortstellung, Satzverbindung und Satzfügung. Wer es wie Voß
fertig bringt zu schreiben Herrscher im Donnergewölk Zeus
oder wer das lateinische Caesar cum mit Cäsar als überträgt
statt als Cäsar, zeigt, daß er den Geist der deutschen Sprache
nicht kennt. Und wenn jemand das griechische δέ jedesmal mit
a b e r wiedergibt, anstatt mit und, nun, da oder Asyndeton zu
wechseln, oder suivi de ausdrückt mit gefolgt von, der beweist,
daß er seiner Muttersprache nicht hinlänglich mächtig ist.

Wesentlicher und wichtiger dürfte sein, daß man fremde
Metaphern, die der heimischen Rede nicht geläufig sind, in
der richtigen Weise behandelt, d. h. einen genau entsprechenden
Ausdruck dafür einsetzt. Hier gilt es, um mit Herder zu reden,
dem Geiste des Autors zu folgen, nicht jedem seiner Worte und
Bilder. Das lateinische occidente vita (wenn das Leben sinkt)
wird am besten übertragen: am Abend des Lebens oder am
Rande des Grabes, d. h. der bildliche Ausdruck wird hier
durch einen anderen ersetzt, nicht wortgetreu übersetzt. Doch
kommt es auch vor, daß eine der beiden Sprachen das Bild der
andern weiter ausführt. Der Römer spricht vitam exstinguere,
servitutem imponere, wir das Lebenslicht ausblasen, das Joch
der Knechtschaft auferlegen.

„Wenn man gut dolmetschen will“, sagt Luther, „muß man
nicht den Buchstaben in der lateinischen Sprache fragen, wie

man soll deutsch reden; man muß die Mutter im Hause, die
Kinder auf der Gasse, den gemeinen Mann auf dem Markte
darum fragen und denselbigen auf das Maul sehen, wie sie reden,
und darnach dolmetschen. So verstehen sie es dann und merken,
daß man deutsch mit ihnen redet". Und dieser treffliche Bibel-
übersetzer gibt uns dann gleich selbst einen Beleg für seine Art
des Verdeutschens, indem er fortfährt: „So will ich auch sagen:
du holdselige Maria, du liebe Maria und lasse die Papisten
sagen: du voll Gnaden Maria. Wer gut deutsch kann, der
weiß wohl, welch ein herzlich fein Wort das ist: die liebe Maria,
der liebe Gott, der liebe Kaiser, der liebe Fürst, der liebe Mann,
das liebe Kind. Und ich weiß nicht, ob man das Wort liebe
auch so herzlich und genugsam in lateinischer oder andern
Sprachen reden möge, daß es also bringe und klinge in unser
Herz durch alle Sinne, wie es tut in unserer Sprache". In
der Tat läßt sich kaum eine ansprechendere Übertragung des
lateinischen Maria gratiae plena finden als die liebe Maria.
Sie ist nicht wörtlich, aber trifft den richtigen Sinn, vor allem
die gemütvolle Färbung. Denn übersetzen heißt nicht ein Kleid
von der rechten auf die linke Seite wenden oder alle Steinchen
eines Mosaikbildes durcheinander werfen, um mit den nämlichen
Steinchen dasselbe Bild wiederherzustellen, sondern es heißt das
vorhandene wirklich zertrümmern, so daß nichts übrig bleibt als
die im Geiste haftende Gestalt, und dann von neuem den
Schöpfungston zur Hand nehmen, um der existenzbegehrenden
Seele einen neuen Leib zu wirken.[1]) Die wahre Übersetzung ist
Metempsychose, die Seele bleibt, nur der Leib wechselt. Der
neugeschaffene Text muß auf den Leser oder Hörer denselben
Eindruck machen wie das Original auf die Volksgenossen dessen,
der das Werk verfaßt hat. Daher sind auch die Wortspiele
entsprechend umzumodeln. Sie bilden bei Schriftstellern, die an
derartigen Klangfiguren Gefallen finden wie Shakespeare, Plautus
und die orientalischen Dichter oft eine Klippe, an der Unerfahrene
scheitern. Um den überkünstlichen, von Anspielungen und Klang=

---

[1]) G. Weck, Prinzipien der Übersetzungskunst.

figuren aller Art durchsetzten Ausdruck der Makamen des Hariri
angemessen zu übertragen, bedurfte es eines Vers- und Reim-
künstlers ersten Rangs, wie Friedrich Rückert war; um biblische
Wortspiele geschickt wiederzugeben, eines sprachgewaltigen Mannes
wie Luther, der z. B. in Psalm 40, 4 und Jes. 7, 9 den
hebräischen Urtext nachahmt mit den Worten: „Viele schauen
und trauen" sowie: „Gläubet ihr nicht, so bleibet ihr nicht".

Auch andere Wortfiguren der Vorlage wollen beachtet sein.
Dies erkennen wir z. B. an der verschiedenen Behandlung, die
Schlegel und Tieck dem Anfange von Hamlets erstem Monologe
haben angedeihen lassen. Das Original bietet die Worte: ‚O
that this too too solid flesh would melt'. Dies gibt Schlegel
wieder: „O schmölze doch dies allzu feste Fleisch!" Tieck aber
in seiner verbesserten Bearbeitung wurde den Absichten des großen
britischen Dichters gerechter, als er die Wiederholung des too
berücksichtigte und schrieb: „O daß dies zu zu feste Fleisch doch
schmölze!"

86. Für poetische Erzeugnisse des Auslandes ist der beste
Dolmetscher der gottbegnadete Dichter. Denn er verfügt über
die nötige Phantasie und beherrscht den Ausdruck des Gefühls
soweit, daß er im stande ist, uns etwas poetisch Nachempfundenes
zu bieten. Aber auch hier ist ein Jahrhundert der Lehrmeister
der folgenden gewesen. Wohl haben uns schon die ahd. Mönche
mit allerhand Proben der Übersetzungskunst von Dichterwerken
beglückt, wohl haben die Humanisten die Schöpfungen manches
lateinischen oder griechischen Autors in deutsches Gewand gekleidet,
jedoch eine wirkliche Übersetzungskunst gibt es erst seit neuester
Zeit, besonders seit Geibel sein klassisches Liederbuch verfaßte
und Freiligrath uns mit französischen und englischen Dichtungen
genauer bekannt machte. Unsere großen Klassiker haben diesen
wacker vorgearbeitet. Denn Lessing übersetzt z. B. die Gefangenen
des Plautus nach eignem Geständnis genau, soweit es möglich ist,
und weicht von der Vorlage ab, wo es erforderlich scheint.
Schiller aber macht in seiner Übertragung des zweiten und
vierten Buches der Äneide dem deutschen Sprachgeiste oft Zugeständnisse. So wendet er die Personifikation viel häufiger an

als der Römer und schreibt z. B. IV, 10: „Die Hoffnung naht, und das Erröten flieht" (= Aen. IV, 53: spemque dedit dubiae matri solvitque pudorem); so individualisiert er dem Geiste der Neuzeit entsprechend viel häufiger und fügt gern zu Personen und Dingen Bezeichnungen der Tätigkeit oder Wirksamkeit einzelner Körperteile, übersetzt daher z. B. te aegram dein kummerkrankes Herz, timor das feige Herz, soror das Herz der Schwester. Auch vermeidet er den Lehren des Kunstepos angemessen die stehenden Wendungen noch mehr als Vergil und sucht daher den Ausdruck mannigfaltiger zu gestalten; z. B. setzt er für sic fatus oder fata II, 9 dieses sagend, II, 69 er spricht's, II, 96 mit diesen Worten und IV, 125 sie ruft's.

Ähnlich verfahren auch andere Übersetzer. So hat Schelling bei seiner Übertragung Homers den bekannten Vers, in dem das Erscheinen der Morgenröte verherrlicht wird, verschieden wiedergegeben: bis Eos kam, die frühgeborne; als Eos nun erhob die Rosenhände; die Eos zeichnete mit Rosenstreifen, das frühe Kind, den Morgenhimmel kaum; als Eos nun mit frühbereiten Tritten in ihrer Finger Rosenschmuck erschien. Ebenso werden Homerische Epitheta, wenn sie wiederkehren, nach dem modernen Geschmacke nicht gleichmäßig übersetzt, sondern je nach dem Zusammenhang der Stelle. So heißt periphrōn bei Männern klug oder verständig, bei vornehmen Frauen sinnig, bei dienenden achtsam.

Auch sonst gilt es, den ästhetischen Anschauungen der Neuzeit Rechnung zu tragen. Daher empfiehlt es sich oft, einen Ausdruck zu meiden, weil sein Gefühlswert nicht dem des Originals entspricht. Wer bei Homer von schwitzenden Pferden statt von dampfenden Rossen und von einer kuhäugigen statt von einer hoheitblickenden Juno redet, ist seiner Aufgabe nicht gewachsen. Wie verschieden aber das Gefühl für die Angemessenheit des Ausdrucks (le mot propre) bei den einzelnen Autoren ist, beweist unter anderem die bekannte Stelle aus dem vierten Buche der Äneide Vers 625: exoriare aliquis nostris ex ossibus ultor, die folgendermaßen wiedergegeben wird: „Aber einst aus meinen Knochen wird ein Rächer auferstehn" (Platen); „irgend ein

Rächender soll aus meinen Gebeinen erstehen" (Büchmann);
"auferstehn mögest du doch aus unserer Asche, der Rächer"
(Voß); "ein Rächer wird aus meinem Staub erstehen" (Schiller
113). Offenbar hat Schiller die Stelle am geschmackvollsten
übertragen; bei den übrigen stören die Knochen, der Rächende,
mögest du doch ..., der Rächer. Ähnlich verhält es sich mit
Odyssee 1, 51. Hier sagt Voß: auf der umflossenen Insel,
Schelling aber: umrauscht vom Wogenschwall; ferner überträgt
23, 172 jener: denn sie hat wahrlich ein Herz von Eisen, dieser:
denn stahlumpanzert ist der Herrin Seele, 9, 63 jener: fürchter-
lich heulender Sturm, dieser: des Nordwinds Sturmesatem.
Neuerdings hat auch Wilamowitz in seiner Übersetzung des
Euripideischen Hippolyt die saumnachschleppenden Weiber und
den helmumflatterten Hektor belächelt bei aller Anerkennung der
Verdienste, die sich Voß um Homer erworben habe.

Nach alledem begreift man, wie schwer es ist, eine gute
Übertragung zu liefern, bei der sich der fremde Geist dem
deutschen vermählt. Und wenn auch Moritz Haupt zu weit geht
mit der Äußerung, das Übersetzen sei der Tod des Verständnisses,
so hat doch Wilh. v. Humboldt nicht ganz unrecht, wenn er in
einem Briefe an Schlegel[1]) schreibt: "Alles Übersetzen scheint
mir schlechterdings ein Versuch zur Lösung einer unmöglichen
Aufgabe; denn jeder Übersetzer muß immer an der einen der
beiden Klippen scheitern, sich entweder auf Kosten des Geschmacks
und der Sprache seiner Nation zu genau an das Original oder
auf Kosten des Originals zu sehr an die Eigentümlichkeit seiner
Nation zu halten". Vor allem ist ein beide Sprachen völlig be-
herrschender Mann erforderlich, nicht ein Stümper, wie ihn Klopstock im Sinne hat, wenn er in der Ode "Die deutsche Bibel"
ausruft: "Heiliger Luther, bitte für die Armen, denen Geistes-
beruf nicht erscholl und die doch nachdolmetschen, daß sie zur

---

[1]) Vgl. Preußische Jahrbücher Bd. 68, S. 560. Geibel sagt:
"Unübersetzbar dünkt mich das Lyrische. Ist doch der Ausdruck hier
von des Dichters Geblüt bis in das Kleinste getränkt. Auch in ver-
wandelter Form noch wirken Bericht und Gedanke, doch die Empfindung
schwebt einzig im eigensten Wort."

Selbsterkenntnis endlich genesen. Dunkel ist ihnen jener Gipfel, den du mutig erstiegst und dort des Vaterlandes Sprache bildetest zur Erdensprache und der Menschen".

87. Bei poetischen Übertragungen muß auch das Versmaß sorgfältig ausgewählt werden, wie die Tonart eines Musikstückes; denn es ist der Ausdruck einer innern Notwendigkeit. Schon Goethe hat in seinen Gesprächen mit Eckermann (I, S. 85) geäußert: „Es liegen in den verschiedenen poetischen Formen geheimnisvoll große Wirkungen. Wenn man den Inhalt meiner römischen Elegien in den Ton und die Versart von Byrons Don Juan übertragen wollte, so müßte sich das Gesagte verflucht ausnehmen". Das Einfachste und Naturgemäßeste wäre natürlich, die äußere Form der fremden Dichtung beizubehalten; doch ist nicht selten geboten, davon abzugehen, wenn sich dies nicht mit dem Geiste der andern Sprache vereinbaren läßt. Wer etwa die alttestamentlichen Dichtungen in ihrer ursprünglichen Form verdeutschen wollte, würde fehlgreifen, weil diese unser Gefühl nicht befriedigen könnte. Daher müssen wir Goethe zustimmen, der in Dichtung und Wahrheit über Luther und seine Bibelübersetzung sagt: „Daß dieser treffliche Mann ein in dem verschiedensten Stile verfaßtes Werk und dessen dichterischen, geschichtlichen, gebietenden, lehrenden Ton uns wie aus einem Gusse überlieferte, hat die Religion mehr gefördert, als wenn er die Eigentümlichkeit des Originals im einzelnen hätte nachbilden wollen. Vergebens hat man sich nachher mit dem Buch Hiob, den Psalmen und anderen Gesängen bemüht, sie uns in ihrer poetischen Form genießbar zu machen". Auch Schiller war sich der Schwierigkeit wohl bewußt, als es galt, den zweiten und vierten Gesang der Äneide zu verdeutschen. Er sagt daher in der Vorerinnerung: „Die hauptsächlichste Schwierigkeit, die dem Verfasser bei der Ausführung seines Vorhabens aufstieß, war die Wahl einer Versart, bei welcher von den wesentlichsten Vorzügen des Originals am wenigsten eingebüßt würde. Der deutsche Hexameter schien ihm diese Eigenschaft nicht zu besitzen, und er hielt sich für überzeugt, daß dieses Versmaß selbst nicht unter Klopstockischen und Voßischen Händen diejenige Biegsamkeit

und Mannigfaltigkeit erlangen könnte, welche Vergil seinem Übersetzer zur ersten Pflicht macht". Er meint, daß die achtzeilige
Stanze dem Ausdruck von Grazie, Gelenkigkeit und Wohlklang
sehr günstig sei, und hat sie darum gewählt. Derselben Ansicht
sind auch andere Männer wie Tycho Mommsen, der den besten
deutschen Hexameter nur für ein Spottbild des griechischen erklärt,
und Goethe, der sich in seinen antiquarischen Briefen dahin ausspricht, daß der romanische Vers der Stanze für das romantische
Schicksal eines Odysseus viel besser passe.[1]) Deshalb hat Wieland für seinen „Ritt ins alte romantische Land" (Oberon) diese
Strophenform gewählt, deshalb sind Übertragungen der Odyssee
wie die von Schelling weit genießbarer als alle hexametrischen.[2])
Denn der daktylische Rhythmus steht nicht in Einklang mit
unserm Accentsystem, das entschieden dem regelmäßigen Wechsel
von Hebungen und Senkungen günstiger ist. Aus diesem Grunde
tat auch Scheffel recht daran, daß er den Waltharius manu
fortis in seinem Ekkehard nicht mit Hexametern wiedergab,
sondern abweichend vom Original in der Nibelungenstrophe,
natürlich auch nicht mit Vergilischem Wortgepränge, sondern im
Tone des deutschen Volksepos.

Und was hier vom Epos gesagt ist, läßt sich auch vom
Drama behaupten. Für die feierliche, gemessene Art der antiken
Tragödie war der ernste, würdige Schritt des jambischen Trimeters
ganz geeignet, für die größere Beweglichkeit der neuzeitlichen
Menschen ist er nicht am Platze. Es kann daher als ein glück-
licher Griff der Engländer bezeichnet werden,[3]) daß sie ihn zuerst

---

[1]) Als er hörte, das F. Rinne den Homer in Stanzen übertragen
habe, sagte er: „Wie wenig auch die Stockphilologen darauf halten
mögen, so hat mir doch dies das Romantische der Odyssee ins rechte
Licht gestellt. Es fehlt bloß die romantische Form, um es hervortreten
zu lassen."

[2]) Die Odyssee nachgebildet in achtzeiligen Strophen, München
und Leipzig 1897.

[3]) Im Epos verwandte den Blankvers am frühesten der Earl of
Surrey 1537 bei der Übersetzung des 4. Buchs der Äneide, im Drama
erscheint er zuerst in dem Stück Ferrex und Porrex von Sackville und
Norton, das 1562 aufgeführt wurde.

durch den fünffüßigen Blankvers ersetzten und ebenso als ein
kluger Schritt Lessings, daß er im Nathan dem Vorgange Albions
folgte und den fünffüßigen an Stelle des sechsfüßigen Verses
setzte. Ihn hat auch Schiller mit Recht bei der Übersetzung
Euripideischer Werke benutzt. Selbst die Chöre würden an Wirksamkeit verlieren, wenn man sich dabei an das griechische Metrum
halten wollte. Wer dies nachahmt, wie Humboldt, Droysen oder
Donner, tut den Ohren der Hörer und seiner Muttersprache
Gewalt an. Eine gereimte Übertragung ist hier schöner als eine
reimlose, weil sie unserem poetischen Empfinden mehr zusagt.
Zum Beweise dessen vergleiche man eine Stelle aus der So-
phokleischen Antigone (V. 100 ff.) in doppelter Verdeutschung:

Strahl des Helios, schönstes Licht,	Licht des Helios, sei gegrüßt,
Wie es der siebentorigen Stadt	Du, das wieder mit Freudenstrahle
Thebes niemals zuvor erschien!	Thebe, die siebentorige küßt!
Du strahlst endlich, des goldenen Tags	Hehr und herrlich, wie nie zuvor,
Aufblick, herrlich herauf,	Steigst du über Dirkes Tale,
Über Dirkes Fluten herüber-wandelnd.	Auge des goldenen Tags, empor.

Danach erscheint es mir fraglich, ob die Horazübersetzer das
Richtige getroffen haben, als sie die verschiedenen Strophenformen
der Römer übernahmen. Meines Bedünkens können wir die
Schönheit dieser Gedichte erst recht genießen, wenn wir sie in
gereimten Versen lesen, also in derselben Weise übertragen finden
wie den Westfälschen Catull.

   Selbst bei Übertragungen aus modernen Sprachen
ist die Wahl des Versmaßes nicht gleichgiltig. So eignet sich
z. B. der Alexandriner gut für französische Dramen, weil er
ganz der Naturanlage unserer westlichen Nachbarn entspricht,
dagegen weniger für Deutsche. Über ihn spricht sich Schiller
(an Goethe 15. Oktober 1799) auf Veranlassung von Voltaires
Mahomet folgendermaßen aus: „Die Eigenschaft des Alexandriners,
sich in zwei gleiche Hälften zu trennen, und die Natur des Reims,
aus zwei Alexandrinern ein Kouplet zu machen, bestimmen nicht
bloß die ganze Sprache, sie bestimmen auch den ganzen inneren
Geist dieser Stücke. Die Charaktere, die Gesinnungen, das Be-

tragen der Personen, alles stellt sich dadurch unter die Regel
des Gegensatzes, und wie die Geige des Musikanten die Bewegungen des Tänzers leitet, so auch die zweischenklige Natur
des Alexandriners die Bewegungen des Gemüts und die Gedanken.
Der Verstand wird ununterbrochen aufgefordert, und jedes Gefühl, jeder Gedanke in die Form wie in das Bett des Prokrustes
gezwängt." Bei der Vorliebe des Franzosen zu Antithesen und
rhetorischem Gepräge des Stils war der Vers für ihn wie geschaffen,
der Deutsche, dem dies weniger zusagt, bevorzugt die fünffüßigen
Jamben. Daher hat sich auch Schiller, als er die Phädra von
Racine übertrug, der Aufgabe einer solchen Umformung unterzogen.

Für seine Lieder nah und fern
Sucht er den Schmuck, den besten,
Mit ihren Schätzen dienen ihm gern
Der Osten und der Westen.
Geibel (König Dichter).

24. Morgenländisches in unserer Sprache.

88. Mit dem Worte orientalisch verbindet sich meist der
Nebensinn des Überschwänglichen, Phantastischen und Maßlosen.
Dies nimmt den nicht wunder, der die geflügelten Löwen, Greifen
und Sphinxe Babyloniens oder die Riesenbauten ·der Pyramiden,
Tempel und Königspaläste Ägyptens betrachtet, der die eigen-
tümlichen Formen des muhammedanischen Kultus und den geheimnisvollen Zauber der Märchen aus Tausend und einer
Nacht ins Auge faßt. Und wie auf diesem Gebiete, so ist es
auch auf dem der Sprache, die uns in zahlreichen Inschriften
und in Werken wie der Bibel entgegentritt. Von einem großen
Einfluß der steinernen Denkmäler auf unsere Literatur kann keine
Rede sein; um so tiefer und nachhaltiger ist die Einwirkung,
die das Buch der Bücher in deutschen Landen ausgeübt hat.
Schon die Mönche der ahd. Zeit haben sich vielfach damit beschäftigt, und die nhd. Literatur ist durch Luthers Bibelübersetzung aus der Taufe gehoben worden. Unsere großen Dichter,
Klopstock wie Lessing, Goethe wie Schiller, haben aus diesem

Born getrunken und sich daran erquickt; ja, Goethe konnte sogar das Geständnis ablegen: „Der Bibel fast allein war ich meine sittliche Bildung schuldig, und die Begebenheiten, die Lehren, die Symbole, die Gleichnisse, alles hatte sich tief bei mir eingedrückt und war auf die eine und die andere Art wirksam gewesen". Als dann das Wunderland Indien erschlossen und uns nach und nach die ganze Poesie des Orients durch Schlegel, Rückert, Schack u. a. zugänglich gemacht wurde, gab es neue Anregungen, und es ist die Möglichkeit nicht ausgeschlossen, daß auch die Besitzergreifung chinesischen Gebietes kleinere literarische Einflüsse im Gefolge haben wird. Wenigstens halten es unsere im fernen Ostasien befindlichen Landsleute schon für ersprießlich, uns Proben von der überladenen Pracht des chinesischen Bilderstils mitzuteilen, Proben, die so bezeichnend für die ganze Art des Morgenlandes sind, daß wir nicht unterlassen wollen, einige davon hier wiederzugeben. Zunächst ein Stück aus dem Glückwunschschreiben des Gouverneurs von Schantung, Yuan Shi Kai, zur Vermählung des deutschen Gouverneurs Jäschke von Kiautschou am 10. April 1900: „Es ist Ihnen gelungen, sich des siegenden Phönixweibchens zu bemächtigen, mit dem vereint Sie die freudenreiche Reise in die Gefilde der Seligen angetreten haben. Ihre Schritte haben Sie nach den Ufern des Perlstroms gelenkt, um sich dort in heiterer Lust und Freude zu ergehen, wo in bildergeschmückter Halle die mondesgleichen Gewänder der Gemahlin dahinfluten und wo die Scheibe des Mondes von nun an ein vereintes Doppelbild traf. Vermehrter Glanz ist auf Ihre Standarte gefallen durch die Vereinigung mit dem seidengestickten Vorhange an der bräutlichen Sänfte, und im harmonischen Gleichklang ertönt die Leier aus Edelstein zu der Guitarre aus Jade. Das Volk drängt sich glückwünschend zum dunkelverhängten Hochzeitszimmer, und auch in meinem Herzen hat aus diesem Anlaß die Frende Einkehr gehalten. Ich gehöre zu der Art derjenigen, die soviel Wert haben wie ein aufgehängter leerer Kürbis, und mein Inneres birgt nichts Kostbareres als eitles Gras. Nachdem aber der Ton der Hochzeitsflöten in meine Ohren gedrungen ist, will ich den Pinsel in die Finger nehmen und das Fest

durch ein Bild feiern, und während Sie jetzt den duftenden
Schlaf friedlicher Schwalben schlafen, nehme ich diesen arm-
seligen Papierstreifen als Mittel, um Ihnen meine Glückwünsche
zu dem freudigen Ereignisse zukommen zu lassen."[1]) Ein Heirats-
gesuch aber, das im verflossenen Jahre eine Japanerin zu Joko-
hama veröffentlicht hat, lautet: „Ich bin eine sehr hübsche Frau
mit dichten Haren, die wie Wolken wogen; mein Gesicht hat
den Seidenglanz der Blumen, mein Wuchs ist biegsam wie die
Weide, und meine Augenbrauen haben die Krümmung des wechselnden Halbmondes. Ich habe genug Vermögen, um mit dem Geliebten durch das Leben zu schlendern, indem ich am Tage die
Blumen betrachte und des Nachts den Mond. Wenn es einen
netten, feinen Herrn gibt, der gebildet, klug, geschickt, hübsch und
von gutem Geschmack ist, so will ich mich mit ihm für dieses
Leben vereinigen und mit ihm das Vergnügen teilen, später in
einem Grabe von rosenrotem Marmor beerdigt zu werden".
Endlich ein Zurückweisungsbrief, den ein Amerikaner auf ein
eingesandtes Manuskript aus China erhalten hat, enthält folgende
in Unterwürfigkeit schwelgende Redensarten: „Berühmter Bruder
der Sonne und des Mondes! Sieh' auf deinen Sklaven, der
sich zu deinen Füßen wälzt, der den Boden vor dir küßt und
von Deiner Barmherzigkeit die Gnade zu leben und zu sprechen
erfleht. Wir haben dein Manuskript mit Entzücken gelesen. Bei
den Gebeinen unserer Ahnen schwören wir, daß wir niemals
ein solches Meisterwerk in die Hände bekommen haben. Wenn
wir es druckten, so würde S. Majestät der Kaiser uns befehlen,

---

[1]) Aus demselben Anlaß schreibt ein anderer vornehmer Chinese:
„Nachdem Sie jetzt die Elsterbrücke beschritten haben und dadurch in
glanzvolle und harmonische Vereinigung mit dem Phönix gekommen
sind, mit dem zusammen Sie sich der glückverheißenden Ruhe der
Schwalben erfreuen, mag dies ein Vorzeichen sein für eine strahlende
Zukunft Ihrer kommenden Geschlechter. Die Freudenbotschaft gleicht in
ihrer Wirkung dem freundlichen Licht der Vollmondscheibe, und ein
Segen für alle ist die glückliche Vereinigung der beiden Sterne. Es
klingen zusammen die köstlichen Harfen, und aus den in Freude vereinten
Herzen strömen die Lieder. Mit seidenem Faden seid Ihr beide nun
aneinander gekettet, und auf einem Stengel blühen zwei Blumen."

niemals wieder etwas zu veröffentlichen, was deinem Werke nicht gleichkäme. Und da müßten wir am Ende 1000 Jahre auf eine Wiederholung warten. So schicken wir mit 10000 Entschuldigungen Dein Manuskript zitternd und zagend zurück. Sieh' meine Hand zu Deinen Füßen, und ich bin Dein Sklave."

89. Während in den beiden ersten Schreiben die Überschwenglichkeit des Bilderstils für deutsche Ohren auffällig ist, wirkt hier die übertriebene Devotion in gleicher Weise. Beides ist unserem Wesen fremd. Denn bei uns „trägt Verstand und rechter Sinn mit wenig Kunst sich selber vor". Wir sind eben von ruhigerer Gemütsart als die Orientalen und besitzen namentlich nicht jene innere Erregtheit, die von der nüchternen Art begrifflicher Abstraktion nichts weiß und darum durch das Übermaß wirken muß, um sich verständlich zu machen und ihres innern Drangs zu entledigen. Kein Wunder, daß Männer, die es gut mit ihrem Vaterlande meinten, wiederholt vor der Nachahmung semitischer Ausdrucksweise gewarnt haben; so vor allem Herder, unter dessen Einfluß sich Goethe in Straßburg für das Volkslied und die deutsche Baukunst begeistern lernte. Er ermahnte seine Landsleute öfter mit den nachdrücklichsten Worten, nicht blindlings morgenländischer Rede nachzueifern. Die ganze Natur des Orients sei von der Deutschlands so grundverschieden, der Geschmack, die Sitten, die Religion und die Sagen beider Gegenden so abweichend, daß die von dort entlehnten Bilder bei uns nie lebensvolle Anschauung gewinnen könnten und die damit gezierten Dichtungen zu Schöpfungen ohne Erde würden. Ja, er erklärt es geradezu für unwürdig, sein Vaterland zu verlassen und in der Fremde zu betteln, für lächerlich, den Jordan und den Hermon neben den Rhein und den Harz zu stellen und die orientalischen Tiger mit unseren Lämmern zu gatten. Er will also die Morgenländer nicht nachgeahmt wissen, aber er empfiehlt sie zu studieren, um die Kunst des Erfindens an ihnen kennen zu lernen.[1]) Daher kann Herder auch Klopstock nicht so hoch

---

[1]) Unter anderem sagt er: „Käme es nur erst so weit, daß niemand schriebe, was er nicht verstünde; befleißigten wir uns mehr, den Orient zu beschauen, die heiligen Gedichte zu verstehen und wirklich erklären zu

schätzen und ihm namentlich nicht wie manche seiner Zeitgenossen den Vorrang vor Homer einräumen. Der Wert der Lieder dieses heiligsten unserer Sänger werde durch zu viel morgenländische, biblische Sprache beeinträchtigt. Und in der Tat teilt Klopstock mit der hebräischen Poesie die Eigentümlichkeit, daß er die ganze Natur um des Schöpfers willen beseelt. Wie im 98. Psalm vor dem Herrn das Meer und der Erdboden brausen, die Wasserströme frohlocken und alle Berge fröhlich sind oder im 114. aus Furcht vor dem Herrn das Meer flieht, der Jordan sich zurückwendet und die Berge wie die Lämmer hüpfen, so ruft bei unserem „seraphischen" Dichter der Donner hoch in den Wolken: Jehovah! Jehovah! (Frühlingsfeier), und die Unendlichkeit bebt durch den Umkreis ihrer Gefilde das hohe Lob von Gottes Sohne nach (dem Erlöser), so läßt derselbe die Morgensterne sich vor Gott neigen, die Tiefen sich bücken und die Höhen gefaltete Hände gen Himmel erheben, die ganze Welt jauchzen, frohlocken, jubilieren. Den Franzosen, die Freunde des Pathos und der Überschwenglichkeit sind, sagt eine derartige Ausdrucksweise mehr zu. Daher bezeichnet es auch Voltaire als bon style oriental, wenn der biblische Dichter läßt danser les montagnes et les collines, la mer s' enfuir, les étoiles tomber, le soleil fondre comme de la cire. Die Deutschen sind damit weniger einverstanden, und schon Schönaich geißelte diese Art der Darstellung mit den Worten: „Kaum fing ein göttlicher Klopstock zu jauchzen an, so jauchzte unser ganzer Parnaß." Das hat aber nicht gehindert, daß manches davon unter dem Einflusse der Bibel in unsere Literatur eingedrungen ist.[1]

Naturgemäß hat sich das Kirchenlied der orientalischen Ausdrucksweise am ehesten bemächtigt. Denn dieses schließt sich nach Inhalt und Form vielfach an die heilige Schrift an. So heißt es in einem Gesangbuchsverse: „Der Engel preiset Gott

---

können, so würden wir es gewiß verlernen, mit orientalischen Mastkälbern zu pflügen; wir würden uns, wenn wir ihre Kunst nur ganz einsehen, zu Schilderern unserer eigenen Natur ausbilden" (I, S. 260).

[2] Auch die Tiersage stammt aus dem Orient; denn sie ist in Indien heimatsberechtigt.

entbrannt, ihm jauchzen Morgensterne. Der Mensch, der ihn
nur schwach erkannt, ehrt ihn aus dunkler Ferne. Ihm jauchzen
in der Höh' und Luft, ihm jauchzen tief in Fels und Kluft der
Schöpfung ganze Heere. Der Sonne feuerreiche Pracht, das
blasse Licht der stillen Nacht verkündigt Gottes Ehre". So und
ähnlich klingt es aus zahlreichen Strophen unserer Kirchenlieder[1]).

90. Doch diese Einwirkungen der Bibel erstreckten sich nicht
bloß auf Personifikation und Naturbeseelung, sondern sie gingen
weiter. Auch ganze Redensarten und Wortverbindungen
wurden von unseren Dichtern übernommen, oder vielmehr hatten
sich ihnen bei der Lektüre der heiligen Schrift so fest eingeprägt,
daß sie unwillkürlich davon Gebrauch machten. Bei Goethe
z. B. kann man von Göz und Werther bis zu Hermann und
Dorothea und späteren Dichtungen diese Spuren deutlich verfolgen. Aber in den 70er Jahren, wo er noch stark unter
dem Einflusse Klopstocks steht, sind sie besonders zahlreich wahrzunehmen. So schreibt er 1773 an Kestner: „Ich wandre in
Wüsten, da kein Wasser ist; meine Haare sind mir Schatten und
mein Blut mein Brunnen"; und an Frau von Stein 1777:
„Ich singe Psalmen dem Herrn, der mich aus Schmerzen und
Enge wieder in Höhe und Herrlichkeit gebracht hat". Wenn
Werther Gott um Tränen bittet, so bedient er sich biblischer
Worte: Er bittet wie ein Ackersmann um Regen, wenn der
Himmel ehern über ihm ist und um ihn die Erde verdurstet;
und wenn er die Mädchen am Brunnen Wasser holen sieht, gedenkt er unwillkürlich der Rebekka. Bruder Martin im Göz
spricht mit Jesus Sirach: „Wohl dem, der ein tugendsam Weib
hat; des lebt er noch eins so lange" und mit dem Psalmisten:
„Der Wein erfreut des Menschen Herz". Der Wirt sagt gleich
bei Beginn dieses Dramas: „In meiner Stube soll alles ehrlich und ordentlich zugehen" unter Anlehnung an das 14. Kapitel

---

[1]) Fr. Vischer, Ästhetik III, S. 1218: „Die ganze orientalische
Dichtung häuft die Pracht des einzelnen in dem Grade, in welchem das
innere Verhältnis zwischen Idee und Bild nicht das organisch ästhetische
ist. Sie schlägt dem symbolischen, ästhetisch dürftigeren Kern einen um
so reicheren, mit Bilderbrillanten besäten Mantel um".

des Korintherbriefes; die Worte, die Gretchen im Faust singt:
„Die Augen gingen ihm über" gemahnen uns an den Bericht
des Johannes 11, 35 (und Jesu gingen die Augen über);
und wenn die Bürger, die am Ostermorgen vor den Toren der
Stadt spazieren gehn, nichts Lieberes wissen an Sonn- und
Feiertagen als ein Gespräch von Krieg und Kriegsgeschrei, so
finden wir darin einen deutlichen Anklang an Matthäus 16, 3
(Ihr werdet hören Kriege und Geschrei von Kriegen.)

Natürlich fehlt es bei Goethe auch nicht an biblischen
Bildern: Er redet von den Knien des Herzens (Gebet Manasse
V. 11), von dem Taumelkelch (Jesaias 51, 17), den Flügeln
der Morgenröte (Psalm 139, 9), dem Pfahl im Fleische (2.
Korinth. 12, 7) u. a.

Selbst in die Umgangssprache haben sich Ausdrücke der
Bibel vielfach eingeschlichen, mögen sie nun aus einzelnen Worten
bestehen wie himmelschreiend, Feuertaufe, Kainszeichen, Nimrod,
Uriasbrief, Sündenbock, Hiobspost oder aus ganzen Wendungen
wie mit Blindheit geschlagen werden, Gnade vor jemandes Augen
finden, zu jemandes Füßen sitzen (= sein Schüler sein), ausgehn,
um die Töchter des Landes zu besehen, wie Sand am Meere,
Dorn im Auge, mit fremdem Kalbe pflügen, sein Herz aus-
schütten, seine Hände in Unschuld waschen, Schlaf der Gerechten,
arbeiten im Weinberge des Herrn u. a. Auf biblischen Pfaden
befinden wir uns auch bei Ausdrücken wie Kind des Todes
(2. Sam. 12, 5), Kind Gottes, Kinder der Welt, des Lichtes,
der Finsternis, Kind der Sorge (Herder), Sohn des Mai
(= Goldkäfer in Klopstocks Frühlingsfeier), denen sich chinesische
Bezeichnungen wie Kind der Säule (= Säulchen, kleine Säule),
Sohn der Sonne (= Tag), Sohn des Frührots (= Morgenstern) oder malayische wie Kind des Bogens (= Pfeil) zur
Seite stellen lassen.

91. Von syntaktischen Fügungen aber, die wir der
hebräischen Poesie verdanken, sind besonders zwei zu nennen:
zunächst Wendungen wie Auge um Auge, Zahn um Zahn
(2. Mos. 21, 24), von Angesicht zu Angesicht u. a., sodann
aber Verbindungen, in denen dasselbe Wort im Genetiv Pluralis

wiederholt wird wie Herr der Herrn, was wir schon auf alt-
assyrischen Inschriften finden [1]). Diese Redeweise ist zwar den
germanischen Sprachen nicht ganz unbekannt, im Nhd. aber
doch besonders durch die Bibel, „das Buch der Bücher", verbreitet worden, begegnet daher schon häufig in Luthers Schriften,
z. B. Herr der Herru und König der Könige in seinem Briefe
an Kaiser Karl V. vom Januar 1520. Bei den Dichtern zumal
bildet sie ein sehr beliebtes Steigerungsmittel. So sagt Schiller:
„Stürzt mich in die Nacht der Nächte" (= in die tiefste Nacht),
Klopstock: „Christus wird halten das Gericht der Gerichte" und
„die Himmel der Himmel erzittern", Lessing: „O aller Nasen
Nase", Goethe: „Ist es möglich, Stern der Sterne, drück' ich
wieder dich ans Herz?" Seltener steht statt der Mehrzahl die
Einzahl, z. B. „ich Geck, ich eines Gecken Geck" (Lessing im
Nathan I, 3), „ins Herz des Herzens hab' ich ihr geschaut"
(Schiller in der Braut von Messina II, 5) [1]). Etwas abweichend
sind die Ausdrücke: „Du Licht vom Lichte", der Tode töblichster",
„der Geliebten Geliebteste" bei Klopstock. Vgl. mundartliche
Fügungen wie das bayrische Schimpfwort: „Du bist dem Drecke
sein Dreck" bei Schmeller, Bayr. Wörterbuch I, S. 413 = des
Dreckes Dreck und altenburgisch: du Hundehund = Hund der
Hunde). [3]) Beachtenswert erscheint aber, daß die dabei gebrauchten
deutschen Substantiva fast alle einsilbig sind (Herr der Herren,
Buch der Bücher, Gott der Götter) und daß der Genetiv gewöhnlich nachsteht, selten voran wie im Kirchenliede: „Jesu,
meines Lebens Leben" oder bei Platen: „meines Bildes Bild".

92. Doch ist die Bibel nicht die einzige Quelle orientalischer

---

[1]) Vgl. auch griech. anax anaktōn bei Äschylus und rex regum
bei Plautus.

[2]) Anders aufzufassen sind Fügungen wie Kindeskind, Helfershelfer,
Zinseszins u. a.

[3]) Eine besondere Art von Verstärkung, die der hebräischen Poesie
eigen ist, finden wir in Klopstocks Zeit öfter nachgeahmt, den Parallelismus, durch den derselbe Gedanke in doppelter Form ausgesprochen wird,
z. B.: „Wie das Gras werden sie abgehauen, und wie das Kraut werden
sie verwelken" oder: „Ich gab ihnen meine Gebote und lehrte sie meine
Rechte."

Darstellungsart; auch die perfische und indische Dichtung
haben Einfluß auf unser Schrifttum ausgeübt. Dies merken
wir z. B. in Goethes weftöftlichem Divan, wo es unter anderem
heißt: „Morgendämmerung wandte sich ins Helle, Herz und Geist
auf einmal wurden froh, als die Nacht, die schüchterne Gazelle,
vor dem Dräun des Morgenlöwen floh" oder: „Der goldne
Falke (= die Sonne) breiter Schwingen überschwebet sein
azurnes Nest". Da zieren Zopf und Kamm das Köpfchen der
Geliebten, wie die Kuppel Moscheen ziert, und ihr Gang gleicht
dem einer wandelnden Cypresse; da ist von den Wimperpfeilen
und den Schlangenlocken der Jungfrau, von ihrem süßen Rubinen-
munde und ihrem Leib von Honiggold die Rede. Und jedermann
weiß, daß der alternde Goethe nach eigenem Geständnis „dem
Stern, der oftenher wahrhaft erschienen, auf allen Wegen war
bereit zu dienen".

Ähnliche Ausdrücke finden wir bei anderen unter morgen-
ländischem Einflusse stehenden Dichtern, auch bei Freiligrath
und H. v. Kleist. So verwendet jener den bekannten Vergleich
eines aus dem weißen Zelte tretenden Mohren, wo er von dem
verfinsterten, aber wieder heller werdenden Monde spricht, so
redet dieser im Prinzen von Homburg von einer Perserbraut
(„mit blondem Haar, von Wohlgeruch ganz triefend, ach! wie
der Bräut'gam einer Perserbraut" I, 4) und gebraucht überdies
folgende Wendungen: „Eine Tat, die weiß den Dei von Algier
brennt, mit Flügeln nach Art der Cherubime, silberglänzig, den
Sardanapal ziert" (III, 1), „das Leben nennt der Derwisch
eine Reise" (IV, 3) u. a.[1])

Ein Erzeugnis orientalischer Denkweise und Geistesart ist
ferner jener prickelnde Feuilletonstil, der besonders von den
jüdischen Schriftstellern ausgegangen ist. Er wurde von Heinrich
Heine in die literarische Welt eingeführt, aber auch von den

---

[1]) Mit der orientalischen Poesie kamen auch die verschiedenen
neuen Versformen zu uns wie die namentlich von Rückert und Platen
nachgeahmten Vierzeilen und Ghaselen, die sich seitdem so einbürgerten,
daß Platen sagen konnte: „Der Orient ist abgetan, man sieht die Form
als unser an."

Vertretern des „Jungen Deutschlands", wie Börne, Eduard
Gans und der Rahel eifrig gepflegt. Ein Hauptkennzeichen
ist, daß man in pikanter Art über alles Mögliche schreibt, ohne
tiefere Kenntnis davon zu haben, und den Leser nötigt, in angenehmer Gedankenlosigkeit über den Gegenstand hinwegzueilen,
über den er sich eigentlich unterrichten wollte. Treitschkes Urteil
über ihn ist folgendes:[1] „Heine besaß die geschickte Mache, die
aus niedlichen riens noch einen wohlklingenden Satz zu bilden
vermag, vor allem jenen von Goethe so oft verurteilten un-
fruchtbaren esprit, der mit den Dingen spielt, ohne sie zu beherrschen. Das alles war undeutsch von Grund aus. Geboren
in den Kämpfen des Gewissens, war die Sprache Martin Luthers
allezeit die Sprache des freien Mutes und des wahrhaftigen
Gemüts geblieben. Sie nannte die Sünde Sünde, das Nichts
ein Nichts", und Goethe erwies sich wieder einmal als der
Herzenskündiger seines Volks, da er sagte: „Im Deutschen lügt
man, wenn man höflich ist". Aber gerade, weil die Deutschen
fühlten, daß sie in den Künsten des Pikanten und Charmanten
mit dem gewandten Juden nie wetteifern könnten, ließen sie sich
von ihm blenden; sie hielten für künstlerischen Zauber, was im
Grunde nur der prickelnde Reiz der Neuheit war. Es währte
lange, bis sie sich eingestanden, daß deutschen Herzen bei höhnen-
dem Witze nie recht wohl werde." Auch andere deutsche Männer
wie Viktor Hehn verurteilten das „judaistische und heinisierende
Deutsch" und verabscheuten das geistreichelnde, gesuchte, affektierte
Witzeln, ohne es ganz aus der Welt schaffen zu können.[2]

---

[1] Vgl. Deutsche Geschichte im 19. Jahrhundert IV, S. 419.

[2] Daß auch jüdische Ausdrücke in die deutsche Sprache eingedrungen
sind, beweisen Gauner, Kümmelblättchen, schachern, schächten,
koscher, Schickfel, Schmus, Schmu, Moos (Geld) u. a., die wie
fast alle hebräischen Wörter der Soldaten-, Studenten- und Handwerker-
sprache wohl durch das Rotwelsch, d. h. den Gaunerjargon (rot, Bettler
vielleicht von mhd. rote = mlt. rupta, Schar, Haufen) in allgemeine
Aufnahme gebracht worden sind.

> Die Mundarten sind stets mehr
> Quellbäche als Nebenkanäle der
> Literatursprache gewesen.
>   M. Müller.

25. Verdienste der Schweizer um die nhd. Schriftsprache.

93. Luther sagt einmal von Zwingli, die heimische Mundart gefalle ihm „viel besser als dem Storche sein Klappern", und an einer andern Stelle bemerkt er, „einer möchte schwitzen, ehe er dieses Züricher Deutsch verstehe". Damit hat er weniger die Wortbiegung und Satzfügung des Alemannischen im Auge als den Wortschatz und Lautstand. Denn bei der Abgeschlossenheit des Alpengebietes hatten sich die eigentümlichen Erscheinungen einer landschaftlich gefärbten Rede viel länger im Schriftgebrauch erhalten als in anderen protestantischen Ländern, z. B. in der norddeutschen Tiefebene, wo sich das Lutherische Bibeldeutsch sehr schnell Eingang verschaffte.[1]) Aber als dann die Wellen dieser sprachlichen Bewegung auch in die Schweiz gedrungen waren, als man in Basel und Schaffhausen, in Zürich und Bern die neue Schriftsprache angenommen hatte, als dort hervorragende Schriftsteller auftraten und mit ihren Geisteserzeugnissen die literarische Strömung des 17. und 18. Jahrhunderts verstärkten, fehlte es nicht an befruchtenden Einwirkungen, die von diesem Gebiet ausgingen und sich auf das Schrifttum anderer deutscher Länder erstreckten; zunächst im Bereiche des Wortschatzes. Wie schon früher zahlreiche Kunstausdrücke für die Erscheinungen der Hochgebirgswelt besonders von dort aus verbreitet worden waren, so wurden jetzt durch die Werke eines Haller[2]) und Geßner, Bodmer[3]) und Breitinger, Tschudi und Joh. v. Müller, Lavater und Jeremias Gotthelf[4]), Gottfried

---

[1]) Noch Haller machte die deutsche Schriftsprache Schwierigkeiten; er veränderte in der 4. Auflage seiner Gedichte vieles und sprach offen aus, daß er diejenigen beneide, die in Deutschland aufgewachsen seien. Vgl. Pauls Grundriß I, 2. Aufl., S. 673.

[2]) W. Horak, Die Entwickelung der Sprache Hallers, Bielitzer Programm 1890.

[3]) Biographie Bodmers, Zürich 1900.

[4]) H. Nickelberger, Über die Sprache J. Gotthelfs. Mitteilungen der Gesellschaft für deutsche Sprache in Zürich II, 1897.

Keller[1]) und K. F. Meyer[2]) manche alte schweizerische Ausbrücke in die Gemeinsprache eingeführt und kamen so in ganz Deutschland zu Ehren, sodaß Schriftsteller, die in anderen Gegenden heimatsberechtigt waren, oft etwas darin suchten, sich die schweizerischen „Machtwörter" anzueignen; in erster Linie Lessing, der die alemannische Mundart um die vielen nachdrücklichen Wörter von gutem Schrot und Korn beneidete und die Schriften eines Geßner und Zimmermann auf ihren körnigen Wortschatz hin durchforschte. Tadelt er doch sogar Wieland im 14. Literaturbriefe deshalb, weil er seinen Aufenthalt bei Bodmer in Zürich nicht besser ausgenutzt habe, mit den Worten: „Wenn uns Herr Wieland statt jener französischen Wörter so viele gute Wörter aus dem schweizerischen Dialekte gerettet hätte, er würde Dank verdient haben. Allein es scheint nicht, daß er sich in diesem Felde mit kritischen Augen umgesehen. Das einzige Wort entsprechen habe ich ein- bis zweimal bei ihm gebraucht gefunden. Dieses entsprechen ist jetzt den Schweizern eigen und nichts weniger als ein neugemachtes Wort". Ähnlich spricht er sich anderswo aus: „Ich erinnere mich, eine gute, alte deutsche Redensart dieses Volkes bemerkt zu haben, die unseren besten Sprachverbesserern nicht leicht beifallen sollte".[3]) Freilich ist es nicht immer leicht festzustellen, von wem die einzelnen Ausbrücke der Schriftsprache zugeführt worden sind. Wohl weiß man, daß staunen, Abbild, Abhang (von Bergen) durch Haller, anstellig durch Lavater, Abglanz durch Bodmer verbreitet, ebenso daß Schick (gute Art, Ordnung) und abschätzig von Lessing, tagen (eine Landtagssitzung abhalten) von Schiller bei der Abfassung seines Tell[4]) aus der Schweiz übernommen worden sind, aber es ist schwer zu sagen, durch wen Heimweh, anheimeln[5]), unentwegt, geistvoll, kernhaft

---

1) A. Köster, Gottfried Keller, Leipzig 1901.

2) H. Stickelberger, Die Kunstmittel in K. F. Meyers Novellen. Burgdorf 1897.

3) Vgl. E. Schmidt, Lessing II, S. 698.

4) Auch andere schweizerische Wörter hat Schiller aus der Chronik des Ägid. Tschudi in seinen Tell aufgenommen, z. B. Naue (= navis), Runse, Ehni, Wildheuer.

5) Über diese beiden Wörter vgl. Zeitschrift für deutsche Wortforschung II, S. 234 ff.

u. a. Wörter, die ganz das Gepräge dieses tüchtigen und gemütvollen Bergvolkes an sich tragen, in die Literatur Eingang
gefunden haben. Dasselbe gilt von Bezeichnungen des Staats-
lebens wie aufwiegeln, Unbill, Putsch und Machenschaften.

Doch auch in anderer Beziehung haben sich Zwinglis
Landsleute um den Wortschatz verdient gemacht. Wie der Baseler
Professor Theophrastus Bombastus von Hohenheim (Paracelsus),
ein geborner Schweizer aus Einsiedeln, der erste war, der absichtlich die lateinische Sprache bei Universitätsvorlesungen durch
die deutsche ersetzte (1526 ff.), so hat der schon genannte Ägidius
Tschudi das unbestrittene Verdienst, zuerst unter den nhd. Schriftstellern gegen das Fremdwörterunwesen energisch vorgegangen,
namentlich gegen die Einmischung lateinischer Ausdrücke zu Felde
gezogen zu sein; denn in seiner Alpisch Rhetia (1538) wirft er
bereits „den naswyßen Cantzlern und confistorischen Schrybern
vor, sy könnend nit ein linien ohne latinische wort schryben, so
sy doch der tütschen genug hettend, machend, das menger gemeiner
man, so kein latin kann, nit wissen mag, was es bedüt oder
wie ers verston soll, wöllend also unser tütsch, so eine ehrliche
sprach ist, verachten." Und im Anschluß an diesen Tadel macht
er dann Vorschläge, wie man die ausländischen Brocken durch
gute heimische Bezeichnungen ersetzen könne, z. B. protestieren
durch bezeugen, citieren durch laden, probieren durch bewähren,
Obligation durch Verpflichtung oder Verschreibung, Fundament
durch Grundfeste, Appellation durch Berufung u. a.

So erschien denn auch das erste deutsche Wörterbuch, in
dem unsere Muttersprache Selbstzweck war, zu Zürich 1561;
es war verfaßt von Josua Maaler, einem Pfarrer des gleichnamigen Kantons, und hatte den Titel „Die Teutsch spraach".[1]

---

[1] Der Luzerner Staatsschreiber Renward Cysat (geb. 1545) hat
schon die Mundart und Kanzleisprache seiner Heimat eifrig studiert und
seine Forschungen in einem umfangreichen Sammelwerke niedergelegt,
das sich im Staatsarchive dieses Kantons befindet, und wie Johann
Kolroß bereits 1530 ein „Enchiridion, das ist Hantbüchlin tütscher
Orthographie" herausgab, so suchte Konr. v. Geßner 1555 in seinem
„Mithridates" die gesamte Sprachkenntnis seiner Zeit zusammenzufassen.

94. Aber noch in anderer Weise haben sich die Schweizer um unsere Literatur und Schriftsprache verdient gemacht, vor allem durch den Hinweis auf Miltons verlorenes Paradies und die englische Dichtung überhaupt, der sie den Vorzug vor der französischen gaben; denn damit haben sie Klopstock und anderen hervorragenden Männern jener Zeit den Weg gezeigt. Sodann muß ihnen zum Lobe angerechnet werden, daß sie der deutschen Poesie nach einer Zeit der größten Verwilderung und des tiefsten Verfalls wieder Hoheit und Würde, Kraft und Feuer, Gedanken- und Bilderreichtum verliehen haben. So gab Haller der Liebeslyrik freien Fluß und Wohllaut der Verse zurück und schuf in seiner „Doris" ein Gedicht, das Jahrzehnte lang gesungen wurde und auch Klopstock auf seiner Fahrt über den Züricher See begeisterte; so streute derselbe Dichter in seinen „Alpen" eine Fülle erhabener Lehren aus und wußte damit Männer wie Lessing im höchsten Grade zu fesseln. Kein Wunder, daß Kant, Hippel u. a. den Schweizer zu ihren Lieblingsdichtern rechneten, daß Klopstock und Schiller sich an seinen Schöpfungen erquickten. In anderer Weise wirkten Bodmer und Breitinger befruchtend und anregend. Während die Gelehrten bis dahin meist mit Geringschätzung auf die poetischen Erzeugnisse des Mittelalters herabgeblickt hatten, waren diese Männer eifrig bemüht, die fast der Vergessenheit anheimgefallenen Schätze früherer Zeit wieder zu heben, und wurden dadurch Vorläufer der Romantiker[1]), wiesen aber auch noch auf eine andere Quelle hin, aus der reiche Förderung der Poesie gewonnen werden könne, auf das klassische Altertum. Denn im Gegensatz zu Gottsched und dessen Anhängern waren sie der Ansicht, daß sich die Sprache des Dichters von der prosaischen Ausdrucksweise unterscheiden müsse, sich daher in dem Quickborn der Mundarten verjüngen, aber auch nach dem Vorbilde der Griechen und Römer ihren Wortschatz bereichern solle. Sie betrachteten kühne Bilder, allerhand Redefiguren, „kurze Sprüche, starke Züge und uner-

---

[1]) „Bei ihnen trat an Stelle des antiquarischen Interesses das ästhetische." Sie gaben die Minnesänger heraus, ferner einen Teil des Nibelungenliedes und der Bonerschen Fabeln.

wartete Anmerkungen" als einen Haupthebel dichterischer Ausdrucksweise, hielten die Personifikation für ein wesentliches Mittel,
ihre Darstellung zu beleben, und brauchten daher gern Wendungen
wie Mutter Natur, Mutter Erde. Dagegen sahen sie den Reim
nicht für ein unabweisbares Erfordernis echter Prosa an, und
während man seit der Zeit Otfrieds von Weißenburg streng
daran festgehalten hatte, empfahlen die Schweizer freie Rhythmen,
wie sie Klopstock in den schönsten seiner Oden und Goethe in
seinen Jugenddichtungen angewendet hat.

95. Prüfen wir nun im einzelnen, worin die sprachlichen
Neuerungen der Schweizer bestanden! Schon Opitz hatte in
seinem Buche über die deutsche Poeterey (1624) geäußert: „Neue
Wörter zu erdeuken, welche gemeiniglich Epitheta und von
andern Wörtern zusammengesetzt sind, ist Poeten nicht allein
erlaubt, sondern macht auch den Gedichten, wenn es mäßig geschieht, eine sonderliche Anmutigkeit".[1] Er hatte auch verlangt,
daß jedermann, der in deutscher Sprache dichten wolle, in „den
griechischen und lateinischen Büchern wohl durchtrieben sei",
damit er von ihnen „den rechten Griff", namentlich den Gebrauch der Beiwörter und bildlichen Redensarten lerne; allein
diese Lehre hatte nicht genügende Beachtung gefunden. Erst seitdem
die Schweizer mit ihrem guten Beispiele vorangegangen waren,
brach sich die neue Ansicht siegreich Bahn, und obwohl die
Leipziger die „Alpinische Seuche" nach Möglichkeit bekämpften,
sind doch die Anschauungen Bodmers, Breitingers u. a. bis zum
heutigen Tag herrschend geblieben. Nach ihrem Vorgange haben
gar manche Dichter dem Homer und anderen Sängern des
Altertums dieses oder jenes schöne Beiwort abgelauscht und
unserer Sprache dauernd gewonnen, in erster Linie die Kunst,
Zusammensetzungen mit Partizipien zu bilden nach Art der
hauptumlockten Achäer und des männermordenden Kampfes. Wohl
waren solche Formen unserer Sprache damals nicht völlig fremd,
aber in größerer Zahl traten sie erst jetzt auf, z. B. bei Bodmer,
der von dem engelbewachten Berge, der bunstbehangenen Luft,

---

[1] Vgl. S. 28 des Neudrucks von Braune.

ben flutentflohenen Menschen, den himmelstützenden Alpen, der herzdurchwürzenden Wollust und dem dufttriefenden Hauche redet. Wer wollte nicht zugestehen, daß solche Formen angenehmer ins Ohr fallen als Ausdrücke wie der von Engeln bewachte Berg u. s. f. oder daß lieberreiche Zeiten poetischer klingt als die Hagebornsche Wendung: die an Liedern reichen Zeiten?[1]) Eine andere Art kühner adjektivischer Zusammensetzungen, die besonders bei den Schweizern beliebt war, besteht darin, daß zwei Eigenschaftswörter eng mit einander verwachsen und nur das zweite Biegungsendungen erhält, z. B. die weichlichnette Blume, der ernsthaftfreie Brite. Beide Gattungen von Kompositis wurden von den Leipzigern heftig bekämpft; aber obwohl sie Schönaich in seinem Neologischen Wörterbuche zur Zielscheibe seines Witzes machte und Gottsched in seiner Sprachkunst „gegen diese Brut unerhörter und ungeschickter Wörter" zu Felde zog, sind sie doch selbst von Schiller und Goethe nachgeahmt worden und bilden noch jetzt einen Schmuck unserer Poesie.

96. Kühner als im Bereiche der Wortbildung ging man auf syntaktischem Gebiete vor. Zunächst wurden der Wortstellung größere Freiheiten eingeräumt. Auf die Ansicht des Leipziger Sprachdiktators, daß in Gedichten nichts zulässig sei, was man nicht auch in Prosa sagen dürfe, erwiderte Breitinger, es sei ein Irrtum zu glauben, daß die deutsche Sprache nirgends von der ordentlichen und üblichen Konstruktion abweichen könne, ohne daß eine lächerliche Rede herauskomme. Was würde aus Homers und Vergils Versen werden, wenn man sie nach der gewöhnlichen Wortfolge umkehren wollte? So erlaubte man

---

[1]) Breitinger empfiehlt (Krit. Dichtk. II, S. 271) den Gebrauch solcher Zusammensetzungen nachdrücklich: „Sie taugen auf eine besondere Weise für die Poesie, nicht nur weil sie die Schreibweise erhöhen und verherrlichen, sondern auch, weil der Ton dadurch mächtig verstärkt wird, mehr Klang und Pomp überkommt und die Bilder desto mehr Nachdruck erhalten. Homer hat ohne Zweifel solche zusammengesetzte Beiwörter mit Fleiß aufgesucht, damit er seine Schreibart über die Prosa erhöbe, und er hat sie mit so vieler Geschicklichkeit angebracht, daß sie sozusagen eine Zugabe von Gemälden der Personen und der Sachen sind, deren Eigenschaften sie bezeichnen."

sich jetzt, substantivische Beifügungen von ihrem Hauptworte zu trennen und eine Reihe von anderen Ausdrücken dazwischen zu schieben, z. B. Bodmer in der Noachide: „Die Stärke wär' in der Jünglinge Sehnen von zehn Männern gekommen" (= die Stärke von zehn Männern), eine Freiheit, der wir dann besonders häufig in Klopstocks Oden begegnen; so setzte man fortan auch wieder wie in der alten Volksdichtung ab und zu das Eigenschaftswort hinter das Hauptwort mit Berufung auf das Nibelungenlied (z. B. von heleden lobebaeren) und die Poesie der Griechen und Römer. Natürlich fehlte es auch hier nicht an Gegnern; sogar Männer wie Opitz[1]), Schottel und Lessing wollten nichts davon wissen; als aber das Interesse für die alte Volkspoesie neu erwachte, fand man auch daran mehr Gefallen, und so treten denn Fügungen wie Röslein rot, Häuslein klein seit den siebziger Jahren des 18. Jahrhunderts häufiger auf, besonders in volkstümlich gefärbten Gesängen wie dem Kirchenliede, den Balladen und dem Kinderliede (z. B. vom Himmel hoch da komm ich her; Vater laß die Augen dein über meinem Bette sein). Mit dem Artikel aber wird das attributive Adjektiv auch sonst nicht selten nachgestellt, z. B. von Schiller in der Bürgschaft: die Stimme, die rufende; der Freund, der liebende. Dadurch erwächst besonders dem epischen Dichter die Möglichkeit, einzelne Merkmale des zu beschreibenden Gegenstandes gesondert und daher etwas deutlicher vor die Phantasie des Hörers oder Lesers zu rücken.[2])

Ferner wurde durch die Schweizer der prädikative Gebrauch des Partizips erweitert und befestigt. Wenn wir jetzt in Poesie und Prosa sagen können: „Aus seinem Lager aufgescheucht, floh

---

[1]) Buch von der deutschen Poeterey 6: „Wie denn die Epitheta ein gar übel Ansehen haben, wenn sie hinter ihr Substativum gesetzt werden: das Mündlein rot" u. s. w.

[2]) Allgemein üblich ist es in der Poesie, mehrere mit und verknüpfte Eigenschaftswörter nachzustellen, z. B. Nibelungenlied 61, 5: die vrouwen schoene unde hêr; Erdbeeren, kühl und duftig (Uhland, Singental), ebenso die mit adverbialer Bestimmung versehenen: Märchen noch so wunderbar (Goethe).

das Tier durch den Wald" oder: „die Zeitung lesend, versank er in ruhigen Schlummer", so haben wir das besonders ihnen zu verdanken. Allerdings war Gottsched (Deutsche Sprachkunst, 6. Aufl., 1776, S. 493), der die Partizipien in Deklination und Stellung vollständig wie Adjektiva behandeln wollte, über diese Neuerung der „Partizipianer" aufgebracht, erklärte sie für eine ungeschickte Nachäffung des Französischen und nannte sie eine barbarische, undeutsche Art zu reden, die weder Luther noch Opitz noch sonst einer von unseren guten Schriftstellern gebraucht habe. Aber Klopstock äußerte nach Breitingers Vorgange:[1]) „Die Partizipialkonstruktion ist einer von den Latinismen, welche wir einführen müssen";[2]) und sein Beispiel war für die späteren Schriftsteller maßgebend. Eine andere, jetzt noch lebenskräftige und in der poetischen Sprache namentlich wegen ihrer Kürze beliebte Fügung, die damals in Aufnahme kam, war die Verbindung eines Akkusativs mit einem Partizipium der Vergangenheit oder einem Umstande des Orts zur selbständig ergänzenden Ausmalung eines Zustandes, in dem sich eine Person oder Sache befindet. So gibt Bodmer Odyssee 5, 374 wieder: „Er fiel itzt ins Meer, die Arme verbreitet zu schwimmen", und 5, 292: „Er rührte die See auf, in den Händen den Dreizack". Zwar kommt diese Konstruktion schon früher, selbst bei Luther in seiner Bibelübersetzung vor, aber ausgedehnter zuerst in Bodmers Werken, weshalb denn auch Gottsched mit „den neuen wurmsamischen Dichtern, die uns mit solchen Leckerbissen überhäufen", hauptsächlich ihn im Auge hatte. Doch während Luther von dem griechischen Original oder der lateinischen Übersetzung des neuen Testaments beeinflußt wurde (z. B. Offenb. Joh. 15, 6: „Es gingen aus dem Tempel die 7 Eugel, umgürtet ihre Brüste mit gülbenen Gürteln")[3]), ist für die Schweizer bei ihren Neuerungen

---

[1]) Sammlung kritischer Schriften V, S. 24 f.

[2]) Vgl. Th. Matthias in der Zeitschrift für den deutschen Unterricht XI, S. 708.

[3]) So steht schon in der sogenannten 4. Bibelübersetzung für pulvere conspersus caput 2. Kön. 1, 2: „Es erschien ein Mann, das Haupt besprenget mit Staub". Weitere Beispiele bei Matthias a. a. O.

im Gebrauche der Partizipien besonders der Einfluß der französischen Sprache maßgebend gewesen. Dieser zeigt sich auch in
der ausgedehnten Substantivierung der sächlichen Form von
Eigenschaftswörtern. Im Gegensatz zu Gottsched, der nur das
männliche und weibliche Geschlecht substantivisch verwendet wissen
wollte, erweiterten sie den altdeutschen Gebrauch (vgl. das Gut,
ahd. daz guot, das Übel, ahd. daz ubil) und schufen Gebilde
wie das All, das Naß, das Grün, das Erdenrund u. a. Ebenso
wird der prägnante Gebrauch mancher Eigenschafts= oder Hauptwörter auf französische Quelle zurückzuführen sein; noch in der
zweiten Hälfte des 18. Jahrhunderts tadelten die Leipziger
Ausdrücke wie ein geschätzter Freund, ein würdiger Gesang, ein
Mann von Stande als undeutsch und wollten dafür ein hoch-
geschätzter Freund, ein des Lobes würdiger Gesang, ein Mann
von hohem Staude gesagt wissen; doch konnten sie mit ihrer
Ansicht nicht durchbringen.

Nach griechischem Vorbilde verwendete Haller den Genetiv
der Eigenschaft (der Apfel reifes Goldes), ebenso Bodmer, Klopstock u. a.; antiker Anregung folgte auch Bodmer, als er sich
1741 in den Züricher Zeitschriften[1] über den Vorteil aus-
sprach, der den Dichtern aus dem Vermögen erwachse, intransitive
Verba zu transitiven zu machen, und wie er selbst in seiner
Noachide z. B. schweigen (er schwieg die Geschichten) und reden
(Verwüstung reden) in dieser Weise konstruiert, so hat Klopstock
alle Zeitwörter, die eine Art des Tönens bezeichnen (rauschen,
donnern, weinen, sprengen, singen, lachen), aber auch andere
(blicken, schauen, atmen, duften) mit Akkusativen verbunden; und
noch jetzt können unsere Dichter das Auge Zorn blicken oder die
Blume Wohlgeruch duften lassen, ja, alle Schriftsteller von feuerspeienden Bergen und von liebeglühenden Herzen reden.

Auch sonst läßt sich der Einfluß der Schweizer auf die
Sprache der deutschen Dichtung noch mehrfach nachweisen. Wenn
z. B. Klopstock sagt der wölbende Tempel oder der erbarmende
Blick und Schiller die türmende Stadt oder das wundernde

---

[1] Vgl. Hamel, Klopstockstudien II, S. 76 f.

Ohr, so geht dies auf Haller zurück, der schon sehnen, ändern, drehen für sich sehnen u. s. w. gebrauchte. Ferner wurde der Konjunktiv der Aufforderung (Seien wir zufrieden! Gehen wir!) den Schweizern vor 150 Jahren noch als „mundartliche und undeutsche Neuerung" vorgeworfen, ein Beweis, daß sich diese schon bei Otfried (z. B. I, 6, 15: singêmês, V, 23, 71; duêmês wir = laßt uns singen, tun) belegte Form besonders im Südwesten erhalten hatte.[1]

So haben sich denn die Dichter und Denker der Schweiz vielfach mit Erfolg gegen Gottscheds Sprachmeisterei und „diktatorische Dreistigkeit" aufgelehnt. Während dieser Mann samt seinem Anhange „die Accente der heiligen Männer und Barden" lächerlich zu machen suchte, „welche, in dem Hallerschen Wirbelsturme herumgetrieben, bald an einem schlimmen Latinismus scheiterten, bald von einem Hellenismus verschlungen würden", trat Herder für die Angegriffenen ein mit der Erklärung, Bodmer wisse, was wahres Deutsch sei[2]), und lobte die Schweizer, weil sie in ihrer Sprache der alten Einfalt treuer geblieben seien.[3] Wirksamer aber war das Beispiel Klopstocks, der in seinen Dichtungen alles das verwertete, was er von Haller und seinen Landsleuten gelernt hatte. Denselben Weg betrat der Göttinger Dichterkreis, dann Goethe und Schiller. Gottsched hat die Sprache wohl gereinigt, aber auch verwässert, entnervt und entmannt, Haller und Klopstock haben ihr wieder Hoheit und Würde verliehen. Denn „Kraft und Tiefe und ein pathetischer Ernst charakterisieren beide Dichter; sie sind groß, kühn, feurig, erhaben".[4] Sie haben dem Grundsatze für immer Geltung verschafft, daß sich die Sprache der Poesie durch Freiheit der Wortfügung und Neuheit des Wortgebrauchs von der Alltagsrede

---

[1]) Über die verschiedenen Formen des deutschen Abhortativs vgl. W. Kurrelmeyer, The Historical Development of the Types of the first person plural Imperative in German. Straßburg. Trübner, 1900.

[2]) Herder IV, S. 299 Suph.

[3]) Herder I, S. 164; II, S. 41 Suph.

[4]) Vgl. Schiller, Über naive und sentimentalische Dichtung. Cottasche Ausgabe XII, S. 208 f.

unterscheiden müsse, aber auch den Grundsatz verfochten, den später der Italiener Foscolo († 1827) in seiner Danteausgabe mit den Worten ausspricht: „Jede Sprache, die sich nicht aus den Mundarten des Volks erfrischt, bleibt weniger ein Natural- als ein Kunsterzeugnis, kalt und lehrhaft, gekünstelt und den toten Sprachen nicht unähnlich, die von den Gelehrten geschrieben werden."

***

Der wird währen am längsten
Von allen germanischen Dichtern,
Der des germanischen Worts
Weisen am besten verstand.
Platen.

26. Rhythmus und Reim.

97. Der deutschen Sprache ist der regelmäßige Wechsel zwischen betonten und unbetonten Silben so angemessen, daß sich auch die prosaische Darstellung mit Vorliebe in diesem Rhythmus bewegt. So weisen ihn meist stehende Wendungen auf, mögen sie nun alliterieren wie Roß und Reiter, Samt und Seide, Gift und Galle oder nicht wie Gold und Silber, Hab und Gut, hoch und niedrig. Oder sollte es Zufall sein, daß man in der Regel das einsilbige Wort vor das zweisilbige stellt und es geflissentlich meidet, Wetter und Wind, Teufel und Tod, Schaude und Schimpf zu sagen? Ebenso finden wir häufig dieselbe Form rhythmisch bewegter Prosa in Sprichwörtern und sprichwörtlichen Redensarten wie: „wer andern eine Grube gräbt, fällt selbst hinein" oder „auf einen groben Klotz gehört ein grober Keil" und „ehrlich währt am längsten". Ja, manche Aussprüche werden im Volksmunde rhythmisch gestaltet, z. B. „der Mohr hat seine Arbeit getan" (Fiesko) in: „der Mohr hat seine Schuldigkeit getan" oder Jes. Sirach 13, 1: „Wer Pech angreift, der besudelt sich damit" in: „Wer Pech angreift, besudelt sich". Daher kann es uns nicht befremden, daß auch zusammengesetzte Wörter zuweilen dem Tonfall zu Liebe ihren Accent verschieben. Denn während

es heißt vórsíchtig, Áufgàbe, Éinlàge, lauten die Kompoſita
únvorſíchtig, Háuptaufgàbe, Spáreinlàge. So gewinnt
es auch den Anſchein, als ob die mit trennbaren Vorſilben gebildeten Zeitwörter beim Infinitiv des Präſens und beim Partizip
des Perfekts mit aus dem Grunde „zu“ und „ge“ einſchieben
(nicht voranſtellen), damit das Ohr durch den Wechſel betonter
und unbetonter Silben angenehmer berührt werde, z. B. bei
ánzurùfen, ángerùfen.¹)

Ebenſo hat man dieſen Rhythmus im Verſe ſtark be-
günſtigt. Im Ahd. und Mhd. konnten zwei Hebungen wie
Vólkſſáng, únrécht ſehr wohl neben einander ſtehen; man
machte eben hier beim Vortrag eine künſtliche Pauſe zwiſchen
beiden, die der Zeitdauer einer Senkung gleichkam; jetzt aber
ſucht das durch klaſſiſche und romaniſche Verſe gebildete Sprachgefühl ſolche Härten zu meiden und ſetzt lieber Formen wie
Vólksgeſáng, úngerécht ein. Füllt aber ja einmal eine
Silbe den ganzen Takt aus, ſo liegt Abſicht des Dichters vor.
Z. B. wird an je einer Stelle im Taucher und im Handſchuh
von Schiller die Pauſe durch den Inhalt gerechtfertigt. Wenn
es dort heißt: „Den Jüngling bringt keines wieder“ und hier
„Den Dánk, Dáme, begehr ich nicht“, ſo wird dadurch die
Spannung erhöht. Andererſeits kommt es aber auch vor, daß
ſtatt einer Silbe zwei in die Senkung geſtellt werden, weil die

---

¹) Vgl. ferner Zuſammenſetzungen wie hundsgemein und
hundemüde, Erdgeſchoß und Erdenrund, Kampfgenoſſe und
Kampfesnot. „Wenn man ſagt dem Tage, aber dem Landtag,
dem Werke, aber dem Handwerk, ſo liegt das an den rhythmiſchen
Neigungen der Umgangsſprache“. (Vgl. Behaghel, Die deutſche Sprache.
2. Aufl. S. 69.) Wenn man ferner abweichend vom Lateiniſchen
und von anderen Sprachen in Verbindungen wie Bahn um Bahn,
Hand in Hand, Schuß auf Schuß oder Wand an Wand im
Deutſchen ausſchließlich den Singular verwendet, ſo will man nicht
bloß knapp und gedrungen ſprechen, ſondern auch ein trochäiſches
Metrum herſtellen; daher finden ſich in ſolchen Verbindungen faſt nur
einſilbige Wörter. Auch iſt zu beachten, daß der erſte Beſtandteil
von Zuſammenrückungen wie bergauf bergab, treppauf treppab,
ſtromauf ſtromab, jahraus jahrein, tagaus tagein, talaus
talein aus gleichen Gründen gewöhnlich einſilbig iſt.

Leidenschaft einen regelmäßigen Wechsel von Hebung und Senkung durchbricht. So malt z. B. Goethe in seiner Iphigenie V, 3 die Verwirrung der Heldin dadurch, daß er sie sagen läßt: „Sie sind, | sie schei|nen, für Grie|chen halt' | ich sie", und in derselben Szene kennzeichnet er ihre Angst durch einen ähnlichen Versbau: „Ist es | Verder|ben, so tö|te mich | zuerst". Aber dies sind Ausnahmen, und die den jambischen oder trochäischen Versen der Alten entsprechenden Metra bilden die Regel.[1]

98. Dem Versmaß wird auch die Sprache vielfach angepaßt. Eine häufige Erscheinung der deutschen Poesie ist die Unterdrückung tonloser i- und e-Laute, z. B. in Schillers Braut von Messina I, 6: „Der lang gebundne Trieb wird freud'ger nur | Und mächt'ger streben in der neuen Sonne." So erscheint in Goethes Iphigenie 16 mal die Form heil'ge, 7 mal ew'ge und ehr'ne, seltener bess're, schön're, härt're u. s. f. Eine andere Freiheit, die sich die nhd. Dichter gestatten, ist der Wegfall der Biegungsformen beim ersten von zwei

---

[1] Doppelte Senkung im jambisch gearteten Verse haben Lessing und Goethe mit wenigen Ausnahmen gemieden, bei Schiller findet sie sich im Dialog seiner Dramen über 30 mal, z. B. im Wallenstein: ein Piccolo|mini nur | ist aufgeschrieben oder: und wirft ihn un|ter den Huf|schlag seiner Pferde. In dem mehr volkstümlich gehaltenen Vorspiel „Wallensteins Lager" lesen wir sogar drei Senkungen an etwa 50 Stellen, z. B. „Und wäre sie mit Ket|ten an den Him|mel geschlossen" oder: „Sind wir Tür|ken? Sind wir An|tibaptisten?" Ein von Schiller besonders gern verwandtes Mittel, durch welches mehr Lebhaftigkeit und Nachdruck erzielt wird, ist die sogenannte schwebende Betonung, wobei sich der Accent in gleicher Weise auf die beiden ersten Silben des Verses verteilt, z. B. im Tell IV, 2: „Solcher Gewalttat hätte der Tyrann | Wider die freie Edle sich verwogen?" Es ist, als ob hier die gewaltsame Art des Tyrannen auch im Verse zum Ausdruck kommen sollte. Ähnlich steht es mit Stellen wie Jungfrau von Orleans III, 4: „Fürchtet die Zwietracht! Wecket nicht den Streit!" In den ersten Dramen der klassischen Zeit wie im Wallenstein finden wir diese rhythmische Eigentümlichkeit nur wenige Male bei Anreden und Ausrufen, in der Maria Stuart gar nicht, in den folgenden Stücken aber oft; dagegen suchen wir sie bei Lessing und Goethe vergeblich; nur neuere Dichter wie Wildenbruch sind Schiller darin nachgefolgt. Vgl. auch Bellermann, Schillers Dramen II, S. 146 ff.

mit „und" verbundenen Eigenschafts- oder Hauptwörtern. So
lesen wir bei Goethe: in klar- und trüben Tagen (Faust),
froh- und trüber Zeit (An den Mond), von tausend durch-
geweinten Tag- und Nächten (Iphigenie), an Tier- und Vögeln
fehlt es nicht (Faust). In andern Fällen, wo eins von zwei
Kompositionsgliedern unterdrückt wird, läßt die Poesie abweichend von der Prosa das erste Wort öfter ohne Biegungszeichen
(Genetivendung); z. B. schreibt derselbe Dichter Geist- und
Körperkraft (= Geistes- und Körperkraft = Geisteskraft und
Körperkraft), von Schmerz- und Kummerstunden (= Schmerzens-
und Kummerstunden), ein Freud- und Segensruf (= ein
Freudens- und Segensruf). Endlich werden auch zwei Adjektiva
unverbunden aneinander gerückt und nur das zweite von
ihnen verändert, wo eigentlich beide abgewandelt werden müßten.
So erlaubt sich Schiller in der Braut von Messina die Fügungen
in unzugangbar(em) festverschlossenem Gemüt (II, 5), die unab-
tragbar(e) ungeheure Schuld (I, 4), mit stolz(em) unfreundlichem
Gemüte (I, 7), ein seltsam(er) wunderbarer Traum (II, 5), die
unregiersam(e) stärkre Hand (II, 5), o unglückselig(e) traurige
Entdeckung (III, 3), sogar welch kühn(e) verwegen(e) räuberische
Tat (I, 7) u. a. So verwendet Goethe derartige Formen nament-
lich im zweiten Teile des Faust, schreibt aber auch z. B. in der
Iphigenie traurigunwillig.[1])

99. Dem Metrum zu liebe werden schwache Stämme
weiblicher Wörter, die in der Zusammensetzung sonst noch
den alten Ausgang auf -en bewahrt haben, gekürzt. Daher
verwendet Rückert die Form Blum(en)orakel, Scheffel im Trom-
peter von Säkkingen Tintfaß, Sonnlicht, Tannzweig, Stelzgang.
Umgekehrt veranlaßt der Verszwang die Dichter auch öfter, eine
Silbe einzufügen, namentlich Wörter zusammenzurücken, wo
sie die Prosa zusammensetzt. So gebraucht Schiller, um eine
Senkung zu gewinnen, in der Braut von Messina die Formen
Windesrose (= Windes Rose für Windrose), Grabestuch, Glanzes-

---

[1]) Auch der Gebrauch des Dativ-e ist vielfach vom Rhythmus
abhängig (im Hofe: im Hof). Vgl. Jahrbücher für Pädagogik 1898.
S. 361.

meer und in seinen Gedichten die Komposita Landesenge, Gastes=
recht, Glückeswelle, Blitzesschlag.[1]) Neben diesen Gebilden, deren
erster Bestandteil auf -es ausgeht, gibt es auch solche, bei denen
sich -en findet an Stellen, wo die gewöhnliche Rede den endungs=
losen Stamm bietet: Nach Analogie von Erbenrund, Sonnen=
strahl sagen die Dichter auch Erdenbeben (Schiller), Jasminen=
strauch (Rückert), erdenwärts (Geibel), südenwärts (Lenau), das
mondenhelle Angesicht (Mörike), das friedenselige Gedränge (der=
selbe). Und wenn Schiller (Braut von Messina III, 7) sagt:
„Kennst du noch sonsten jemand meines Bluts?" oder das
Kirchenlied: „damit uns hier und dorten sei Güt' und Heil
beschert", so sind die Adverbia sonsten und dorten unter dem
Einflusse von Wörtern wie hinnen, dannen, außen, innen ent=
standen. Aber auch andere Ausdrücke haben sich in dieser
oder jener Hinsicht dem Rhythmus angepaßt; z. B. findet sich
in poetischer Sprache goldgelockt für goldlockig, liebgekost für
geliebkost, durchzustreifen für zu durchstreifen (Jphig.), Engel=
länder (Jungfrau von Orleans), öfterer (= öfter, Braut von
Messina), Wildernis (Faust, = engl. wilderness, Wildnis),
Goldorangen (Mignon, = goldne Orangen), die Tochter Zeus'
(Jphigenie, = des Zeus). Ebenso wird aus metrischen Gründen
entgegen dem sonstigen Sprachgebrauche öfter der Artikel mit
der Präposition verschmolzen, obwohl sich ein Relativsatz auf
das betreffende Hauptwort bezieht, z. B. „Zum (= zu dem)
Kampf der Wagen und Gesänge, der ... der Griechen Stämme
froh vereint" oder „zum (= zu dem) Werke, das wir ernst
beginnen, geziemt sich wohl ein ernstes Wort". Und wenn
Goethe singt: „die Kinder, sie hören es gerne" und Schiller:
„die Treue, sie ist kein leerer Wahn", so dient die Einfügung
des Fürworts hinter dem Substantiv nicht allein dem Streben,

---

[1]) Vgl. Wallenstein: den schweren Früchteknoten bilden (= Frucht=
knoten). Um Daktylen zu erhalten, bilden Klopstock und seine Nachahmer
öfter einen Komparativ, wo dem Sinne nach der Positiv am Platze
wäre, z. B. Schiller im Spaziergang: „Ein fremder Geist verbreitet
sich schnell über die fremdere Flur", Goethe in Hermann und Dorothea:
„das kühlere Sälchen". Vgl. auch B. Hehn, Goethejahrbuch Bd. VI:
Einiges über Goethes Verse.

volkstümlich zu reden, sondern auch dem Wunsche, die An-
forderungen des Versmaßes zu erfüllen. Ebenso erklärt sich die
Vorliebe der Dichter für Verbindungen wie fest und fester
(Iphigenie) = fester und fester.

Wenn sich ältere Bildungen dem Versmaße besser fügen,
greift man auch gern dazu, wie denn überhaupt die Dichter
gern archaisieren. So erlaubt die alte Sprache, nicht bloß
bei sächlichen Wörtern das attributive Adjektiv unflektiert
zu lassen (vgl. sein lockig Haupt, sein lüstern Auge), sondern
auch bei männlichen und weiblichen. Nach diesem Vorbild sagt
Uhland: der gleißend Wolf, Matthias Claudius: ein gefährlich
Mann, Schiller im Tell: lieb Knabe, Opitz: die glänzend Engel-
schar. Ferner haben es sich die Dichter trotz Gottscheds Einspruch
nicht nehmen lassen, die früher allgemein übliche und noch jetzt
in den Mundarten gebräuchliche Zusammenziehung zweier
t-Laute in der Konjugation aufrecht zu erhalten, also gelegentlich zu schreiben: er acht't = achtet, find't = findet, gericht't
= gerichtet, befreund't = befreundet, wenn man auch jetzt
nicht mehr so weit geht wie z. B. Gellert, mit der Mundart
red'te für redete einzusetzen, weil hier der Vokal der Stammsilbe
in seiner Quantität beeinträchtigt wird (doch vgl. beredt neben
reden). Im Gegensatz zu diesen kurzen Formen stehen längere,
die gleichfalls die Sprache der Poesie erhalten hat. Wie Luther
in seiner Bibelübersetzung schrieb: „Danket dem Herrn, denn er
ist freundlich“, so Schiller im Taucher: „Und es wallet und siedet
und brauset und zischt, wie wenn Wasser mit Feuer sich menget“;
ja, dieses Endungs-e ist oft „ein nicht zu verachtendes Mittel
erhabener Darstellung“ geworden. Doch wird es jetzt nicht mehr
in den Verbalformen gestattet, deren Vokal sich durch Hebung,
Umlaut oder Brechung ändert. Wohl konnte noch der Kirchenliederdichter sagen: „Ich nehm' es, wie er's giebet“ (: beliebet),
aber uns sind selbst im Verse Formen wie „triffet, nimmet,
schläget, läufet, kreuchet, fleuget“ versagt.[1]

---

[1] Auch syntaktische Fügungen können sich dem Versmaß zu liebe
erhalten, z. B. genug des Blutes (= genug Blut) ist geflossen oder
ein treuer Freund ist Goldes wert (= Gold wert).

Wenn sich endlich ein Wort gar nicht in den Rhythmus fügen will, so ist es von der Verwendung in der Poesie ausgeschlossen. Wie Homer das Substantiv polemios Feind wegen seiner vier Kürzen nicht brauchen konnte, sondern dēios dafür einsetzte und Vergil an Stelle von quattuordecim bis septem nahm, so wählte Schiller im Eleusischen Feste statt der Kornblumen die Cyanen, so empfahl Lessing im Logauwörterbuch Emse für Ameise.

100. Von ebenso großer Bedeutung für die poetische Ausdrucksweise ist der Reim. Zwischen dem **männlichen** (aus einer Silbe bestehenden) und dem **weiblichen** (aus zwei Silben gebildeten) besteht ein großer Unterschied; es kann daher kein bloßer Zufall sein, wenn manche Dichter wie Freiligrath fast nur den männlichen gebrauchen. So äußert sich auch Lessing im Vorwort zu Gleims preußischen Kriegsliedern: „Seine Art, zu reimen und jede Zeile mit einer männlichen Silbe zu schließen, ist alt; in seinen Liedern aber erhält sie noch den Vorzug, daß man in dem durchgängig männlichen Reime etwas dem kurzen Absetzen der kriegerischen Trommete Ähnliches zu hören glaubt." Der Reim bildet für den genialen Dichter keine lästige Fessel, sondern einen treibenden Sporn. Wie sich diesem, sobald er im Banne einer Idee steht, das Zauberland der Bilder von selbst erschließt, so befindet er sich auch bei der Gestaltung des Reims unter dem Einflusse einer höheren Macht.[1] Er braucht ihn nicht zu suchen, sondern findet ihn spielend, da er ihn innerlich schaut. Aber eben darum, weil er ihn nicht künstlich schafft, entrichtet er dabei unwillkürlich der heimischen Scholle seinen Tribut, d. h. er ist bei der Reimbildung von der Aussprache seiner Heimat abhängig. Sächsische Dichter binden miteinander Löwe und höbe, eigen und reichen; denn sie sprechen hier b wie w und g wie ch. Wenn ferner Heine Städtchen auf Mädchen und Lilien

---

[1] Schiller schreibt an Körner am 25. Mai 1792: „Das Musikalische eines Gedichtes schwebt mir weit öfter vor der Seele, wenn ich mich hinsetze, es zu machen, als der klare Begriff vom Inhalt, über den ich kaum mit mir einig bin."

(Lilien) auf vertilgen reimt[1]), so ist darin eine Eigentümlichkeit des niederrheinischen Gebiets zu sehen, und wenn Schiller in der Übersetzung des zweiten und vierten Gesangs der Äneide 67mal ü und i, 30mal ä und e, 17mal ö und e und 26mal eu und ei nebeneinandergestellt, so kann man daraus schließen, wie geringe Unterschiede die Schwaben in der Aussprache dieser Laute machen.[2]) So ist die Zahl derjenigen deutschen Dichter, deren Verse meist reine, mundartfreie Reime aufweisen, nicht sehr groß. Vor allem muß hier Geibel genannt werden, aber auch Platen, der „Moses in der Prosodik, der in steinerne Tafeln die zehn Gebote des Wohlklangs grub" (Paul Heyse). Freilich kann es vorkommen, daß ü : i u. s. f. aus bestimmter Absicht miteinander gebunden werden. Es geschieht dies namentlich oft dann, wenn die betonte Silbe eines dem Reimwort vorangehenden Ausdrucks den wünschenswerten Vokal enthält, z. B. „ach, ich bin des Treibens müde, süßer Friede, komm, ach komm in meine Brust" oder „nun verlaß ich diese Hütte, wandle mit verhülltem Schritte".

Auch zwischen den verschiedenen Zeiten bestehen Unterschiede. So sind die Reime während der Blüteperiode des mhd. Gesangs viel reiner gehalten worden als im 15.—17. Jahrhundert, wo die Poesie verfiel. Hier erlaubte man sich die größte Willkür, und selbst Dichter wie Hans Sachs und Fischart haben sich oft mit bloßem Vokalanklang begnügt; so finden wir bei jenem neben einander gar : Narr, getan : Mann, tot : Gott, tun : Thron, uns : Sohns, davon : hon (haben), unkeusch : Gemisch (Gemäusch), Wurm : Form, frech : Näh (Näch), gesandt : Heilánd, hell : Abél, bloß : gottlós. Kein Wunder, daß gerade im 17. Jahrhundert zahlreiche Reimwörterbücher, Poetiken und poetische Trichter erschienen mit Anweisungen, wie die Verse hergestellt werden sollten.

---

[1]) Vgl. Zillgenz, Rheinische Eigentümlichkeiten bei Heine. Waren 1893.

[2]) Bekanntlich wurde Schiller von F. A. Schlegel wegen seiner Reime mit den Worten verspottet: „Wenn jemand Schloße reimt auf Rose, auf Menschen wünschen und in Prose und Versen schillert, Freunde, wißt, daß seine Heimat Schwaben ist."

Mehrfach stand man dabei unter dem Einflusse des Auslandes, namentlich Frankreichs. So folgten Opitz und Gryphius französischen Einwirkungen, als sie bei weiblichen Reimen für die tonlose zweite Silbe ein kurzes e forderten[1]) und in ihren eigenen Dichtungen anwandten, z. B. ringen : bringen. Auch Gottsched ist ähnlicher Ansicht; denn er äußert Sprachkunst S. 599: „Was die weiblichen Reime betrifft, so müssen dazu Wörter genommen werden, die den Ton auf der vorletzten Silbe haben, am Ende aber kurz lauten. Wider diese Regel sündigen manche von den neueren Dichtern, die sich solcher Reime bedienen, welche fast Spondeen ausmachen, zum Exempel Nahrung : Erfahrung, Wahrheit : Klarheit und dergleichen. Denn ob die letzten Silben in der Skansion für kurz gelten können, so fordern sie doch einen längeren Aufenthalt der Zunge am Ende einer Zeile, als der fließende und reine Wohlklang leidet. Am besten klingen die Reime, die sich auf =e, =el, =er, =et, =est endigen, als welche Silben gewiß kurz sind.“ Aber trotz der Forderungen dieser Grammatiker hat sich die Folgezeit für die größere Freiheit der Reimbildung entschieden. Denn unsere Dichter binden jetzt anstandslos nichtig : wichtig, enthaltsam : gewaltsam, Belehrung : Ehrung, ja Freiligrath suchte etwas darin, gerade Fremdwörter mit volltönenden Selbstlauten an diese Versstelle zu rücken, wie Quito : Moskito, Alhambra : Ambra. Er wollte dadurch seinen Gedichten etwas Buntfarbiges geben, wie es die mannigfaltigen Erscheinungen und Bilder aus der Welt der Wendekreise, aus dem Leben der Wüste und des Meeres hatten, die er darin schilderte.[2]) Diese Befreiung von der strengen französischen Vorschrift verdanken wir dem schöpferischen Wirken der Schweizer und Göttinger Dichter, sowie dem Einflusse der Sturm- und Drangperiode, die all diesen Regelkram über Bord warf.

---

[1]) Vgl. A. Köster in seiner Ausgabe von Schönaichs Neologischem Wörterbuch, Berlin 1900, S. 485.

[2]) Aber mochte Freiligrath auch damit einen gewissen Eindruck machen gegenüber den farblosen Reimereien der dreißiger Jahre, so ist ihm doch darin niemand gefolgt; denn um seine eigenen Worte zu gebrauchen: „Was sind Lieder, deren Saum fremde Reime wirr umranken, wie an einem Tropenbaum Lianenblumen üppig schwanken?“

101. Eine andere sprachliche Erscheinung, die oft mit dem Reime im Zusammenhang steht, ist die poetische Freiheit der Wortstellung. In Prosa sind Fügungen, wie je mehr er hat, je mehr er will (= um so mehr will er) fast nur in korrespondierenden Sätzen mit je .. je gestattet (vgl. jedoch auch: was walsch ist, falsch ist), die Dichtung aber hat sie von Otfrieds Zeit bis auf die Gegenwart angewendet; z. B. Otfried I 18,7: er sia erlicho zôh, in Aegyptum miti flôh, Nibelungenlied 398: do die küniginne Sivriden sach, zuo dem gaste si züchticlîche sprach, Luther, Frau Musika: „Dem Teufel sie sein Handwerk zerstört und verhindert viel böse Mörd'“, Schiller: „und hinein mit bedächtigem Schritt ein Löwe tritt“, Claudius: „Kämpf' und erkämpf' dir eignen Wert, hausbacken Brot am besten nährt“. Zwar hat Opitz wieder entgegengesetzte Normen gegeben[1]), aber er ist nicht damit durchgedrungen. Und wie hier das Verb abweichend vom prosaischen Sprachgebrauch gestellt wird, so in andern Fällen das Adjektiv. Schon in der epischen Poesie des Mittelalters werden die Wörter gemeit, hêr, guot, rîche u. a. oft nur um des Reimes willen nachgestellt, und noch jetzt singt das Volk: „Wer will unter die Soldaten, der muß haben ein Gewehr; das muß er mit Pulver laden und mit einer Kugel schwer“.

Anfechtbarer und mehr umstritten sind andere Freiheiten, die sich die Dichter des Reimes wegen erlauben, zunächst im Gebrauche der Zeiten und Aussageweisen des Verbs. So findet sich das Imperfekt besonders der starken Biegung an Stellen, wo man eine umschriebene Zeitform erwartete, entweder das Perfekt, z. B. bei Uhland: „Wohl kommt am andern Morgen zu Reutlingen ans Tor manch trauervoller Knappe, der seinen Herrn verlor (= verloren hat)“ und bei Lenau: „Faust ist ein andrer ganz und gar, als er am frühen Morgen war

---

1) Buch von der deutschen Poeterey S. 6: „Die Anastrophe oder Verkehrung der Worte steht bei uns sehr garstig als den Sieg die Venus kriegt für die Venus kriegt den Sieg. Und so oft dergleichen gefunden wird, ist es eine gewisse Anzeigung, daß die Wörter in den Vers gezwungen oder gedrungen seien“.

(= gewesen ist)" oder das Plusquamperfekt, z. B. bei Gellert: „Ein guter, dummer Bauernknabe, den Junker Hans einst mit auf Reisen nahm (= genommen hatte) und der trotz seinem Herrn mit einer guten Gabe, recht dreist zu lügen, wiederkam" (= wieder gekommen war). Auch für ein Präsens kann das Präteritum eintreten: „Ich will nach all dem Guten, das ich dir schon erwies, die strafende Hand nicht werden, die dich ins Elend stieß" (= stößt), in Chamissos Abdallah oder: „Denn wo das Strenge mit dem Zarten, wo Starkes sich und Mildes paarten (= paaren), da gibt es einen guten Klang" in Schillers Glocke.

Ebenso kommen Verschiebungen im Modus vor; namentlich wird der Konjunktiv Präsentis für den Indikativ gesetzt, z. B. wohl nach lateinischem Vorbilde in Fragesätzen; so bei Lenau: „Sie sah, wie's letzte Röslein sich von seiner Wange stehle" (: Seele) oder bei Goethe im Vorspiel des Faust: „Ihr fühlet nicht, wie schlecht ein solches Handwerk sei, wie wenig das dem echten Künstler zieme, der saubern Herren Pfuscherei ist, merk' ich, schon bei euch Maxime". Auch in anderen Sätzen begegnen wir dieser Erscheinung, z. B. bei O. Roquette: „Ein rosiger Kuß ist nicht minder frei, so spröd und verschämt auch die Lippe sei" (= ist oder sein mag). Umgekehrt findet sich der Indikativ des Präteritums oder Präsens, wo man den Konjunktiv erwartete, z. B. in Vergleichen mit als ob; so bei Rückert: „Und tauchte wieder in die Flut, als ob es sie zu renn begann" (: spann) oder: „Als ich sah nach ihren Fluten, war es mir, als ob sie bluten" (bluteten) und bei R. Prutz: „Als ob in seinem Silbernachen der Mond ein Schifferlied sich sang" (: klang).[1]

Abweichungen im Gebrauch der Numeri beobachten wir z. B. bei Schiller im Eleusischen Fest, wo es in der 6. Strophe

---

[1] Weitere Beispiele in der Zeitschrift des allgemeinen deutschen Sprachvereins Beiheft VIII, S. 118, IX, S. 213. Dort wird dieser Brauch mit Recht bekämpft und auch darauf hingewiesen, daß Lenau in solchen Sätzen immer den Konjunktiv gebraucht, über 100 mal den des Imperfekts, 15 mal den des Präsens.

heißt: „In des Himmels sel'gen Höhen rühret sie nicht fremder
Schmerz; doch der Menschheit Angst und Wehen (= Weh)
fühlet mein gequältes Herz" oder bei Goethe im Faust (II, 4):
„Wir sind hier nicht willkommne Gast (: Hast), wo man „Gäste"
erwartet.

Belangreicher ist, daß im Reime oft alte Formen bewahrt
werden. Zunächst bietet dafür das Sprichwort zahlreiche Belege:
„Wie die Alten sungen (= sangen), so zwitschern auch die
Jungen"; „wo Gott geit (= gibt), schadet kein Neid"; „wir
loben die Alten als fromme Leut, doch leben wir gern in unserer
Häut" (= Haut); „es ist nichts so fein gesponnen, es kommt
doch endlich an die Sonnen"; „guter Rat kommt nie zu spat"
(= spät); „das Interim hat den Schalk hinter ihm (= sich);
„besser in Reisern, denn in Eisern (= Eisen).[1] Auch ganze
Wörter, die sonst der Schriftsprache verloren gegangen sind, haben
sich im Reime erhalten, z. B. „an vielem Lachen erkennt man
den Hachen" (Narren), „Lieben und Beten läßt sich nicht
nöten" (zwingen), „zu einem groben Gast gehört ein grober
Quast" (= Bewirtung). Die gleichen Beobachtungen wie beim
Sprichwort können wir in den Werken unserer Dichter machen.
So haben sich im Kirchenliede vielfach Gebilde früherer Zeit
behauptet, z. B. in Luthers Reformationsliede: „Das macht, er
ist gericht" (= gerichtet) im Reime auf nicht oder in dem
Liede: „Dir, dir, Jehova, will ich singen" geschicht im Reime
auf Gericht. So finden wir bei Schiller in der Glocke: „Fest-
gemauert in der Erden" (: werden), im Siegesfest: „Weil das
Glück aus seiner Tonnen" (: gewonnen), in den Kranichen des
Ibykus: „Der fromme Dichter wird gerochen", bei Goethe:
„Darf mich leider nicht auf der Gassen noch in der Kirche

---

[1] Vgl. auch die Redensart zu Schutz und Trutz (= Trotz),
ferner den Wappenspruch Bismarcks: „Das Wegekraut sollt stehen lån
(= lassen)! Hüt' dich, Jung', s'sind Nesseln dran!" oder den Ausspruch
Maximilians II.: „Ich bin ein Mann wie ein andrer Mann, nur daß
mir Gott der Ehren gann", das Sprichwort: „Wenn man den Esel
nennt, so kommt er auch gerennt" und das Volkslied vom Muskateller:
„Der liebste Buhle, den ich hån (: an).

sehen lassen", „Röslein auf der Heiden" (: leiden), „unter
Marmorsaulen" (: verfaulen), „warte nur, balde" (: Walde),
„sah etwas blinken auf der Straß', was ein zerbrochen Hufeisen
was" (= war) und bei Uhland: „Es hing ihm an der
Seiten ein Trinkgefäß von Buchs, gewaltig konnt' er schreiten",
„in deines Tempels Mitten" (: sieben Bitten).

────── ───

> Ein tiefer Sinn liegt oft im
> kind'schen Spiel.
> Schiller (Thekla).

27. Unsere Kinderlieder.

102. Die Lieder, die wir in den goldenen Tagen der
Kindheit so gern gesungen haben und an deren herzberückendem
Zauber wir uns oft noch im Alter erfreuen, sind überall zu
finden, soweit die deutsche Zunge klingt, von den Alpen bis nach
Schottland und Norwegen, von Holland bis in die russischen
Ostseeprovinzen. Zeit und Ort ihres Ursprungs kennen wir
nicht, da urkundliche Belege darüber fehlen. Aber wenn wir
bedenken, daß Kinderspiele wie der Plumpsack schon im Mittelalter bekannt waren und Kettenreime nach Art unserer Kinder-
predigten schon aus dem 14. Jahrhundert überliefert sind[1]), so
werden wir zu der Überzeugung kommen, daß viele von den
wonnigen Verschen des Kindermundes in frühe Zeit zurückgehen
und manche bereits entstanden sein mögen, als die Germanen
noch gemeinschaftliche Wohnsitze hatten. Zu diesem altüber-
lieferten Erbgut sind dann noch andere Lieder gekommen, die sich
in dieser oder jener Gegend ausgebildet und von da aus weiter
verbreitet haben. Denn wie in der Tiersage Altes und Neues
miteinander verquickt wurde, so auch in den Spielen der Jugend.
Da jedoch die Kleinen nur an dem Genuß finden, was in ihrer
Mundart vorgetragen wird, so müssen sich die Sprüche und

───────────

[1]) Vgl. J. v. Zingerle, Das deutsche Kinderspiel im Mittelalter,
S. 151.

Lieder überall der landschaftlichen Redeweise anbequemen und erhalten oft auch inhaltlich durch Umdichtungen ein anderes Gepräge. Denn wie im Volksliede bald aus Mißverständnis, bald absichtlich einzelne Wörter und ganze Wendungen umgemodelt oder selbst neue Strophen hinzugefügt werden, so treten auch in den kleinen Gesängen der Kinder oft geringere oder größere Veränderungen ein, je nachdem man sie in dieser oder jener Gegend singt. Zunächst werden vielfach andere Ortsnamen eingesetzt, z. B. heißt der Anfang des Liedes von der goldenen Brücke in Meißen: „Wir ziehen durch die Dresdener Brücke"; in Chemnitz aber wird die Altenburger und anderswo die Merseburger, Magdeburger, Prager, spanische oder polnische Brücke gefeiert.[1] Ferner kommt der Herr, welcher von der anderen Partei eine Frau begehrt, entweder aus Ninive oder aus Ninave, Linavi, Hanavi, Nonavi, Nunivä u. a.[2]).

Aber auch andere Wörter werden vom Volksmunde in der verschiedenartigsten Weise umgestaltet. So werden die drei Schicksalsgöttinnen in einem alten Nornenliede bald als Schwestern, Marien, Nonnen, Jungfern, bald als Puppen, Engel, Docken, Gockerln bezeichnet, z. B. „Ritte Ritte Roß, zu Babel liegt ein Schloß, in Rom da liegt ein Glockenhaus, da gucken drei schöne Nonnen raus".[3]

Größere Abweichungen beobachten wir bei dem Wiegenliede: „Schlaf, Kindchen, schlaf, der Vater hüt't die Schaf". Denn hier lautet die Fortsetzung entweder: „die schwarzen und die weißen, die woll'n das Kindchen beißen" oder: „die Mutter hüt't das Lämmervieh, schläft das Kind bis morgen früh", oder: „die Mutter schüttelt's Bäumelein, da fällt herab ein Träumelein". Daneben gibt es noch Fassungen wie: „Schlaf, Kindchen, schlaf, im Garten gehn zwei Schaf, ein schwarzes und ein weißes,

---

[1] Vgl. W. Wackernagel, Altdeutsches Lesebuch, S. 96. — Das Lied von der goldenen Brücke wird schon von Geiler von Kaisersberg († 1510) in seiner Predigt über die Sünden des Mundes erwähnt. Fischart († 1589) nennt sie „die faule Brucken".

[2] Vgl. Bolte, Zeitschrift des Vereins für Volkskunde IV, 1880.

[3] Vgl. Mannhardt, Germanische Mythen S. 525.

und wenn das Kind nicht schlafen will, da kommt das schwarze und beißt es" u. a.[1]) Dasselbe gilt von dem Heilspruche, mit dem man kleine Wunden der Kinder bespricht. Er hat namentlich folgende Formen: „Heile, heile Segen, drei Tage Regen, drei Tage Sonnenschein, du wirst bald geheilet sein". „Heile, heile Segen, drei Tage Regen, drei Tage Schnee, jetzt tut dir nichts mehr weh." „Heile, heile Segen, drei Tage Regen, drei Tage Wind, du bist unser liebes Kind." „Heile, heile Gänseblut, bis morgen früh ist alles gut"; „heile, heile Gänsedreck, bis morgen früh ist alles weg"; „heile, heile Gänschen, die Katze hat ein Schwänzchen, Gänschen geht über den Steg, bis morgen früh ist alles weg"[2]); „heile, heile Kätzchen, Kätzchen hat vier Beine und einen großen, langen Schwanz, ist dein Wehweh wieder ganz"; „heile, heile, heile, Kätzchen lief den Berg hinan, als es wieder 'runterkam, war alles wieder geheilt". In anderer Weise ist ein auf die Geistlichkeit anspielendes Liedchen umgemodelt, das ursprünglich lautet: „Da droben auf dem Berge, da steht eine Kapell', da tanzt der Herr Pastor mit seiner Mamsell". Wie man aus der Kapelle und aus der Mamsell erkennen kann, ist dabei an katholische Verhältnisse gedacht; wahrscheinlich stammt das Verschen sogar aus vorreformatorischer Zeit. Das Anstößige aber, was darin liegt, daß der Herr Pastor in der Kapelle tanzen soll, wird etwas gemildert durch die Vertauschung des letztgenannten Wortes mit Karsell (Karussell) oder völlig beseitigt durch die Änderung des ganzen Liedchens: „Da drüben und da draußen da steht ein schön Haus, da guckt der Herr Pastor mit seiner Frau 'raus", wobei natürlich der protestantische Geistliche vorschwebt.

Mehrfach sind auch Lieder von Erwachsenen zu Kinderliedern umgewandelt und dementsprechend im Ausdruck geändert worden. So heißt das bekannte Verschen Bauer, baue Kessel ursprünglich: „Bauer, baue Kessel, morgen wird es besser, trägt

---

[1]) Vgl. H. Dunger, Kinderlieder und Kinderspiele aus dem Vogtlande. 2. Aufl. S. 48 ff.

[2]) Vgl. Lyons Zeitschrift für den deutschen Unterricht VIII, S. 118 ff.

die Brant das Wasser 'nein, fällt eine weiße Taube 'nein". Es war also von Haus aus ein Hochzeitslied, das von Spiel und Tanz begleitet wurde; dabei ist mit dem Wassereintragen auf die Vorbereitungen zur Feier, mit der weißen Taube auf den heiligen Geist als Friedensbringer angespielt. Den Kindern aber machte, als sie sich des Verses bemächtigten, das Einfallen des Kessels größere Freude als alles andere; darum haben sie den Schluß so gestaltet, wie er jetzt lautet: „Fliegt eine weiße Taube 'nein, fällt der ganze Kessel ein". Überdies kommt es vor, daß zwei Lieder miteinander verschmolzen werden. Dies erkennt man z. B., wenn man folgende zwei mit obigem vergleicht: „Heie buie sause, wo wohnt denn Herr Krause? In dem schönen Hause, wo die großen Bauern sitzen mit den langen Zipfel-mützen" und: „Bauer, baue Kessel, morgen wird es besser, morgen tragen wir Wasser ein in das große Dorf hinein, wo die großen Bauern sitzen mit den langen Zipfelmützen, die das Geld mit Scheffeln messen und den Quark mit Löffeln essen".

103. Beachtenswert ist auch die Ausdrucksweise der Kinder-lieder. Sie zeigt die Einfachheit, Schlichtheit und Treuherzigkeit des Kindes. Verneinungen werden gern gehäuft, Worte oder Wort-gruppen wiederholt, Frage und Antwort spielen eine große Rolle. Manche Sachnamen erscheinen ohne Artikel; so heißt es: „Ich ging einmal nach Engelland, begegnet mir ein Elefant, Elefant mir Gras gab, Gras ich der Kuh gab, Kuh mir Milch gab" u. s. f. Ferner haben sich durch den Einfluß des Reims mehrfach bestimmte Biegungsformen behauptet, z. B. die Schaf = die Schafe (der Vater hüt't die Schaf im Reim auf schlaf) oder backen = backen und buchen = buken („Wer will guten Kuchen backen, der muß haben sieben Sachen; backe, backe Kuchen, alle Leute buchen guten, guten Kuchen"). Dialek-tische Wörter, die der Reim geschützt hat, sind z. B. gel = gelb (mhd. gel: „Eier und Schmalz, Butter und Salz, Milch und Mehl, Safran macht den Kuchen gel") und Töckchen („Tanze, tanze, Töckchen, was kosten deine Schuh?" vgl. mhd. tocke, ahd. toccha) an Stelle des aus dem Lateinischen ent-nommenen Püppchen (lat. pupa, spätmhd. puppe). Ein alter-

tümliches Gepräge verleiht der so häufig auftretende Stabreim, der öfter mit Ablaut verbunden ist, z. B. „ri ra rutsch, Ringel Ringel Reihe (Rose), bicke backe Heu, Schnecke Schnecke Schniere, Ännchen Dännchen Dittchen Dättchen, pinkepank, der Schmied ist krank, es kommt der Herr von Tippentappen" oder: „In der pimpampolschen Kirche geht es pimpampolisch zu, tanzt der pimpampolsche Ochse mit der pimpampolschen Kuh, und die pimpampolsche Köchen (Köchin) tut sie auseinandergehen (= jagen)".[1]) Damit sind Verse zu vergleichen, wie: „Wenn mancher Mann wüßte, wer mancher Mann wär', gäb' mancher Mann manchem Mann manchmal mehr Ehr'; weil mancher Mann nicht weiß, wer mancher Mann ist, drum mancher Mann manchen Mann manchmal vergißt".

In geringem Maße ist fremder Einfluß bemerkbar; wo er sich zeigt, ist er von den höheren Schulen ausgegangen. Wie sich lateinische Bezeichnungen ins Kinderspiel (pax, stanto!) eingeschlichen haben, so auch in den Kindervers, z. B. „Une bune (= unus, duo) Tintenfaß, geh' in die Schule, lerne was, une bune baus, du bist naus".[2]) Aber nicht nur lateinische Zahlwörter sind eingedrungen, sondern auch französische; daher heißt es: „un, deux, trois, quatre, mademoiselle, à vous à battre" (Ihnen kommt es jetzt zu zu schlagen) oder mit halbdeutscher Fortsetzung: „un, deux, trois, quatre, meine Mutter ist Gevatter, cinq, six, sept, huit du gehst jetzt mit".

Offenbar sind diese Verschen neueren Ursprungs, aber im Metrum stimmen sie mit den ältesten überein. Denn wir haben darin die aus vier Hebungen bestehende Zeile, die wir auch in zahlreichen Volksliedern, z. B.: „Frischaúf in Góttes Námén, du wérte beútsche Nátión" (in Kirchhofs Wendunmut aus dem 16. Jahrhundert) und Kirchengesängen („In állen méinen Tátén,

---

[1]) Es ist zu beachten, wie sehr dieses Liedchen inhaltlich an das oben genannte erinnert: „Da droben auf dem Berge, da steht eine Kapell', da tanzt der Herr Pastor mit seiner Mamsell." In beiden wird statt des Gottesdienstes Tanz im Gotteshaus abgehalten.

[2]) Lirum larum Löffelstil, wer das nicht weiß, der weiß nicht viel" erinnert in seinem Anfang an lateinische Biegungsformen.

laß ich den Höchsten ráten"); vor allen Dingen aber in unseren
Heldenepen (Anfang des Nibelungenliedes: „Uns ist in álten
máerén" u. f. f.) wiederfinden. In ganz gleicher Weise ist
z. B. ein Liedchen gebaut, welches heißt: „Nix in der Grúbé,
Bist ein böser Bube, Waschen beine Beinchen mit ziegelroten
Steinchen". Darin steht nur die Zahl der Hebungen (4) fest,
die Senkungen können ganz wegfallen (Nix in), gelegentlich aber
auch vermehrt werden; so heißt in dem Liedchen: „Bauer, baue
Keffel, morgen wird es beffer" die dritte Zeile jetzt gewöhnlich:
„übermorgen trágen wir Wáffer néin"[1]), hier stehen also zwischen
der erften und zweiten Hebung drei Senkungen, die den Rhythmus beschleunigen und, wie es scheint, beschleunigen sollen, damit
durch die Haft in der Form der gleich darauf erfolgende Einsturz
des Keffels vorbereitet werde. Natürlich gibt es auch Verse
mit drei („eins, zwei, drei, bicke backe Heu")[2]) und zwei („ich
und du und Müllers Kuh, Müllers Esel, das bist du") Hebungen,
aber diejenigen mit vieren sind am häufigften und am weiteften
verbreitet.

Ferner ift zu beachten, daß in den Kinderliedern die ungeraden Zahlen eine so große Rolle spielen.[3]) Fängt die
spielende Jugend bei eins zu zählen an, so hört sie gewöhnlich
bei drei, fünf, sieben oder neun auf. Daher entftehen Verse
wie: „eins, zwei, drei, bicke backe Heu", oder: „Säge-säge-
bock-bock-bock, Schneider, Schneider flick mir'n Rock, wenn ich
zähle, eins, zwei, drei, muß das Röckchen fertig sei(n)"; oder:
„eins zwei, drei in der Dechanei steht ein Teller auf dem Tifch,
kommt die Katz' und frißt die Fifch'"; oder: „eins, zwei, drei,
wir alle sind dabei, vier, fünf, sechs, die Birn' ift ein Gewächs,

---

1) Die vierte Zeile lautet: „Fällt der ganze Keffel ein".

2) Vgl. auch das englische Liedchen: „Zickety dickety dock,
The mouse ran up the nock, The nock struck one, Down the
mouse ran".

3) Vgl. meinen Auffatz in der Zeitschrift für hochdeutsche Mundarten I, S. 34 f. Dort sind auch auf Seite 35 Beispiele aus Volksliedern gegeben, in denen besonders die Drei sehr beliebt ift, z. B.:
„Drei Rosen im Garten, drei Lilien im Wald, im Sommer ift's lieblich,
im Winter ift's kalt".

sieben, acht, neun, du mußt's sein"; ferner: „eins, zwei, drei,
vier, fünf, strick mir ein Paar Strümpf"; „eins, zwei, drei, vier,
fünf, sechs, sieben, muß ich an dem Schubkarrn schieben", oder:
„eins, zwei, drei, vier, fünf, sechs, sieben, du sollst deinen Mann
recht lieben" (oder: „Petrus Paulus hat geschrieben"; „meine
Mutter kochte Rüben"; „wo sind die Franzosen blieben?")
Bisweilen zählt man sogar bis dreizehn und reimt darauf: „Wer
kauft Weizen?" Beginnt dagegen die Zählung mit drei, so ist,
mag nun addiert oder multipliziert werden, die Endzahl gewöhnlich neun; daher heißt es entweder: „Dreie, sechse, nenne,
über eine Scheune, über ein Haus, du bist naus", oder: „Dreimal drei ist neune" u. s. w. Selbstverständlich gibt es auch
Ausnahmen von der Regel, z. B. in dem Verschen: „Ist die
schwarze Köchin da? nein! nein! nein! Dreimal muß ich rum-
marschieren, das vierte Mal den Kopf verlieren, das fünfte Mal
komm mit!" oder: „Dreizehn, vierzehn Schneider, die wiegen
15 Pfund, und wenn sie das nicht wiegen, da sind sie nicht
gesund"; aber auch hier tritt die Vorliebe für die ungeraden
Zahlen deutlich hervor. Ebenso finden wir diese ohne solche
Reihenbildung oft einzeln, z. B.: „Wir treten auf die Kette,
daß die Kette klingen soll, fein und klar, wie ein Haar, hat
geklungen sieben Jahr", oder: „Adam hatte sieben Söhne, sieben
Söhne hatte er, sie aßen nicht, sie tranken nicht, sie hatten keine
Weiber nicht, und machten's alle so wie ich"; oder: „Peter,
Peter, Itzenstrich, sieben Katzen schlugen sich in der dunklen
Kammer mit 'nem blanken Hammer." Damit steht in Einklang,
daß auch sonst das Volk gern ungerade Zahlen verwendet,
namentlich in Zusammensetzungen wie neungescheit und Siebensachen. Der tiefere Grund dieser Erscheinung liegt offenbar in
der Vorstellung von der geheimnisvollen Kraft, mit der diese
Zahlen ausgestattet sind. Daher werden auch noch jetzt in den
meisten Gegenden Deutschlands die Hochzeiten gern am 1., 3.
oder 5. Wochentage (Sonntag, Dienstag oder Donnerstag) gehalten, selten am 4. oder 6. (Mittwoch oder Freitag, trotz der
Liebesgöttin Freia-Venus, nach welcher der letztere Tag benannt
ist). Ob indes diese Symbolik urdeutsch ist oder auf die von

der pythagoreischen Lehre beeinflußten Anschauungen der Römer
zurückgeht, wird sich nicht so leicht entscheiden lassen; jedenfalls
haben wir hier sehr alte Anschauungen vor uns.

104. Größeren Reiz bieten die Spuren mythologischer
und anderer altheidnischer Vorstellungen, die sich ab und zu in
Kinderliedern erhalten haben. So begegnen uns zunächst verschiedene dämonische Wesen, wie die Nixen (Nix in der Grube)
oder der Butzemann („es tanzt ein Bi-Ba-Butzemann in unserm
Haus herum bibum, er rüttelt sich, er schüttelt sich, er wirft
sein Säckchen hinter sich" u. s. f.). Aber auch andere Gestalten
aus der altgermanischen Götterlehre treten uns entgegen, z. B.
Frau Holle, deren Name, wie manche glauben, in dem Verschen
enthalten ist: „Ringel Ringel Reihe, wir sind der Kinder dreie,
wir treten auf den Holderbusch[1]) und schreien alle husch! husch!
husch!" Ebenso dürfte sie wohl mit der Mutter gemeint sein
in dem Liedchen, womit der Maikäfer zum Fliegen aufgefordert
wird: „Maikäfer, flieg, dein Vater ist im Krieg, deine Mutter
ist in Engelland"[2]) (oder Pommerland), während unter dem
Vater, der sich im Kriege befindet, vermutlich Donar zu verstehen ist. Daneben erscheinen nicht selten die drei Jungfrauen,
die das Schicksal des Menschen bestimmen, b. h. die den griechischen Moiren und den römischen Parzen entsprechenden
Nornen. So lautet ein bekanntes Wiegenlied: „Heie buie sanse,
der Bettelmann steht im Hause; er hat einen großen Schlitten
mit, nimmt die kleinen Kinder mit, fährt sie 'nauf nach Jene
(Jena), läßt sie drinnen lehne, fährt sie 'nan aufs Glockenhaus,
gucken drei schöne Jungfern raus, die erste die spinnt Seide,
die zweite die schabt Kreide, die dritte schließt den Himmel auf,

---

[1]) Holderbusch = Holunderbusch, welches von Söhns erklärt wird
als Baum der Holla (Holûn-tar). Doch ist dies unsicher.

[2]) Dieses Engelland ist natürlich nicht das Königreich Groß-
britannien, sondern das himmlische Lichtland, wo die Engel wohnen
und mit ihnen die Seligen, ebenso die Göttin Holla; es kommt auch
sonst in Kinderliedern vor, z. B. ich ging einmal nach Engelland, begegnet mir ein Elefant, oder ene bene Taffetband, 's ist nicht weit nach
Engelland u. s. f.

läßt ein bißchen Sonne raus". Daneben gibt es zahlreiche
andere Fassungen, z. B.: „Ich ging einmal ins Glockenhaus,
sahn drei schöne Jungfern 'raus, die erste sann, die zweite
spann, die dritte zog die Himmelsschnur, daß ich 'nauf in'n
Himmel fuhr", oder: „Dreie, sechse, nenne, im Hofe steht die
Scheune, im Garten steht das Herrenhaus, da schaun drei goldne
Jungfraun 'raus; die eine spinnt Seide, die andre reibt Kreide,
die dritte schließt den Himmel auf, da guckt die Mutter Gottes
'raus". Da sich nun das Volk nach den Angaben des Bischofs
Burkhard von Worms († 1025) noch ums Jahr 1000 die drei
Schicksalsschwestern bei der Geburt eines Kindes anwesend dachte
und mit vorgesetzten Speisen und Getränken bewirtete, so ist es
begreiflich, daß man sie auch in den Wiegenliedern günstig zu
stimmen und um gnädigen Schutz für das Neugeborene zu bitten
pflegte. (Vgl. auch Mannhardt, Germanische Mythen S. 525.)

Andere mythologische Beigaben sind zweifelhafterer Art.
So soll in dem Liede: „Wir wolln einmal spazieren gehn, wenn
nur das wilde Tier nicht käm'," die zwölf, bis zu der man
zählt, die zwölf Weltstunden bedeuten; denn wenn diese ver-
flossen sind und der grimmige Höllenwolf erscheint, bricht nach
der nordischen Götterlehre das Himmelsgewölbe zusammen, gleichwie im Liede die versammelten Kinder auseinanderstieben. Die
goldene Brücke aber, durch welche die Kinder ziehen, bringt man
mit dem Regenbogen in Verbindung, der als Götterbrücke den
Himmel und die Erde verknüpft. Von diesem Pfade heißt es,
daß er einst von Muspels Söhnen zerbrochen wird, wie es im
Liede geschieht von seiten eines Mannes, der als Goldschmied
ein gewisses Interesse an dem Besitze des wertvollen Materials
hat.[1]) Daneben beobachten wir Spuren des altheidnischen

---

[1]) Bezeichnend aber ist, daß er dabei von seiner jüngsten Tochter
unterstützt wird. In ihr tritt der jugendliche Übermut ebenso zu Tage,
wie in Phaethon, der sich den Sonnenwagen des Vaters für einen Tag
erbittet und, nachdem er damit unsägliches Unheil angerichtet, durch
den Blitz Jupiters ein jähes Ende findet, oder wie im kleinen Horn
(Februar), dem Sohne des großen Horn (Januar), der nach dem Volksmunde „sein Stückchen macht", wenn es unter seinem Regiment schlimmes

Zauberwesens, z. B. in den Wundsegen, deren älteste Form
uns die sogenannten Merseburger Zaubersprüche bieten: „Phol
und Wodan fuhren zu Holze; da ward dem Füllen Balders
der Fuß verrenkt; da besprach ihn Sintgund, da besprach ihn
Freia, da besprach ihn Wodan" u. s. w. Ein geringer Überrest
davon ist in harmlosen Sprüchlein wie: „Heile, heile Segen"
auf uns gekommen. In „Heile, heile Kätzchen" vermutet man
einen Hinweis auf die Katze als Hollas Tier. Ferner die Worte
„Saft, Saft, Seide, Erle und die Weide", die der Knabe vor
sich hinmurmelt, wenn er ein Pfeifchen aus Holunder oder
Weidenholz macht, werden angesehen als Nachklänge der altgermanischen Zaubersprüche, die man meist auf Bast und Rinde
einritzte.

Aber nicht bloß einen religiösen Hintergrund lassen die
Kinderlieder erkennen, sondern öfter auch einen geschichtlichen.
So lebt der dreißigjährige Krieg vielfach noch in Versen fort,
die namentlich in Süddeutschland verbreitet sind: „Bet', Kindchen,
bet', morgen kommt der Schwed', morgen kommt der Oxenstern,
wird das Kindchen beten lehrn", oder: „Der Schwed' ist kommen,
hat alles mitgenommen, hat Fenster 'neingeschlagen und das Blei
davongetragen, hat Kugeln draus gegossen und Bauern tot ge-
schossen". Und wenn das bekannte Liedchen: „Zieh, Schimmel,
zieh in Dreck bis an die Knie! Morgen wolln wir Hafer dreschen,
kriegt der Schimmel auch zu fressen" umgemodelt wird: „Morgen
wolln wir Tille (Dille) dreschen, wolln sie geben im Kraut zu
fressen", so ist darin eine deutliche Anspielung auf General
Tilly enthalten. Ferner wird in einem andern Liedchen der
Franzosen gedacht und das Ende ihres Übermuts vor Moskau
hervorgehoben: „Eins, zwei, drei, vier, fünf, sechs, sieben, wo
sind die Franzosen blieben? Zu Moskau in dem tiefen Schnee,
da riefen sie all': o weh, o weh! wer hilft uns aus dem tiefen
Schnee?", und bei dem Gedanken an denselben Feldzug heißt
es in einem andern Verse: „Eins, zwei, drei . . . . . zwanzig,

---

Wetter gibt, dem daher auch die Worte in den Mund gelegt werden:
„Hätt' ich die Macht wie du (der große Horn), ich ließ erfrieren das
Kalb in der Kuh".

die Franzosen zogen nach Danzig, Danzig[1]) fing an zu brennen, Napoleon mußte rennen, ohne Strümpf und ohne Schuh rannte er nach Frankreich zu".

105. In viel höherem Maße als die Geschichte ist das tagtägliche Leben, vor allen Dingen die vor Augen liegende Natur im Kinderliede wiedergespiegelt. Bei dem häufigen Aufenthalt der Kleinen unter freiem Himmel, bei ihrer Liebe zur Tierwelt ist dies leicht begreiflich. So verstehen wir denn, warum die Schnecke angeredet wird: „Schnecke, Schnecke, Schniere, zeig' mir deine Hörner alle viere; wenn du mir sie nicht zeigen willst, werf ich dich in'n Graben, fressen dich die Raben", oder warum der Maikäfer aufgefordert wird zu fliegen. Gleichfalls mit bekannten Tieren haben es folgende Verschen zu tun: „A b c die Katze lief in'n Schnee", „Heia popeia, was nistelt im Stroh? Drei kleine Gänschen, die haben keine Schuh', der Schuster hat Leder, kein'n Leisten dazu" u. s. w.; „Bauer, bind den Pudel an, daß er mich nicht beißen kann, beißt er mich, verklag' ich dich, tausend Taler kostet's dich"; „Bibel babel Gänseschnabel, wenn ich dich im Himmel habe, reiß ich dir ein Beinchen aus, mache mir ein Pfeifchen draus, pfeif' ich alle Morgen, kommen alle Storchen, geht die Mühle klipp klapp, ei du alter Pfeffersack"; „Ihr Diener, was machen denn die Hühner? Legen sie brav Eier? Das Mandel einen Dreier." u. a. Auch verschiedener Berufstätigkeiten wird gedacht, z. B. „Böttcher, Böttcher, bum bum bum, mach' mir meine Nase krumm"; „Pinkepank, der Schmied ist krank"; „„Wittewittewitt, mein Mann ist Schneider."

Selbst dafür ist gesorgt, daß der Humor nicht fehlt; denn Lachen erfrischt das Gemüt und macht fröhliche Gesichter. Drollig ist es schon, wenn dem in der Wiege liegenden Kinde für die nächsten Tage Fisch oder Schweinebraten[2]) in Aussicht gestellt wird („Heie buie bisch bisch bisch, morgen kochen wir Fisch, Fisch, Fisch, übermorgen Schweinebraten, woll'n wir dich zu Gaste laden"), oder wenn das Festessen gar aus einer kleinen

---

[1]) Danzig scheint hier Moskau zu vertreten.

[2]) Auch Klöße, z. B. in dem Liedchen: „Nu da weine nur nicht, in der Röhre stehn Klöße, du siehst sie ja nicht."

Maus besteht („Heie buie saufe, die Katze die will mause, woll'n dem Kätzchen aufs Schwänzchen schlagen, das Kätzchen will ein Mäuschen haben, Mäuschen woll'n wir braten, dich zu Gaste laden"). Großen Spaß bereitet es ferner den Kindern, wenn die Tätigkeit der fünf Finger vorgeführt wird und der kleinste dabei eine so wichtige Rolle spielt: „Das ist der Daumen, der schüttelt die Pflaumen, der liest sie auf, der trägt sie 'nein, der ißt sie ganz allein"[1]), oder, wie es in Basel heißt: „Der ist in den Bach gefallen, der hat ihn 'rausgezogen, der hat ihn heimtreit (heimgetragen), der hat ihn ins Bett geleit (gelegt), und der Kleine hat's Vater und Mutter geseit" (gesagt). Komisch wirkt ferner die Aufforderung, in den Pelz zu beißen, wenn man böse ist („Bist du böse, beiß in'n Pelz; kommst du bis nach Weißenfels, kommst du bis nach Halle, ist die Bosheit alle"). Ebenso spaßhaft dürfte es sein zu hören, wie sich die Klosterbewohner einmal etwas zu gute tun, wenn der Abt fort ist, und wie sie durch das Klingeln an der Tür rechtzeitig seine Rückkunft zu erfahren hoffen („Der Abt ist nicht zu Hause, er ist auf einem Schmause, und wenn er wird nach Hause kommen, da wird er schon geklingelt kommen"). Von ähnlicher Wirkung sind manche andere Liedchen, z. B.: „Da drüben und da draußen, da geht es so zu, da tanzen die Bauern, da klappern die Schuh', da geigt die Maus, da tanzt die Laus, da hüpft der Floh zum Fenster 'naus, da hüpft er sich ein Beinchen aus; da hüpft er auf die Brück', bricht er sein Genick, da hüpft er in den Dreck, patsch, da ist er weg"; ferner: „A b c, die Katze lief in'n Schnee, der Hund hinterdrei, falln alle beide in'n Erdäpfelbrei", oder: „Ich ging einmal nach Engelland", das unerwartet mit einer schallenden Ohrfeige abschließt.[2]) Eine ganze Kette von

---

[1]) Auch mit dem Schlusse: „Der liest sie, der ißt sie und der sagt alles seinem Vater."

[2]) „Ich ging einmal nach Engelland, begegnet mir ein Elefant, Elefant mir Gras gab, Gras ich der Kuh gab, Kuh mir Milch gab, Milch ich der Mutter gab, Mutter mir einen Dreier gab, Dreier ich dem Bäcker gab, Bäcker mir ein Brötchen gab, Brötchen ich dem Hündchen gab, Hündchen mir ein Pfötchen gab, Pfötchen ich der Köchin gab, Köchin mir eine Schelle gab."

drolligen Szenen aber bieten längere Lieder wie die Kinder-
predigt, in der die fernliegendsten Dinge nebeneinander gestellt
werden: „Ihr Diener, meine Herrn, Äpfel sind keine Bern
(Birnen), Bern sind keine Äpfel, die Wurst hat zwei Zipfel,
zwei Zipfel hat die Wurst, der Bauer leidet Durst, Durst leidet
der Bauer, sein Leben wird ihm sauer, sauer wird ihm sein
Leben, der Weinstock hat viel Reben, viel Reben hat der Weinstock, ein Kalb ist kein Ziegenbock, ein Ziegenbock ist kein Kalb,
meine Predigt ist halb, halb ist meine Predigt, der Brotschrank
steht ledig, ledig steht der Brotschrank, ein Tisch ist keine Ofenbank, eine Ofenbank ist kein Tisch, in der See leben viel Fisch',
viel Fische leben in der See, der Hund hat viel Flöh, viel
Flöhe hat der Hund, eine Laus ist kein Pfund, ein Pfund ist
keine Laus, meine Predigt ist aus.“　Dasselbe gilt von dem
Liede über den Gokel, den der Herr ausschickt, um den Haber
zu schneiden; ihm wird, weil er dies nicht tut und auch nicht
wieder nach Hause kommt, der Pudel nachgesandt; doch erweist
es sich als notwendig, auch noch den Prügel, das Feuer, das
Wasser, den Ochsen, den Fleischer, den Henker und den Teufel
hinzubeordern, freilich mit demselben Erfolge, sodaß schließlich
der Herr selber geht und sieht, wo die andern bleiben; dasselbe
gilt auch von der Geschichte mit dem Topfe, der ein Loch hat,
wobei das Zwiegespräch zwischen dem lieben Heinrich und der
lieben Liese von vorn anfängt, ehe der Schaden wieder gut
gemacht ist.　Alles das gibt Gelegenheit zum Lachen und er-
heitert den Sinn; denn darauf ist es bei den Spielen der seligen
Kinderzeit hauptsächlich abgesehen.　Aber auch in späterem Lebensalter erinnert man sich noch mit Freuden der alten lieben
Sprüche, an denen man sich in jungen Tagen so oft ergötzt hat.
Darum müssen wir Rückert zustimmen, wenn er sagt:

> „Aus der Jugendzeit, aus der Jugendzeit
> Klingt ein Lied mir immerdar.
> O wie ist so weit, o wie ist so weit,
> Was mein einst war!
> O du Kindermund, o du Kindermund,
> Unbewußter Weisheit froh,
> Vogelsprachekund, vogelsprachekund
> Wie Salomo.“

Einige erläuternde Belegstellen.

1. **Lautmalerei.** Zeitschr. d. allg. deutsch. Sprachver. XVII, S. 112 (Anzeige von O. Frömmel, Deutsche Rätsel. Leipzig 1902): In dem Rätselnamen des Schornsteinfegers Ribel-rabelrumpel macht sich nicht nur eine wirksam anschauliche Klangnachahmung geltend (man vernimmt darin das kräftige Kratzen des Besens), sondern es wirkt darin auch ein Ur-gesetz unserer Sprachbildung, der Ablaut, mit frischer Jugendkraft fort. Folgt aber hier das Wort bloß dem Ohr, so entspringt es in anderen Fällen aus dem mit dem Auge erfaßten Bilde. So beim Gigerle Gagerle, der übers Ackerle ging, d. i. bei dem in zitternden und durchein-ander tanzenden Flocken fallenden Schnee, der allmählich weiter und weiter das Feld bedeckt, und desgleichen bei der Pirlepause, die hinter unserem Hause hängt und weint, wenn die liebe Sonne scheint, einem seltsamen Wortgebilde, das den Eiszapfen, den es bedeutet, auch versinnlichen möchte, wenn ihn der warme Sonnenschein flimmernd und flirrend durchstrahlt und in perlenden Tropfen schmelzen läßt.

Eine Stelle aus Goethes Faust, in der die Folge der Vokale und Konsonanten bedeutsam ist, lautet:

Und wenn der Sturm im Walde braust und knarrt,
Die Riesenfichte stürzend Nachbaräste
Und Nachbarstämme quetschend niederstreift,
Und ihrem Fall dumpf hohl der Hügel donnert.

Eine großartige Lautmalerei bietet Goethes Hochzeits-lied, wo die eifrige Tätigkeit der Zwerge im alten Schlosse des Grafen folgendermaßen geschildert wird:

Da pfeift es und geigt es und klinget und klirrt,
Da ringelt's und schleift es und rauschet und wirrt,
Da pispert's und knistert's und flüstert's und schwirrt;
Nun dappelt's und rappelt's und klappert's im Saal.

Ähnlich ist es in Brentanos Verse:

> Es sauset und brauset das Tamburin,
> Es prasseln und rasseln die Schellen darin,
> Die Becken hell flimmern von tönenden Schimmern,
> Um Kling und Klang,
> Um Sing und Sang
> Schweifen die Pfeifen und greifen ans Herz
> Mit Freud und mit Schmerz.

2. **Interjektionen.** E. Palleske, Die Kunst des Vortrags. 2. Aufl. Stuttgart 1884, S. 49: Schiller wußte, daß der Vokal i den denkbar höchsten Eigenton hat, der über einer grundlosen mitklingenden Tiefe schwebt, wenn er im Taucher sagt: Und es wallet und siedet und brauset und zischt, bis zum Himmel spritzet der dampfende Gischt; und sein Genius gab ihm Töne zu seiner Glocke, wie folgende: Von dem Dome schwer und bang tönt die Glocke Grab= gesang. Hier wechseln die 3 Laute o, e und a. Man hört verschiedene Glocken läuten.

H. Paul, Prinzipien der Sprachgeschichte, 2. Aufl. S. 145: Wir verstehen unter Interjektionen unwillkür= liche Reflexlaute, die durch den Affekt hervorgetrieben werden, auch ohne jede Absicht der Mitteilung. Man darf aber darum nicht die Vorstellung damit verknüpfen, als wären sie wirklich Naturlaute, die mit ursprünglicher Notwendigkeit aus dem Affekte entsprängen wie Lachen und Weinen. Vielmehr sind die Interjektionen, deren wir uns gewöhnlich bedienen, gerade so gut durch die Tradition er= lernt wie die übrigen Elemente der Sprache. Nur ver= möge der Assoziation werden sie zu Reflexbewegungen, wes= halb denn auch die Ausdrücke für die gleiche Empfindung in den verschiedenen Sprachen und Mundarten und auch bei den verschiedenen Individuen der gleichen Mundart je nach der Gewöhnung sehr verschieden sein können. Es ist ja auch eine in den verschiedensten Sprachen zu machende Beobachtung, daß Interjektionen aus andern Wörtern und Wortgruppen entstehen, z. B.: ach Gott! alle Wetter! herrje! (Herr Jesus). Die meisten und die individuellsten

in Bezug auf die Lautform und den Empfindungston sind
Reaktionen gegen plötzliche Erregungen des Gehörs- oder
Gesichtssinns, z. B. paff, patsch, pardauz, bauz, blauz, puff,
futsch, husch, klaps, knacks, ratsch, schwapp, wupp u. s. w.

3. **Wohllautsbestrebungen.** G. Mentz in Kluges Zeitschrift für deutsche Wortforschung, I. S. 200: Friedrich der
Große nennt das Griechische einmal la langue la plus
harmonieuse qui eût jamais existé; er preist die griechischen Schriftsteller, welche ihr quantités d'expressions
pittoresques gegeben haben, sich durch grace, politesse und
décence auszeichneten; sie haben die Sprache elegant gemacht. Aus Gründen des Wohlklangs verwirft er das
Englische und das Holländische, lobt das Italienische. Der
Vergleich des Zischens der Schlange mit dem Englischen
gefiel ihm sehr. Das Deutsche erscheint ihm besonders deshalb häßlich, weil die Konsonanten darin zu sehr überwiegen; denn les voyelles plaisent aux oreilles, trop de con-
sonnes rapprochées les choquent, parcequ'elles coûtent
à prononcer et n'ont rien de sonore.

Meyers Konversationslexikon unter Lautlehre: Jede
Sprache hat ihre besonderen Lautgesetze und Lautneigungen.
Hierauf beruht es auch, daß der sogenannte Wohllaut etwas
sehr Schwankendes ist. Jeder hält das für wohlklingend,
womit er durch langjährige Gewohnheit vertraut ist, und
der Hottentotte ist ebenso fest von dem Wohlklang seiner
Schnalzlaute überzeugt wie wir von der Schönheit unserer
Konsonanten, obschon der Ausländer deutsche Wörter wie
Holzpflock unaussprechbar findet und an Vokalreichtum die
deutsche Sprache tief unter den Idiomen der rohen Poly=
nesier rangiert, welche jede Silbe auf einen Vokal ausgehen
und mit nicht mehr als einem Konsonanten beginnen lassen.

Jakob Grimm, Kleinere Schriften, Berlin 1864 ff.,
S. 407, äußert sich über denselben Punkt anders: Unserer
Sprache tut das Überwiegen der Konsonanten gar nicht
weh, sondern sie hat noch die Fülle anmutiger Wörter.
Der echte Wohllaut kommt mir vor wie ein unbewußtes

Erröten, wie ein Durchscheinen gesunder Farbe, der falsche aufgedrungene Wohllaut wirkt gleich einer verderblichen Schminke.

Schottel, Ausführliche Arbeit von der deutschen Haubt-Sprache, Braunschweig 1663, S. 325, sagt über die Verschiedenheit im Gebrauche der starken und schwachen Endungen beim attributiven Adjektiv: Die Ursache dieser Regel (daß hinter der starken Form des Artikels und Fürworts die schwache Adjektivform eintritt: dieser schönen Rede, dieses großen Mannes) ist, weil durch oftmalige Wiederholung des r und s die Wörter etwas hartlautend zu werden scheinen.

A. Riehl, Fr. Nietzsche, Stuttgart 1901, S. 33: Nietzsche stellt alle seine künstlerischen Fähigkeiten, auch die musikalischen, in den Dienst der Sprache; er herrscht über die Sprache, er gebraucht sie als Instrument, das seinen feinsten Absichten und jeder Laune der Stimmung gehorcht, und indem er ihr seinen Geist mitteilt, den bald raschen, bald ruhigen Fluß seiner Gedanken, die Farbe seiner Leidenschaften, läßt er sie, wie eben der Künstler sein Instrument, zugleich ihren eignen Geist zur Darstellung bringen. Nietzsche sagt einmal: „Keins der jetzigen Kulturvölker hat eine so schlechte Prosa wie das deutsche. Der Grund davon ist, daß der Deutsche nur die improvisierte Prosa kennt. An einer Seite Prosa wie an einer Bildsäule arbeiten kommt ihm vor, als ob man ihm aus dem Fabellande vorerzählte. An einer andern Stelle äußert er: Das herrliche Tonwesen der Sprache ist vor allem für das Gehör da; die Schule der Rede ist die Schule der höheren Tonkunst. Der Deutsche liest nicht laut, nicht fürs Ohr, sondern bloß mit den Augen; er hat dabei seine Ohren ins Schubfach gelegt". Ja, Nietzsche fordert sogar einmal, daß man den Sinn in der Folge der Vokale und Diphthonge rate und wie zart und reich sie sich in ihrem Hintereinander färben und umfärben.

4. Verkleinerungsformen. Th. Gartner, Die Nachsilben -chen und -lein, Beiheft der Zeitschr. des allgem.

deutſch. Sprachvereins XIV—XV, S. 169: Die oberfläch-
liche Kenntnis der deutſchen Mundarten, die ſich uns eröffnet, wenn wir eine größere Sammlung mundartlicher
Stücke durchſehen, genügt, um uns zu belehren, daß das
-chengebiet vom -leingebiet nicht durch eine oſtweſtliche
Linie geſchieden iſt. Die Grenze geht vom Südwinkel
Lothringens aus und ſteigt nordoſtwärts bis an die Provinzen Brandenburg und Poſen, ſobaß ganz Schleſien aus
dem -chengebiete ausgeſchloſſen wird. Auch drängt ſich das
-leingebiet von Bamberg und Koburg nach Nordweſten hin
(Eisfeld, Hildburghauſen, Meiningen, Waſungen) bis ins
Mitteldeutſche hinein. Sehen wir näher zu, ſo finden wir
zunächſt, daß -chen auf mitteldeutſche Mundarten beſchränkt
iſt, während der plattdeutſche Norden -ke(n) ausſpricht.
Dann bemerken wir, daß das -lengebiet im äußerſten Norden
durch -je (niederländiſch) und -ing (beſonders mecklen-
burgiſch) verkürzt wird. Auch an der ſchleſiſch-poſenſchen
Grenze (Deutſch-Wartenberg) iſt letzteres die ausſchließliche
Verkleinerungsſilbe. Im Alemanniſchen finden wir -li, in
Schwaben -le, in Mainfranken und Schleſien -la, von
Bayern bis Ungarn -l (-el, -al, -erl). Das volle -lein
ſcheint nur in vereinſamten bayriſchen Sprachinſeln (Gottſchee
in Krain, Deutſch-Bilſen in Ungarn) fortzubeſtehen.

5. Verſtärkung des Ausdrucks. E. Wolff, Poetik, Oldenburg und Leipzig 1899, S. 54: Ohne Zweifel liegt die
Erhebung in ein als höher betrachtetes Reich dem poetiſchen
Streben zu Grunde. Es muß darnach ſelbſtverſtändlich
erſcheinen, daß auch ſonſt Verſtärkung und Erhöhung in
dem Urweſen der Poeſie liegen. Nicht mehr werden wir
als abſonderliche rätſelhafte Eigentümlichkeit anſtaunen, daß
ein Homer gar gern attributive Adjektiva im Superlativ
verwendet; auf dasſelbe notwendig wirkende Geſetz werden
wir es zurückführen, daß im mhd. Epos jeder Held als
der kühnſte Degen, jede Heldin als die minniglichſte Maid
übereinſtimmend vorgeſtellt wird. Zur Potenzierung drängt
alle poetiſche Darſtellung hin. Darum muß in Goethes

„Willkommen und Abschied" Finsternis aus dem Gesträuche
mit hundert schwarzen Augen sehn, darum ebenda die Nacht
tausend Ungeheuer schaffen. Ewig, unendlich, all über-
schwemmen die Poesie.

G. Gerber, Die Sprache als Kunst, II. 2, S. 21:
Der rhetorische Pleonasmus wiederholt denselben Sinn mit
wechselndem Ausdruck, er wirkt also durch Häufung und
Fülle; energischer wird die Wirkung, wenn die Ausdrucksmittel nicht gleichwertig nebeneinander stehen, sondern von
den schwächeren übergehen zu den stärkeren. Denn dann
beruht sie nicht mehr auf dem längeren Verweilen der
Vorstellung bei dem Gegenstande, sondern darauf, daß an
dem Anwachsen der Bezeichnungen die Größe und Bedeutung des Sinns bestimmter ermessen wird und daß auch
die Absicht einer Steigerung zum Bewußtsein kommt.
Weniger berechnend, mit natürlicher Kraft wirkt die Steigerung, wenn sie den Sinn sogleich in einen stärksten Ausdruck zu kleiden sucht (Hyperbel).

6. Gegensatz im sprachlichen Ausdruck. K. Bruchmann,
Psychologische Studien zur Sprachgeschichte, Leipzig 1888,
S. 325: Reizstärken, Tonstärken und Lichtqualitäten empfinden wir im allgemeinen nur nach ihrer wechselseitigen
Beziehung, nicht nach einer unveränderlich festgestellten Einheit, bie mit oder vor dem Eindruck gegeben wäre. Damit
scheint mir die Disposition für die Auffassung von Worten
in Analogie zu stehen. Ein Farbenton erscheint um so
gesättigter, in je größerem Gegensatz er sich zu andern
Farbeneindrücken befindet. Die größte Helligkeit erreicht
die Empfindung dann, wenn sie im Verhältnis zum abso-
lutesten Dunkel bestimmt wird. Stehen dagegen zwei
Wörter von ähnlicher Reizstärke nebeneinander, so wird ihre
Kontrastwirkung gering sein.

7. Gefühlswert der Wörter. K. Müller, Die Wiederbelebung alter Wörter, Beiheft zur Zeitschrift des allgem.
deutschen Sprachvereins, II, S. 63: Man soll nicht, wie
Goethe einmal sagt, neuen Geist mit alter Sprache ver-

brämen. Wo es sich aber um eine von der gewöhnlichen Redeweise sich abhebende Sprache handelt, wo es gilt, mächtige, ins Innere bringende und im Innern nachhallende Töne anzuschlagen, da kann ein altes Macht- und Klangwort gerade das rechte sein, gerade die Wirkung erzielen, die ein neuzeitliches verfehlen würde. Mit einem Worte: Dem Dichter muß es erlaubt sein, ja, es kann ihm geboten erscheinen, veraltete Wörter wieder aufzunehmen und zu erneuern. Dieser Meinung gab bereits Wieland Ausdruck, indem er sich auf Quintilian bezog, der zwar dem Redner alle veralteten Wörter verbot, dieses Verbot aber nicht auf den Dichter ausdehnte.

8. **Glimpfwörter (Euphemismen).** K. Scheffler, Der verhüllende oder euphemistische Zug in unserer Sprache, Beiheft der Zeitschr. d. allgem. deutsch. Sprachver., XIV—XV, S. 123: Wenn der Franzose das Krankenhaus maison de santé oder als Stätte der Nächstenliebe charité oder pitié nennt, wenn wir es als Stätte der Gastlichkeit mit Hospital bezeichnen, wenn man früher die Insassen eines Siechenhauses gute Leute nannte, so sind dies alles Äußerungen derselben Neigung, das Unangenehme möglichst zu verhüllen. Das derbe Wort lügen hat eine lange Reihe von Ausdrücken neben sich, die nicht bloß schwächere Formen des Lügens bezeichnen, sondern vor allem eine mildere Auffassung bekunden. Dahin gehören Lurren, Flausen, Flirren, Flunkereien, ferner einem etwas aufbinden, aufhängen, auf die Nase heften, mit etwas renommieren, das studentische sohlen und nicht zum wenigsten aufschneiden. Dieses heißt vollständig mit dem großen oder langen Messer aufschneiden und ist in Jägerkreisen entstanden, deren Jägerlatein ja besonderer Art ist. Agricola erklärt in seiner Sprichwörtersammlung vom Jahre 1528 diese Redensart als die gebräuchlichste Paraphrase und Beschneidung des harten Wortes „er leugt", und die Vorrede zum Münchhausen 1786 rühmt an dem Freiherrn die Kunst zu lügen oder, höflicher gesagt, das lange Messer zu handhaben. Und wo alle

diese Ausdrücke nicht angemessen sind, da bieten sich als mildere Bezeichnungen immer noch dar die Umschreibungen: die Unwahrheit sagen und die Wahrheit verschweigen.

9. **Höflichkeitsbezeigungen.** O. Behaghel, Die deutsche Sprache, 2. Aufl., Leipzig und Prag 1902, S. 143: „Die Schildbürger", eine Schrift aus dem 16. Jahrhundert, haben die Redensart erzeugt, mit der allzugroße Vertraulichkeit abgewehrt wird: „Haben wir etwa die Schweine miteinander gehütet?" Denn sie berichten, wie zum Schultheißen der Schweinehirt gewählt worden; dem begegnete ein anderer, welcher „vor etlichen Jahren die Säue mit ihm gehütet, unwissend, daß er der Schultheiß wäre, ihn deshalb als einen alten Säuhirten und guten Gesellen duzte". Dagegen verwahrte sich der neue Würdenträger und verlangte die höfische Form der Anrede.

Zeitschrift des allgem. deutsch. Sprachvereins, XIII, S. 23: Überall in der Welt werden die Menschen auf dieselbe Weise geboren, nur in Deutschland nicht. Im Geburtslande Kants sind die Geburtsarten verschieden; die Frau Gräfin gebiert anders als die Frau Regierungsrat und diese anders als die Frau Schlächtermeister. Die Folge: auf den Straßen balgen sich hochgeborne, hochwohlgeborne und wohlgeborne Rangen herum.

10. **Schimpfwörter.** Albrecht, Leipziger Mundart, Leipzig 1881, S. 40: Nur die allergebräuchlichsten Namen, also Hans, Peter, Friede, Toffel, Liese, Suse geben sich im Obersächsischen zu allerlei beliebigen Neubildungen her, doch auch diese nicht unterschiedslos; Friede, Fritze, Liese sind gemütlicher, sanfter, Toffel und Suse entschiedener, gröber, Hans und Peter stehen mitten inne. Will man jemand etwas anhängen wegen seines Schielens, seines trippelnden Ganges, des Schmatzens oder Schlürfens beim Essen, wegen seines starken Appetits, seines unvorsichtigen Stolperns, Polterns, Schreiens, seines häufigen Hin- und Herlaufens oder Herumtreibens, wegen seiner Neigung zum Zanken, Necken, Kratzen, Klettern, Wackeln, Spucken, so wird man die be-

treffende Bestimmung mit einem der eben angeführten ge-
bräuchlichsten Namen verbinden, z. B. Freßhanne, Freß-
lotte, Blinzelliese, Freßliese, Schielsuse, Schmutzpeter, Neck-
peter, Kleckspeter, Schmatzpeter, Schlürftoffel, Freßmichel,
Stolperhans, Neckhans, Wackelhans, Schreifritze, Kletter-
fritze, Polterfriede, Kratzfriede u. a.

11. **Übertragungen (Metaphern).** Uhland sagt im Styli-
sticum (Holland S. 89): Jedes Bild und am meisten das
schon viel gebrauchte muß vom Dichter immer wieder frisch
aus der Natur oder aus dem klaren Schauen der Einbildungskraft entnommen sein, wenn es nicht Gefahr laufen
soll, zur bloßen Phrase zu werden. Die Rose ist ein
immer wiederkehrendes, ja unentbehrliches Bild des jugendlichen Reizes, aber nur derjenige wird sich dieses Bildes
wahrhaft poetisch bedienen, dem wirklich eine Rose mit
ihrem zarten Glanz und ihrem süßen Duft vor dem
Sinne blüht.

Fr. Vischer, Ästhetik, III. Bd., Stuttgart 1857, S.
1238: Etwas eigentümlich Gewagtes haben alle Bilder
Shakespeares; sie gemahnen uns, wie wenn man mit un-
ruhigem, blutrotem Fackellicht in eine Stalaktitenhöhle
leuchtete, wogegen die Vergleichungen Goethes wie eine
Sonne ruhig aufgehen und Zug um Zug den Gegenstand
in scharfer Deutlichkeit des Umrisses aufzeigen.

O. Lyon, Handbuch der deutschen Sprache, 5. Aufl.,
Leipzig 1897, II, S. 20: Die Bilder müssen wahr sein,
d. h. sie müssen erstens mit dem übereinstimmen, was wir
von den als Bildern verwendeten Dingen wissen, und sie
dürfen zweitens nicht unter einander in Widerspruch stehen.
Wenn jemand schriebe: Der Ruhm dieses Mannes ging
wie der Polarstern auf und nieder, oder die Parze
knickte den Stengel seines Lebens, so würden diese Bilder,
da sie nicht mit dem übereinstimmen, was wir von dem
Polarstern und den Parzen wissen, einen unangenehmen
Eindruck hervorrufen. Der zweite Fehler gegen die
Wahrheit der bildlichen Wendungen besteht darin, daß

ein Gedanke durch verschiedene Bilder dargestellt wird, die
einander widersprechen, z. B. ich sah die Bronnen rauschen
der Ewigkeit um mich (Rückert), mit leisem Schritte schlüpfte
ein weiblicher Fuß ins Zimmer und löschte mit eigener
Hand die Kerzen (Ph. Galen). Dieser Mißgriff (Katachrese)
beleidigt sowohl den Verstand als auch die Anschauungs-
kraft. Die Bilder müssen aber auch leicht verständlich sein
und dürfen nicht zu weit hergeholt sein; wenn z. B. in
orientalischen Dichtungen die Schlacht Lanzenmesse genannt wird, so ist dieses Bild schwer zu enträtseln und
darum nicht schön. Zu gesucht ist es auch, wenn Kleist
die Dünste als die Augenlider, die das Auge des Welt-
kreises decken, bezeichnet.

12. **Beseelung des Leblosen.** Th. Imme, Andeutungen
über das Wesen der Sprache auf Grund der neueren
Psychologie, Beiheft der Zeitschrift des allgem. deutschen
Sprachvereins, II, S. 75: Insofern der sprachschaffende
Mensch nach Art des Dichters verfährt und letzterer nur
auf künstlerischem Wege hervorzaubert, was an sich schon
in der Natur der Sprache liegt, so geben uns die Dichterwerke aller Zeiten noch näheren Aufschluß über die hohe
Gestaltungskraft, die sie in der Vermenschlichung der Außenwelt offenbart. Wenn da in den Psalmen des alten
Testaments die Sonne als Bräutigam oder als Held
erscheint und sich freut, zu laufen ihren Weg, wenn bei
Lenau der Sturm, ein trunkener Sänger Gottes, mit flie-
gender Locke und mit rauschendem Nachtgewand daherbraust,
so sind dies nur einzelne Beispiele hiervon, die sich ins
Unendliche vermehren ließen. Das Goethesche Wort:
„Märchen noch so wunderbar, Dichterkünste machen's
wahr" läßt sich auch auf die Wunder der Sprache, insbesondere auf die Naturbeseelung, anwenden.

Fr. Nietzsche, Also sprach Zarathustra 1885: Zarathustra schreitet über wilde, steinichte Lager, wo ehedem
wohl ein ungeduldiger Bach sich zu Bett gelegt hatte.
Ein Pfad, der trotzig durch Geröll stieg, ein boshafter,

einſamer, dem nicht Kraut, nicht Strauch mehr zuſprach,
ein Bergpfad knirſchte unter dem Trotz ſeines Fußes.
Geibel ſingt:

> Da wacht die Erde grünend auf,
> Weiß nicht, wie ihr geſchehn,
> Und lacht in den ſonnigen Himmel hinauf
> Und möchte vor Luſt vergehn.
> Sie flicht ſich blühende Kränze ins Haar
> Und ſchmückt ſich mit Roſen und Ähren
> Und läßt die Brünnlein rieſeln klar,
> Als wären es Freudenzähren.

13. **Volkstümliche Bilberſprache.** O. Streicher, Zeitſchr.
des allgem. deutſch. Sprachvereins, Bd. XV., S. 188 f:
Der gemeine Mann liebt die Redensarten, die den äußeren,
ſichtbaren, körperlichen Bewegungen entnommen ſind, ebenſo ſehr wie er die eigentliche Benennung des Innern, Un-
ſichtbaren, Geiſtigen vermeidet. So liegt ihm fern, z. B.
die abgezogenen Begriffe Stolz und Verachtung, Herzlichkeit, Mut, Verdruß, Verwunderung mit Namen zu nennen,
er erfaßt dagegen die körperlichen Erſcheinungen, durch die
ſie begleitet zu ſein pflegen, und durch dieſe bezeichnet er
nun in ſeiner Sprache jene. Er bittet nicht herzlich, warm
oder innig, ſondern fußfällig oder händeringend, empfängt
den Gaſt nicht mit Herzlichkeit, ſondern mit offenen Armen.
Statt in der Not guten Mut behalten ſagt man den Kopf
hochtragen, ſtatt ſtandhaft einen Schmerz erdulden oder
verleugnen, heißt es ohne mit den Wimpern zu zucken, ſich
auf die Lippen beißen oder die Zähne zuſammenbeißen.
Der Verdrießliche macht ein ſchiefes (ſaures) Geſicht oder
rümpft die Naſe, der Traurige und Mutloſe läßt den Kopf
hängen. Am mannigfaltigſten drückt ſich ſo die Verwunderung
aus. Man macht ein Geſicht, macht ein paar Augen,
macht große Augen, reckt den Hals, macht die Augen auf,
und iſt die Urſache hinreichend, um Erſtaunen zu erregen,
ſo ſperrt man Mund und Naſe auf; gibt's aber eine un-
erwartete Enttäuſchung, ſo macht man ein langes Geſicht.
Damit ſind Redensarten zu vergleichen, wie: ſich an ſeiner

Nase zupfen, sich den Mund verbrennen, sich mit Händen und Füßen gegen etwas wehren, alle zehn Finger nach etwas lecken, dem Widersacher ein Bein stellen, ihm die Zähne zeigen, einen Knüppel zwischen die Füße werfen u. a.

K. Muthesius, Kindheit und Volkstum, Gotha 1899, S. 52: Pflanzennamen wie Ehrenpreis, Rittersporn, Löwenzahn, Fingerhut, Hahnenfuß verraten deutlich die naturwüchsige, volkstümliche Herkunft. Aber Ausdrücke wie Dickrippe, Süßdolde, Mäuseschwanzschwingel hätte das Volk nicht gebildet, noch viel weniger solche wie sturmhutblättriger Hahnenfuß, ausläuferreiches Habichtskraut oder gar knoblauchduftender Gamander und mausohrartiges Gedenkemein. In Gegensätzen wie Katzenpfötchen und zweihäusiges Ruhrkraut, Stiefmütterchen und dreifarbiges Veilchen, Sommertürchen und Frühlingssporkelblume kommt mit aller Deutlichkeit der Unterschied von echt und nachgemacht, von saftig-volkstümlich und trocken-gelehrt, von kindlich-poetischem Reichtum und klügelnder Armut zum Ausdruck.

14. **Geschmack im bildlichen Ausdruck.** O. Weise, Unsere Muttersprache, ihr Werden und ihr Wesen, 4. Aufl., Leipzig 1902, S. 115: Bei den Vertretern der zweiten schlesischen Dichterschule sind geschmacklose, gesuchte Ausdrücke zahlreich zu finden. Man nannte den Mond der Sonne Kammermagd, den Ochsen der Kühe lieben Mann, die Brust Zeughaus der Liebe, die Zunge des Mundes Cymbel und Adam einen Prinzen der Sterblichkeit; man redete von gläsernen Gewässern, gesalzenen Zähren und schwarzen Sternen, ja richtete an die Geliebte Worte wie: „In deiner Augen Pech blieb oft mein Auge kleben". Je ungewöhnlicher eine Bezeichnung war, für um so geistreicher galt sie; je schwülstiger eine Wendung, um so lieber wurde sie gebraucht. So war denn der Stil geschraubt und gekünstelt, voll von Spitzfindigkeiten und Gegensätzen, kühnen Bildern und Gleichnissen, Wortspielerei und Anspielungen aller Art, weit hergeholten sinnbildlichen Darstellungen und übel angebrachter Belesenheit.

15. **Die Frau und die Sprache.** Heinemann beurteilt in seiner Schrift über „Goethes Mutter" deren Briefstil mit folgenden Worten: Sie war eine kluge und urteilsfähige Frau. Man führe nicht dagegen die Mängel in der Orthographie an und die Verstöße gegen die Grammatik. Man nahm das damals nicht so genau. Sie verteidigt sich scherzhaft einmal Christianen gegenüber mit den Worten: „Daß das Buchstabieren und Geradeschreiben nicht zu meinen sonstigen Talenten gehört, müßt ihr verzeihen: der Fehler liegt am Schulmeister." Selbst die Briefe der Herzogin Anna Amalia sind nicht frei davon. Diesem Mangel gegenüber hat Frau Rat einen großen Vorzug vor uns Papiermenschen. Sie weiß noch nichts von der unheilvollen Scheidung der Sprache in eine Sprech- und eine Schreibsprache. Die ärgste Feindin des papiernen Stils, schreibt sie nicht nur die Laute, wie sie sie hört, sie geht sogar mit Vorliebe mitten in der Ezählung in die direkte Rede über, z. B.: „Merck erzählte, daß von Knebel und von Seckendorf wieder hier wären. Ich habe gar keine Nachrichten von Weimar. Sie wissen, Herr Merck, daß die Leute dort so oft nicht schreiben". Die Gegenständlichkeit und Lebhaftigkeit der Darstellung, die den Leser mit unwiderstehlichem Zauber fesselt, kann nicht geschildert, sie muß beim Lesen selbst genossen werden. Ihr klarer Verstand, ihre schöne Gabe, durch treffende Gleichnisse anschaulich zu werden, ihr unerschöpflicher Schatz an Witz und Laune zeigt sich fast auf jeder Seite.

16. **Der Volkswitz.** O. Weise, Die deutschen Volksstämme und Landschaften, Leipzig 1900, S. 26 f.: Der Niedersachse scherzt, ohne das Gesicht zu verziehen, über seine Scherze zu lachen überläßt er andern. So gering bei ihm die Anlage zu leichtem Spiel und Flug der Gedanken ist, so große Schalkhaftigkeit besitzt er. Schnack und drollig sind niederdeutsche Ausdrücke. Der „buttrige", laugige Sprachton, der Zug behäbiger Breite, der durch die plattdeutschen Mundarten geht, paßt dazu vortrefflich. Witz und schelmische

Weise, Ästhetik.   19

Art begegnen uns unter anderem in einer Menge von
apologetischen Sprichwörtern, bei denen zu einer Redensart irgend ein Beispiel gewissermaßen als Erläuterung erfunden wird, das zu ihr wie die Faust aufs Auge paßt:
Was kommen will, kommt doch, sagte die Großmutter, da
kroch ihr der Iltis in die Nachtmütze; ich strafe meine
Frau nur mit guten Worten, sagte Lehmann, da warf er
ihr das Gesangbuch an den Kopf; was alt ist, das reißt,
sagte der Teufel, da riß er seiner Großmutter die Ohren
ab; besser ist besser, sagte der Junge, da strich er Syrup
auf den Zucker. Eng damit verwandt ist die Neigung zu
neckischen, scherzhaften Imperativbildungen bei Eigennamen
wie Vegesack (= Feg den Sack), Lurup (= Laure auf),
Griepenkerl (= Greif den Kerl) u. s. w.

Lyons Zeitschr. f. d. deutschen Unterrricht XVI, S. 158:
Wenn wir die Bedeutung von Namen wie Kehrein, Suchen-
wirth, Findekeller, Setzebecher, Leerenbecher, Schluckebier,
Schmeckebier, Schlindewein (Verschlingewein; vgl. Schlund),
Füllemich, Füllekrus (Füllkrug), Kneipzu, Sparwasser, Trink-
aus, Suppus (Saufaus), Störtebeker (Stürz den Becher)
und andere dieses Schlages recht erwägen, so wird uns anschaulicher und lebendiger als durch seitenlange Mitteilungen
in einem Geschichtswerk die große Trunksucht unserer Alt-
vorderu vor das geistige Auge gerückt, zugleich aber werden
wir leicht begreifen, daß Namen wie die angeführten dieser
Unsitte des leidigen übermäßigen Trinkens mit der Waffe
des Spottes zu Leibe gingen. Denn sie alle sind richtige
Spottnamen.

17. Die Sprache der Dichter. Lipps und Werner, Beiträge
zur Ästhetik. I. Lyrik und Lyriker von R. H. Werner,
Hamburg und Leipzig 1890, S. 429: In den Entwürfen
aus Schillers Nachlaß, die Gödeke zuerst veröffentlichte,
können wir deutlich den Unterschied zwischen Prosa und
Poesie beobachten. Aus den Worten: „Kniet vor einem
fremden Götzen" wird stärker handelnd und darum sinn-
licher: „Der sich beugt vor fremden Götzen"; auch der

Plural ist poetischer als der Singular, weil er der Phantasie
mehr Spielraum läßt, das Unbestimmte poetischer als das
Bestimmte. Die Prosa sagt: „Jedes Volk hat seinen Tag
in der Geschichte". Die Poesie macht daraus: „Jedem
Volk der Erde glänzt einst sein Tag in der Geschichte,
wo es strahlt im höchsten Lichte und mit hohem Ruhm
sich kränzt." Nicht das Metrum hat die Veränderungen
bedingt, sondern die Forderung der poetischen Wortwahl.
„Jedes Volk hat seinen Tag" ist verstandesmäßig, „jedem Volke
glänzt sein Tag" ist sinnlich, weil personifizierend, daher
poetisch. Wie mit blühendem Leben umkleidet sich das
Gerippe der Prosa durch die füllegebenden zwei Verse:
Wo es strahlt im höchsten Lichte und mit hohem Ruhm
sich kränzt. Wie anschaulich ist nun der Tag geworden!
Unsere Phantasie wird zur Mittätigkeit gezwungen, weil
eine Anschauung in uns erregt wird.

E. Wolff, Poetik, Oldenburg und Leipzig 1899,
S. 252. Joh. Chr. Kestner überliefert über den jungen
Goethe von 1772: „Er besitzt eine außerordentlich lebhafte
Einbildungskraft, daher er sich meistens in Bildern und
Gleichnissen ausdrückt. Er pflegt auch selbst zu sagen, daß er
sich niemals eigentlich, sondern nur uneigentlich ausdrücken
könne." Es kommt im Grunde auf dasselbe hinaus, wenn
sich H. v. Kleist mit Bewußtsein für das schriftstellerische Fach
ausbildet, indem er sich ein Magazin von Ideen und
Bildern anlegt, auch seiner Braut Anleitung zur Bildersprache gibt. Mit ähnlichem Bewußtsein gedenkt Herder
seines Jugendlandes, wo er unter dichten Bäumen in der
Muse sel'gem Träumen Wahrheit suchte, Bilder fand.

Ebenda S. 58: Die Poesie ist Sprache des Gefühls,
die Prosa Sprache des bloßen Gedankens. Beide unterscheiden sich ähnlich wie die Kunstmalerei von der mechanischen Photographie. Während diese unbedingte, reflexions-
lose Wiedergabe des Gegenstandes bietet, erstrebt jene
stimmungsvolle Erfassung, gemütvolle Durchdringung. Indem uns die Poesie „auf schwanker Leiter der Gefühle"

emporhebt, führt sie uns über die Alltäglichkeit hinaus, stärkt unser Gefühlsleben, daß wir nicht in dumpfem Sinnentriebe verkommen, „und wecket der dunkeln Gefühle Gewalt, die im Herzen wunderbar schliefen", wie Schiller durchaus bezeichnend sagt.

18. **Goethes Sprache.** Fr. Düsel, Zeitschrift des allgem. deutsch. Sprachver. Bd. XIV S. 163: Goethes in Leipzig entstandenes Liederbuch „Annette" legt beredtes Zeugnis davon ab, wie eng den Schäfer an der Pleiße die gekünstelte Anakreontik eines Uz, Hageborn, Gleim, Weiße und Jacobi mit ihren Blütengewinden und Amorettenreigen zu fesseln verstand. Seine Reimereien aus jenen Tagen triefen förmlich von Lieblingswörtern der Anakreontik: Wollust streitet mit Zärtlichkeit, Zephyr umfächelt den Busen, süßer Weihrauch steigt aus den Blumenkelchen, Schmetterlinge buhlen mit Blatt und Blüte, überall gaukelt, flüstert, lächelt, tändelt, schäkert es, und eine sinnspruchartige, geckenhaft zugespitzte Wendung muß zum Schluß über den Mangel an Gedanken hinwegtäuschen.

Ebenda S. 164: Der Sturm und Drang, der auf allen Gebieten der alten Formen spottet, verpflanzt sich auch auf die Sprache. Man verachtet Regeln und Vorschriften. „Die Reinigkeit einer Sprache entzieht ihr an Reichtum, eine gar zu gefesselte Richtigkeit an Stärke und Mannheit". Dem Dichter steht es zu, nicht bloß wie Prometheus seine Gestalten, sondern auch seinen Ausdruck von neuem zu schaffen. Er soll in die Eingeweide der Sprache graben wie in die Bergklüfte, um Gold zu finden. Aus dem Volksliede, aus den Meistersängern, aus Luthers Bibelübersetzung und Logaus Sinngedichten sauge er frische Nahrung, neues Blut. Das Leitbild einer von „gutem Geschmack" geregelten Kunstsprache, dem man lange nachgejagt hatte, wurde nun in seiner ganzen Schemenhaftigkeit enthüllt und statt dessen die neue Losung des „Charakteristischen" auf die Fahne geschrieben. Goethe selbst hat bekanut, wie mächtig diese Herderschen Lehren auf ihn eingewirkt haben. Wie eine Göttererscheinung sei das Wort, daß Gedanke und Empfindung den Ausdruck bilde, über ihn herabgestiegen und habe Herz und Sinn mit warmer, heiliger Gegenwart durch und durch belebt. Fortan schreibt und dichtet er, wie die Natur ihn unterweist, wie Empfindung und Herz ihm gebieten. Dieser Zug zum Natürlichen, Starken und Großen macht sich schon in der Wortwahl bemerkbar. Wenn früher die Nachtigall im Gebüsch flötete, schmettert jetzt hoch über den Wohnungen der Menschen die kühne Lerche; statt der zarten Flügel der Libelle und des Papillons rauschen die Adlerfittiche des Genius, den sanften Hügel verdrängt der schroffe Felsen, des Mondes Silberschauer die düstere Hainsmitternacht, den hübschen Frühlingstag Regengewölk und Schloßensturm.

Ebenda S. 167. Über Goethes Sichhaben und -geben in höheren Jahren lagert eine gewisse feierliche Abgemessenheit, seine Sprache bewegt sich zuweilen in geradezu befangener Weise in den von ihm gefundenen, zärtlich gehätschelten Wendungen und Formeln, die wie eine Verkrustung oder Erstarrung anmuten; das Wetterglas seines Empfindens hält immer und überall jene anständigen mittleren Grade ein, bei denen man weder von Frost noch von Wärme sprechen kann. Angenehm, behaglich, erfreulich, erwünscht, löblich, reinlich, schätzbar, tüchtig, bedeutend spielen dabei eine Hauptrolle.

Goethe, Dichtung und Wahrheit, Schluß des zweiten Teils: Mich begleiteten jene beiden elterlichen Gaben (eine gewisse lehrhafte Redseligkeit und die Gabe, alles, was die Einbildungskraft hervorbringen, fassen kann, heiter und kräftig darzustellen) durchs Leben, mit einer dritten verbunden, mit dem Bedürfnis, mich figürlich und gleichnisweise auszudrücken.

19. Schillers Sprache. K. Hoffmeister, Schillers Leben, Geistesentwickelung und Werke, Stuttgart 1839. III S. 109: Goethes Bestimmtheit des Ausdrucks beruht auf ästhetischer

Klarheit; sie ist anschaulich, wie denn alles Anschauliche durchgängig bestimmt ist. Schillers Bestimmtheit gründet sich vornehmlich auf die Operationen des Erklärens, Einteilens, Beweisens und auf die genaueste sprachliche Bezeichnung dieser Formen. Goethe schreibt bestimmt für den innern Sinn, Schiller für den Verstand. Schiller steht außerordentlich fest in seinen rationellen Bestimmungen, weil ihm aber diese für sich nicht genügen, sucht er zu ihnen noch die ästhetische Klarheit und Lebendigkeit hinzu.

20. **Die Beiwörter (Epitheta).** O. Weise, Deutsche Sprach- und Stillehre, Leipzig 1901, S. 141: Schöne Beiwörter sind wie Tauperlen, die an Grashalmen hängen und im Strahl der Sonne ihren vollen Glanz entfalten; aber sie dürfen nicht zu oft angewandt werden. Zur rechten Zeit und mit Maßen gebraucht, wirken sie Wunder und geben der Rede ein eigentümliches Leben; sie enthüllen rasch eine hervorstechende Eigenschaft des in Rede stehenden Gegenstandes und zaubern dadurch ein lebendiges Bild vor die Seele, das dann ebenso rasch wieder verschwindet, um einem andern Platz zu machen. Ausdrücke wie sturmgepeitschte Wogen und wonnebebende Herzen gehören namentlich der Dichtung an.

H. Wunderlich, der deutsche Satzbau. 2. Aufl. Stuttgart 1901 S. 204: Der Stimmungsgehalt der poetischen Beiwörter ist besonders erkennbar an der bekannten Strophe des Weihnachtsliedes: „Stille Nacht, heilige Nacht, alles schläft, einsam wacht nur das traute hochheilige Paar; holder Knabe im lockigen Haar, schlafe in himmlischer Ruh" oder an Stellen wie der folgenden aus Goethes Götz von Berlichingen: „Ach, der schöne Schimmel und die goldene Rüstung! . . . Das ist ein garstiger Drache".

O. Heilig, Sprache und Stil in Scheffels Ekkehard, Alemannia XVII, S. 69: Ein Künstler ist Scheffel im Erfinden von schmückenden Beiwörtern. Manche muten uns ganz homerisch an: das schiffbelastete Meer, die baumumsäumten Gestade, das mückendurchsummte Stüblein, der sandalen-

beschwerte Fuß, das weidenumbuschte Ufer, die aufruhr-
durchwühlte Provinz, die gliederlösende Glut, das saat-
verderbende Getier u. s. w.

21. **Die Fremdwörter in der Poesie.** H. Dunger, Wörterbuch der Verdeutschungen entbehrlicher Fremdwörter, Leipzig
1882, S. 18: Man sagt vielfach, die Fremdwörter mit
ihrem vollen Klange lauteten weit schöner als unsere ein-
heimischen. Gewiß ist nicht zu leugnen, daß dies bei
manchen, z. B. griechischen und italienischen, der Fall ist.
Aber wenn nun einmal unsere Sprache nicht so schön ist
als diese anderen Sprachen, wird sie denn wirklich schöner
durch das Einmischen einzelner solcher fremdartiger Schön-
heiten? Wird eine mittelalterliche Burg schöner durch den
Zubau von marmorglänzenden Propyläen?

Fr. Düsel, Zeitschr. des allgem. deutsch. Sprachver.
Bd. XIV S. 166: Goethe war keineswegs ein grund-
sätzlicher Gegner der Sprachreinigungsbestrebungen seiner
Zeit. Er erkannte vielmehr den berechtigten Kern willig
an, aber er mißbilligte von seiner weitausschauenden Höhe
den kleinlichen, peinlichen Übereifer der Heißsporne und
nahm für sich, der die kleine und große Welt durchmessen
hatte, im westöstlichen Divan die Weisheit des Morgen-
und Abendlandes zu verknüpfen strebte und noch als Greis
den Lieblingsgedanken einer Weltliteratur im warmen Busen
hegte, das Recht in Anspruch, in gewissen Fällen, vor
allem, „wenn der Nachbar das entscheidende Wort hat“,
auch einmal in fremde Schätze greifen zu dürfen. Es sei
ihm dabei nicht vergessen, daß er seine Verse verhältnismäßig rein gehalten hat, daß die Iphigenie gar keine, der
Tasso und selbst die natürliche Tochter verschwindend wenige
Fremdwörter aufweisen, daß sogar der tönereiche Faust
seine zahlreicheren wesentlich als Mittel der Personen-,
Zeit- oder Gesellschaftszeichnung vor allem im Munde des
teuflischen Mephisto verwendet und daß endlich der Meister
selbst bei der Durchsicht seiner Werke mehr als einmal
unter die entschiedensten Verdeutscher gegangen ist.

22. **Feilen und Überarbeiten.** Goethejahrbuch X., 206: Goethes Arbeit an Hermann und Dorothea: Einschiebungen und Erweiterungen lassen sich noch in der Handschrift nachweisen; ich begnüge mich hier mit Anführung eines Beispiels, welches anschaulich machen kann, mit welchem Eifer Goethe an der Verbesserung der Dichtung arbeitete. Die bekannte Anrufung der Musen zu Beginn des 9. Gesangs lautete ursprünglich: „Muse, die du bisher den trefflichen Jüngling geleitet, an die Brust ihm das Mädchen noch vor der Verlobung gedrückt hast, hilf uns ferner den Bund des lieblichen Paares vollenden." Zunächst wurde die Einzahl in die Mehrzahl verwandelt: „Musen, die ihr bisher . . ."; dann kam ein neuer Vers hinzu: „Musen, die ihr den Dichter und herzliche Liebe begünstigt", dies wurde geändert in: „Musen, die ihr so gern die herzliche Liebe begünstigt" und nun fortgefahren: „Auf dem Wege bisher den trefflichen Jüngling geleitet, An die Brust ihm das Mädchen noch vor der Verlobung gedrückt habt, Helfet auch ferner."

S. 208. Der erste Vers der Dichtung lautet in der ältesten Fassung: „Warum ist das Städtchen so leer, so öde die Straßen?" (nach Böttigers Citat). Die Handschrift bietet die Fassung: „Hab' ich doch Straßen und Markt noch nie so einsam gesehen", später wurde daraus: „Hab' ich den Markt und die Straßen doch nie so einsam gesehen", was Goethe dann nochmals geändert hat: „Sah ich doch Straßen und Markt noch nie so verlassen und einsam".

23. **Übersetzungen.** Horaz, De Arte Poetica, V. 133. Nec verbum verbo curabis reddere fidus. Cicero, De optimo genere orat. § 14: Nec verbum pro verbo necesse habui reddere, sed genus omne verborum vimque servavi; non enim ea me adnumerare lectori putavi oportere, sed tamquam appendere; also die Worte soll man nicht zählen, sondern wägen.

Ein Beispiel für Goethes Übersetzungskunst gibt die 1789 entstandene Übertragung der Chöre von Racines

Athalie (Goethejahrbuch Bd. XVI, S. 85); z. B.: Tout
l'univers est plein de sa magnificence: Qu'on adore ce
Dieu, qu'on l'invoque à jamais! Son empire a des temps
précédé la naissance; Chantons, publions ses bienfaits.
O divine, o charmante loi! o justice, o bonté suprème!
Que de raisons, quelle douceur extrème d'engager à ce
Dieu son amour et sa foi.

Durch alle Welten reicht die Herrlichkeit Jehovahs.
Betet an unſern Gott, rufet an ſeine Kraft! Sein Reich
bleibt auf der Erde und im Himmel gegründet. Gesang!
Gesang! Bringe Lob ihm und Dank! O Geſetz, das göttlich
uns gebeut! Welche Weisheit, welch erhabne Güte! Euer
Verſtand, euer Gefühl ruft euch zu: Gebt euch hin dieſem
Herrn, euer Herz und Gemüt.

Dagegen lautet dieſe Stelle in Cramers Überſetzung:
Laut durch die Welten tönt Jehovahs großer Name. Unſer
Loblied erſchall'! Ihn verehre ſein Volk! Eh' noch Bergen
und Felſen die Feſte geſenkt ward, war Gott, war Gott.
Bringet Lob ihm und Dank! O du göttlich, ſegenvoll Geſetz!
Quell des Lebens, reich an Heil und Wonne! Säumet auch
wer? Schöpfet nicht gern Entzückung Aus dem Strom
dieſes Quells, wenn der himmliſche rann?

O. Weiſe in H. Meyers deutſchem Volkstum, Leipzig
1898 S. 233: Unſere Sprache mit ihrer großen Beweglichkeit und Freiheit eignet ſich mehr als jede andere
zur treuen Wiedergabe ausländiſcher Geiſtesſchöpfungen.
Keine iſt wie ſie befähigt, den fernliegendſten Jdiomen noch
etwas von ihrem Charakter abzugewinnen, der fernliegendſten
Poeſie und ihren Formen noch ein verwandtes Moment
aus ihrem Eigenſten entgegenzubringen, um ſie dadurch in
die fremde Lebensluft überzupflanzen und doch den ur-
ſprünglichen Duft nicht gänzlich zu verwiſchen. So ſind
uns die Griechen und Römer zugeführt worden, und Voſſens
Homer iſt faſt ein deutſches Originalwerk; ſo ſind Shake=
ſpeare, Dante, Arioſt, Calderon unter uns erſchienen, ſo
hat uns der Orient ſeine Schätze geboten; perſiſche Dichter

fauben an Goethe einen Schüler, die Überfülle des arabiſchen
Reimwohllautes hat ſich unſerm Rückert nicht verſagen
können. Dauk der Geſchmeidigkeit und Biegſamkeit unſerer
Mutterſprache haben wir, wie Geibel ſo ſchön ſagt, kühn-
gemut den fremden Geiſt in deutſch Gefäß ergoſſen, die
fremde Form durchſtrömt mit deutſchem Blut.   Da ward
im Ringen tiefer nur genoſſen zum Eigentum uns das
entlehnte Gut, und keine Blume, die mit frohem Glanze
der Menſchheit aufging, fehlt in unſerm Kranze.

24. Morgenländiſches. A. v. Humboldt, Kosmos II, 45: Es
iſt ein Kennzeichen der Naturpoeſie der Hebräer, daß ſie
als Reflex des Monotheismus ſtets das Ganze des Weltalls
in ſeiner Einheit umfaßt, ſowohl das Erdenleben als die
leuchtenden Himmelsräume.   Sie weilt ſeltener beim Einzelnen der Erſcheinung, ſondern erfreut ſich der An-
ſchauungen großer Maſſen.   Die Natur wird nicht ge-
ſchildert als ein für ſich Beſtehendes, durch eigene Schönheit Verherrlichtes; dem hebräiſchen Sänger erſcheint ſie
immer in Beziehung auf eine höher waltende geiſtige Macht.
Die Natur iſt ihm ein Geſchaffenes, Angeordnetes, der
lebendige Ausdruck der Gegenwart Gottes in den Werken
der Sinnenwelt.

25. Die Verdienſte der Schweizer um die neuhoch-
deutſche Schriftſprache. Schönaichs Neologiſches Wörterbuch, herausgegeben von A. Köſter, Berlin 1900. S. XIV:
Eine Streitfrage tauchte im Anfang des 18. Jahrhunderts
immer wieder auf. Soll ſich die Sprache der Poeſie von
der des gemeinen Umgangs unterſcheiden? Gottſched war
der Meinung, was in der Proſa logiſch richtig und deutlich
ſei, werde ja wohl auch im Verſe angebracht ſein; denn
die Sprache der Muſen wie die des gemeinen Mannes
müſſe doch verſtändlich bleiben. Dabei berief er ſich auf
die warnenden Sätze des Horaz. Dem hielten aber die
Schweizer entgegen, auch im alten Rom habe man, wenn
man mit ſeinem Koch oder ſeinem Bäcker geſprochen habe,
ſich nicht ausgedrückt wie Vergil in der Äneis. Im Gegen-

teil, man könne den Abstand zwischen der poetischen und der prosaischen Rede gar nicht weit genug bemessen. Durch Banausenlogik werde jede poetische Kühnheit, jedes seltene Bild, jede Metapher schon im Keime erstickt. Gemeinverständlichkeit sei durchaus nicht der höchste Vorzug der Poesie; und eine bloß andeutende poetische Rede, die die Phantasie zur Mitarbeit aufrufe, habe jedenfalls mehr Reiz als die lauteren, klaren Wasserbrühen von Leipzig.

J. Möser, Über die deutsche Sprache und Literatur, Osnabrück 1781 S. 40: Eine Dichtersprache hatten wir fast gar nicht, und wir würden auch nie eine erhalten haben, wenn Gottscheb den tapferen Schweizern, die sich seiner Reinigung widersetzten, obgesiegt hätte. Haller ward unser erster Dichter, und wie Klopstock kam, begriffen wir erst völlig, was die Engländer damit sagen wollen, wenn sie den Franzosen vorwerfen, daß sie nur eine Sprache zum Versemachen, nicht aber für die Dichtkunst hätten. Auch wir hatten vor Haller nur Versemacher.

26. **Rhythmus und Reim.** E. Palleske, die Kunst des Vortrags. 2. Aufl. Stuttgart 1884, S. 148: Schiller verwandte öfter das plötzliche Erstarren des Klangstromes zu bewunderungswürdiger Malerei, z. B. Und als wollte sie im Wehen mit sich fort der Erde Wucht reißen in gewalt'ger Flucht, wächst sie in des Himmels Höhen riesengroß. Man erwartet nach Höhen noch — ⏑ — ⏑ — ⏑ — (⏑). Auf einmal bricht der Dichter mit riesengroß den Wellenlauf ab und läßt diese eine große Flutwoge über mehrere von der Ohrphantasie innerlich gezählte Maße hinwegbranden. Wie ein mattes Echo ertönt nun das hoffnungslos mit einer ähnlich gemessenen Pause, und erst dann ringt sich der vierfüßige Trochäus mühsam empor. Eine ebensolche Klangpause finden wir hinter „wohnt das Grauen" und hinter „hoch hinein".

O. Weise in H. Meyers deutschem Volkstum, Leipzig 1898, S. 232: Freier als im Französischen ist die Verwendung der Metra im Deutschen. Schaffen doch unsere

Dichter oft absichtlich kleine Unebenheiten, um einen be-
sondern Zweck damit zu erreichen. So erscheint unter den
jambisch-anapästischen Füßen des Goetheschen Erlkönigs der
Vers: „Ich liebe dich, mich reizt deine schöne Gestalt", der
zwar mit seinen drei Senkungen zwischen der ersten
und zweiten Hebung (-be dich mich) die schablonenhafte
Gleichmäßigkeit des Metrums stört, aber dadurch in treff-
licher Weise die gesteigerte Empfindung, die ausbrechende
leidenschaftliche Ungeduld des Redenden zum Ausdruck
bringt.

Literaturnachweise.

1. **Lautmalerei:** W. Wundt, Völkerpsychologie. Leipzig 1901, I, S. 571 ff.; H. Paul, Prinzipien der Sprachgeschichte. 2. Aufl., Halle 1886, S. 143 ff.; J. Winteler, Naturlaute und Sprache. Aarau 1892; W. Wackernagel, Voces variae animantium. 2. Aufl., Basel 1869; A. Grabow, Die Musik in der deutschen Sprache. 2. Aufl., Leipzig 1879; Th. Heinze, Die Alliteration im Munde des deutschen Volkes. Anklam 1882; G. Gerber, Die Sprache als Kunst. Bromberg 1871—73, II, 1, S. 126 ff.; O. Weise, Die Wortdoppelung im Deutschen. Kluges Zeitschrift für deutsche Wortforschung. Straßburg 1901, II, S. 8 ff.; J. Kaulen, Der Stabreim im Munde des Volkes zwischen Rhein und Roer. Düren 1896; Borchardt-Wustmann, Sprichwörtliche Redensarten im deutschen Volksmunde. 5. Aufl., Leipzig 1895, S. 8 ff; F. Lotsch, Die Reduplikation in der französischen Wortbildung. Zeitschrift für die neueren Sprachen. Februar 1902; J. Grimm, Rechtsaltertümer. S. 1 ff.; C. Schulze, Stabreimformeln, Herrigs Archiv. Bd. 48 f.; G. Gerland, Intensiva und Iterativa Leipzig 1869; O. Weise, Zeitschr. für hochd. Mundarten, II, 38 ff. über onomatopoetisch gebildete Bezeichnungen des Schlagens; G. Heß, Geist und Wesen der deutschen Sprache. Eisenach 1892; Fr. Polle, Wie denkt das Volk über die Sprache? S. 67 ff.

2. **Interjektionen:** J. Grimm, Deutsche Grammatik, III, S. 288 ff; H. Wunderlich, Unsere Umgangssprache in der Eigenart ihrer Satzfügung. Weimar und Berlin 1894, S. 24 ff.; W. Wilmanns, Deutsche Grammatik. Straßburg 1896, II, S. 656 ff.; J. Schiepek, Der Satzbau der Egerländer Mundart. Prag 1899, S. 77 ff.

3. **Wohllautsbestrebungen:** W. Scherer, Über den Hiatus in der neueren deutschen Metrik. Berlin 1877; O. Schröder, Vom papiernen Stil. 4. Aufl., Berlin 1896, S. 75 ff.; L. Bellermann, Schillers Dramen. Berlin 1891, II, S. 146 ff.; Fr. Diez, Grammatik der romanischen Sprachen. 3. Aufl., I, S. 198, 222 ff.; R. Meyer, „Künstliche Sprachen" in der Zeitschr. Indogermanische Forschungen, XII, 243 f.; A. Riehl, Fr. Nietzsche. 4. Aufl., Stuttgart 1901, S. 33 ff.: Nietzsche als Sprachkünstler; F. Bechtel, Assimilation und Dissimilation der Zitterlaute. Göttingen 1876;

W. Steglich, Die Ersparung von Flexions- und Bildungssilben
bei kopulativen Verbindungen, in Kluges Zeitschr. für deutsche
Wortforschung, III, S. 1 ff.

4. Verkleinerungs- und Koseformen: Th. Gartner, Die Nach-
silben -chen und -lein. Beiheft der Zeitschr. d. allgemeinen deutsch.
Sprachvereins XIV, S. 167 ff.; A. Polzin, Studien zur Geschichte
des Diminutivs im Deutschen. Göttinger Dissertation 1902; H.
Stickelberger, Die Diminutiva in der Berner Mundart. Phil.
Studien f. Ed. Sievers. S. 319—335; A. Kaffel, Diminution
in der Hanauischen Mundart. Straßburger Dissertation 1899;
K. Brugmann, Grundriß der vergleichenden Grammatik der indogermanischen Sprachen. Straßburg 1886 f., II, 197; Fr. Kluge,
Nominale Stammbildungslehre der altgerman. Dialekte. Halle
1886, § 56 f., 62; J. Grimm, Deutsche Grammatik, III, S. 664 ff.,
678 ff.; Fr. Stark, Die Kosenamen der Germanen. Wien 1868;
Weinhold, Mittelhochdeutsche Grammatik. 2. Auflage. Paderborn
1883, § 279, 282.

5. Verstärkung des Ausdrucks. K. Müller in Lyons Zeitschrift
f. d. deutsch. Unterricht, XIV, S. 6 ff.; A. Tobler in Frommanns
Mundarten, V, S. 1 ff., 180 ff., 302 ff.; O. Hauschild, Die verstärkenden Zusammensetzungen bei Eigenschaftswörtern. Programm
des Wilhelmsgymnasiums in Hamburg 1899; O. Gerland, Intensiva und Iterativa. Leipzig 1869; O. Weise, Die Übertreibung
(Hyperbel). Zeitschr. d. allgem. deutsch. Sprachver. 1897, S. 53
ff; S. Rindskopf, Der sprachliche Ausdruck der Affekte in Lessings
dramatischen Werken. Lyons Zeitschr., XV, S. 543 ff.; Möbius,
Die sprachlichen Ausdrucksmittel für Grabverhältnisse im Parzival.
Leipziger Dissert. 1900; H. Z. Kip, Steigerungsadverbien in der
deutsch. geistl. Dichtung d. 11. u. 12. Jahrh. Leipziger Dissert.
1900; O. Weise, Syntax der Altenburger Mundart. Leipzig 1900,
S. 159 ff.; Th. Vernaleken, Deutsche Syntax. Wien 1861, I,
S. 281 ff.

7. Gefühlswert: K. O. Erdmann, Die Bedeutung des Wortes
Leipzig 1900; Sachse, über Optimismus und Pessimismus,
Herrigs Archiv 1850, S. 431 ff.; R. Bechstein, Ein pessimistischer
Zug in der Entwickelung der Wortbedeutungen. Germania, VIII,
S. 330 ff.; A. Tobler, Ästhetisches und Ethisches im Sprach-
gebrauch, Zeitschr. f. Völkerpsychol. und Sprachwissenschaft, VI,
S. 395 ff.; O. Kares, Poesie und Moral im Wortschatz. Essen
1882; K. Bruchmann, Psychologische Studien zur Sprachgeschichte.
Leipzig 1888; K. Müller, Die Wiederbelebung alter Wörter. Bei-
heft zur Zeitschr. d. allg. deutsch. Sprachver. II, S. 57 ff; E.
Martin, Zur Gesch. d. deutsch. Sprache. Ebenda, XXI, S. 1 ff.

8. **Glimpfwörter:** K. Scheffler, Der verhüllende oder euphemistische Zug in unserer Sprache. Beiheft zur Zeitschr. d. allgem. deutsch. Sprachver., XIV—XV, S. 113 ff.; K. Nyrop, Zeitschr. Dania, VI, S. 195—224; H. Schrader, Ernst und Scherz in der Muttersprache. Berlin 1897; A. Götze, Kluges Zeitschr. für deutsche Wortforsch., II, S. 297 ff.; Lobeck, de antiphrasi et euphemismo, Acta Societatis Graecae, II, S. 291 ff.

9. **Höflichkeitsbezeigungen:** A. Denecke, Zur Geschichte des Grußes und der Anrede in Deutschland. Lyons Zeitschr. f. d. deutschen Unterr., VI, S. 317 ff.; G. Ehrismann, Duzen und Ihrzen im Mittelalter. Kluges Zeitschr. f. deutsche Wortforsch. I, S. 117 ff., II, S. 118 ff.; J. Grimm, Deutsche Gramm., IV, S. 298 ff.; G. Steinhausen, Geschichte des deutschen Briefes I, S. 44 und 106, II, S. 56.

10. **Schimpfwörter:** K. Albrecht, Die Leipziger Mundart. Leipzig 1881, S. 37 ff.; W. Unseld, Männl. Schimpfnamen aus Schwaben, in der Zeitschr. f. hochdeutsche Mundarten, III, S. 54; K. Erbe, Schwäbischer Wortschatz. Stuttgart 1897, S. 17 ff.; E. Hoffmann-Krayer, Schweizerische Schelten, in der Zeitschrift für hochdeutsche Mundarten, III, S. 27 ff.

11—14. **Plastik des Ausdrucks:** A. Biese, Das Methaphorische in der dichterischen Phantasie. Berlin 1889; Derselbe, Die metaphorische Sprache in Goethes Iphigenie. Fricks Lehrproben und Lehrgänge, Heft 55, S. 15 ff.; Derselbe, Die Philosophie des Metaphorischen. Berlin 1893; R. Hildebrand, Vom deutschen Sprachunterricht. 7. Aufl., 1901, S. 89 ff.: Vom Bildergehalt d. Sprache; K. Müllenhoff, Die Natur im Volksmunde. Berlin 1898; K. Ludwig, Der bildliche Ausdruck bei Wolfram von Eschenbach. Gymnasialprogramme von Mies 1889 und 1890; H. Schrader, Bilderschmuck der deutsch. Sprache. 6. Aufl., Berlin 1901; Fr. Brinkmann, Die Metaphern. Bonn 1878; J. Köster, Über Klopstocks Gleichnisse aus der Natur. Iserlohn 1878; Cosack, Bild u. Gleichnis in ihrer Bedeutung f. Lessings Stil. Danzig 1869; E. Stern, Tropus und Bedeutungswandel. Wien 1902; A. Biese, Die ästhetische Naturbeseelung in antiker und moderner Poesie. Zeitschr. f. vergleichende Literaturgesch., I, 1887; Derselbe, Das Naturschöne im Spiegel der Poesie, Lyons Zeitschr. für den deutschen Unterricht, II, S. 173 ff.; Derselbe, Die Entwickelung des Naturgefühls im Mittelalter und in der Neuzeit. Leipzig 1888, S. 372 ff.; C. du Prel, Psychologie der Lyrik. S. 94 ff.; A. Hense, Poetische Personifikation in griech. Dichtungen mit Berücksichtigung lat. Dichter u. Shakespeares. Halle 1868; J. Grimm, Deutsche Mythologie, II, S. 781 ff.; P. Wigand, Der menschliche Körper im Munde des deutsch. Volkes. Frankfurt a. M. 1899;

O. Streicher, Volkstümliche Bildersprache. Zeitschr. des allgem. deutsch. Sprachvereins, XV, S. 188 ff.; Broßmann, Hoffmann v. Hoffmannswaldau, eine Studie über die schwülstige Schreibart. Leipzig 1900; Joh. Book, Sprachästhetik für Behandlung der Formenschönheit im deutschen Unterricht. Berlin 1902, S. 146 ff.

16. **Volkswitz:** K. Fischer, Über den Witz. 2. Aufl., Heidelberg 1889; Löwenstein, Witz und Humor. Stuttgart 1877; Joh. Ziegler, Das Komische, eine Studie zur Philosophie des Schönen. Leipzig 1900; H. Schraber, Ernst und Scherz in der Muttersprache. Berlin 1897; A. Biese, Reuter, Seidel und der Humor in der neuern deutsch. Dichtung. Berlin 1891; Fr. Bischer, Ästhetik, I, S. 416 ff., besonders S. 429 ff.; O, Weise, Die deutschen Volksstämme und Landschaften. Leipzig 1900, S. 26 ff.

17. **Die Sprache der Dichter:** A. Biese, Pädagogik und Poesie. Berlin 1899; K. Bruchmann, Über die Sprache der Dichter. Preußische Jahrbücher, April 1888; H. Bulthaupt, Dramaturgie der Klassiker. I. Bd., 2. Aufl., Oldenburg 1883, S. 121 ff.; A. Würfl, Über Klopstocks poetische Sprache. Herrigs Archiv LXIV, S. 278 ff.; Kapff, Die poetische Sprache der griech. Tragiker. Cannstatter Progr. 1895; O. Weise, Unsere Muttersprache. 4. Aufl., Leipzig 1902, S. 80 ff.; R. Müller, zum dichterischen Ausdruck. Reichenberger Programm 1892; R. Hamel, Klopstockstudien. Berlin 1880, II, S. 31 ff.; Fr. Galle, Der poetische Stil Fischarts. Differt. 1893; Fr. Bischer, Ästhetik oder Wissenschaft des Schönen. Stuttgart 1847 ff.

18. **Goethes Sprache:** A. Lehmann, Goethes Sprache u. ihr Geist. Berlin 1852; K. Burdach, Die Sprache des jungen Goethe. Verhandlungen der 37. Philologenverf., Leipzig 1885; O. Lyon, Goethes Verhältnis zu Klopstock, Leipzig 1882; Stephan Wätzoldt, Die Jugendsprache Goethes, Berlin 1888; K. Olbrich, Goethes Sprache und die Antike. Leipzig 1891; P. Knauth, Von Goethes Sprache und Stil im Alter. Leiziger Differtation 1894; H. Morsch, Goethe und die griech. Bühnendichter. Berlin 1888; Lücke, Goethe und Homer. Ilfeld 1884; H. Henkel, Goethe und die Bibel. Leipzig 1890; V. Hehn, Goethejahrbuch VIII, S. 187 ff.; K. Todt, Goethe und die Bibel. Steglitzer Progr. 1901; E. A. Boucke, Wort und Bedeutung in Goethes Sprache. Berlin 1901.

19. **Schillers Sprache:** Hoffmeister, Schillers Leben, III, S. 98 ff; Cholevius, Geschichte der deutschen Poesie nach ihren antiken Elementen. 1856; Joh. Schlurick, Schiller und die Bibel. Progr. des königl. Gymnasiums in Leipzig 1895; F. Schnedermann, Biblische Anklänge bei Schiller. Festschrift zum 70. Geburtstage R. Hildebrands. Leipzig 1894, S. 190 ff.; O. Schanzenbach, Französische Einflüsse bei Schiller. Programm des Eberhard-

Ludwigsgymnasiums in Stuttgart 1885; O. Weise, Lyons Zeitschr. für den deutsch. Unterricht. XI, S. 83 ff.

20. **Beiwörter:** Jak. Hellwig, Die Stellung des attributiven Adjektivs im Deutschen. Gießener Dissertation 1898; Buchenau, über den Gebrauch und die Stellung des Adjektivs in Wolframs Parzival. Straßburger Dissertation, 1887; H. Schmidt, Das attributive Adjektiv im Nibelungenlied und in der Ilias. Salzburger Programm 1886.

21. **Fremdwörter in der Poesie:** O. Dehnicke, Goethe und die Fremdwörter. Lüneburger Programm 1892; Steiner, Die Fremdwörter der bedeutendsten mhd. Dichtungen. Germanistische Studien von K. Bartsch, II, S. 239 ff.; J. Kassewitz, Die französischen Fremdwörter im Mhd. Straßburg 1890; Die Fremdwörter bei Musäus und Wieland. Zeitschr. d. allgem. deutsch. Sprachvereins. X, S. 11 f.

22. **Feilen und Überarbeiten:** Fr. Petri, Kritische Beiträge zur Geschichte der Dichtersprache Klopstocks. Greifswalder Dissertation 1894; R. Hamel, Zur Textgeschichte des Klopstockschen Messias. 1879; Zwei Bearbeitungen des Götz von Berlichingen, Studien zur Goethephilologie von A. Minor und R. Sauer. Wien 1880, S. 117—236; H. Schreyer, Goethes Arbeit an Hermann und Dorothea. Goethejahrbuch Bd X. S. 196 ff.; R. M. Meyer Goethes Art zu arbeiten. Goethejahrbuch Bd. XIV, S. 167 ff.; R. M. Werner, Lyrik und Lyriker. Hamburg, 1890, S. 549 ff.; R. Weitbrecht, Aus Mörikes Dichterwerkstatt. Allgemeine Zeitung 1888, Nr. 32 u. 33.

23. **Übersetzungen:** P. Cauer, Die Kunst des Übersetzens. 2. Aufl. Berlin 1894; Tycho Mommsen, Die Kunst des Übersetzens fremdsprachlicher Dichtungen ins Deutsche. 2. Aufl., Frankfurt a. M. 1886; G. Weck, Prinzipien der Übersetzungskunst. Breslau 1876; U. v. Wilamowitz-Möllendorff, Reden und Vorträge. Berlin 1901, S. 1 ff.: Was ist Übersetzen?; K. Macke, Friedrich Rückert als Übersetzer. Siegburger Programm 1896; A. Kappelmacher, Goethe als Homerübersetzer und Homerinterpret. Zeitschr. f. d. österreich. Gymnasien, LII, S. 1057 ff.; Jul. Keller, Die Grenzen der Übersetzungskunst. Karlsruher Programm 1892; Herzberg, Zur Geschichte und Kritik der deutschen Übersetzungen antiker Dichter. Neue Preuß. Jahrb. 1864, S. 243 ff.; K. Beyer, Deutsche Poetik. Stuttgart 1887, III, S. 184 ff.; G. Legerlotz, Jahrbücher f. Philologie. 1888, II, S. 395 ff.; Schröter, Geschichte der deutschen Homerübersetzung im 18. Jahrhundert. Jena 1882; Fr. Schleiermacher, Über die verschiedenen Methoden des Übersetzens. Werke zur Philosophie, Bd. II.

Weise, Ästhetik. 20

24. **Morgenländisches in unserer Sprache:** G. Büchmann, Geflügelte Worte. S. 1 ff.: Biblische Citate; Jak. Gerzon, Die jüdisch-deutsche Sprache. Frankfurt a. M. 1902; Lenz, Jüdische Eindringlinge im Wörterschatz der deutsch. Sprache. Münster 1895.

25. **Einfluß der Schweizer:** A. Frey, Haller und seine Bedeutung für die deutsche Literatur. Leipzig 1879; H. Käslin, A. von Hallers Sprache; R. Hamel, Klopstockstudien. Berlin 1880.

26. **Rhythmus und Reim:** Karl Bücher, Rhythmus und Arbeit. 3. Aufl., Leipzig 1902; K. Beyer, Deutsche Poetik. 2. Aufl., Stuttgart 1887; R. M. Werner, Lyrik und Lyriker. Hamburg und Leipzig 1890, S. 439 ff.; G. Freytag, Die Technik des Dramas. 4. Aufl., Leipzig 1881, S. 274 ff.; R. Becker, Der Trochäus und die deutsche Sprache. Festschr. des Koblenzer Gymnasiums 1882.

27. **Kinderlieder:** Fr. M. Böhme, Deutsches Kinderlied u. Kinderspiel. Leipzig 1897 (1950 Kinderlieder, 630 Kinderspiele, 300 Volksrätsel); K. Groos, Die Spiele der Menschen. Jena 1899; K. Simrock, Das deutsche Kinderbuch. 3. Aufl., Frankfurt 1879; E. L. Rochholz, Alemannisches Kinderlied und Kinderspiel. Leipzig 1857; G. A. Saalfeld, Aus der Jugendzeit, Sammlung echter deutscher Kinderlieder. Danzig 1880; A. Stöber, Elsässisches Volksbüchlein. I, 2. Aufl., Mülhausen 1859; H. Herzog, Alemannisches Kinderbuch. Lahr 1885; Jos. Weingärtner, Das Kind und seine Poesie in plattdeutscher Mundart. Münster 1880; H. Dunger, Kinderlied und Kinderspiel aus dem Vogtlande. 2. Aufl., Plauen 1894; F. Zimmer, Volkstümliche Spiellieder und Liederspiele. Queblinburg 1879; H. Frischbier, Preußische Volksreime und Volksspiele. Berlin 1867; O. Dähnhardt, Volkstümliches aus dem Königreich Sachsen. 2 Hefte, Leipzig 1898.

Stichwort-Register.

(Die Nummern geben die Seitenzahl an).

Schriften von Prof. Dr. O. Weise

aus dem Verlage von B. G. Teubner in Leipzig.

Unsere Muttersprache, ihr Werden und ihr Wesen.
Von Professor Dr. O. Weise. 4. verb. Aufl. 8. In Leinwand geb. ℳ 2.60.

Diese Schrift, der vom Allgemeinen deutschen Sprachverein die höchste bisher zuerkannte Auszeichnung verliehen worden ist, hat sich v Tage ihres Erscheinens an einer stets wachsenden Zahl von Verehrern zu erfreuen gehabt. Sie ruht auf wissenschaftlicher Grundlage, ist jedoch gemeinverständlich und überaus anregend geschrieben und erscheint so geeignet, die äußerliche Auffassung vom Wesen unserer Muttersprache zu bekämpfen und die weiten Kreise der Gebildeten zu fesseln und zu unterrichten.

Deutsche Sprach- und Stillehre.
Von Professor Dr. O. Weise. Eine Anleitung zum richtigen Verständnis und Gebrauch unserer Muttersprache. In Leinwand gebunden ℳ 2.—

„Das Buch ist seinem Inhalte, seiner Form, kurz seinem ganzen Gepräge nach dazu angethan, auch in Bezug auf den Erfolg in die Fußtapfen des älteren Bruders zu treten. Die kurz geschürzte und bestimmte, aber dabei nicht engherzige Art der Belehrung, die geflissentlich vermeidet, mit dem Rüstzeug der gelehrten geschichtlichen Forschung zu prunken, und die doch die wohlthuende Sicherheit giebt, daß man dem Führer allewege vertrauen kann, das ist es, was Weise's Bücher auszeichnet und was ihnen so viele Freunde macht." (Leipziger Zeitung.)

Schrift- und Buchwesen in alter und neuer Zeit
Von Prof. Dr. O. Weise. Reich illustriert. Geh. ℳ 1.—, geschmackvoll geb. ℳ 1 25.

„Als ich das vorliegende Schriftchen angekündigt las, freute ich mich auf dasselbe; nachdem ich es gelesen, kann ich es für Schul-, Schüler- und Privatbibliotheken nur bestens empfehlen." (Neues Korrespondenzblatt, Stuttgart 1899 Heft 7.)

„...ein ähnliches Buch dürfte wohl nicht existieren, in welchem die allmähliche Vervollkommnung der einschlägigen Erscheinungen so klar verständlich, so überzeugend und doch in so prägnanter Kürze herausgehoben sind." (Lehrer-Zeitung f. Ost- u. Westpreußen, Königsberg.)

Die deutschen Volksstämme und Landschaften.
Von Prof. Dr. O. Weise. Mit 26 Abbildungen. Geh. ℳ 1.—, geschmackvoll geb. ℳ 1.25.

„Das warm und verständnisvoll geschriebene Buch ist dazu angethan, frisch und anziehend Liebe und Verständnis für die mannigfach gep ä te deutsche Eigenart, vaterländischen Sinn und Freude an allem, was deutsch heißt, zu wecken und zu pflegen. Die reichliche Beigabe sauber ausgeführter Abbildungen von Landschaften, Städten, Bauwerken u. dergl. erhöht seinen Reiz." (Kehrs Pädagog. Blätter, 1901 Heft 2.)

Musterbeispiele zur deutschen Stillehre. Ein Handbüchlein für Schüler von Prof. Dr. O. Weise.
Geheftet ℳ —.30.

Das vorliegende Büchlein ist für die Hand des Schülers als Hilfsmittel für die Stilistik bestimmt. Im Gegensatz zu ähnlichen Arbeiten, die das Falsche bieten, um davon abzuschrecken, wird hier — wie der Verfasser glaubt, pädagogisch richtiger — nur das Empfehlenswerte und Richtige gegeben. Es wird aber dadurch augenfällig gemacht, daß es im Gegensatz zu Sinnverwandtem gebracht wird, z. B. „er schreibt so, wie wir" und „er schreibt besser, als wir", oder „er las ein Buch, das mir gefiel" und „er las den Teil, was mir gefiel". Der Hauptwert ist auf große Übersichtlichkeit gelegt; auf der linken Seite finden sich Musterbeispiele und die dazu gehörigen Regeln, auf der rechten eine große Anzahl weiterer Beispiele.

Format und Umfang des Büchleins ermöglichen, daß es bequem in jedes Lesebuch gelegt werden kann.

CPSIA information can be obtained
at www.ICGtesting.com
Printed in the USA
BVHW071700061118
532319BV00011B/888/P